# LOVE AND MARRIAGE IN THE TWELFTH CENTURY

*ML*

---

# LOVE AND MARRIAGE
# IN THE TWELFTH CENTURY

EDITED BY

Prof. Dr. WILLY VAN HOECKE and Prof. Dr. ANDRIES WELKENHUYSEN

LEUVEN UNIVERSITY PRESS

1981

ISBN 90 6186 120 9

© 1981 by Leuven University Press/Presses Universitaires de Louvain/
Universitaire Pers Leuven, Krakenstraat 3
B-3000 Leuven/Louvain (Belgium)

D/1981/1869/13

# CONTENTS

## AMOR TENET OMNIA

### By way of preface

Love, the mightiest feeling that can inspirit human beings, and Marriage, the institution which, if not animated by this feeling, loses its sense and its soul, form the topics of this book, just as they were the themes of the Colloquium which, from May 16th to 18th 1978, was organized by the 'Instituut voor Middeleeuwse Studies' at the 'Katholieke Universiteit Leuven'.

In fact, the fifteen papers collected here originate from communications held at this Colloquium. They focus in essence on 12th-century society, culture and thought in Western Europe. However, it is unavoidable, and self-evident too, that more than one contribution bursts through this rather narrow compass, either to broach the currents in which certain phenomena are to be seen, or to open perspectives on surrounding cultures or contiguous periods.

As has become the custom of the Leuven colloquia, as well as of the *Studia* in the series *Mediaevalia Lovaniensia*, the approach to the chosen themes is not only *international*, with respect to the provenance of the contributors (England, Belgium, Luxemburg, Germany, France, Switzerland, Italy and U.S.A.), but also *pluridisciplinary*: thus cultural history and the history of science, Church history, theology and canon law, literary history, typology and comparativism all have their say.

The introductory paper (C. Thomasset, Paris) surveys the factual representation of human sexuality an the mechanics of reproduction in medieval scientific thought. The three following contributions discuss love, matrimonial doctrine and sexual morality in canon law and the practice of Church ethics in the Middle Ages: in the oldest Irish, Anglo-Saxon and continental penitentials (R. Kottje, Bonn), in the treatises of 12th-century decretists (R. Weigand, Würzburg), and in papal marriage decretals to England for the same period (C. Duggan, London).

Not without a sense of loss we include the paper our ever-present contributor H.C. Schnur (St. Gallen) read to the Leuven colloquium just a few months before his untimely death (Hong Kong, February 21st 1979). In this he sketches Jewish matrimonial and family law from the 6th century to the post-Crusades period, paying special attention to the position of the wife in the Jewish legal system.

The series of contributions dealing with literature proper opens with a communication on love and marriage as seen by celibates, i.e. monks and clerics (J. Leclercq, Clervaux). It argues that during the 12th century, parallel to the secular literature of courtly love and to the monastic literature of mystic love, celibates also developed a literature of marital love, portraying real men and women cherishing each other within the bonds of matrimony. In one particular case, the *Liber de vita Christiana*, written by Bonizo of Sutri in the last decade of the 11th century, the position of women within the lay classes of 'rulers', 'judges' and 'knights' is described (W. Berschin, Heidelberg). As to the famous correspondence exchanged between the unfortunate lovers Abelard and Heloïse, P. Zerbi (Milano) exerts himself to adduce new evidence of its authenticity. The link between Latin and vernacular literature is laid by U. Mölk (Göttingen) in his study of Saint Alexis and his spouse in the Latin legend and the first French 'chanson'. Next, several French and Occitan epic songs are discussed and confronted (J. De Caluwé, Liège) with respect to their treatment of love and marriage as 'second motors' of the narrative.

Two Germanic contributions concentrate on Gottfried of Strassburg's *Tristan*. First, a scene of 'declaration of love' is studied and interpreted according to J. Searle's method of speech-act analysis (A. Schwarz, Zürich). Then, the irreducible tension between marriage and courtly love in Gottfried's novel is seen in the light of 12th-century literary conventions (X. von Ertzdorff, Giessen).

The last three papers return to French literature. J.C. Payen (Caen) sets forth the different ways in which the theme of marriage is 'novelized' in 12th and 13th-century narratives, and draws attention to antimatrimonial tendencies arising under clerical and perhaps urban influence. L.T. Topsfield (Cambridge) then provides a subtle analysis of the varied shades that *Fin'Amors* can assume in the troubadours and the *Lancelot* of Chrétien de Troyes. And finally, in a contribution of particular methodological interest, P. Bec (Poitiers) points out the continuity of commonplace motifs—matinal rising, entering the orchard, gathering flowers—in the exordium of popularizing love-lyric, from the Middle Ages to the present.

\* \* \*

In offering this bouquet of studies to scholars of medieval life and culture, we must express our gratitude to all who, in one way or another, contributed to the success of our colloquium and to the realization of this volume, especially to the members of the 'Instituut voor Middeleeuwse Studies' who prepared and organized the meeting, with the dedicated assistance of Dr. W. Verbeke, who also shouldered the lion's share of the editorial duties. Special thanks are due to the Belgian 'Nationaal Fonds voor Wetenschappelijk Onderzoek' and 'Ministerie van Nationale Opvoeding en Nederlandse Cultuur', to the Flemish University Fund 'Vlaamse Leergangen' (Leuven), as well as to the Rectorate, the Publications Committee and the Faculty of Philosophy and Letters of the 'Katholieke Universiteit Leuven', for various forms of financial and moral support.

In conclusion we dare to repeat, and to apply to our book and its contents, what an anonymous 12th-century poet said so simply and truly (*Carm. Bur.* 87):

> *Amor tenet omnia,*
> Love spans it all.

A. WELKENHUYSEN

Claude Thomasset

# LA REPRÉSENTATION DE LA SEXUALITÉ
# ET DE LA GÉNÉRATION
# DANS LA PENSÉE SCIENTIFIQUE MÉDIÉVALE

Au cours du moyen âge, et sans bouleversement important du XIᵉ au XIIIᵉ siècle, s'élabore dans le domaine de la description anatomique, de l'embryologie et de la sexualité, une théorie qui recueille l'héritage de la pensée antique, transmise avec quelques additions par les Arabes. Ce savoir est d'une grande importance, puisque l'Église, dans sa tentative de contrôle de la sexualité, se nourrit de ce savoir scientifique et doit définir sa position à partir d'un héritage culturel qu'elle doit assimiler.

Il est évident que le milieu qui possède l'information médicale nécessaire à une réflexion sur le problème de la sexualité est restreint, mais il n'est pas exclu que ce même savoir, pour répondre à l'interrogation d'une collectivité, devienne composante de la représentation populaire. Il est probable également que, dans un milieu non-savant, se sont trouvés des individus détenteurs d'un prestige ou d'une pratique et qui, par le biais d'une connaissance vraie ou supposée de la sexualité, ont pu exercer un pouvoir.

Notre intention est de construire la représentation de l'anatomie des organes génitaux acceptée par le moyen âge. Nous nous consacrerons ensuite à la formation de l'embryon. Sans sortir du domaine de la pensée savante, nous nous demanderons si ce savoir a permis d'appréhender certains aspects de l'activité sexuelle.

Il nous faut d'abord nous interroger sur la constitution de l'objet pré-scientifique. Au commencement est le langage. L'anatomie médiévale naît d'un jeu sur le mot. Isidore de Séville, dans le livre XI des *Étymologies*, cherche et trouve dans le nom la fonction ou la caractéristique de l'organe. On consultera à ce propos les articles *genitalia*, *testiculi*, *uterum*, *vulva*, *semen*[1]. Ne retenons que le plus frappant de ces exercices:

> *Vulva*: vulva vocata, quasi *valva*, id est janua ventris, vel quod semen recipiat, vel quod ex ea fetus procedat.

---

[1] Isidore de Séville, *Etymologiae*, lib. XI, *PL* 82, col. 409-410.

La tentation d'interroger les mots, détenteurs d'un 'savoir silen-cieux'[2], c'est-à-dire des propriétés et des caractéristiques des choses, n'est pas une préhistoire de la science médiévale, mais un mode d'explication constant.

Au milieu du XIIIe siècle, dans l'*Anatomia Nicolai Physici*, fille de l'École de Salerne, le médecin affirme:

> Inferius orificium dicitur *vulva*, vel a volo vis, vel a volvendo vel a valva, quod est janua. Est enim janua matricis[3].

Le champ de l'exercice étymologique est vaste: au lieu d'une particularité descriptive, il peut inclure la fonction de l'organe. La vulve crée, par son mouvement *volvendo*, la mixtion des spermes, condition essentielle de l'engendrement. Voilà l'objet captif de son signifiant. Mais ce n'est pas la seule tradition imposant à l'organe, objet d'étude, un déterminisme.

L'opposition 'gauche-droite' sous-tend toute la représentation médié-vale. Elle est dans l'*Histoire des Animaux* d'Aristote[4]. Anaxagore était plus catégorique encore. Chez Hippocrate les affirmations sont tout à fait nettes (*Aph. 48*). Pour Galien la théorie est sans ambiguïté:

> Les foetus mâles se développent de préférence à droite; et les femelles dans la cavité gauche[5].

C'est par Galien, dont la doctrine a été transmise par les Arabes — Honein, Avicenne — que la notion est généralisée au moyen âge et devient une des caractéristiques fondamentales de la représentation du corps humain.

Il faut ajouter à ces données la doctrine des sept réceptacles de la matrice. Universellement répandue au moyen âge, cette façon d'ordonner la représentation spatiale de la matrice se combine avec l'alternance 'droite-gauche', l'opposition 'chaud-froid'.

Il faut intégrer cette théorie dans l'ensemble des spéculations sur le nombre sept. La théorie médicale n'est qu'un point particulier d'un ensemble plus vaste. Censorinus, grammairien et philosophe du IIIe siècle, allie les problèmes de gynécologie à de plus amples réflexions:

> Il me reste à parler du temps auquel le fruit de la conception est mûr pour l'enfantement, et je dois y apporter d'autant plus de soin, qu'il me

---

[2] Expression de M. Foucault, *Les mots et les choses* (Paris, 1966), p. 51.

[3] F. Redeker, *Die 'Anatomia Magistri Nicolai Phisici' und ihr Verhältnis zur Anatomia Cophonis und Ricardi* (Leipzig, 1917), p. 56.

[4] Par exemple *H.A.* 565 b; *G.A.* 765 a.

[5] Traduction Ch. Daremberg, *Œuvres anatomiques, physiologiques et médicales de Galien* (Paris, 1856), p. 95.

faudra toucher à quelques questions d'astrologie, de musique et d'arithmétique[6].

Le chiffre sept paraît rythmer la vie humaine :

> Aussi bien sommes-nous formés au bout de sept mois ; sept mois encore, et nous commençons à nous tenir sur nos jambes ; à sept mois aussi nos dents commencent à se montrer ; ces mêmes dents tombent à l'âge de sept ans, et à quatorze ans nous entrons en puberté[7].

Tel qu'il est évoqué par Censorinus, le système de Pythagore admet, à propos de la formation du foetus, deux espèces de gestation : l'une, longue de dix mois ; l'autre, courte de sept mois, fruit d'une impressionnante tradition :

> Quant à l'autre gestation, qui est plus longue, elle a pour principe un nombre plus grand, c'est-à-dire le nombre septenaire, qui se rencontre à toutes les époques importantes de la vie de l'homme, ainsi que l'a écrit Solon, ainsi que le suivent les Juifs dans tous les calculs de leurs jours, ainsi enfin que paraissent l'indiquer les Rituels des Étrusques. Hippocrate lui-même, et d'autres médecins, ne suivent point, dans les maladies du corps, d'autre opinion ; car ils nomment 'critique' chaque septième jour et ils l'observent attentivement[8].

C'est de ces spéculations que Fridolf Kudlien[9], dans son article consacré aux sept cellules, fait naître la théorie. Nous retiendrons, parmi les chantres du nombre sept, Philon d'Alexandrie, qui parle des sept jours de l'écoulement du flux menstruel ; Nikomachos, mathématicien et philosophe, qui affirme que le sperme est jeté sept fois au cours de l'éjaculation ; le *Corpus Hermeticum*, dans lequel Nature met au monde sept êtres humains ; enfin la Bible, avec les sept fils de Japhet, les sept fils d'Adam.

La doctrine est formulée de la manière la plus nette dans un écrit attribué à Galien, le *De spermate* :

> Dans la matrice de la femme existent sept réceptacles dans lesquels est reçu le sperme. Si le sperme est reçu dans un réceptacle ou dans plusieurs, autant d'enfants seront engendrés que de réceptacles occupés...

A l'avènement de la description anatomique médiévale, la théorie jouit d'une particulière faveur, comme en témoignent toutes les descriptions anatomiques de l'École de Salerne à partir de *Copho*. Fort du

---

[6] *Livre de Censorinus sur le jour natal*, traduction J. Mangeart (Paris, 1843), p. 29.
[7] Ibid.
[8] *Livre...*, p. 45.
[9] F. Kudlien, 'The Seven Cells of the Uterus: the Doctrine and its Roots', *Bulletin of the History of Medicine*, t. 39 (1965), p. 417 (ms. cité Marburg, UB, ms. 8, s. XII, fol. I).

principe de l'analogie entre le nombre des mamelles et le nombre des cavités utérines, l'École de Salerne trouve la vérification expérimentale de la tradition dans l'anatomie de la truie. Rencontre d'une tradition et d'une observation malheureuse.

Si l'on excepte les partisans de Galien, — et parmi eux Albert le Grand, — l'affirmation n'est jamais mise en question. Il faudra attendre 1225 et l'*Anatomia Vivorum* (*Anatomia Ricardi Anglici*), pour que soit admise une hésitation entre le nombre cinq et le nombre sept.

La pensée médiévale était si imprégnée de cette croyance que le célèbre Mondino dei Luzzi, qui a pratiqué la dissection de deux cadavres de femmes, continue d'affirmer l'existence des sept cellules dans la cavité de la matrice.

Voilà deux traditions, très anciennes, inscrites dans la volonté d'ordonner le monde et qui déterminent la représentation du corps humain.

Les conceptions anatomiques du moyen âge sont entièrement contenues dans les grandes descriptions de l'École de Salerne : ce sont elles que nous allons utiliser.

Consacrons-nous d'abord à l'*Anatomia Cophonis*[10], première production de ce milieu intellectuel ; elle apparaît entre 1100 et 1150. Les sources principales en sont la traduction des *Pantegni* de Constantin et les *Aphorismes* d'Hippocrate.

La description des organes masculins fait mention des réceptacles séminaux par lesquels le sperme se rend dans la verge. Elle est décrite comme un organe nerveux, rond et creux. Deux nerfs (dans la terminologie de l'époque) expliquent l'érection, grâce à la présence de *multo spiritu* dans les cavités de la verge, et l'émission de l'urine.

La seule variante importante rencontrée au cours du moyen âge est la théorie des *tres meatus* d'Avicenne (urine, sperme et *wadi*, c'est-à-dire humeur prostatique), que Chauliac considère avec un certain scepticisme.

La matrice est décrite comme un organe concave, nerveux. Elle comporte deux orifices : l'un extérieur, appelé *collum matricis*, dans lequel est accompli le coït ; l'autre *os matricis*, qui est hermétiquement clos après la fécondation.

La matrice est composée d'une 'tunique nerveuse', ce qui explique le plaisir. Une autre caractéristique de cet organe est d'être *villosa* (velue) afin de retenir le sperme. C'est la détérioration des

[10] S. de Renzi, *Collectio Salernitana* (Napoli, 1852-1859), t. II, p. 399-400.

villosités, devenues incapables de retenir la semence, qui explique la stérilité des prostituées, opinion que mentionnera soigneusement Vincent de Beauvais[11].

La matrice comporte deux cavités, à droite et à gauche. Une incision permet de découvrir *duos testiculos* (les ovaires), placés au sommet du col de la matrice, à droite et à gauche. C'est grâce à ces deux 'testicules' que la femme émet du sperme dans la matrice. De ce sperme, mélangé à celui de l'homme, est fait l'embryon.

Nous retiendrons de l'analyse de ce texte l'affirmation que le sperme féminin existe, croyance à peu près unanimement reçue durant tout le moyen âge (et même au XVIIe siècle par Descartes).

Après l'examen de la première des descriptions anatomiques de l'École de Salerne, regardons celles qui ferment le cycle et qu'il faut situer entre 1210 et 1240, probablement aux environs de 1225 : l'*Anatomia Nicolai* et l'*Anatomia Ricardi Anglici*[12], texte qu'aurait connu Albert le Grand. Ces descriptions incorporent les connaissances de la médecine arabe, accessibles grâce aux travaux des traducteurs, dont le centre était Tolède à la fin du XIIe siècle. On notera, parmi les grands événements de la science, la traduction du *Canon* d'Avicenne. Il faut aussi parler du *Khitaab-al-Mansuri* de Rhazès, traduit peut-être par le même Gérard de Crémone, latinisé sous le nom de *Liber ad Almansorem*. Il est établi que l'*Anatomia Nicolai* est enrichie des connaissances provenant d'Avicenne et de Rhazès, et cela d'après la traduction de Gérard de Crémone.

Les testicules sont chauds et moites de complexion. Le texte mentionne l'hernie inguinale et le cas des testicules non descendus. Il ajoute peu de choses à Cophon, mais termine sur les différentes hypothèses concernant l'origine du sperme : le cerveau pour Hippocrate (*venae juveniles*) ; le corps entier pour Galien, mais l'élaboration se fait dans le foie.

Si les testicules masculins sont chauds et moites, l'utérus est froid et sec. Il est résistant aux coups de pied du foetus. On trouve dans le texte la belle étymologie que nous avons citée. La théorie des sept cellules y est également exprimée : trois à droite, trois à gauche, une

---

[11] Vincent de Beauvais, *Speculum naturale* (Duaci, 1624), l. XXXI, chap. 26 : 'Prostitutae ergo ex frequentia coitus matricem habent oblimatam, pilosque quibus semen deberet retinere coopertos, unde ad modum marmoris uncti, quicquid recipit statim emittit'.

[12] R. von Töply, *Studien zur Geschichte der Anatomie im Mittelalter* (Leipzig, 1898).

au centre. Les enfants mâles seront localisés dans les cavités de droite ; les femelles dans les cavités de gauche ; l'hermaphrodite occupe la cellule centrale. Il est qualifié de 'monstre', ayant les organes mâles et les organes femelles. A propos de la détermination des sexes, une autre opinion est possible : la quantité respective de sperme masculin et féminin détermine le sexe de l'enfant ; en quantités égales, une créature intermédiaire est produite, affirmation qui trouve sa source dans la théorie aristotélicienne des mélanges.

Dans un texte en langue vulgaire de la fin du XIIIᵉ siècle, le *Dialogue de Placides et Timéo*[13], le nombre des combinaisons possibles est multiplié par la superposition des théories : sept cellules + droite-gauche + l'innovation suivante :

. *sperme masculin jeté à gauche* :
    1) *froid vers l'extérieur* : hommes efféminés et imberbes ;
      *chaleur intérieure* : ils sont féconds ;
    2) *chaleur extérieure* : hommes d'aspect viril ;
      *froid intérieur* : ils sont impuissants ;
. *sperme féminin jeté à droite* :
    1) *chaleur intérieure* : ce sont des femmes insatiables, stériles, de caractère indépendant, au physique plaisant ;
    2) *chaleur extérieure* : elles sont d'aspect viril, noires, barbues, mais elles font de beaux enfants.

Voilà qui nous livre peut-être le secret de l'extraordinaire fortune — trois siècles pendant le moyen âge — de la doctrine des sept cellules, doctrine qui n'a recueilli que les sarcasmes des historiens de la médecine. La pensée médiévale a donné naissance à de nombreuses 'physiognomonies', — élaborées à partir des quatre humeurs par exemple, — qui tentent d'ordonner la diversité des types humains. La doctrine des sept cellules et ses perfectionnements, qui sont des théories fondées sur le nombre et sur la détermination de l'espace dans le corps humain, expliquent l'accident gynécologique qu'est l'hermaphrodite. La version du XIIIᵉ siècle que nous avons évoquée est un instrument remarquablement précis : elle rend compte de l'impuissance, de la stérilité et des anomalies, dans ce que nous appelons aujourd'hui les caractères sexuels secondaires.

L'accident génétique n'a plus valeur de signe annonciateur de calamité ou de manifestation de la colère d'une puissance surnaturelle :

---

[13] *Placides et Timéo*, édition et commentaire de Claude Thomasset (thèse de doctorat d'État, Sorbonne, 1978), p. 175-177 (en cours de publication).

il existe dans un système de probabilités et s'explique par une théorie physico-mathématique. Nous pouvons dire qu'il s'agit d'une explication scientifique.

On peut aussi exploiter une autre affirmation, qui est suggérée par les textes précédemment évoqués : le rapport 'homme-femme'. On a remarqué la similitude du vocabulaire dans la description des organes de la femme et de l'homme. La formule selon laquelle les organes génitaux de la femme sont ceux de l'homme inversés, présente dans l'œuvre d'Aristote, a été systématisée par Galien :

> Toutes les parties de l'homme se trouvent aussi chez la femme. Il n'y a de différence qu'en un point, et il faut s'en souvenir dans tout le raisonnement, c'est que les parties de la femme sont internes et celles de l'homme externes, à partir de la région dite périnée[14].

L'affirmation est reprise dans l'*Anatomia Ricardi Anglici* :

> Le col de la matrice est en comparaison de la verge de l'homme et son *sifac*, c'est-à-dire la concavité intérieure est en comparaison des *oschei*, c'est-à-dire des bourses des testicules... Les organes de la génération de l'un et de l'autre sont dans le rapport du sceau qu'on imprime à l'impression du sceau dans la cire[15].

La comparaison physiologique de Galien semble avoir fourni des arguments à une pensée qui n'était guère favorable à la femme. Dans un recueil de *Problemata*, *Problemata varia anatomica*[16], édité d'après un manuscrit du XVᵉ siècle, mais qui semble être un recueil d'opinions pseudo-scientifiques, communément reçues bien auparavant, on trouve de brutales affirmations. La nature tend vers le mieux. L'homme est meilleur que la femme, c'est pourquoi elle tend à engendrer un homme et jamais une femme, parce que la femme est un *vir occasionatus* et un monstre, ainsi qu'il est dit *in libro de animalibus*.

La femme comme mâle imparfait, manqué, est désignée par l'expression *mas* ou *vir occasionatus*, expression qui connaît la notoriété et que nous avons trouvée en ancien français sous la forme 'mâle occoisonneux'. Aegidius Romanus — Gilles de Rome — précise davantage encore dans le *De humani corporis formatione* : la femme y est définie comme *mas occasionatus, mas indigestus*[17]. L'acte de la

---

[14] Galien, *Utilisation des parties du corps*, XIV, 6.

[15] R. von Töply, p. 21.

[16] *Problemata varia anatomica*, édition L.R. Lind (University of Kansas, 1968), p. 67.

[17] Aegidius Romanus, *De humani corporis formatione* (apud J. Symbenium, 1626), p. 158.

semence mâle, contrarié dans son dessein primitif, n'aboutit qu'à une femme. L'utilisation de l'aristotélisme permet de définir la femme comme un être de seconde catégorie, comparé à la perfection masculine. C'est la finalité de la nature qui est contrariée dans son projet par la résistance de la matière.

L'étude des descriptions anatomiques nous a permis de connaître les organes de la génération, voyons maintenant leur fonctionnement.

Si le sperme vient du cerveau, il est déjà blanc. En effet, les veines qui conduisent du cerveau aux testicules y amènent du sang déjà blanchi, qui servait à la nutrition du cerveau. C'est l'opinion de l'*Anatomia Ricardi Anglici*.

On trouve aussi très fréquemment l'opinion du *Liber al-Mansuri* de Rhazès :

> Aux testicules arrivent des rameaux se détachant des branches du corps ; ces rameaux, en s'entortillant, forment des circonvolutions nombreuses qu'entoure une chair glanduleuse blanche qui convertit le sang qu'elle contient, jusqu'à ce qu'il devienne blanc. De ces rameaux ce sang blanc se rend aux testicules, alors il se change d'une manière plus intense et plus spéciale et devient à cet endroit sperme parfait[18].

Galien, qui est à la source de ces affirmations, parlait de 'coction' du sang dans des 'circuits innombrables comme les vrilles de la vigne'. Le sperme est toujours valorisé, c'est la quintessence du liquide nourricier par excellence, le sang. L'idée de la purification par la circulation dans les capillaires sera extrêmement féconde dans d'autres domaines de la spéculation humaine. S'imposent à nous non seulement un rapport de deux couleurs, qui est peut-être à découvrir dans d'autres textes, mais également le lien constant entre le sperme et le sang, c'est-à-dire entre l'acte d'amour et l'hémorragie souvent associés d'étrange manière dans la littérature.

De toute façon, l'excès vénérien est dangereux et doit provoquer un écoulement sanguin : le sperme n'ayant pas été élaboré s'échappe sous sa forme primitive. A la suite d'Avicenne, c'est la doctrine retenue par Albert le Grand, qui fournit une équivalence chiffrée entre sang et sperme : l'affaiblissement de l'organisme par l'émission de sperme, fruit de la quatrième digestion, correspond à celui que produirait une perte de sang égale à quarante fois la quantité de sperme[19].

Il nous faut maintenant parler d'un problème qui est apparemment

---

[18] P. de Koning, *Trois traités d'anatomie arabe* (Leyde, 1903), p. 85.
[19] Avicenne, *Canon*, III, 20, 1, 3. — Albert le Grand. *De animalibus*, III, 2, 8 ; édition Stadler III, 2, 8, p. 343.

à ranger dans la rubrique sperme masculin, car il s'agit du *sperma leprosi*. Cette croyance définit en fait une obsession de l'homme médiéval vis-à-vis de la femme. Tout le moyen âge a cru en effet que l'homme qui a des rapports sexuels avec une femme qui vient de connaître un lépreux, contracte la maladie. C'est de cette manière que Guillaume de Conches pose le problème : si un homme lépreux connaît une femme, celle-ci ne sera pas contaminée; mais l'homme qui le premier la connaîtra, sera victime de la maladie[20].

Ce problème fait également l'objet de la question XLI des *Quaestiones naturales* d'Adélard de Bath. Cette affirmation est peut-être antérieure à la précédente. L'information d'Adélard est plus vaste; il dispose en outre d'une bonne connaissance de la science gréco-arabe. L'affirmation est reprise par Vincent de Beauvais, qui cite Guillaume de Conches.

L'idée de la contagion immédiate de la lèpre par le coït est — semble-t-il — bien enracinée dans la conscience populaire, puisque dans *Montaillou, village occitan*, l'étudiant Arnaud de Verniolles déclare :

> Je demeurais à Toulouse; un jour, 'je fis la chose' avec une prostituée. Et après la perpétration de ce péché, mon visage a commencé d'enfler. J'ai bien cru, alors, terrifié, que j'étais devenu lépreux[21].

Selon Brody[22], qui a consacré un ouvrage à la lèpre dans la littérature et la pensée médiévale, l'association de l'acte vénérien et de la lèpre se trouve déjà exprimée chez le médecin hindou Susruta, et la migration de cette connaissance peut être suivie.

Au moyen âge, elle constitue un exemple privilégié de rencontre de l'opinion scientifique, de la conscience populaire et de l'expression littéraire.

Du point de vue purement scientifique, cette croyance pose le problème de l'existence, sinon de la 'syphilis', du moins de l'existence d'une 'tréponématose endémique', éteinte par la flambée épidémique rapportée par les marins de Christophe Colomb. L'obsession de la lèpre englobait, dans un ensemble d'autant moins analysé qu'on s'éloigne du texte purement médical, diverses affections.

La lèpre peut certes être envisagée comme le châtiment de la luxure, mais notre conviction est qu'une telle croyance a d'autant plus de crédit

---

[20] Guillaume de Conches, *De substantiis*, VI (Argentorati, 1567), p. 242.

[21] E. Le Roy Ladurie, *Montaillou, village occitan* (Paris, 1975), p. 210.

[22] S.N. Brody, *The Disease of the Soul, Leprosy in Medieval Literature* (Cornell University Press, 1974), p. 52-56.

que les théories scientifiques lui donnent une explication. Il nous paraît également évident que le danger du *sperma leprosi* détermine une certaine attitude à l'égard de la femme. Tout le moyen âge la considère comme un vecteur de la maladie, comme un agent de contagion, qui possède le redoutable privilège de ne pas porter les stigmates du mal qu'elle transmet. S'il est question — et c'est possible — de l'infection vénérienne, il est avéré que l'anatomie et la physiologie de la femme masque les premiers temps de l'infection. De nos jours, déclare le docteur Siboulet[23], dans le cas de l'infection syphilitique, le chancre génital n'est pas dépisté dans 95% des cas. Que de bonnes raisons de considérer la femme comme un être double et dangereux!

Revenons au texte littéraire médiéval, au *Tristan de Béroul*. Nous voyons que Tristan sur son tertre, brocardant le roi Marc, fournit une réponse scientifique :

> Mot avoie cortoise amie
> Por lié ai je ces boces lees ;
> .........................
> Dans rois, ses sires ert meseaus,
> O lié faisoie mes joiaus,
> Cist maus me prist de la comune[24].

C'est presque l'affirmation d'Adélard de Bath ou de Guillaume de Conches. Il serait légitime — au-delà des données de la légende et de l'interprétation psychologique — de découvrir là l'attitude d'une collectivité, à un moment de son histoire, à l'égard de la lèpre, c'est-à-dire de l'acte sexuel et de la femme. Nul doute qu'Yseut n'ait des affinités avec cette maladie, nul doute non plus qu'elle n'amène Tristan à prendre le déguisement, c'est-à-dire les signes de la lèpre. Il se pourrait que la présence de la lèpre dans le roman traduisît la manifestation de tout un courant clérical, pessimiste à l'égard de la femme, exprimant ainsi une hantise médico-religieuse. A l'opposé, en revanche, s'édifie en valeur aristocratique, l'amour et son accomplissement.

Consacrons-nous au sperme féminin. Son existence est due à Hippocrate dans son traité *De la Génération* :

> La femme aussi éjacule à partir de tout le corps, tantôt dans la matrice — et la matrice devient humide — tantôt en dehors, si la matrice est plus béante qu'il ne convient[25].

[23] *Encyclopedia Universalis*, art. 'Syphilis', t. 15, p. 668.
[24] Béroul, *Le Roman de Tristan*, édition E. Muret (Paris, 1957), v. 3771-3774, p. 116.
[25] Hippocrate, *De la génération*, IV, traduction R. Joly (Paris, 1970), p. 46-47.

L'École de Salerne confirme l'existence du sperme féminin. Mais, comme l'avait déjà affirmé Galien, il est moins élaboré que celui de l'autre sexe. Le cheminement du sperme est long chez l'homme, car le sperme doit être subtil; plus rapide chez la femme, car le sperme de celle-ci doit être plus 'grossier et plus humide' que le sperme de l'homme.

Le rôle du sperme féminin dans la conception est discuté. Guillaume de Conches affirme que la conception ne peut avoir lieu que par la réunion des deux spermes. A l'appui de la démonstration, il avance un argument tiré de la stérilité des prostituées:

> Celles qui accomplissent l'acte uniquement par vénalité, n'en éprouvent aucun plaisir, n'ont aucune émission et partant n'engendrent pas [26].

L'exemple de la femme violée tendrait à apporter un argument contraire. Guillaume, avec un cynisme qui ferait bondir les féministes, déclare tranquillement:

> Quoiqu'au début l'acte déplaise, à la fin cependant, à cause de la fragilité de la chair, les femmes violées ont du plaisir [27].

David de Dinant [28] paraît bien refléter les incertitudes de ce débat. A la question de savoir si les deux spermes ou si le sperme masculin et le sang menstruel interviennent dans la conception, il n'apporte pas de réponse, mais se contente d'opposer Aristote, qui nie le rôle du sperme féminin, à Hippocrate, qui affirme sa nécessité.

Les textes arabes qui analysent l'acte d'émission sont tout à fait remarquables: d'une part, il nous permettent d'identifier émission chez la femme et orgasme; d'autre part, ils permettent de s'interroger sur la nature du plaisir féminin. La matrice attire le sperme, par mouvements successifs, chacune de ces secousses le poussant vers le fond de celle-ci:

> A cause de ces mouvements la jouissance des femmes est doublée, car elles éprouvent de la jouissance par le mouvement de leur propre sperme et par le mouvement du sperme masculin qui se rend par l'orifice de la matrice à l'intérieur de cet organe, ou plutôt elles éprouvent de la jouissance par le mouvement même qui a lieu dans la matrice.

Avicenne réfute l'opinion de celui qui dit que

> la jouissance parfaite dépend de l'éjaculation du sperme de l'homme; l'éjaculation de l'homme seul provoque une jouissance faible, comme celle

---

[26] Guillaume de Conches, p. 240: 'prostitutae igitur quae pro solo praetio coeunt, nullam delectationem illic habentes, nil emittunt: et ideo nil gignunt'.

[27] Guillaume de Conches, p. 241.

[28] M. Kurdziałek, 'Anatomische und embryologische Aüsserungen Davids von Dinant', *Sudhoffs Archiv*, 45, 1 (1929), p. 10-11.

qu'éprouve l'homme avant le mouvement de son sperme et qui ressemble à la démangeaison du *wadi* (humeur prostatique)[29].

Nous ne dirons qu'un mot du phénomène de la menstruation. Aristote fournit une définition des menstrues comme résidu de la nourriture, dont la coction n'a pas été achevée : le flux menstruel est abondant, car la femme est un être plus faible, qui possède moins de chaleur que l'homme. C'est l'avis de Guillaume de Conches qui ajoute : lorsque la conception a eu lieu, la chaleur *ex fœtu* est augmentée, la quantité de superfluités disparaît, car elle sert de nutrition au foetus[30].

Cette opinion reçoit également la caution de Rhazès et d'Avicenne, qui établissent de surcroît une parenté entre le sang menstruel et le lait :

> En effet, puisque l'enfant vient d'être nourri du sang menstruel, il a besoin d'une nourriture dont la nature approche du sang menstruel, et la matière qui a cette qualité, c'est le lait, parce que le lait est formé de sang menstruel.

Ce sang a toutefois besoin d'une forte coction.

Nous n'entrerons pas dans le champ immense des superstitions attachées aux menstruations et dont Isidore de Séville donne de beaux exemples. Nous avons été plus sensible aux affirmations qui unissent les menstrues et la lèpre. Les rapports pendant les règles, soit mettent en péril le foetus, qui peut être atteint par la lèpre, chez Gilles de Rome[31] ; soit provoquent cette maladie chez l'homme à la suite du coït, dans le *De Secretis mulierum*[32].

Dans la génération, le sperme masculin imprime la forme à la matière fournie par le sperme féminin. La physique aristotélicienne et ce rapport 'matière-forme' sous-tendent la plupart des affirmations de l'embryologie médiévale. Cette première opération se traduit sur le plan de la physique par une coagulation. Le mystérieux passage de l'état liquide à l'état solide est comparable à l'action de la présure sur le lait. Cette idée aristotélicienne est une des comparaisons fondamentales de la pensée occidentale médiévale.

Le rapport de l'élément mâle et de l'élément femelle est souvent souligné par des comparaisons aristotéliciennes, telles que celle du charpentier construisant la maison. Nul doute que cette vision

---

[29] P. de Koning, p. 770.
[30] Guillaume de Conches, p. 244-245.
[31] Aegidius Romanus, p. 140.
[32] *De secretis mulierum* (Lugduni, 1615), p. 66.

aristotélicienne n'instaure un certain rapport de l'homme et de la femme, déduit de leur rôle respectif dans l'acte de concevoir.

Reprenons notre propos au moment où la mixtion des spermes est intervenue. Le premier événement est la clôture de la matrice de manière si hermétique que même la pointe d'une aiguille n'y pourrait pénétrer, affirmation d'Hippocrate, qui traverse toute l'histoire de la gynécologie.

La femme enceinte éprouve un désir très vif après la conception. Ce lieu commun de la médecine médiévale s'explique par le fait que le sperme masculin excite les nerfs inférieurs, mais ne parvient pas aux nerfs supérieurs.

Le second événement est la formation d'une enveloppe du foetus. Pour Cophon, par un mécanisme analogue au feu qui durcit la périphérie de la pâte, est formée la secondine, *quae est camisia fetus* [33]. L'*Anatomia Ricardi Anglici* [34] parle de trois enveloppes selon la loi de nature qui veut que les arbres et certains fruits possèdent une triple enveloppe.

L'embryologie est riche en analogies végétales qui remontent à la plus lointaine antiquité : la nutrition est effectuée par l'ombilic comme les plantes par la racine; comme les plantes qui ont d'abord des racines, le cœur qui doit fournir la nutrition est créé le premier (chez David de Dinant); la femme peut avoir plusieurs enfants comme l'arbre peut porter plusieurs fruits.

Chez Razès et chez Avicenne, l'acte décisif de la formation de l'embryon se présente de la manière suivante :

> Lorsque les semences sont mêlées, il se produit des bulles à cause de la chaleur du sang. Ces bulles se réunissent les unes aux autres et il se forme à partir des dites bulles une grande quantité de pneuma [35].

Cette curieuse opération est analogue à une ébullition. Le pneuma crée ensuite trois vésicules. Au sein de la matière œuvrent trois esprits : le *spiritus naturalis* pour former le foie, le *spiritus vitalis* pour former le cœur et le *spiritus animalis* pour former le cerveau.

Des trois vésicules naissent ces trois organes. La controverse existe pour savoir lequel est formé le premier : pour Aristote, c'est le cœur; pour Hippocrate, le cerveau, et il s'accorde en cela à Ysaac qui compare l'homme à un arbre renversé, le cerveau étant la racine de l'arbre.

[33] S. de Renzi, t. II, p. 400.
[34] R. von Töply, p. 23-24.
[35] P. de Koning, p. 403.

Les sept premiers jours correspondent au stade de l'écume et des trois vésicules principales. Ces affirmations détaillées sont reprises par l'*Anatomia Ricardi*[36].

L'École de Salerne lègue également une série de vers, qui ont connu sans doute la plus grande diffusion et dont s'accommodent les œuvres de vulgarisation : liquide comparable à du lait les six premiers jours, sang pendant les neuf jours suivants, vie au quarantième jour[37].

Nous bornerons-là nos considérations d'embryologie afin de nous interroger sur la sexualité médiévale.

Deux remarques s'imposent.

Si l'on suit la pensée scientifique, chaque rapport peut aboutir à la conception, et la vie sexuelle des humains s'inscrit dans une longue continuité de la fécondité, qui peut être extraordinairement interrompue par des accidents naturels (grossesse) ou inexplicables (stérilité).

La seconde remarque concerne l'Église, qui, sans doute, à cause de la pensée scientifique de l'époque, n'a pas dissocié contraception et infanticide avec autant de netteté qu'il eût été désirable. Il existe une certaine contradiction entre la question de l'avortement et la théorie de l'animation de l'embryon. La patrologie grecque inclinait à une animation immédiate dès la conception. De la patrologie latine se dégage l'idée, surtout chez Saint Augustin et chez Gennade de Marseille, que le corps doit être formé pour qu'apparaisse l'âme. Tous les auteurs affirmeront comme celui-ci :

>     … corpore vero jam formato animam creari…[38]

Le Droit Canon fixera l'animation au 40e jour pour les mâles et au 80e pour les femelles. Aristote apporte la théorie de la succession des âmes, qui va triompher chez Pierre Lombard et Saint Thomas : âme végétative, sensitive, raisonnable. Curieusement, l'Église n'a voulu accorder une âme qu'à l'embryon donnant représentation de l'être

---

[36] R. von Töply, p. 23-24.

[37] S. de Renzi, *Flos medicinae*, 2e édition (Napoli, 1859), p. 51, cap. VII, *Generatio hominum* :

>     Massa rudis primo, post embrio, postea foetus.
>     Conceptum semen sex primis crede diebus.
>     Est quasi lac, reliquisque novem fit sanguis, et inde
>     Consolidat duodena dies, bis nona deinceps
>     Effigiat, tempusque sequens augmentat in ortum.
>     ...........................................
>     Post quadraginta dies vitam capit hic animamque.

[38] Formule de Gennadius, citée par Vincent de Beauvais dans le *Speculum naturale*, XXXI, chap. 49.

humain. Cette défiance à l'égard du premier stade de la vie semble bien avoir permis certaines pratiques abortives. On relève dans l'ouvrage de J.T. Noonan, *Contraception et mariage*, des exemples qui illustrent ce fait: différence de peine, au cours du haut moyen âge, entre l'avortement après et avant le 40ᵉ jour; l'indulgence du pape Innocent III à l'égard d'un moine coupable d'avoir fait avorter sa maîtresse. Le pape déclare que le moine ne peut être frappé d'irrégularité si le foetus n'était pas 'vivifié', opinion conservée par Gratien et par les *Sentences* de Pierre Lombard[39].

Après cette remarque, il faut s'interroger sur une autre contradiction: la position de l'Église vis-à-vis de la contraception et le discours médical, qui consacre une part importante aux contraceptifs. Interrogeons un médecin comme Petrus Hispanus[40]; il mentionne:

— *aphrodisiaques*: *Ad coitum excitandum*, 34 recettes. On trouve sous cette rubrique des aphrodisiaques, mais aussi des procédés permettant d'éloigner les maléfices: aspect de défense de la maison familiale.
— *anaphrodisiaques*: *De suffocatione libidinis*, 27 recettes. L'Église est plus tolérante sur ce sujet. Les potions qui endorment l'activité sexuelle sans porter atteinte au corps humain sont tolérées. Le problème des communautés religieuses est à évoquer. Chez Arnaud de Villeneuve on trouve mention des moines et des religieuses, voués à la chasteté, qui subissent les assauts du diable. Pour les hommes, il faut surtout éviter les nourritures flatulentes (voir mécanisme de l'érection par *multo spiritu*).
— *anticonceptionnels*: *De impedimento conceptus*, 26 moyens d'éviter la grossesse. Il faut prendre en considération la raison qui est avancée: *Quando mulier non vult concipere, quod forte timet mori*. Que de drames et de cas de conscience dans cette simple phrase! Toute indication du psychisme de la femme passe par la connaissance du pourcentage des femmes mortes en couches.
— *moyens de faciliter la conception*: *Ut mulier concipiat*, 56 recettes.

Le but de l'activité médicale semble bien être la fécondité: la stérilité était signe inquiétant dans la communauté. On est tout de même frappé par la liberté avec laquelle est évoqué le problème des anticonceptionnels, peut-être même par la gravité avec laquelle s'interrogeaient les médecins sur ce sujet, quand la vie de la patiente était en jeu.

Il existe aussi un exemple d'utilisation d'un produit anticonceptionnel

[39] J.T. Noonan, *Contraception et mariage*, traduction M. Jossua (Paris, 1969), p. 299-300.
[40] Petrus Hispanus, *Obras medicas de Pedro Hispano*, édition Maria Helena da Rocha Pereira (Coimbra, 1973): XXXVII, *Ad coitum excitandum*, p. 235-238; XXXVIII, *De suffocatione libidinis*, p. 239-243; XLIV, *De impedimento conceptus*, p. 259-262; *Ut mulier concipiat*, p. 263-271.

comme moyen de pouvoir. Le curé Clergue de Montaillou peut donner du plaisir à Béatrice de Planissoles grâce à son contraceptif, qui fonctionne comme un anticoagulant[41]. Se trouve ainsi posé le problème des rapports d'une élite intellectuelle et des femmes, le problème des clercs et des femmes.

Il faut enfin s'interroger pour savoir s'il n'existe au moyen âge qu'une *scientia sexualis* ou si l'on a réfléchi sur le plaisir.

Une partie des traités médicaux paraît de prime abord devoir répondre à cette question, c'est le *Liber de Coitu*. Malheureusement, celui de Constantin l'Africain, par exemple, est décevant. C'est un texte qui se borne à expliquer le mécanisme de la conception, à déterminer les heures favorables à l'acte sexuel, compte tenu des mécanismes de la digestion. La médecine a toujours constaté la nécessité de l'usage raisonnable du coït. Arnaud de Villeneuve[42] retient la fréquence de 1 à 3 par semaine. Le coït immodéré abrège l'existence. C'était déjà l'opinion de Maïmonide :

> L'épanchement du corps assure au corps sa force et entretient sa fraîcheur. Il procure un bien-être immense. Mais une dépense excessive de semence entraîne le dépérissement du corps et de ses forces et de sa vitalité. C'est ce que nous apprend Salomon, lorsqu'en son style figuré, il nous donne ce conseil : 'Ne livre pas aux femmes ta vigueur'[43].

Dans tous les textes le plaisir est justifié selon l'argument traditionnel de la conservation de l'espèce. Il ne faut pas chercher systématiquement un *ars erotica* du côté du *Liber de coitu*.

C'est Avicenne qui montrera le plus de hardiesse dans ce domaine. Toujours — il est vrai — dans le but d'assurer la génération, il déclare :

> Non est turpe medico cum loquitur de magnificatione virge et coangustatione receptricis et delectatione mulieris[44].

A cause de la petite taille du pénis, la femme peut être frustrée de son plaisir, dit-il; dans ce cas-là, elle n'émet pas de sperme et n'engendre pas de fils. La théorie de la génération, ajoutée à l'idée de sperme féminin que nous avons exploitée en embryologie, pourrait

---

[41] E. Le Roy Ladurie, *Montaillou*, p. 248.

[42] Arnaud de Villeneuve, *Opera* (Lugduni, apud S. de Gabiano, 1532), in fol. Voir *De ornatu mulierum, Ad delectationem in coitu*, fol. 271.

[43] Maïmonide, *Le livre de la connaissance*, traduction V. Nikiparowetzky et A. Zaoui (Paris, 1961), chap. IV, 19, p. 134.

[44] Avicenne, *Canon*, traduit par Gérard de Crémone dans *Mediolani* (P. de Lavagnia, 1473) (B.N. Rés. T²⁹ 6A). — Pour localiser le passage lib. III, fen. XX, tr. II (Venetiis, apud Juntas, 1612, 377).

bien être une invitation à découvrir le plaisir de la femme, une reconnaissance de sa spécificité psychique et physiologique.

En effet, si la femme n'assouvit pas son désir, l'engendrement n'a pas lieu. De plus, dans ce cas-là, il est normal que les épouses frustrées recherchent d'autres hommes ou qu'elles *redeunt ad fricationem cum mulieribus ut perficiant inter eas complementum*.

Il est permis d'affirmer que les textes médicaux témoignent d'une compréhension tout à fait remarquable des problèmes sexuels. Le sperme féminin, qui attire les railleries sur les connaissances médiévales en matière de physiologie, est un élément qui témoigne de la compréhension du comportement sexuel de la femme. L'engendrement requiert une participation de la femme, qui se traduit par un acte physiologique, et les médecins ont été attentifs à cet acte. En outre, si l'on rassemblait les indications concernant telle ou telle pratique, tel ou tel onguent — par exemple chez Arnaud de Villeneuve — peut-être pourrait-on découvrir un souci technique de recherche du plaisir, l'ébauche d'une formulation d'un *ars erotica*, qui est introduit par le biais du discours médical.

Nous nous sommes efforcé, tout au long de cette revue rapide et forcément incomplète des problèmes relatifs à la génération et à la sexualité, d'abolir le réflexe de la pensée moderne, qui ne veut voir dans les affirmations de la science médiévale que des 'curiosités'. Il faut au contraire prendre en charge le système entier de la pensée scientifique, afin de découvrir qu'on ne véhicule pas des absurdités pendant des siècles, mais tout simplement des réponses cohérentes aux questions fondamentales. Ainsi les notions si fréquemment tournées en ridicule des sept cellules de la matrice et du sperme féminin nous semblent posséder une véritable fonction explicative, comme d'ailleurs tous les éléments du système. La tradition médiévale sur la génération est complexe, car elle est une synthèse d'influences multiples et l'enjeu d'un débat philosophique et théologique. Malgré les contraintes venues de divers horizons, la pensée médicale s'interroge sur le problème de la sexualité avec une grande hardiesse et formule des hypothèses capables de lui permettre une bonne approche de ce problème.

Paris

Raymund Kottje

# EHE UND EHEVERSTÄNDNIS
# IN DEN VORGRATIANISCHEN BUßBÜCHERN*

Wer sich über Ehe und Eheverständnis im frühen und hohen Mittelalter, näherhin in Recht, Moral, Brauchtum und bei kirchlichen Autoritäten bis Gratian informieren will, kann auf eine recht umfangreiche Literatur zurückgreifen; dem Gegenstand hat unter verschiedenen Aspekten seit langem das Interesse der Forschung gegolten [1]. Auch die in Betracht kommenden Quellen scheinen lückenlos herangezogen und ausgeschöpft zu sein: Kirchenväter, mittelalterliche Theologen und Päpste, Dichtung und Hagiographie, Chronistik und Annalistik, Sakramentare, Ordines und Pontifikalien, vor allem aber die

---

* Erst nach dem Abschluß dieser Untersuchung und nach dem Vortrag lernte ich den Beitrag von R. Manselli, 'Il matrimonio nei penitenziali', in *Il matrimonio nella società altomedievale* (s. Anm. 1), 287-315 kennen. Obwohl die Beiträge thematisch fast übereinstimmen, überschneiden sie sich nicht, kommen sie auch nicht zu unterschiedlichen Ergebnissen, ergänzen sich vielmehr.

[1] Vgl. die reiche Bibliographie zu den Artikeln 'Ehe' von P. Mikat, in *Handwörterbuch zur deutschen Rechtsgeschichte*, hrsg. v. A. Erler u. E. Kaufmann, I 4 (1967), 830-33, und 'Ehe, kirchenrechtlich' von F. Merzbacher: ebda. 836; außerdem M. Müller, *Die Lehre des hl. Augustinus von der Paradiesesehe und ihre Auswirkung in der Sexualethik des 12. und 13. Jahrhunderts bis Thomas von Aquin*, Studien zur Geschichte der katholischen Moraltheologie, 1 (Regensburg, 1954); an neueren Arbeiten seien nur genannt J. Gaudemet, 'Le lien matrimonial: Les incertitudes du haut moyen âge', *Revue de droit canonique*, 21 (1971), 81-105; P. Mikat, 'Zu den Voraussetzungen der Begegnung von fränkischer und kirchlicher Eheauffassung in Gallien', in *Diakonia et Ius. Festgabe f. Heinrich Flatten*, hrsg. v. H. Heinemann u.a. (1973), 1-26; H. Zeimentz, *Ehe nach der Lehre der Frühscholastik*, Moraltheologische Studien, Hist. Abt., Bd. 1 (Düsseldorf, 1973); M.M. Sheehan, 'Marriage and Family in English Conciliar and Synodal Legislation', in *Essays in Honour of A.Ch. Pegis*, ed. J.R. O'Donnell (Toronto, 1974), 205-214; vor allem *Il matrimonio nella società altomedievale*, Settimane di studio del Centro italiano di studi sull' alto medioevo, XXIV, 2 Bde. (Spoleto, 1977); ferner M. Makowski, 'The conjugal debt and medieval canon law', *Journ. of Med. Hist.*, 3 (1977), 99-114; H. Winterer, *Die rechtliche Stellung der Bastarde in Italien von 800 bis 1500*, Münchener Beiträge zur Mediävistik und Renaissance-Forschung, 28 (München, 1978), bes. 39-47; P. Mikat, *Dotierte Ehe-rechte Ehe. Zur Entwicklung des Eheschließungsrechts in fränkischer Zeit*, Rhein.-Westf. Akademie der Wissenschaften - Geisteswissenschaften, Vorträge G 227 (Opladen, 1978); G. Duby, *Medieval Marriage: Two Models from Twelfth-Century France*, Johns Hopkins Symposia in Comparative History, 11 (Baltimore-London, 1978) und zuletzt H. Mordek, 'Ehescheidung und Wiederheirat in der Frühkirche', *Revue de droit canonique*, 28 (1978), 218-222.

zahlreichen Texte des römischen, des germanischen und vor allem des kirchlichen Rechts. Nur eine Quellengattung bleibt häufig unbeachtet: Die Bußbücher[2]. Sie scheinen vielen Historikern wie Theologen und Juristen so gut wie unbekannt zu sein, jedenfalls in ihrem besonderen Wert für historische Erkenntnisse[3]. Eine Ausnahme

[2] Das gilt nicht generell für die Darstellungen des kirchlichen Eherechts aus der Zeit vor 1918, d.h. vor dem Inkrafttreten des CIC, vgl. z.B. J. Freisen, *Geschichte des kanonischen Eherechts bis zum Verfall der Glossenliteratur*, 2. Aufl. (1893, Neudr. Aalen, 1963), A. Esmein, *Le mariage en droit canonique*, I (Paris, 1891), und ebenso noch dessen Neubearbeitung von R. Génestal-J. Dauvillier, II, 2. Aufl. (Paris, 1935), von denen die Bußbücher je relativ breit berücksichtigt worden sind.

Erst in jüngster Zeit haben die Bußbücher bei der Behandlung von historischen wie systematischen Fragen der Ehe wieder Beachtung gefunden: vgl. außer dem in der Vorbemerkung genannten Beitrag von Manselli, die Untersuchungen von P. Manns, 'Die Unauflösbarkeit der Ehe im Verständnis der frühmittelalterlichen Bußbücher', in *Die öffentlichen Sünder oder: Soll die Kirche Ehen scheiden?*, hrsg. v. N. Wetzel (Mainz, 1970), 42-75 u. 275-302, C. Vogel, 'Les rites de la célébration du mariage: Leur signification dans la formation du lien durant le haut moyen âge', in *Il matrimonio nella società altomedievale* (s. Anm. 1), 397-465, sowie R. Manselli, 'Vie familiale et éthique sexuelle dans les pénitentiels', in *Famille et parenté* (Rome, 1977), 363-378. — Einen gut informierenden Überblick über Eigenart und Vielfalt der Bußbücher bieten die Artikel von G. Le Bras, 'Pénitentiels', in *DThC*, XII 1 (1933), 1160-9, C. Vogel, 'Bußbücher', in *LThK*, II[2] (1958), 802-5, L. Bieler, 'Penitentials', in *NCE*, XI (1967), 86 f.; vgl. auch P. Fournier - G. Le Bras, *Histoire des collections canoniques en Occident*, I (1931, Neudr. Aalen, 1972), bes. 52 ff., 84 ff., 98 f., 108 ff. u. 347 ff.; J.T. McNeill - H.M. Gamer, *Medieval Handbooks of Penance. A Translation of the Principal 'libri poenitentiales' and Selections from related Documents* (1938, Repr. New York, 1965), bes. 23 ff.; K. Hughes, *Early Christian Ireland: Introduction to the Sources* (London, 1972), 82-89; M.C. Diaz y Diaz, 'Para un estudio de los penitenciales hispanos', *Études de Civilisation médiévale (IXe-XII[e] siècles). Mélanges E.-R. Labande* (Poitiers, 1974), 217-222; R. Pierce, 'The "Frankish" Penitentials', *Studies in Church History*, 11 (Oxford-New York, 1975), 31-39; R. Kottje, 'Die frühmittelalterlichen kontinentalen Bussbücher. Bericht über ein Forschungsvorhaben an der Universität Augsburg', *Bull. of Med. Canon Law*, NS. 7 (1977), 108-111, vor allem jetzt C. Vogel, *Les 'Libri paenitentiales'*, Typologie des Sources du moyen âge occidental, Fasc. 27 (Turnhout, 1978), wo auch S. 107 f. knapp auf die Unterschiede in der Wertung von Ehe und Ehescheidung hingewiesen wird. — Die reichsten handlichen Sammlungen von Bußbücher-Editionen bilden nach wie vor F.W.H. Wasserschleben, *Die Bußordnungen der abendländischen Kirche* (1851, Nachdr. Graz, 1958) und H.J. Schmitz, *Die Bußbücher und die Bußdisziplin der Kirche* (1883), sowie ders., *Die Bußbücher und das kanonische Bußverfahren*, II (1898, Nachdr. beider Bände Graz, 1958; im folgenden zitiert Schmitz I und II); zur Problematik der Editionen vgl. McNeill-Gamer, *Medieval Handbooks*, 51-55 u. Kottje 'Die frühmittelalterlichen kontinentalen Bussbücher', 108 u. 110 m. Anm. 11.

[3] So werden im *Handbuch der Kirchengeschichte*, hrsg. v. H. Jedin, Bd. II 2 (1975), 174 das Erzbischof Theodor von Canterbury (669-690) zugeschriebene Bußbuch, ebda. III 1 (1966), 113 u. 135 allgemein die 'insularen Poenitentialien' sowie 'neue, im Geist der römisch-altkirchlichen Disziplin abgefaßte Poenitentialien, von denen die ersten (!) auf Halitgar von Cambrai (817-831) zurückgingen' erwähnt (E. Ewig) und offenbar lediglich als Rechtsbücher verstanden. Aber weder hier noch in anderen Darstellungen der frühmittelalterlichen Geschichte werden sie als Zeugnisse auch der

bildeten bis zum Inkrafttreten des CIC 1918 die meisten Kirchen-
rechtler[4], während den Bußbüchern selbst in Darstellungen der Geschichte des kirchlichen Rechts heute oft nur noch wenige Sätze gewidmet
sind[5]. Eine wie aufschlußreiche Erkenntnisquelle sie jedoch darstellen,

religiösen, kulturellen und sozialen Verhältnisse gewertet und genutzt. So überrascht es
auch nicht, daß etwa im *Handbuch der deutschen Wirtschafts- und Sozialgeschichte*,
hrsg. v. H. Aubin u. W. Zorn, Bd. 1 (1971), 80 f. als Quellen der Sozialgeschichte
u.a. die germanischen Volksrechte und die Kapitularien genannt werden — nach
Bosl ebda. 134 zu den 'bislang immer noch … besten Quellen' der Sozialgeschichte der
'archaischen Zeit' (ca. 500-11. Jhdt.) gehörig —, daß aber die Bußbücher nicht einmal
erwähnt werden. Auf diese um der Sache willen bedauerliche Nichtberücksichtigung
der Bußbücher weist auch Manselli, '*Il matrimonio*' (s. Vorbem.), 287 A. 1 hin:
'I libri penitenziali quali fonti per la mentalità religiosa, sociale, culturale del Medio
Evo non hanno suscitato finora quell' interesse nella storiografia che meriterebbero'.
Vgl. andererseits Th.P. Oakley, 'The Penitentials as Sources for Mediaeval History',
*Speculum*, 15 (1940), 210-223; L. Bieler, 'The Irish Penitentials. Their Religious and
Social Background', *Studia Patristica*, 8 (1966), 329-339; C. Paganini, 'Presenza dei
penitenziali irlandesi nel pensiero medievale', in *Studia et documenta historiae et iuris*,
33 (1967), 359-366; R. Kottje, *Studien zum Einfluß des Alten Testamentes auf Recht
und Liturgie des frühen Mittelalters (6.-8. Jahrhundert)*, Bonner Historische Forschungen,
23, 2. Aufl. (Bonn, 1970), pass., sowie die Anm. 2 zitierten Beiträge von Manselli und
Vogel.

⁴ So nennen Lehr- und Handbücher des Kirchenrechts vor 1918 unter den Quellen des
Kirchenrechts auch die Bußbücher, vgl. z.B. E. Friedberg, *Lehrbuch des katholischen und
evangelischen Kirchenrechts*, 6. Aufl. (Leipzig, 1909), 138; J.B. Sägmüller, *Lehrbuch
des katholischen Kirchenrechts*, I, 3. Aufl. (Freiburg, 1914), 153-55 und als Quellen zur
Geschichte der kirchlichen Straf- und Disziplinarstrafgewalt hat auch P. Hinschius,
*System des katholischen Kirchenrechts mit besonderer Rücksicht auf Deutschland*, IV
(1888, Nachdr. Graz, 1959), 824-30 die Bußbücher benutzt; hingegen sucht man etwa
im Register des gängigsten deutschen *Lehrbuch des Kirchenrechts* der Nachkriegszeit
von E. Eichmann-Kl. Mörsdorf, 11. Aufl. (1964-67) oder im *Kleinen Wörterbuch des
Kirchenrechts für Studium und Praxis* von H. Herrmann (1972) das Stichwort 'Bußbuch'
oder 'Pae-, Pe-, Poenitentiale' vergebens.
Bezeichnend für diesen seit 1918 eingetretenen Wandel scheint auch, daß in Wetzer
und Welte's *Kirchenlexikon*, Bd. II, 2. Aufl. (1883) dem Artikel 'Beichtbücher (Pönitential-
bücher, Bußordnungen)' mehr als 11 Spalten (209-221) eingeräumt sind, im *Lexikon für
Theologie und Kirche*, 2. Aufl., Bd. II (1958) dem entsprechenden Artikel ('Bußbücher,
libri poenitentiales, Pönitentialien, Beichtbücher') nur knapp 3 Spalten (802-805). Eine
rühmliche Ausnahme stellen die *Prolegomena* von A. van Hove, eine ausführliche
rechtsgeschichtliche Einleitung als Bd. I zum *Commentarium Lovaniense in Codicem
Iuris Canonici*, 2. Aufl. (Mechliniae-Romae, 1945) dar, in denen S. 283-290 u. 295-
299 relativ eingehend über die frühmittelalterlichen insularen und kontinentalen Bußbücher gehandelt wird. Aus der älteren kanonistischen Spezialliteratur ist hier noch
besonders zu nennen P. Hinschius, 'Das Ehescheidungsrecht nach den angelsächsischen
und fränkischen Bußordnungen', *Zs. f. dt. Recht*, 20 (1861), 66-87.
⁵ Vgl. H.E. Feine, *Kirchliche Rechtsgeschichte*, I, 5. Aufl. (Köln-Wien, 1972), 122,
151 u. 220; A. García y García, *Historia del Derecho Canonico*, 1 (Salamanca, 1967),
188 f. u. 292 f.; W.M. Plöchl, *Geschichte des Kirchenrechts*, I, 2. Aufl. (Wien-München,
1960), 219, 393 f.; 401, 405 u. 442 f.; andererseits umfassend und mit Angaben über die
einzelnen Paenitentialien A.M. Stickler, *Historia Iuris Canonici Latini I: Historia fontium*,
2. Aufl. (Roma, 1974), bes. 86 ff., 104 ff., 112 f. u. 154.

möchte ich an dem Beitrag zu zeigen versuchen, den sie zu der Frage nach 'Ehe und Eheverständnis im frühen Mittelalter' bieten.

## I.

Die Heimat der Bußbücher war die Kirche Irlands[6]. Hier bildeten, nachdem das Christentum spätestens seit dem Wirken Patricks etwa in der Mitte des 5. Jahrhunderts Eingang gefunden hatte[7], schon bald Klöster die Zentren der kirchlichen Organisation und der Seelsorge[8]. Klösterliche Ordnungen, Normen und Ideale wurden daher in vielfacher Hinsicht maßgebend für das christliche Leben schlechthin. So wurde auch die im klösterlichen Leben aufgekommene neue Bußpraxis bestimmend für die Bußpraxis in der Kirche Irlands, durch die Iren dann bei den Angelsachsen und nach Überwindung einiger Widerstände auch auf dem europäischen Kontinent[9]. Die neue Bußpraxis war vor allem gekennzeichnet durch die Möglichkeit häufiger Buße, durch die Berücksichtigung von Umständen und Motiven eines Verschuldens sowie durch die Erteilung einer dementsprechend differenzierten Bußleistung[10].

[6] Vgl. B. Poschmann, *Die abendländische Kirchenbuße im frühen Mittelalter*, Breslauer Studien zur hist. Theologie, XVI (Breslau, 1930) 3 ff.; Fournier - Le Bras, I (s. Anm. 2), 52 f.; van Hove (s. Anm. 4), 283 f.; Stickler (s. Anm. 5), 86 f.; L. Bieler, *Irland - Wegbereiter des Mittelalters* (1961), 55 f. (unveränderte engl. Übers. unter dem Titel *Ireland - Harbinger of the Middle Ages*, Oxford, 1965); J.T. McNeill, *The Celtic Churches: A History A.D. 200 to 1200* (Chicago-London, 1974, Neudr. 1975), 83; Pierce (s. Anm. 2), 34 f.

[7] Vgl. K. Hughes, *The Church in Early Irish Society* (London, 1966), 29 ff.; L. Bieler, 'St. Patrick and the Coming of Christianity', in *A History of Irish Catholicism*, I (Dublin-Melbourne, 1967); McNeill (s. Anm. 6), 50-67.

[8] Vgl. J. Ryan, *Irish Monasticism* (London, 1931) (wegen des gebotenen Materials nach wie vor beachtenswert); ferner Stickler (s. Anm. 6), 86 f.; Bieler, *Irland* (s. Anm. 6), 31 f.; Hughes, *The Church* (s. Anm. 7), 62 ff.; McNeill (s. Anm. 6), 69 ff. Die Stellung eines Abtes im damaligen Irland beleuchtet z.B. Synodus s. Patricii III: 'Statuetur ut abbas videat, cui a Domino tribuetur potestas alligandi et solvendi' (Bieler, *Irish Penitentials*, 184).

[9] Vgl. Poschmann (s. Anm. 6), 58 ff.; K. Hughes, *Early Christian Ireland* (s. Anm. 2), 88 f.; Pierce (s. Anm. 2), 35 f., sowie über die Herkunft der erhaltenen Handschriften mit irischen Bußbüchern L. Bieler (ed.), *The Irish Penitentials*, with an Appendix by D.A. Binchy, Scriptores Latini Hiberniae, V (Dublin, 1963), 12-16.

[10] Vgl. *Paenit. Columbani* B, Praef.: 'Diversitas culparum diversitatem facit paenitentiarum' (Bieler, *Irish Penitentials*, 98), übernommen vom *Paenit. Remense* (Ps.-Cummean), Praef. (Schmitz, II 599) u. Burchard, Decr. XIX 29 (Migne, PL 140, 985 B); *Paenit. Ps.-Egberti*, Prol. 'Institutio illa sancta' (auch im sog. Doppelpaenitentiale Bedae-Egberti): 'Non omnibus ergo in una eademque libra pensandum est ... sed discretio sit in unoquoque eorum, hoc est inter divitem et pauperem, liber, servus ... De qualitate peccatorum vel hominum ... necessitate vel voluntate, loca

Damit waren jedoch an den Bischof oder Priester bei der Auferlegung der Buße höhere Ansprüche gestellt. Aus dem Bemühen, ihm dabei eine Hilfe zu bieten, sind offensichtlich die Bußbücher entstanden: aus der Praxis erwachsene Sündenkataloge mit je entsprechenden Bußleistungen (*pénitence tarifée*).

Die ältesten überlieferten irischen Bußbücher entstanden im 6. Jahrhundert. Spätestens in der 2. Hälfte des 7. Jahrhunderts lernten die Angelsachsen sie kennen, und zunächst durch Iren und Angelsachsen wurden sie zusammen mit der neuen Bußpraxis seit Anfang des 8. Jahrhunderts in der fränkischen Kirche bekannt[11]. Hier wurden noch im Laufe desselben Jahrhunderts auf der Grundlage irischer und angelsächsischer Vorlagen zahlreiche neue Zusammenstellungen von Bußbestimmungen geschaffen, von denen einige ebenso wie die älteren Werke im 9., ja noch im 10. Jahrhundert in Italien und Spanien zu neuen Sammlungen dieser Art anregten[12].

Allen diesen *Libri Paenitentiales* war eigentümlich, daß sie aus der Praxis für die Praxis geschaffen waren. Selbst bei Werken, als deren Verfasser anerkannte kirchliche Autoritäten genannt werden — z.B. Theodor von Canterbury, Egbert von York, Beda — darf diese Zuweisung bezweifelt, beim Beda zugeschriebenen *Paenitentiale* kann sie mit ziemlicher Sicherheit als unzutreffend bezeichnet werden[13].

ac tempora discernat' (Schmitz, II 662 f.); Burchard, *Decr.* XIX 8: '... distingue quid, ubi, quandiu, quando, qualiter debeas facere ...' (das Folgende fast wörtlich gemäß dem zitierten Text aus dem Prolog des *Paenit. Ps.-Egberti*) (Migne, PL 140, 979 D - 980 A). Schon lange vor der frühen Kanonistik sind also, wie die Bußbücher zeigen, in der frühmittelalterlichen Bußpraxis und -theorie 'die sog. "circumstantiae" als äußere Indizien für die Erkenntnis der inneren Schuld' gewertet worden (zur Bedeutung dieses Faktors in der Kanonistik vgl. W. Trusen, in *Handbuch der Quellen und Literatur der neueren europäischen Privatrechtsgeschichte*, I, Veröffehtl. des Max-Planck-Instituts für europäische Rechtsgeschichte, hrsg. v. H. Coing (München, 1973), 496).

[11] Vgl. die Anm. 6 u. 9 genannten Titel.

[12] Über die italienischen Sammlungen, deren Überlieferung und Quellen, insbesondere die des vielzitierten *Paenit. Vallicellianum I*, dringend einer kritischen Untersuchung bedürfen, vgl. vorerst Fournier - Le Bras, I 86 f., 330-347 u. 351-353; van Hove (s. Anm. 2), 296 f.; Stickler (s. Anm. 2), 150 f. u. 154; K. Gamber, *Codices Liturgici Latini Antiquiores*, Spicilegii Friburgensis Subsidia 1, 2. Aufl. (Freiburg/Schw., 1968), Nrr. 1586 u. 1588; über die in Spanien kompilierten Paenitentialien vgl. zuletzt M.C. Díaz y Díaz, *Index Scriptorum Latinorum Medii Aevi Hispanorum*, Acta Salmanticensia, Fil. y Letras, XIII 1 (Salamanca, 1958), Nrr. 468, 535 u. 625, und den o. Anm. 2 genannten Beitrag von Díaz y Díaz.

[13] Vgl. M.L.W. Laistner, 'Was Bede the Author of a Penitential?', in Ders., *The Intellectual Heritage of the Early Middle Ages*, ed. by Ch.G. Starr (Ithaca, N.Y., 1957), 165-177. Daß andererseits die unter den Namen Columbans und Cummeans überlieferten Paenitentialien zumindest im Kern von diesen irischen Autoritäten stammen, hat Bieler, *Irish Penitentials* (s. Anm. 9), 5 f. dargelegt.

Das schließt nicht aus, daß diese Werke sachlich auf Gedanken und Entscheidungen bekannter Kirchenmänner fußen; das kann z.B. so gut wie sicher von den verschiedenen unter dem Namen Erzbischof Theodors von Canterbury (668/9-690) verbreiteten Überlieferungen von Bußbestimmungen gesagt werden[14].

Gerade in der Tatsache aber, daß die Bußbücher in der Regel keinen namentlich bekannten Verfasser hatten, sahen Gegner der neuen Bußdisziplin aus Reformkreisen der Zeit Karls des Großen und vor allem Ludwigs des Frommen einen Angriffspunkt. Hinzu kam die Verschiedenheit der Bußmaße in den verschiedenen Büchern. So fiel der Vorwurf gegen die Bußbücher nicht schwer: 'certi errores, incerti auctores'[15]. Aber auch die neuen Werke, die nun aus dem Geist der Reform entstanden und in reicherem Maße sog. kanonisches Material, d.h. alte Konzilskanones und Papstdekretalen verwendeten — am bekanntesten und einflußreichsten waren die des Bischofs Halitgar von Cambrai (verfaßt ca. 830) und des Hrabanus Maurus (verfaßt ca. 842 - 853) —, auch sie kamen ohne den Rückgriff auf die angefeindeten Sammlungen nicht mehr aus[16]. Und dasselbe gilt für das jüngste der einflußreichen vorgratianischen Bußbücher, das 19. Buch des *Decretum* Bischof Burchards von Worms (1000-1025), auch als *Corrector* bezeichnet[17]. In diesem bekanntesten und großen wie in

---

[14] Vgl. P.W. Finsterwalder, *Die Canones Theodori Cantuariensis und ihre Überlieferungsformen* (Weimar, 1929), 168-174 u. 178ff.; McNeil-Gamer (s. Anm. 2), 179-182.

[15] Conc. Cabill. a. 813 c. 38 (MG Conc. II p. 281), vgl. Fournier - Le Bras, I 98-100; Stickler, 112.

[16] Über die 'neuen Bußbücher' allgemein Fournier - Le Bras I 108-112; Stickler, 112 f. Über die bekanntesten 'Bußbücher der Reform', ihre Überlieferung und ihre Quellen vgl. R. Kottje, *Die Bußbücher Halitgars von Cambrai und des Hrabanus Maurus. Ihre Überlieferung und ihre Quellen*, Beiträge zur Geschichte und Quellenkunde des Mittelalters, hrsg. v. H. Fuhrmann, Bd. 8 (Berlin-New York, 1980), und die Aachener phil. Diss. (1979) von F. Kerff (über den Quadripartitus).

[17] Burchard gibt in seinem Quellenkatalog einmal summarisch an, sein Werk 'tam ex sententiis sanctorum patrum quam ex canonibus seu ex diversis poenitentialibus' kompiliert zu haben (Migne, PL 140, 499 C) und nennt an etwas späterer Stelle unter seinen Quellen auch 'ex poenitentiali Romano quaedam, ex poenitentiali Theodori quaedam, ex poenitentiali Bedae quaedam' (ebda. 502 BC); vgl. über die Quellen Burchards außer Fournier - Le Bras, I 371-377 zuletzt M. Kerner, *Studien zum Dekret des Bischofs Burchard von Worms*, phil. Diss. Aachen 1969 (1971), I 18-26, der S. 26, Feststellungen Fourniers übernehmend, mit Recht darauf hinweist, daß Burchard nicht alle von ihm benutzten Bußbücher angegeben hat. Vielleicht ist Burchard bei seiner Quellenangabe von der letzten der bei Regino überlieferten Visitationsfragen beeinflußt gewesen, wonach anscheinend von den Seelsorgspriestern erwartet wurde, daß sie 'poenitentialem Romanum vel a Theodoro episcopo aut a venerabili Beda editum', also eines der drei von Burchard als Quelle genannten Bußbücher besaßen und benutzten (vgl. Regino, *Libri duo de synodalibus causis et disciplinis ecclesiasticis*, I,

manchen kleineren Sammlungen aus dem fränkischen Raum der Zeit
zwischen Ludwig d.Fr. und Gratian begegnen neben kanonischen
weiterhin zahlreiche Bestimmungen, die sich schon in den alten
Paenitentialien finden[18]. Vor allem war auch ihnen eigentümlich, daß
sie — wenn auch nicht im selben Maß wie die älteren Bußbücher —
aus praktischer Erfahrung und für eine konkrete Praxis verfaßt worden
sind.

Das aber verleiht allen vorgratianischen Bußbüchern einen besonderen Wert als Spiegel der tatsächlichen Lebensordnungen und
-weisen und damit für uns als Quelle historischer Erkenntnis— der
rechtlichen, moralischen und sozialen Ordnungen wie auch der Lebens-
praktiken[19]. Zugleich unterscheidet dieser Aspekt die vorgratianischen
*Paenitentialia* von den nachgratianischen *Summae de paenitentia*,
*Summae de casibus conscientiae*, *Summae confessorum* und dgl., auch
den wenigen neuen *Libri Paenitentiales*[20]. Sie waren zwar ebenfalls
für die Hand der Seelsorger verfaßt, sollten also ebenfalls der Praxis
dienen. Ihre Grundlage aber war nicht in erster Linie die praktische
Erfahrung, sondern die neue systematische Kanonistik[21].

Es gilt deshalb den Einschnitt zu beachten, den die Ablösung alter
Überlieferungen durch das z.T. sprunghafte Aufblühen der neuen
weltlichen und kirchlichen Rechtswissenschaft, der Legistik und
Kanonistik, wie der neuen Theologie, der Scholastik, etwa Mitte des
12. Jahrhunderts in vielen Räumen für Seelsorge und Gesellschaft
bedeutet hat[22]. Mit der Frage nach 'Ehe und Eheverständnis in den
vorgratianischen Bußbüchern' aber sollen Ordnungen und Auffassungen
beleuchtet werden, die als Voraussetzungen für den Neuansatz im
12. Jahrhundert gesehen werden müssen. Man muß sich nur darüber

---

*Notitia, quid episcopus vel eius ministri in sua synodo diligenter inquirere debeant*,
Nr. 96, ed. F. G. A. Wasserschleben, Leipzig, 1840, 26).

[18] Vgl. außer der Anm. 12 zitierten Literatur über italienische und spanische Buß-
sammlungen die hier einschlägigen Stellen bei Fournier - Le Bras, I 277 ff., 347-350, 353-
356 und Stickler, 142 ff.

[19] Ähnlich Esmein, I 28: Besser als Konzilskanones zeigen die Bußbücher die
praktische Anwendung kirchlicher Eheordnungen, 'lorsqu'ils sont en contradiction avec
ces derniers, ce sont eux qui représentent le véritable droit canonique'.

[20] Vgl. van Hove (s. Anm. 2), 299; J.G. Ziegler, Art. 'Pönitentialsummen', in
*LThK*, VIII[2] (1963) 608f. und jüngst die Edition eines solchen, nach 1234 entstandenen
Handbuchs durch J. Goering, 'The Summa de Penitentia of Magister Serlo', *Med.
Stud.*, 38 (1976), 1-53.

[21] Vgl. K.D. Nörr, *Handbuch der Quellen und Literatur der neueren europäischen
Privatrechtsgeschichte*, I (s. Anm. 10), 366; W. Trusen, ebda. 496f.

[22] Vgl. auch hierzu Nörr, *Handbuch* (s. Anm. 21).

klar sein, daß im Spiegel der Bußbücher insofern ein Zerrbild gesehen wird, als sie lediglich von Verfehlungen des Menschen handeln.

## II.

Das zeigt sich sogleich, wenn man nach den für 'Ehe und Eheverständnis' einschlägigen Bußbestimmungen in den Bußbüchern sucht. Man findet sie nämlich vor allem im Zusammenhang mit sexuellen Verfehlungen, die in den ausdrücklich systematisierten Werken unter der Rubrik '*De fornicatione*' aufgeführt sind[23]. Nur wenige größere Bußordnungen haben einen besonderen Abschnitt '*De coniugio*', '*De penitentia nubentium*' oder '*De questionibus coniugiorum*' oder ähnlich[24]. Die Bußbücher bieten also einen Einblick in die Verstöße gegen die rechtlichen und moralischen Ordnungen, von denen die Verfasser auf Grund ihrer Erfahrungen als Seelsorger oder — wohl vor allem — durch schriftliche oder mündliche Überlieferungen Kenntnis hatten. Sie er-

---

[23] Vgl. *P. Cummeani* II (Bieler, *Irish Penitentials*, 112-116); *Bigot.* II (ebda. 218-224); *Bedae* I (Schmitz, II 655-657); *P. Sangall. tripart.* I 2-10, II 7-26, III 6-17 (Schmitz, II 179 f., 183 f. u. 185 f.); im *P. Vinniani* 35-46 wie im *P. Columbani* B 14-17, die beide nicht durch Rubriken gegliedert sind, werden (Bieler, *Irish Penitentials*, 86-92 u. 102) die ehelichen Verfehlungen im Zusammenhang mit den Sexualsünden der Laien aufgeführt.

[24] Vgl. in den unter Theodors Namen überlieferten umfangreichsten Sammlungen Co IX, U I 14 u. U II 12 (Finsterwalder [s. Anm. 14], 276-278, 306-310 u. 316-331), *Halitgar*, IV 24 (Schmitz, II 284) und *Ps-Theodor* c. 17 (Wasserschleben, *Bußordnungen*, 577); differenzierende Rubriken, aber nicht eine durch sie markierte Gliederung nach Ehe- und anderen Sexualvergehen in *P. Capitula Iudiciorum* c. VII: 'De fornicationibus vel adulteriis et reliquis ingeniis fornicandi', c. VIII: 'De raptis et incestis nuptiis', c. IX: 'De uxoribus dimissis et inlicitis temporibus nubendi' (Schmitz, II 222-227), im *P. Remense* sowie in dem mit diesem weitgehend übereinstimmenden sog. *Excarpsus Cummeani* c. IV (II): 'De fornicatione et reliqua ingenia luxoriandi vel inmundas polluciones et ludis puerilibus', c. V (III): 'De adulterio et raptus et incestus et uxores dimissas, inlicita tempora nubendi, vicium luxoriandi vel cum pecoribus et qui, postquam se Deo voverit, ad seculum rediit et vota stulta' (Schmitz, II 608-619) (vgl. über die beiden Sammlungen F. B. Asbach, 'Das *Poenitentiale Remense* und sein *Excarpsus*: Überlieferung, Quellen und Entwicklung zweier kontinentaler Bußbücher aus der 1. Hälfte des 8. Jahrhunderts', [phil. Diss. Regensburg 1976], der überzeugend festgestellt hat, daß es sich bei den beiden Sammlungen — *P. Remense* und dem sog. *Excarpsus* — um verschiedene Kompilationen handelt, während sie bisher als ein Werk betrachtet worden sind, nämlich der sog. *Excarpsus Cummeani*, vgl. Schmitz, II 597-644; unzutreffend dürfte allerdings Asbachs These sein, die zweite Sammlung sei vom *P. Remense* abhängig, wie sei dessen *Excarpsus*, vgl. schon den Titel der Diss.); ebensowenig ist im sog. Doppelpaenitentiale Bedae-Egberti trotz Rubriken eine eindeutige Abhebung der Ehedelikte von den übrigen Sexualvergehen durchgeführt, vgl. c. I: 'De fornicatione diversarum personarum', c. II: 'De his qui cum matre vel sorore fornicaverint' (II 3 über Verwandtenehe), c. V: 'De abstinentia viri ac femine post manifestam conceptionem', c. VIII: 'De his qui retro nupserint' (Schmitz, II 685-688).

lauben uns damit jedoch nicht nur einen Blick in die *Praxis* ehelichen
Lebens, sondern lassen uns auch moralische und rechtliche *Normen*
erschließen, die für sie maßgebend waren.

Auf die *eherechtlichen* Aussagen, die sich aus den Bußbüchern
gewinnen lassen, soll hier nur kurz eingegangen werden. Die meisten
der Bußbestimmungen, die die Ehe betreffen, berühren zwar das Eherecht. Auf diesen rechtlichen Gehalt der Bußbücher ist aber schon
verschiedentlich hingewiesen worden, vor allem in den Darstellungen
des kanonischen Eherechts, die vor Inkrafttreten des *Codex Iuris
Canonici* verfaßt worden sind [25], und erst vor wenigen Jahren hat Peter
Manns im Hinblick auf aktuelle nachkonziliare Fragen in der katholischen Kirche 'Die Unauflösbarkeit der Ehe im Verständnis der frühmittelalterlichen Bußbücher' behandelt [26]. Diese Arbeiten werden allerdings der Besonderheit der Bußbücher und ihrer Überlieferung nicht
gerecht. Sie konnten es auch nicht, weil bislang eine umfassende
Sichtung der Bußbücher-Überlieferung fehlt [27] — abgesehen von der
Aufarbeitung der *Irish Penitentials* und ihrer Überlieferung durch
Ludwig Bieler, die Manns zur Verfügung stand, ihm aber offenbar
nicht bekannt gewesen ist [28]. So werden die angelsächsischen und
fränkischen Paenitentialien gelegentlich wie ein Block behandelt, man
spricht von 'den' Bußbüchern, auch wenn man nur eines nennen kann,
kurz: man berücksichtigt nicht, daß auch die Bußbücher nach Zeit
und Raum ihrer Entstehung trotz aller Abhängigkeiten voneinander
recht unterschiedlich sind. Das gilt auch von den eherechtlichen Auffassungen, die in ihnen zum Ausdruck kommen, ihren Verfassern also
als verbindlich erschienen.

So wird zwar in Übereinstimmung mit der kirchlichen Tradition in
allen Bußbüchern die Ehe grundsätzlich als eine **dauerhafte Gemeinschaft** *eines* Mannes mit *einer* Frau verstanden. Unterschiedlich

---

[25] Vgl. Freisen, Esmein sowie Esmein - Génestal - Dauvillier (s. Anm. 2); gestützt
auf Esmein-Génestal einige Sätze über Bußbücher-Bestimmungen auch bei Gaudemet,
'Le lien matrimonial' (s. Anm. 1), 98 f.

[26] s. Anm. 2.

[27] Vgl. Kottje (s. Anm. 2), 109f.

[28] Vgl. Bieler, *Irish Penitentials* (s. Anm. 2), 12-27, erschienen 1963(!); Manns,
(s. Anm. 2), erschienen 1970(!), hat die irischen Sammlungen nach der durch Bielers
Edition eindeutig überholten Ausgabe von Wasserschleben, *Bußordnungen*, zitiert, vgl.
ders. 279 Anm. 29 ('nach der handlichsten Ausgabe der BB durch L.W.H. Wasserschleben ...'), vgl. auch 278 Anm. 19, wo Verf. meint, 'die beste Ausgabe des
kolumbanschen BB ... stammt von O. Seebass, *ZKG* 14 (1894)'. Manselli (s. Anm. 2)
behandelt hingegen vor allem Ehefragen der irischen Bußbücher auf der Grundlage
der Edition Bielers.

aber entscheiden sie die Frage, ob diese eheliche Verbindung unter gewissen Umständen wieder gelöst werden kann oder ob sie absolut unauflöslich ist.

Eine besonders strenge Beurteilung dieser Frage spricht aus den ältesten irischen Bußbüchern des 6. und 7. Jahrhunderts. Eine Trennung der Ehegatten kennen sie nur als Ehebruch; eine neue Ehe zu Lebzeiten des Ehepartners wird von mehreren Paenitentialien ausdrücklich untersagt, selbst wenn dieser die Ehe gebrochen und die Frau bzw. den Mann schuldhaft verlassen hat [29].

In den aus angelsächsischen Kreisen unter dem Namen Theodors von Canterbury überlieferten Bußsatzungen [30] aus der Zeit um 700 wird hingegen die Trennung bzw. Scheidung mit nachfolgender Wiederheirat unter bestimmten Voraussetzungen als legitime Möglichkeit behandelt. So darf der Mann im Fall des Ehebruchs seiner Frau diese entlassen und — sofern es seine erste Ehe war — eine andere Frau heiraten, ebenso darf er, wenn ihn seine Frau verläßt und nicht versöhnungsbereit ist, nach fünf Jahren mit Erlaubnis des Bischofs eine andere als Ehefrau nehmen, und selbst die ehebrüchige Frau darf bei entsprechender Reue nach fünfjähriger Buße eine neue Ehe eingehen [31]. Selbst für den Fall, daß ein Mann seine Ehefrau ohne den Grund des Ehebruchs entläßt und eine andere heiratet, wird lediglich eine fünfjährige harte Buße oder eine 15 Jahre währende leichtere Buße bestimmt [32]. Ferner sind Scheidung und neue Ehe rechtlich möglich, wenn sich die Lebensbedingungen der Eheleute erheblich ändern, z.B. durch Gefangenschaft eines Teiles, wenn einer in Knechtschaft gerät, seine Freiheit verliert oder — bei einer Ehe von Heiden — Christ

---

[29] *P. Vinniani* cc. 42, 43 u. 45 (Bieler, 90); *P. Cummeani* II 29 (Bieler, 116); *Canones Adomnani* c. 16 (*Bieler*, 178), vgl. Manselli (s. Anm. 2) 296 u. 300ff.

[30] Zur Problematik der Zuweisung sind nach wie vor grundlegend die kritischen Stellungnahmen zu Finsterwalder (s. Anm. 14) von W. Levison, *ZRG Kan.* 19 (1930), 699-707 (Abdruck in Ders., *Aus rheinischer und fränkischer Frühzeit*, Düsseldorf 1948, 295-303) und G. Le Bras, 'Notes pour servir à l'histoire des collections canoniques I: *Iudicia Theodori*', *RHDFE*, IV 10 (1931), 95-131; vgl. auch Stickler (s. Anm. 2), 91: 'certe non ab eo ipso sunt confectae, etsi continent iudicia eius'.

[31] *Can. Theod.* U II 12,5 u. 20 (Finsterwalder, 326 u. 328). — Unterschiede in der Zählung der Theodor-Bestimmungen gegenüber Manselli (s. Vorbem.) rühren daher, daß dort S. 307 'Theodor' nach der Edition von Schmitz, II 557-580, S. 309f. von Schmitz, I 510-550 zitiert ist, hier jedoch nach der trotz ihrer Schwächen (s. Anm. 30) besseren Ausgabe von Finsterwalder.

[32] *Can. Theod.* U I 14,8 (Finsterwalder, 307); übereinstimmend *P. Bigot.* II 6,1 (Bieler, 222).

wird[33]. Umstritten ist, ob die Bestimmung, daß eine gültige Ehe nicht getrennt werden darf ohne Übereinstimmung der beiden (*sine consensu amborum*)[34], so zu verstehen ist, daß eine Trennung durch Übereinkunft der Partner möglich sein soll oder ob damit nur eine Voraussetzung für jede Trennung markiert wird[35].

Von diesen im 19. und 20. Jahrhundert gelegentlich als 'lax' oder 'liberal'[36] bezeichneten Bestimmungen unterscheiden sich die unter dem Einfluß karolingischer Reformbestrebungen in der Zeit Ludwigs des Frommen kompilierten Sammlungen durch ihre wieder unnachsichtigere Strenge[37]. Darauf läßt das vielleicht im ersten Viertel des 9. Jahrhunderts oder wenig später entstandene '*Paenitentiale Martenianum*[38] durch die hier ausgewählten theodorischen Sätze schließen. In dieses Paenitentiale sind nämlich eine ganze Reihe der Bestimmungen über Ehedelikte aus Theodor übernommen, nicht aber solche, die Trennung und Wiederverheiratung, etwa bei Ehebruch, erlauben[39]. Noch eindeutiger ist etwa um die gleiche Zeit Halitgar von Cambrai. Er übernimmt aus seiner Quelle, der wenig älteren *Dacheriana*, die klare Entscheidung des Konzils von Karthago im Jahre 419, daß gemäß Evangelium und apostolischer Tradition weder eine von ihrem

---

[33] *Can. Theod.* U II 12,9; 18 u. 19; 21-25 (Finsterwalder, 327-329); für den Fall der Gefangenschaft der Frau vgl. auch *P. Merseburg.* c. 94 (Schmitz, II 365) = *P. Vallicell.* I 41 (Schmitz, I 285).

[34] U II 12,7 = G 65: 'Legitimum coniugium non licet separari sine consensu amborum' (Finsterwalder, 260 u. 327); auch *P. Vindob.* c. 90, hier mit Zusatz 'aut nupta maneant' (Schmitz, II 356), *P. Merseburg.* c. 123 (ebda. 366) und *P. Vallicell.* I 37 (Schmitz, I 284).

[35] Für letzteres Verständnis wenigstens an einigen kontinentalen Orten im 8./9. Jahrh. könnte sprechen, daß der Bestimmung 'Wenn einer seine rechtmäßige Ehefrau entläßt und eine andere heiratet, sind diese beiden exkommuniziert' (vgl. *P. Vallicell.* I 38: Schmitz, I 284) im *P. Vindob.* c. 92 hinzugefügt ist: 'etiam illa prius consentiat' (Schmitz, II 356).

[36] Vgl. Freisen (s. Anm. 2), 564, 791 u. 828; Esmein (s. Anm. 2), II 69 A. 2; Fournier - Le Bras, I 60; Gaudemet (s. Anm. 1), 98 u. A. 57.

[37] Die Bußbücher entsprachen damit der von Ludwig d.Fr. geförderten Tendenz, strengere kirchliche Eheauffassungen, insbesondere über Monogamie und Konkubinat, als verbindliche Maßstäbe für die Lebenspraxis durchzusetzen, vgl. S. Hellmann, 'Die Heiraten der Karolinger', in *Festgabe K.Th. v. Heigel* (1903), 80 f., Abdr. in Ders., *Ausgewählte Abhandlungen zur Historiographie und Geistesgeschichte des Mittelalters,* hrsg. v. H. Beumann (Darmstadt, 1961), 372 f., zuletzt S. Konecny, 'Eherecht und Ehepolitik unter Ludwig dem Frommen', *MIÖG,* 85 (1977), 10 ff.

[38] Vgl. H. Mordek, *Kirchenrecht und Reform im Frankenreich: Die Collectio Vetus Gallica, die älteste systematische Kanonessammlung des fränkischen Gallien. Studien und Edition,* Beiträge zur Geschichte und Quellenkunde des Mittelalters, 1 (Berlin-New York, 1975), 199 f.

[39] W. v. Hörmann, 'Bußbücherstudien. 1. Das sog. Poenitentiale Martenianum, III.', *ZRG Kan.* 3 (1913), 476 ff.

Mann entlassene Frau noch ein von seiner Frau entlassener Mann
wieder heiraten darf; sie sollen bei fortgesetzter Trennung unverheiratet
bleiben oder sich versöhnen[40]. In der folgenden Sentenz Halitgars
wird bestimmt, daß Ehebrecher, die zu Lebzeiten ihrer Ehefrau eine
Verbindung mit einer anderen Frau eingehen oder eine entlassene Frau
heiraten, von der Kommunion auszuschließen sind[41]. Fälle, in denen
die Umstände eine Trennung und Wiederheirat rechtlich erlauben
könnten, werden hingegen nicht genannt.

Ähnlich streng äußert sich 200 Jahre später auch Bischof Burchard
von Worms in dem für die Bußpraxis verfaßten 19. Buch seines
*Decretum*. Nach Burchard ist eine Ehescheidung nur bei Ehebruch
eines Partners möglich, eine Wiederheirat zu Lebzeiten des Partners
aber grundsätzlich ausgeschlossen[42]. Eine Ausnahme von diesem
Grundsatz wird allenfalls einem unschuldigen Partner eingeräumt[43].

Überblickt man die angeführten, keineswegs vollzähligen Zeugnisse
aus Bußbüchern von Vinnian bis Burchard[44], so ist unverkennbar,
daß abgesehen von den theodorischen Überlieferungen seitens der
Bußbuch-Kompilatoren die Unauflöslichkeit der Ehe sehr nachdrücklich geltend gemacht worden ist. Dagegen spricht nicht, daß für den
hier noch nicht genannten Fall der Impotenz des Mannes von
Theodor bis Burchard die Scheidung der Ehe und die Wiederheirat
der Frau erlaubt werden[45].

---

[40] *Halitgar* IV 10 (Schmitz, II 281) = *Dacheriana* I 74 (L. d'Achery - L.F.J. de la
Barre, *Spicilegium sive collectio veterum aliquot scriptorum*, 1, 1723, Nachdr. Farnborough,
1967, S. 527), übereinstimmend mit *Vetus Gallica*, XLIX 7 d (Mordek [s. Anm. 38],
561 f. - mit Angabe der Quelle).

[41] *Halitgar* IV 11 (Schmitz, II 281) = *Vet. Gall.* XLIX e (Mordek, 562); sachlich
im wesentlichen übereinstimmend P. *Merseburg.* c. 124: '... cum christianis non
manducent nec nullus(!) cum eis communis sit, excommunicati a christianis' (Schmitz,
II 366) und P. *Vallicell.* I 38 (Schmitz, I 284), noch ausführlicher P. *Merseburg.*
c. 147 (Schmitz, II 367).

[42] Die uneigentlichen Ehescheidungen in den Fällen, in denen ein Ehehindernis der
Verwandtschaft oder der geistlichen Verwandtschaft auf Grund von Taufpatenschaft zur
Trennung einer Ehe führt, können hier außer Betracht bleiben.

[43] Burchard, *Decr.* XIX 5 (50) (Migne, PL 140, 959 A).

[44] Allerdings enthalten nicht alle Bußbücher ausdrücklich Bestimmungen für den
Fall von Ehescheidung und Wiederheirat. Vielmehr begnügen sich manche mit Buß-
angaben für Ehebruch und Unzucht von Verheirateten, so z.B. die kleineren P.
*Burgund.* und *Hubert.* (Schmitz, II 320 u. 334), aber auch das P. *Remense*, *Ps.-
Cummean* (vgl. über diese beiden o. Anm. 24), *Ps.-Beda*, *Ps.-Egbert* und das sog.
Doppelpaenitentiale (Schmitz, II 612 ff., 655 f., 663 f. u. 685).

[45] Vgl. *Can. Theod.* U II 12, 33: '... accipiat alium' (Finsterwalder, 330); P.
*Martenianum* c. 41 (Hörmann [s. Anm. 38], IV, ZRGSav Kan. 4, 1914, 378 f.); Hrabanus,
P. *ad Herib.* c. 29 (Migne, PL 110, 491 A); *Ps.-Theodor* 16, 28 (Wasserschleben,
*Bußordnungen*, 576); Burchard, *Decr.* XIX 5 (117): 'separari potestis et illa nubat in

## III.

Der Fall der Impotenz des Mannes führt jedoch aus dem Bereich der ehe*rechtlichen* Aussagen der Bußbücher heraus, denn die Regelung für den Fall der Impotenz des Mannes leuchtet besser ein, wenn man sich das den Satzungen der Bußbücher zugrundeliegende Ehe*verständnis* vor Augen führt. Einen Zugang eröffnet die Regelung für den Fall der Sterilität einer Ehefrau. In der Sache entspricht sie dem Fall der Impotenz des Mannes. Man könnte daher eine Gleichbehandlung im kirchlichen Recht und auch in den Bußbüchern erwarten und dementsprechend annehmen, daß sowohl die Impotenz des Mannes wie die Sterilität der Frau, sofern sie vor Eheabschluß bestanden, gemäß kirchlichem Recht seit altersher ein trennendes Ehehindernis und somit ein Grund zur Scheidung waren[46]. So wollte auch Hrabanus Maurus mit einem Kapitel seines Bußbuches auf die für Mann und Frau in gleicher Weise gestellte Frage antworten, ob nämlich, wenn Eheleute die Ehe leiblich nicht vollziehen können, der Mann und die Frau nochmals heiraten dürfen; als Antwort übernahm er die Bestimmung Theodors, die für den Fall der Impotenz des Mannes Scheidung und Wiederheirat erlaubte[47]. Hraban wollte also offenkundig die mit dem Theodor-Zitat gegebene Antwort als für Mann und Frau geltend verstanden wissen.

Die von Theodor vertretene Norm ist das älteste kirchliche Dokument zu dem behandelten Fall[48]. Die Frage, ob ein Ehemann seine Frau entlassen darf, wenn erst nachträglich die Sterilität der Frau festgestellt wird, ist jedoch schon im P. Vinniani, also im 6. Jahrhundert, behandelt worden. Die Antwort lautete: Nein, vielmehr müssen beide enthaltsam miteinander leben[49], d.h. unter Verzicht auf leibliche

domino' (Migne, PL 140, 967). — Nicht behandelt ist in unserem Beitrag die Scheidung oder Trennung einer Ehe auf Grund von Verwandtschaft oder Schwägerschaft der Ehepartner, wobei u.a. auf die unterschiedliche Zählung der Verwandtschaftsgrade einzugehen wäre. Da dieser Fragenkreis im Rahmen der Bußbücherforschung noch nicht untersucht worden ist, hätte eine sachgerechte Darlegung die thematischen Grenzen unseres Beitrags überschritten.

[46] Vgl. Esmein (s. Anm. 2), I 232.

[47] Hrabanus, *P. ad Heribaldum* c. 29 (Migne, PL 110, 491 A), vgl. *Can. Theod.* U II 12,33 (Finsterwalder, 330), s. o. Anm. 45.

[48] Esmein, I 250: 'Le document le plus ancien sur ce sujet'; vgl. die o. Anm. 45 zitierte Theodor-Bestimmung. Hrabans betonter Hinweis (s. Anm. 47), daß er 'non cum auctoritate < sc. einer kirchlichen Autorität >, sed de quorundam statutis' antworte, läßt darauf schließen, daß ihm eine gewichtigere, d.h. wohl auch ältere Entscheidung dieser Frage als in den *Canones Theodori* nicht bekannt war.

[49] *P. Vinniani*, c. 41: 'Si quis habuerit uxorem sterilem non debet dimittere uxorem suam propter sterilitatem suam, sed ita debet fieri, ambo manere in continentiam suam ...' (Bieler, 88); vgl. Manselli, 'Il matrimonio' (s. Vorbem.), 295 f.

Gemeinschaft. Diese Entscheidung ist etwa ein Jahrhundert später in ein dem Abt Cummean zugeschriebenes irisches Bußbuch [50] und ein wohl spätestens zu Beginn des 8. Jahrhunderts auf dem Kontinent zusammengestelltes Bußbuch, die sog. *Capitula Iudiciorum*, aufgenommen worden [51]. Obwohl diese drei Bußbücher nachweisbar wenigstens seit etwa 800 auf dem Kontinent verbreitet und noch bis zur Mitte des 11. Jahrhunderts abgeschrieben worden sind, und zwar sowohl im nördlichen Westfrankenreich wie im südlichen Teil des Ostfrankenreichs, die '*Capitula Iudiciorum*' auch in Italien [52], hat die Forderung, daß Eheleute im Fall der Sterilität der Frau die Ehe fortsetzen, aber enthaltsam leben müssen, anscheinend keinen nennenswerten Einfluß im Bereich der abendländischen kirchlichen Bußdisziplin gehabt [53]. Jedenfalls ist sie im Unterschied zur theodorischen Regelung

[50] *P. Cummeani*, II 28: 'Cuius uxor est sterilis, ambo et ille et illa, in continentia sint' (Bieler, 116); zur Verfasserschaft Cummeans vgl. o. Anm. 13.

[51] *P. Capp. Iudiciorum*, IX 2: 'Cuius uxor sterilis est, et illa et ille continentes sint' (Schmitz, II 226); über dieses zu den 'Tripartita', den dreigliedrigen, nämlich aus kanonischen, theodorischen und irischen (Cummean oder Columban) Überlieferungen kompilierten Bußbüchern gehörige Werk vgl. Fournier-Le Bras, I 86 u. 278 f.

[52] Über die handschriftliche Überlieferung des *P. Vinniani* und des *P. Cummeani* vgl. Bieler, *Irish Penitentials* (s. Anm. 9), 12-19; die *Praefatio Cummeani* ist außer in den von Bieler (vgl. bes. 18 f.) genannten Handschriften im Vat. lat. 5751, saec. IX/X, foll. 17<sup>V</sup>-18<sup>R</sup>, aus Bobbio, enthalten. Die von Schmitz, II 204-217 genannten Handschriften mit den *Capitula Iudiciorum* stammen aus Süddeutschland (St. Gallen 150, s. IX in., aus St. Gallen; Wien 2223 (116) s. IX¹/₃, mainfränkisch; Clm 3853, s. X/XI, südwestdeutsch (Augsburg Bibliotheksheimat); Heiligenkreuz 217, s. X ex., westd.(?) Provenienz); Vat. lat. 1349, s. XI med. (beneventanisch) aus Mittelitalien; hinzuzufügen ist aus Oberitalien Vercelli, Bibl. Cap. CCIII, s. IX ex., vgl. Mordek (s. Anm. 38), 224 A. 46, 138 A. 185 u. 187, 22 A. 12 und 60 A. 99, aus Südwestdeutschland (St. Blasien?) Kynžvart (Königswart) 20 K 20, s. XII¹, fol. 48<sup>V</sup>-57<sup>R</sup>; zu Wien 2223 vgl. bes. B. Bischoff-J. Hofmann, *Libri sancti Kyliani: Die Würzburger Schreibschule und die Dombibliothek im VIII. und IX. Jahrhundert*, Quellen u. Forschungen z. Gesch. d Bistums u. Hochstifts Würzburg, VI (Würzburg, 1952), S. 53 Nr. 26.

[53] Wie umstritten die Sterilität der Frau als Ehescheidungsgrund im Karolingerreich zumindest in der 2. Hälfte des 9. Jahrhunderts war, zeigt einmal der Versuch Lothars II., unter Hinweis auf die Sterilität Theutbergas zu erreichen, daß seitens der kirchlichen Autoritäten seine Scheidung von ihr als legitim anerkannt wird — und er hatte damit bei Konzilien und Bischöfen seines Reichsteils Erfolg —, während andererseits Hinkmar von Reims betont: '... nec sterilem coniugem fas sit relinquere, ut alia fecunda ducatur' (*De divortio Hlotharii et Theutbergae reginae*: Migne, PL 125, 734), und: 'etiam sterile coniugium tenet iura pietatis, iam spe fecunditatis amissa' (Gutachten über die Eheangelegenheit des Grafen Stephan von Auvergne: MGH Epp. VIII 1, S. 95 Z. 7 f.), vgl. Hellmann (s. Anm. 37), 356 f., C. Brühl, 'Hinkmariana', *DA*, 20 (1964), 58 f. und J. Devisse, *Hincmar, archevêque de Reims 845-882*, T. I (Genève, 1975), 404. In diesem Zusammenhang ist wohl auch anzuführen, daß noch im selben Jahrhundert Notker d. Stammler (Balbulus) in seinen *Gesta Karoli* II 17 die Verstoßung der Tochter des Langobardenkönigs Desiderius durch Karl d.Gr. mit ihrer Sterilität begründet, und daß Notker glaubt, Karl habe sich dabei auf das Urteil angesehener

für den Fall der Impotenz nicht einmal in die Bußbücher Halitgars oder Burchards gelangt, die doch mit allem Nachdruck für die Unauflöslichkeit der Ehe eingetreten sind.

Das Eheverständnis aber, das dieser Forderung zugrunde liegt, können wir dem P. Vinniani selbst einige Sätze weiter entnehmen. Enthaltsamkeit, so heißt es hier, gehört zur Ehe; Ehe ohne Enthaltsamkeit ist Sünde, denn nicht zur Befriedigung fleischlicher Lust, sondern zur Zeugung von Kindern hat Gott es gewährt, daß Mann und Frau ein Fleisch werden. Deshalb sollen die Eheleute jährlich in den drei Quadragesen in gegenseitigem Einverständnis enthaltsam leben, um für das Gebet frei zu sein, ebenso in jeder Nacht zum Sonntag und Samstag sowie nach der Empfängnis bis zur Geburt[54]. Mit anderen Worten: derselbe Vinnian, der mit großer Strenge die Unauflöslichkeit der ehelichen Gemeinschaft vertreten hat[55], er betont auch, daß wesentlicher Zweck der Ehe die Zeugung von Kindern ist und fordert sehr nachdrücklich die diesem Zweck entsprechende Enthaltsamkeit. Wenn also die Erfüllung der Hauptaufgabe, die Zeugung von Kindern, infolge Sterilität der Frau nicht möglich ist, dann kann es aus der Sicht Vinnians keine Auflösung der Ehe geben, auch nicht Lustbefriedigung ohne Zweckerfüllung, sondern nur ein Leben in Enthaltsamkeit.

So unzweideutig ist in keinem anderen Bußbuch das Eheverständnis ausgedrückt worden. Daß aber die Auffassung Vinnians, jedenfalls seine Herausstellung der Kinderzeugung als Hauptzweck der Ehe und die Wertung der fleischlichen Lust als sündhaft, auch von den Verfassern der anderen Bußbücher des frühen Mittelalters geteilt wurde, kann man nicht nur deshalb annehmen, weil es im wesentlichen die Auffassung gewesen ist, die in jenen Jahrhunderten wie schon zuvor und noch lange danach in der Kirche weithin herrschend gewesen ist[56] — wie ja auch schon in der fränkischen *Lex Salica* aus der Zeit

Bischöfe stützen können ('Qua non post multum temporis, quia esset clinica et ad propagandam prolem inhabilis, iudicio sanctissimorum sacerdotum relicta ...': 'Quellen zur karolingischen Reichsgeschichte', hrsg. v. R. Rau, III, *Ausgewählte Quellen zur deutschen Geschichte des Mittelalters. Freiherr vom Stein-Gedächtnisausgabe*, Bd. VII, Darmstadt, 1960, 412).

[54] P. Vinniani c. 46: 'Continentiam esse in matrimonio precipimus et exortamur, quia matrimonium sine continentia non legitimum sed peccatum est et non ad libidinem sed causa filiorum Deo auctore concessum est ...' (Bieler, 90/92), vgl. Manselli, 'Il matrimonio' (s. Vorbem.), 295.

[55] Vgl. o. S. 27 m. Anm. 29.

[56] Vgl. 'Responsa Gregorii VIII' bei Beda, *Hist. eccl.* I 27: 'Si quis vero suam coniugem non cupidine voluptatis raptus sed solummodo < ! > creandorum liberorum

um 500 die Frau unter dem Gesichtspunkt ihrer Gebärfähigkeit unterschiedlich gewertet worden ist [57]. Daß die Auffassung tatsächlich wohl
auch den anderen Bußbüchern zugrundelag, ergibt sich aus der in ihnen
allen enthaltenen Forderung nach geschlechtlicher Enthaltsamkeit in
der Ehe zu bestimmten Zeiten. So wird fast in jedem der größeren,
aber selbst in einigen kleineren Bußbüchern insularer und kontinentaler
Herkunft geboten, daß die Eheleute in den drei Quadragesen, wenigstens aber in der Quadragesima vor Ostern [58], in der Nacht zum
Sonntag, in den Nächten zu Samstag *und* Sonntag oder allgemein
in den 3 Nächten vor dem Kommunionempfang geschlechtlich enthaltsam leben [59]. Diese Enthaltsamkeit wird in den meisten Bußbüchern

gratia utitur ...' (*Bede's Ecclesiastical History of the English People*, ed. B. Colgrave,
R.A.B. Mynors, Oxford, 1969, Repr. 1972, S. 96), außerdem als wenig jüngere
Zeugnisse aus anderen geographischen Räumen und verschiedener literarischer Gattung
Arbeo, *Vita et passio sancti Haimhrammi martyris*, c. 40: 'mulier non propter libidinem
accipienda est, sed propter sobolum procreatione socianda' (ed. B. Bischoff, *Leben und
Leiden des hl. Emmeram*, lat.-deutsch., München, 1953, S. 72) und Herard von Tours,
*Capitula* c. 62: 'quia non est concessa uxor causa libidinis, sed filiorum ...' (zit.
nach P. Brommer, 'Die bischöfliche Gesetzgebung Theodulfs von Orléans', *ZRG Sav. Kan.*
60, 1974, 106 A. 706); vgl. auch M. Müller, *Die Lehre des hl. Augustinus von der
Paradiesesehe und ihre Auswirkung in der Sexualethik des 12. und 13. Jahrhunderts bis
Thomas von Aquin*, Studien zur Geschichte der katholischen Moraltheologie, 1 (Regensburg, 1954), pass., und die Darlegungen des historischen bzw. theologischen Hinter-
grunds der Eheauffassung, die Andreas Capellanus in seiner Theorie des Minnesangs
vertritt, bei F. Schlösser, *Andreas Capellanus: Seine Minnelehre und das christliche
Weltbild um 1200* (phil. Diss. Bonn, 1959), 263 ff.

[57] *Pactus Legis Salicae*, 41, 15-17 (ed. K.A. Eckhardt, MG LL I, Leg. nat.
Germ. IV 1, 1962, S. 160 f.), vgl. H. Grahn-Hoek, *Die fränkische Oberschicht im
6. Jahrhundert: Studien zu ihrer rechtlichen und politischen Stellung*, Vorträge und
Forschungen, Sbd. 21 (Sigmaringen, 1976), 27 f., 30 f. u. 118.

[58] 1. In den drei Quadragesen: *P. Vinniani*, c. 46 (Bieler, 92), *P. Cummeani*,
II 30 (Bieler, 116), *P. Capp. Iudiciorum*, IX 2 (Schmitz, II 226), *P. Hubertense*,
c. 49 (Schmitz, II 338), *P. Ps.-Egberti*, VII 3 (Schmitz, II 667), *P. Beda-Egbert*,
V 1 u. 2 (Schmitz, II 687 f.), *P. Ps.-Theodori*, II 3 u. 4 (Wasserschleben, *Bußordnungen*,
577), Burchard *Decr.* XIX 155 (Migne, PL 140, 1013 B); 2. in der Quadragesima vor
Ostern: *P. Bigot.* II 9,2 (Bieler, 222), *Can. Theodori*, U II 12,2 (Finsterwalder, 326),
*P. Exc. Cumm.*, III 18 (Schmitz, II 614); 3. in den Quadragesen vor Weihnachten und
Ostern: *P. Ps.-Bedae*, I 34 (Schmitz, II 656). Über die 'drei Quadragesen' vgl. die
Hinweise — auch auf Literatur und Quellen — bei R. Kottje, 'König Ludwig der
Deutsche und die Fastenzeit', in *Mysterium der Gnade. Festschr. Joh. Auer* (Regensburg,
1975), 307 f.

[59] 1. In der Nacht zum Sonntag: *P. Vinniani*, c. 46 (Bieler, 92), *P. Hubertense*,
c. 49 (Schmitz, II 338), *P. Ps.-Bedae*, I 34 (Schmitz, II 656), *P. Beda-Egbert*, V 1
(Schmitz, II 687), Burchard, *Decr.* XIX 155 (Migne, PL 140, 1013 B); 2. in der Nacht
zu Samstag *und* Sonntag bzw. 'sabbato' *und* in der Sonntagnacht: *P. Cummeani*,
II 30 (Bieler, 116), *P. Capp. Iudiciorum*, IX 2 (Schmitz, II 226), *P Exc. Cumm.*, III 18
(Schmitz, II 614), *P. Ps-Egberti*, VII 3 (Schmitz, II 667), *P. Ps.-Theodori*, II 1
(Wasserschleben, *Bußordnungen*, 577); 3. in den drei Nächten vor dem Kommunion-
empfang: *P. Bigot.*, II 9,1 (Bieler, 222), *Can. Theodori*, U I 12,3 u. U II 12,1

außerdem zur Zeit der Menstruation, während der Schwangerschaft
— wenigstens während der drei letzten Monate vor der Geburt — und
nach der Geburt — in der Regel 40 Tage, d.h. während der sog.
Reinigungszeit — verlangt[60].

Man könnte geneigt sein, daran zu denken, daß damit lediglich
natürlichen Vorgängen Rechnung getragen worden wäre, und daß man
somit vor allem die Frau zu diesen Zeiten schützen wollte. Es mag sein,
daß auch dies eine Rolle gespielt hat. Ausgedrückt wird es nirgends,
und wir haben auch allen Anlaß, eine andere Begründung für die
Forderung nach ehelicher Enthaltsamkeit zu diesen Zeiten als entscheidend anzunehmen. In einigen Bußbüchern seit der Zeit Theodors
ist nämlich eine Buße festgesetzt für Frauen — sanctimoniales wie
laicae —, die während der Zeit ihrer Menstruation die Kommunion
empfangen, ja nur die Kirche betreten[61], und ebenso für Mütter in der
im allgemeinen auf 40 Tage befristeten Reinigungszeit nach der Geburt
(ante mundum sanguinem post partum)[62]. Als Grundlage dieser kultischen Wertung von Menstruation und Geburt bzw. postnatalem
Blutfluß lassen sich unschwer Bestimmungen des Alten Testamentes
erkennen, nämlich Lev 15, 19-24 über die siebentägige Unreinheit der
Menstrua und Lev 12, 1-5 über die Unreinheit der Wöchnerin und
ihren Ausschluß vom Heiligtum, auch wenn diese Stellen in den
Bußbüchern nicht als Autoritäten zitiert werden[63]. Aber auch für die
Forderung nach ehelicher Enthaltsamkeit vor der Kommunion, ja
genau an den drei Tagen vorher, läßt sich auf das alttestamentliche
Reinheitsgebot als Quelle verweisen, die in den Canones Theodori

---

(Finsterwalder, 305 u. 326), P. Capp. Iudiciorum, IX 2 (Schmitz, II 227), P. Ps.-Egberti,
VII 3 (Schmitz, II 667), P. Bedae-Egberti, V 2 (Schmitz, II 688).

[60] Vgl. außer den in Anm. 58 u. 59 zitierten Bestimmungen, die fast alle noch
weitere Enthaltsamkeitsforderungen für Verheiratete enthalten, folgende Paenitentialsat-
zungen: P. Cummeani, II 31 (Bieler, 116), P. Bigot., II 9,3 (Bieler, 222), Can. Theodori,
U II 12,3 (Finsterwalder, 326), P. Capp. Iudiciorum, IX 1 (Schmitz, II 226), P.
Ps.-Egberti, VII 1 (Schmitz, II 667), P. Bedae-Egberti, VI (Schmitz, II 688), P. Ps.-
Theodori, II 2 (Wasserschleben, Bußordnungen, 577), Burchard, Decr. XIX 5, 53-57
(Migne, PL 140, 959 D - 960 A).

[61] Vgl. Can. Theodori, U I 14, 17 (Finsterwalder, 308), P. Bigotianum, II 8, 1
(Bieler, 222), P. Remense, V 35 = P. Exc. Cumm., III 14 (Schmitz, II 614), P.
Martenianum, LXXVII 9 (Hörmann IV [s. Anm. 45], 468 f.), P. Ps.-Theodori, II 8
(Wasserschleben, Bußordnungen, 577).

[62] Vgl. Can. Theodori, U I 14, 18 (Finsterwalder, 309), P. Remense, V 34 =
P. Exc. Cumm., III 15 (Schmitz, II 614), P. Martenianum, LXXVII 9 (Hörmann, IV
468 f.), P. Ps.-Theodori, II 8 (Wasserschleben, Bußordnungen, 577).

[63] Vgl. Kottje (s. Anm. 3), 70-72, 78 f. u. 88 f.

ausdrücklich genannt wird[64]. Ebenso dürfen wohl die Forderungen nach ehelicher Enthaltsamkeit zu 'heiligen Zeiten' wie auch die Bestimmung bei Theodor, der Ehemann solle sich nach einem Beischlaf erst waschen, bevor er die Kirche betritt, und er dürfe seine Frau nicht nackt sehen[65], als aus alttestamentlichen kultischen Reinheitsvorstellungen erwachsen betrachtet werden.

Dieser Bezug von Bußbücherbestimmungen auf alttestamentliche Regelungen scheint aber nicht nur deswegen erlaubt, weil er durch andere zeitgenössische Zeugnisse gestützt wird[66], er hat auch Stützen in der Bußbüchertradition selbst. Einmal kann hier angeführt werden, daß Vinnian in einem abschließenden Satz darauf hinweist, er habe versucht, ein Werk gemäß der Meinung der Schrift zu verfassen, und er qualifiziert sein Werk als aus der Fülle der Wasser der Schriften geschaffen, nämlich der Hl. Schrift, der Bibel[67].

Ein noch viel untrüglicheres Zeugnis für die Bibel, besonders das Alte Testament als eine wesentliche Grundlage der Tradition der Bußsatzungen jedenfalls in der Kirche Irlands stellt aber wohl eine noch ungedruckte, *Liber ex lege Moysi* titulierte Sammlung dar. Sie bietet ausschließlich und ohne jede Hinzufügung eine Zusammenstellung von Auszügen aus den Rechts- und Moralordnungen der alttestamentlichen Bücher Exodus, Leviticus, Numeri und Deuteronomium, ist wohl im 7. Jahrhundert in Irland kompiliert worden und bildet ein bemerkenswertes Zeugnis für die damals verbreitete Tendenz, alttestamentliche Gesetze verbindlich zu machen[68]. Wenn die Sammlung selbst auch kein Bußbuch ist, so darf man angesichts des anscheinend nicht geringen Interesses, das in Kreisen der Iren im frühen Mittelalter für sie bestanden hat, doch wohl annehmen, daß sie für die Entscheidung von Fällen in der Bußpraxis und vielleicht auch für den einen oder

---

[64] *Can. Theodori*, U I 12,3: 'Greci et Romani tribus diebus abstinent se a mulieribus ante panes propositionis sicut in lege scriptum est' (Finsterwalder, 305); Vgl. Kottje (s. Anm. 3), 73 ff.

[65] *Can. Theodori*, U II 12, 30 u. 31 (Finsterwalder, 330).

[66] Vgl. Kottje (s. Anm. 3), 72 ff.

[67] 'Haec ... secundum sententiam scripturarum ... temptavi scribere ... Finit istud opusculum quod coaptavit Vinnianus ... de scripturarum venis redundans' (Bieler, 92/94).

[68] Vgl. *Clavis patrum latinorum*, ed. E. Dekkers, Sacris Erudiri III, 2 Aufl., (1961), Nr. 1793; P. Fournier, 'Le *Liber ex lege Moysi* et les tendances bibliques du droit canonique irlandais', *Rev. Celt.*, 30 (1909), 221-234; Kottje (s. Anm. 3), bes. 12 und L. Hardinge, *The Celtic Church in Britain* (London, 1972), 50, 100, 161 ff., 197 f., 202 f. u. 209-216 (Auszüge in engl. Übers.). — Mein Manuskript einer kritischen Edition des *Liber* ist seit langem druckfertig. Die Veröffentlichung konnte lediglich aus äußeren Gründen bislang nicht erfolgen, soll aber baldmöglichst geschehen.

anderen Kompilator von Bußbüchern eine willkommene Fundgrube gewesen ist[69].

Es dürfte mithin gesichert sein, daß die Bibel, besonders das Alte Testament, in frühmittelalterlicher Auslegung vor allem durch die Umdeutung von kultischen Vorschriften in Forderungen christlicher Moral eine wichtige Quelle des Eheverständnisses gewesen ist, wie es in den vorgratianischen Bußbüchern Ausdruck gefunden hat. Es darf dagegen nicht verwundern, daß etwa bei der Behandlung der Frage nach der Unauflöslichkeit der Ehe das Verständnis der Ehe als eines christlichen Sakramentes keine Rolle gespielt hat. Dazu paßt es, daß während unseres Zeitraumes auch der Abschluß der Ehe noch nicht notwendig in kirchlichen Formen oder wenigstens unter Beteiligung eines Priesters vollzogen worden ist[70]. Wohl bieten die Bußbücher auch für die Entwicklung dieses Komplexes Hinweise. Nach Theodor soll der Priester beim Abschluß einer ersten Ehe die Messe feiern und beide Partner segnen[71]. Für Burchard ist es schon eine kanonische Forderung, daß die Eheschließung öffentlich stattfindet und daß ein Priester den Segen spendet[72]. Maßgebend war zur Zeit Theodors wie Burchards — wie noch bis zum Konzil von Trient — das weltliche Recht bzw. die jeweils überlieferte Form der Eheschließung, zu der u.a. die auch von Burchard genannte Übergabe der *dos*, der Brautgabe, seitens des Ehemanns gehörte[73]. Diese Eheschließung wurde von der Kirche als legitim und verbindlich betrachtet. Die so geschlossene Ehe erscheint in den Bußbüchern als ein rechtlich und moralisch zu wertendes Verhältnis, mehr nicht.

---

[69] Hardinge (s. Anm. 68), 50f., 197f. u. 216 dürfte allerdings mit seinen unbewiesenen, vielmehr hypothetischen Verallgemeinerungen die Bedeutung des *Liber* für die irische Kirche überbewerten.

[70] Vgl. H. v. Schubert, *Geschichte der christlichen Kirche im Frühmittelalter* (Tübingen, 1921), 696: 'Die Eheschließung war wie im römischen Reich ein weltlicher Rechtsakt ... Die Kirche folgte beiden Akten (sc. Verlobung und Trauung) mit ihrem Segen, doch nicht regelmäßig und als Gebot'.

[71] *Can. Theodori*, U I 14,1 (Finsterwalder, 306). Anschließend sollen die Neuvermählten 30 Tage der Kirche fernbleiben, dann 40 Tage Buße leisten, sich dem Gebet hingeben und anschließend wieder die Kommunion empfangen.

[72] Burchard, *Decr.* XIX 5,45: '... sicut in canonibus scriptum est' (Migne, PL 140, 958 B-C). Es kann also keine Rede davon sein, daß die 'Öffentlichkeit der Eheschließung' schon im frühen Mittelalter eine Forderung des kirchlichen Eherechts gewesen ist (gegen Konecny [s. Anm. 37], S. 1).

[73] Vgl. H. Brunner, *Die fränkisch-romanische dos* (1894, Abdr. in Ders., *Abhandlungen zur Rechtsgeschichte. Ges. Aufsätze*, hrsg. v. K. Rauch, II, 1931, Nachdr. Leipzig, 1965, 78-116).

Über den rechtlichen Aspekt hinaus gibt es in den theodorischen Überlieferungen ein Zeugnis dafür, daß hier auch der subjektive Faktor der persönlichen Zuneigung gesehen und für rechtlich sogar bedeutsam gehalten wurde. In einer Sentenz dieser Sammlung ist nämlich der Fall behandelt, daß eine Verlobte ihren Verlobten doch nicht heiraten will — hier ausgedrückt als *'non vult habitare cum eo'*, also nicht mit ihm zusammenleben will[74]. Bei Halitgar und Burchard wird diese Möglichkeit ausdrücklich ausgeschlossen, eine Verlobte darf keinen anderen heiraten[75]. Jedoch weder bei Theodor noch in einem der anderen Bußbücher wird diese Zuneigung oder das, was sie prägt, als 'Liebe' bezeichnet. Das Wort kommt lediglich in einem etwas abwertigen Sinn einmal bei Theodor vor[76]. Daß es jedoch im frühen Mittelalter auch in rechtlichem Zusammenhang nicht unbekannt war, zeigen die *Lex Alamannorum* und die *Lex Baiuariorum*, und zwar bei der Behandlung desselben Falles, in dem die Sache auch bei Theodor begegnet. In diesen beiden sog. Volksrechten der benachbarten Stämme der Alamannen und Bayern wird nämlich bestimmt, daß ein Freier, der eine legitime Verlobte entläßt und eine andere heiratet, den Eltern der Braut ein Sühnegeld zahlen und außerdem schwören muß, daß er seine Verlobte nicht wegen eines Vergehens oder aus Gefühlen gegen die Eltern entlassen hat, sondern daß er die andere aus Liebe zu ihr (*propter amorem alterius*) heiratet[77].

## IV.

Dieses Zeugnis bietet zugleich einen Beitrag zu der gelegentlich gestellten Frage, ob es einen Einfluß der Bußbücher auf die sog. germanischen *Volksrechte* oder umgekehrt dieser Volksrechte auf die Bußbücher gegeben hat[78]. Die Frage wird nahegelegt durch die z.T.

---

[74] *Can. Theodori*, U II 12, 35, sachlich übereinstimmend mit D 118 (Finsterwalder, 330 u. 248).

[75] *Halitgar*, IV 15 (Schmitz, II 282); Burchard, *Decr.* XIX 5, 48 (Migne, PL 140, 958 D).

[76] *Can. Theodori*, U I 14, 15: Eine Frau, die Samen ihres Mannes ins Essen mischt, 'ut inde plus amoris accipiat', soll büßen (Finsterwalder, 308).

[77] *L. Alamannorum*, LII: 'sed amor de alia eum adduxit, ut illam dimisisset et aliam habuisset uxorem' (MGH LL V 1, 111); *L. Baiuariorum*, VIII 15: 'propter amorem alterius alteram duxerit' (ibid. 359 f.).

[78] Vgl. Hinschius, *Ehescheidungsrecht* (s. Anm. 4), 66 f., der in den 'laxen' theodorischen Ehebestimmungen einen Einfluß der Volksrechte wirksam sah; ferner Schmitz, II 113 f.; P. Oakley, *English Penitential Discipline and Anglo-Saxon Law in their Joint Influence* (New York, 1923); Ders., 'Medieval Penance and Seculary Law', *Speculum*, 7

ähnlichen oder gar übereinstimmenden Materien und deren Behandlung,
stellen doch die Volksrechte ebenfalls im wesentlichen eine Auflistung
von Vergehen mit den entsprechenden Bußangaben dar. Während ein
Einfluß der Bußbücher auf angelsächsische Rechtsaufzeichnungen, etwa
unter König Aelfred, in der Tat wohl nicht auszuschließen ist[79],
ist ein solcher Einfluß auf die älteren, im 5./6. Jahrhundert auf-
gezeichneten germanischen Volksrechte des Kontinents ausgeschlossen,
auf die aus dem 7. Jahrhundert überlieferten höchst unwahrscheinlich,
sind doch die ältesten irischen Bußbücher hier erst seit dem 7. Jahrhundert zunächst räumlich begrenzt verbreitet worden[80]. Das an-
geführte Beispiel aus dem Bereich der Beziehungen zwischen Verlobten
dürfte ein symptomatischer Hinweis auf das Nebeneinander von Bußbüchern und Volksrechten auf dem Kontinent sein, und zwar ein
Nebeneinander ohne erkennbaren Einfluß aufeinander — weder der
Bußbücher auf die Volksrechte noch umgekehrt[81].

Ebenso kurz sei abschließend noch auf einen anderen Fragenkreis
hingewiesen: Inwieweit sind die Normen der Bußbücher tatsächlich
für die Regelungen des menschlichen Lebens im frühen Mittelalter

(1932), 515-24; J.C. Uttenweiler, *Konstanzer frühkarolingische Fragmente von Konzils-
und Poenitentialkanones* (phil. Diss. Freiburg i.Br., 1924), 4 f.; G. Schubert, *Der Einfluß
des kirchlichen Rechts auf das weltliche Strafrecht der Frankenzeit* (jur. Diss. Münster,
1937); D. Korte, 'Untersuchungen zu Inhalt, Stil und Technik angelsächsischer Gesetze
und Rechtsbücher des 6. bis 12. Jahrhunderts', *Archiv für vergleichende Kulturwissenschaft*,
10 (Meisenheim, 1974), 81-84; einige Hinweise bei Vogel, *Libri Paenitentiales* (s. Anm. 2),
36 f. u. 41-47, über das Verhältnis zwischen der irischen Bußbüchern und dem altirischen
weltlichen Recht vgl. Bieler, *Irish Penitentials* (s. Anm. 9), 7ff., Binchy, ebda. 50f. und
K. Hughes, *Early Christian Ireland: Introduction to the Sources* (London, 1972), 86f.
[79] Vgl. Korte (s. Anm. 78), 83, dessen Argumente allerdings im einzelnen nicht
überzeugen können; über Aelfred und das Recht vgl. ebda. 69 f. u. 84-95.
[80] Über das Alter der germanischen Volksrechte und manche Probleme der Datierung
vgl. die knappe, nur in Einzelheiten überholte Übersicht von R. Buchner, *Die Rechts-
quellen*, Beiheft zu Wattenbach-Levison, *Deutschlands Geschichtsquellen im Mittelalter.
Vorzeit und Karolinger* (Weimar, 1953), 6-37, die 'Leges'-Artikel im *Handwörterbuch
zur deutschen Rechtsgeschichte* 2, 16 (1978), 1879-1979. Über die Datierung der ältesten
irischen Bußbücher und ihre Überlieferung vgl. Bieler, *Irish Penitentials* (s. Anm. 9), 12ff.
[81] Dabei ist allerdings im Hinblick auf das Verhältnis von Liebe und Ehe zu
beachten, daß nach der im frühen Mittelalter bis ins 13. Jahrhundert vorherrschenden,
wenn auch wohl nicht 'einzig vertretbaren' kirchlichen 'Doktrin' (Schlösser [s. Anm. 56],
264), die sich auf Augustinus stützen konnte, *amor* und *coniugium* unvereinbar erschienen,
also 'die Liebe im Bereich der Ehe keinen Platz' hatte, vgl. Schlösser, 264ff. Es dürfte
nur zu verständlich sein, daß diese Auffassung für die kirchliche Bußdisziplin und
somit auch für die Bußbücher bestimmend war und für ein Verständnis des Verhältnisses zwischen Mann und Frau, wie es sich in der zitierten Bestimmung der beiden
'Leges' ausdrückt, keinen Raum ließ.

von Belang gewesen? Haben die Bußbücher über ihre Entstehungs-
zeit und ihren Entstehungsraum hinaus für die Bußpraxis und damit
für Recht und Moral, z.B. der Ehe, Bedeutung gehabt? Den tatsächlichen Einfluß auf den einzelnen Menschen wird man hier wie in
anderen Zusammenhängen nicht messen oder auch nur abschätzen
können. Andererseits ist sicher, daß die Bußbücher keinen 'Block'
fester Normen gebildet haben, die unverändert über Jahrhunderte hin
und in allen Teilen der europäischen Christenheit als verbindlich
betrachtet worden wären[82]. Daß manche von ihnen lange Zeit hindurch
immer wieder abgeschrieben worden sind und zwar auch in Gegenden,
die fernab von ihrem Entstehungsort lagen[83], läßt jedoch darauf
schließen, daß ihnen — den einen hier, den anderen dort — eine
nicht geringe Autorität zugemessen worden ist. Für diese Annahme
spricht auch, daß die Frage nach der Kenntnis eines Bußbuches seit
karolingischer Zeit wiederholt als eine der insgesamt nur wenigen
Prüfungsfragen vor der Priesterweihe sowie als eine der bei der

[82] Das zeigen nicht nur die Unterschiede zwischen den einzelnen Bußbüchern und
zwar nach Zahl und Art der zusammengestellten bußwürdigen Vergehen wie in den
Bußtarifen, das zeigen auch die Varianten in der Überlieferung einunddesselben Buß-
buchs, z.B. Halitgars oder der Beda und Egbert zugeschriebenen Sammlungen, wie sich
allein schon den noch sehr unvollständigen und gelegentlich fehlerhaften Feststellungen
von Schmitz, II 256 ff. u. 645 ff. entnehmen läßt. Diese Unterschiede in der Bußbücher-
Überlieferung gehen erheblich über die Unterschiede in der Überlieferung autoritäts-
gebundener Texte, etwa von Konzilienkanones, hinaus.

[83] Vgl. etwa die festgestellte handschriftliche Überlieferung der *Canones Theodori*,
die Ende des 8. Jahrhunderts (Wien 2195, s. VIII ex., Salzburg; Brüssel, Bibl.
Roy. 10127-44, s. VIII/IX, Nordostfrankreich oder Belgien, 'in einem Zentrum mit
insularem Einfluß'; Köln, Dombibl. 91, s. VIII/IX, Burgund?; Paris, BN. lat. 1603,
s. VIII/IX, Nordostfrankreich, vgl. CLA X 1543, VIII 1155, V 531 und Mordek [s.
Anm. 38] 235 Nr. 5, 276 f., 279 f., 281 f.) bis ins 12. Jahrhundert reicht (Clm 22 288,
s. XII[1], aus Windberg OPraem. b. Straubing/Niederbayern) und vornehmlich aus dem
nordöstlichen Westfrankenreich, aus dem mainfränkisch-mittelrheinischen Raum und aus
dem Bodenseegebiet stammt (außer den genannten Hss. vgl. Berlin, Hamilton 132,
s. IX in., Corbie: CLA VIII 1047, Mordek, 273 f.; Paris, BN. lat. 1454, s. IX[3]/4,
Umkreis von Paris: Mordek, 239; Paris, BN. lat. 1455, s. IX[2], Umkreis von Reims?:
Mordek, 127; Paris, BN. lat. 3846, s. IX in., S. Amand und Paris, BN. lat. 12445,
s. IX[3]/4, Reims: Mordek, 249; Wien NB. 2223, s. IX[1]/3, mainfränkisch und Würzburg,
M.p.th. q. 32, s. IX[1], Würzburg-Fulda: Bischoff-Hofmann, *Libri* [s. Anm. 52], 53 u.
107; Vat. Pal. lat. 554, foll. 1-4, s. IX[1], Lorsch? und Vat. Pal. lat. 485, s. IX[3]/4,
Lorsch: B. Bischoff, *Lorsch im Spiegel seiner Handschriften*, Münchener Beiträge zur
Mediävistik und Renaissance-Forschung, Beih. (München, 1974), 30, 46 f. u. 112/113;
St. Gallen, Cod. 150, s. IX in., St. Gallen sowie Stuttgart HB VI 109, s. IX[1]/4,
südwestdeutsch, und Stuttgart HB VI 112, s. X, Bodensee: Mordek. 224 A. 46, 292 f.
u. 293).

Visitation durch Bischof oder Archidiakon dem Pfarrer zu stellenden Fragen bezeugt ist[84].

Es darf daher wohl angenommen werden, daß die hier dargelegten Auffassungen über Ehe und Eheverständnis in den frühmittelalterlichen Bußbüchern, besonders die unterschiedliche Beurteilung der Unauflöslichkeit der Ehe samt ihren Folgen und die vom Alten Testament her zu verstehenden Reinheitsvorschriften bis zum Aufkommen neuer Handbücher für die Bußpraxis bald nach Gratian, also in der 2. Hälfte des 12. Jahrhunderts, das eheliche Leben der westkirchlichen Christen mannigfaltig beeinflußt haben.

Bonn

---

[84] Vgl. *Interrogationes examinationis* ca. 800: '... ut presbyteri non ordinentur priusquam examinentur ... 3. Penitentialem quomodo scitis vel intelligitis' (MGH Cap. I S. 234 Nr. 116); Quae a presbyteris discenda sint: '... 7. Penitentialem' (ebda. 235 Nr. 117), außerdem MGH Cap. I S. 179 Nr. 81, 20 und S. 237 Nr. 119, 4 sowie Regino, *Libri duo de synodalibus causis et disciplinis ecclesiasticis. Inquisitio Nr. 96* (ed. F.G.A. Wasserschleben, 1840, S. 26).

RUDOLF WEIGAND

## LIEBE UND EHE BEI DEN DEKRETISTEN
## DES 12. JAHRHUNDERTS

Bei den Beratungen des II. Vatikanums über das sogenannte Schema 13, die spätere Konstitution über die Kirche in der Welt von heute, soll ein Konzilsvater aus einem mohammedanisch geprägten Land den projektierten Aussagen über die Ehe den Vorwurf gemacht haben, sie berücksichtigten einseitig die westlichen Auffassungen über die Ehe: Bei euch heiratet man, weil man sich liebt; bei uns liebt man sich, weil man verheiratet ist[1]. Eine solch pointierte Aussage wirft auch ein Licht auf den Unterschied des Verhältnisses von Liebe und Ehe in der heutigen Zeit im Vergleich zum in Frage stehenden 12. Jahrhundert. Viele Dinge wurden damals anders gesehen oder bewertet als bei uns heute, wie sich aus den folgenden Ausführungen entnehmen läßt, obwohl andererseits die Unterschiede auch nicht so groß sind wie es auf den ersten Blick scheint.

### 1. DER EHEKONSENS

Der Ausdruck Liebe (*amor, dilectio*) kommt bei den Dekretisten in unserem Zusammenhang nicht gerade häufig vor. Statt dessen beherrscht der Ausdruck '*consensus*' viele Erörterungen. Die Willenszustimmung wird in vielen Variationen als Wirkursache für die Eheschließung erklärt und beleuchtet. Hingewiesen sei statt aller auf die zentrale Aussage Gratians in C.27 q.2 pr.: '*Consensus, qui est efficiens causa matrimonii iuxta illud Ysidori: Consensus facit matrimonium*' und auf die folgenden Belegstellen. Der Konsens hat eine innere Nähe zum gegenseitigen Wohlwollen, zur Liebe zweier Menschen zueinander und ist vielfach von ihr veranlaßt, wenn er auch nicht mit ihr identisch ist und manchmal (fast) ohne sie vorhanden sein kann. Zwei Texte können hier jedoch geboten werden, welche den Zusammenhang beider ausdrücklich erörtern. Der wohl aus der Mitte des 12. Jahrhunderts (oder

---

[1] Der Verfasser erinnert sich nicht mehr genau, wo er das damals gelesen oder gehört hat. In den veröffentlichten Dokumenten des II. Vatikanums konnte dieser Ausspruch bisher nicht gefunden werden.

kurz danach) stammende Ehetraktat *Sacramentum coniugii non ab homine*[2] analysiert nämlich den Konsens als Ursache der Ehe dadurch genauer, indem er folgende drei Elemente in ihm herausstellt: die Einigung des Willens, die gegenseitige Liebe und den Schutz des Mannes über die Frau[3]. Die gegenseitige Liebe ist also wesentlicher, integrierender Bestandteil des Konsenses. In seinem kanonistischen Ehetraktat stellt der Legist Vacarius um 1160 die Einheit zwischen Liebe und Konsens dadurch heraus, daß er den Konsens durch das Wort *'affectio'* interpretiert, welcher die Ehe bewirkt, und schließlich von der Zustimmung des Herzens und des Mundes spricht, wodurch sich die beiden Partner zur Ehe verbinden[4].

Außer diesen theologisch beeinflußten Texten ließen sich bei den Dekretisten keine direkten Aussagen über die Liebe als (Teil)Inhalt des Konsenses finden, obwohl sie an mehreren Stellen dazu Gelegenheit gehabt hätten. In der als Palea ins Dekret aufgenommenen Sentenz *Duobus modis*[5] heißt es, daß der Ehekonsens dann gegeben ist, wenn jeder mit dem Herzen und dem Mund zustimmt (*'corde tamen et ore consentit'*). Von Huguccio, der diese Palea (im Gegensatz zu seinen Vorgängern) ausgiebig kommentiert, wird zwar das Erfordernis der mündlichen Zustimmung kasuistisch detailliert mit allen Ausnahmen abgehandelt, aber auf die Herzenszustimmung mit keinem Wort eingegangen[6]. Wenn er an anderer Stelle von dem inneren Ehewillen

---

[2] Er ist uns nur in der Handschrift Stuttgart HB VI 63, fol. 43-49 überliefert. Seine Edition ist vom Verfasser vorgesehen: siehe 'Kanonistische Ehetraktate aus dem 12. Jahrhundert', in *Proceedings of the Third International Congress of Medieval Canon Law*, *Strasbourg, 3-6 September 1968*, Monumenta Iuris Canonici, Series C: Subsidia, Vol. 4 (Città del Vaticano, 1971), S. 59-79 (hier S. 64-69).

[3] 'Per quod fit est utriusque consensus. Ad quod fit est carnalis copula. Item in eo (*zu ergänzen*: per) quod fit coniugium tria notantur: uoluntatis unio, mutua dilectio, uiri circa mulierem protectio'. Stuttgart HB VI 63 fol. 47va. Die Vorlage hierfür war ein theologisches Werk, nämlich Magister Simons *De sacramentis*, ediert von H. Weisweiler, *Maître Simon et son groupe. De sacramentis*, *Textes inédits*, Spicilegium Sacrum Lovaniense, Études et documents, 17 (Louvain, 1937), S. 47.

[4] 'Fides consensus de presenti... est illa fides, illa affectio que facit et format coniugium... fides consensus quando corde et ore consentit ducere et unus alii consenciendo mutuo se suscipiunt'. '*Magistri Vacarii, Summa de matrimonio*', Ausg. F.W. Maitland, *The Law Quarterly Review*, 13 (1897), S. 274. Vacarius läßt sich hier von der Sentenz *Duobus modis* inspirieren, die vielleicht von Anselm v. Laon stammt (siehe O. Lottin, *Psychologie et Morale aux XIIe et XIIIe siècles*, V (Gembloux, 1959), S. 135f, Sent. 207) und neuerdings H.J.F. Reinhardt, *Die Ehelehre der Schule des Anselm von Laon* (Münster, 1974), S. 78-86.

[5] C.27 q.2 c.51, wird allerdings Augustinus zugeschrieben. Siehe R. Weigand, *Die bedingte Eheschließung im kanonischen Recht*, I, Münchener Theol. Studien, III., Kan. Abt. Bd. 16 (München, 1963), S. 246 A. 17.

[6] Bibl. Vatic. Vat. lat. 2280 fol. 265rb.

spricht[7], meint er einfach die innere Willenszustimmung, die mit Liebe nicht identisch ist. Auch ein Text aus Isidors *De officiis ecclesiasticis* (2,20), in welchem die Übergabe des Ringes bei der Trauung als Zeichen der gegenseitigen Liebe oder als Unterpfand der Herzensverbindung erklärt wird (C.30 q.5 c.7), läßt die Dekretisten unberührt. Sie gehen jedenfalls nicht direkt auf die Bedeutung der Liebe innerhalb des juristisch relevanten Konsenses ein.

Die Kirche hat im Mittelalter konsequent für die Anerkennung der Bedeutsamkeit des Konsenses der Partner für die Eheschließung gekämpft und damit für die Freiheit der Eheschließung. Eine besondere Erwähnung verdienen in diesem Zusammenhang zwei Päpste: Nikolaus I. erklärte 866 in seinem Antwortschreiben an die Bulgaren hinsichtlich der Eheschließung, daß hierfür allein der Konsens derer genügt, um deren Verbindung es sich handelt. Fehlt dieser, so haben alle anderen Elemente, auch der Geschlechtsverkehr, keinerlei Wirkung[8]. Papst Alexander III., der kaum mit dem Magister Rolandus identisch ist, von dem uns ein früher Kommentar zum Dekret Gratians und Sentenzen überliefert sind[8a], wurde in seinem langen Pontifikat (1159-1181) in vielen Ehestreitigkeiten um seine Stellungnahme und Entscheidung angegangen. Ein Grundsatz für seine Entscheidungen war, die Freiheit der Eheschließung und die Bedeutung des Ehewillens der beiden Partner jeweils zum Tragen kommen zu lassen, selbst wenn infolge der so nicht zu verhütenden klandestinen Ehen Gefahren für die Disziplin und die Rechtssicherheit gegeben waren[9]. Auf die grundlegende Bedeutung des Konsenses mußte wenigstens in dieser Kürze hingewiesen werden (Belege aus der Dekretistik brauchen jedoch hierzu nicht zitiert zu werden), bevor wir Stellen suchen, an denen über die Liebe ausdrücklich gesprochen wird.

---

[7] Siehe z.B. R. Weigand, *Die bedingte Eheschließung* (s. A.5), S. 210f.

[8] Denz. Sch. n. 643; als C.27 q.2 c.2 war dieser Satz Gegenstand der Erörterungen der Dekretisten. Auf die Frage, wie der zunächst innere Konsens geäußert werden sollte, braucht in unserem Zusammenhang nicht eingegangen zu werden.

[8a] Zu diesem Problem siehe die Untersuchung des Verfassers: 'Magister Rolandus und Papst Alexander III.', *Archiv f. kath. Kirchenrecht*, 149 (1980), S. 3-44.

[9] Siehe hierzu neuestens Ch. Donahue, 'The Policy of Alexander the Third's Consent Theory of Marriage', in *Proceedings of the Fourth International Congress of Medieval Canon Law, Toronto, 21-25 August 1972*, Monumenta Iuris Canonici, Series C: Subsidia, Vol. 5. (Città del Vaticano, 1976), S. 251-281. Zur Ehegesetzgebung Papst Coelestins III. siehe jetzt: V. Pfaff, 'Das kirchliche Eherecht am Ende des zwölften Jahrhunderts', *ZRG Kan. Abt.*, 63 (1977), S. 73-117.

## 2. LIEBE ALS MOTIV FÜR DIE EHESCHLIEßUNG

Paucapalea, einer der frühesten Kommentatoren des Dekrets Gratians, zählt eine Reihe verschiedenartiger Gründe auf, um deretwillen eine Ehe geschlossen werden kann. Der Hauptgrund ist für ihn, wie ganz allgemein in der Theologie und Kanonistik, die Erwartung bzw. Erzeugung von Nachkommenschaft. An nächster Stelle folgt die Vermeidung von Unzucht, was in der Sicht Paucapaleas nicht ohne Sünde möglich ist, auch wenn diese wegen der Güter der Ehe entschuldigt wird. Neben diesen Hauptgründen führt er noch zwei andere ehrenhafte Motive für die Eheschließung an, nämlich die Versöhnung von (persönlichen) Feinden und die Wiederherstellung des Friedens. Beide Gründe sind also auf die Förderung der Verständigung, Freundschaft und Liebe gerichtet. Schließlich zählt er noch weniger ehrenhafte Motive auf, wie die Schönheit des Mannes oder der Frau, welche die Gemüter in Liebe entflamme und häufig zur Eheschließung antreibe. Die Sucht und Liebe nach Reichtum sei leider ebenso häufig Motiv der Eheschließung und manche andere Gründe, die er nicht einzeln aufzählen könne[10].

Auch der Autor des Traktats *Sacramentum coniugii non ab homine* zählt die drei Gruppen der Eheschließungsmotive eindeutig in Abhängigkeit von Walter von Mortagne auf, erwähnt aber nicht direkt die Liebe, sondern spricht von der Schönheit, welche die Gemüter aufreizt, daß sie über die Eheschließung zum Geschlechtsverkehr kommen[11]. Nur in losem Anschluß an Walter geht er auf ein juristisches Problem ein und referiert die Meinung einiger, welche eine Eheschließung lediglich der zweitrangigen Motive wegen, beispielsweise nur wegen der Schönheit der Frau, für ungültig halten[12]. Die dann

---

[10] 'Sunt etiam aliae minus honestae, sicut uiri mulierisue pulchritudo, quare animos amore inflammatos frequenter impellit ad ineundum coniugium, ut suum ualeant implere desiderium...' Zu C.27 pr., Ausg. J.Fr. v. Schulte (Giessen 1890, Aalen 1965), S. 110f. Paucapalea ist in diesen Ausführungen völlig abhängig vom Ehetraktat Walters von Mortagne, der als 7. Buch der sog. *Summa Sententiarum* gedruckt wurde: Migne PL 176. 153-174 (hier Sp. 154f). Walters Traktat ist kurz vor 1140 entstanden: L.Ott, 'Walter von Mortagne und Petrus Lombardus in ihrem Verhältnis zueinander', in *Mélanges J. de Ghellinck*, II (Gembloux, 1951), S. 647-697.

[11] 'Sunt et alie minus honeste sicut uiri et mulieris pulcritudo que titillantium animos uinculo sociat coniugali ut uicissim sibi ualeant commisceri'. Stuttgart HB VI 63 fol. 46va.

[12] 'Quidam autem nimis iusti molam superiorem loco pignoris accipientes contendunt ostendere nullatenus esse coniugium ubi propter causas posteriores sicut propter pulcritudinem et alias ducitur coniunx, quod est inconueniens'. Stuttgart HB VI 63 fol. 46vb.

folgende Argumentation ist ein Zeichen dafür, daß eine Eheschließung
aus Liebe leicht unter einem negativen Aspekt gesehen wurde, da sie
in die Nähe der (unbeherrschten) *libido* gestellt wurde. Aber unter
Berufung auf das Alte Testament, näherhin auf die Eheschließung
Jakobs mit Rachel, nachdem ihm zuerst die Lea unterschoben worden
war (vgl. Gen. 29,16-30), tritt unser Autor für die Gültigkeit und
Zulässigkeit solcher Eheschließungen aus Liebe ein. Ganz allgemein und
apodiktisch sagt er, daß eine Ehe immer gültig ist, ganz gleich aus
welchen Motiven heraus sie geschlossen wurde. Andernfalls wären
'heute' die meisten Ehe ungültig, da die Menschen heute vielfach
wegen dieser (sekundären) Motive, ohne an die 'grundlegenden' Motive
wie die Erzeugung von Nachkommenschaft zu denken, eine Ehe
schließen[13]. Aufschlußreich ist ferner, daß unser Traktat noch eigens je
vier Gesichtspunkte nennt, welche für die Wahl des Ehegatten entscheidend seien. Für die Wahl des Ehemannes sind das Charakter-
festigkeit, Abstammung, Schönheit und Weisheit, für die Wahl der
Ehefrau an erster Stelle Schönheit, dann Abstammung, Reichtum,
und erst an vierter Stelle der (tugendhafte) Lebenswandel[14]. Beim Mann
wird ausdrücklich die Formulierung gewählt, daß er durch diese Motive
(erst) zur Liebe (und damit zur Eheschließung) geführt wird. Nicht
übersehen sei, daß unser Traktat in seinem mehr legistisch geprägten
letzten Teil auch eine Psychologie des Kusses bietet, die auf die Zeit
vor der Eheschließung abgestimmt ist: Beim Kuß ist die Frau stets die
Gebende und der Mann der Empfangende[15]. Der Mann gehe nämlich
nach einem Kuß bereichert und beschwingt nach Hause, die Situation
der Frau dagegen werde durch einen Kuß verschlechtert wegen (einer
Verletzung) der Schamhaftigkeit: Ihre Heiratsaussichten werden dadurch möglicherweise beeinträchtigt.

---

[13] '... matrimonium contrahunt, quamuis amore inflammati ad explenda carnis opera
conueniant quod ueteris testamenti pagina manifestat. Jacob enim magis Rachel causa
pulcritudinis quam Liam que erat lippis oculis sibi copulare contendebat... Siue ergo
causa prolis siue uitande fornicationis et timore incontinentie siue causa explendi
libidinem siue causa pacis siue pulcritudinis siue diuitiarum in uxorem ducatur...
matrimonium contraitur... Alioquin ex maxima parte matrimonia irrita haberentur et
uacua cum nostri temporis homines prefatis causis intercedentibus, immo sine
constituentibus, matrimonia contrahere consuescant'. Stuttgart HB VI 63 fol. 46vb.

[14] 'In eligendo autem marito iiii. spectari solent: Virtus, genus, pulchritudo, sapientia.
Item in eligenda uxore iiii. res impellunt hominem ad amorem: Pulchritudo, genus, diuitie,
mores' (fol. 43rb); vgl. Isidor *Etymol.* 9.7.28f. (PL 82.367f.)

[15] 'Vir osculum dicitur accipere, non dare, mulier dare, non accipere. Set ideo,
quia dum mulier osculum prebet, propter erubescentiam durior fit eius conditio, uiri
autem melior dum ad propria redit alacrior' (fol. 49rb).

Bei den im folgenden zu besprechenden Autoren wird die Farbigkeit der frühen dekretistischen Werke in unserem Problemkreis bei weitem nicht mehr erreicht. Rufin leitete die Standardisierung der Ausdrucksweise für die Eheschließungsmotive ein, wenn er neben den beiden Hauptmotiven Erzeugung von Nachkommenschaft und Vermeidung von Unzucht folgende sekundäre Motive nennt, ohne sie direkt zu bewerten oder weiter zu untergliedern: Schönheit der Frau, Erneuerung des Friedens und Besitz von Reichtum[16]. Während z.B. Huguccio in bunter Folge fünf sekundäre Eheschließungsmotive nennt[17], teilt die Summe *Tractaturus magister* aus der französischen Schule die sekundären Motive ähnlich wie Paucapalea ein, erwähnt aber unter den ehrenhaften Motiven ausdrücklich die '*caritatis dilatatio*', unter den weniger ehrenhaften die 'Form' der Frau und die Gier nach Reichtümern[18].

Nicht unerwähnt soll bleiben, daß der angezielte (voreheliche) Geschlechtsverkehr, welcher heute oft als Ausdruck der Liebe in einem bestimmten Verständnis hingestellt wird, schon im 12. Jahrhundert öfter Anlaß zu einer Verlobung oder für die Eheschließung war. Die Palea *Duobus modis* (siehe oben Anm. 5) führt nämlich als erstes Beispiel für ein Verlöbnis an: '*quando aliquis promittit fidem alicui, quod eam duceret, si permiserit ei rem secum habere*'. Im *Fragmentum Cantabrigiense* wird die Frage erörtert, wie es um die Gültigkeit einer *pactio coniugalis* steht, die vom Manne nur in der Absicht eingegangen wurde, dadurch zum Geschlechtsverkehr zu kommen, ohne bei der Frau bleiben zu wollen. Unter Berufung auf Rolandus wird trotz der Simulation die Ehe für gültig erklärt, wie es auch zahlreiche andere Autoren taten[19].

---

[16] C.27 pr., Ausg. H. Singer (Paderborn, 1902; Aalen, 1963), S. 432.

[17] 'Secundarie sunt multe, scilicet pulcritudo mulieris, diuitie, amicorum copia, pacis reformatio, affinitas et huiusmodi'. Bibl. Vatic. Vat. lat. 2280 fol. 256ra. Einige Beispiele für die Bedeutsamkeit einer Eheschließung zur Festigung des Friedens in der damaligen Zeit bietet V. Pfaff in dem in Anm. 9 erwähnten Aufsatz S. 101 ff.

[18] 'Causa matrimonii... finalis... secundaria alia honesta ut amicorum reconciliatio, caritatis dilatatio; alia minus honesta ut forma mulieris, diuiciarum appetitus'. Paris, Bibl. Nat. lat. 15994 fol. 74vb. Weitere Beispiele sind hier überflüssig; siehe die Zusammenstellung in der Untersuchung des Verfassers 'Die Lehre der Kanonisten des 12. und 13. Jahrhunderts von den Ehezwecken', in *Collectanea Stephan Kuttner*, *II*, Studia Gratiana, XII (1967), S. 460-463.

[19] Siehe hierzu den Text in *Bedingte Eheschließung* (s.A.5) S. 119; dort auch weitere Belege für die Bedingung des vorehelichen Verkehrs S. 208f., 262f., 311, 342f., 355, 373 und 406.

### 3. INSTITUTIONELLE AUSRICHTUNG DER EHE AUF DIE LIEBE

Für den mittelalterlichen Menschen war etwas Vorgegebenes viel leichter anzunehmen und nachzuvollziehen als für den heutigen modernen Menschen. Deswegen ist in sämtlichen Abhandlungen über die Ehe zunächst von der Institution der Ehe die Rede, von ihrer Einsetzung oder Einrichtung. Als *sententia communis* gilt eine doppelte *institutio* der Ehe: Im Paradies wurde die Ehe von Gott eingesetzt zur Erzeugung von Nachkommenschaft, um den Fortbestand des menschlichen Geschlechts zu garantieren, wobei meist noch von 'officium', also von einer Verpflichtung hierzu gesprochen wurde. Eine andere, zusätzliche Einrichtung oder Ausrichtung der Ehe war nach dem Sündenfall gegeben, indem sie nun auch als *remedium* zur Vermeidung der Unzucht diente, wofür stereotyp als Erweis das Wort 1 Kor. 7,2 genommen wurde, daß jeder Mann seine Frau wegen der Unenthaltsamkeit haben solle [20]. Gratian selbst lehrt diese doppelte Einsetzung der Ehe unter Einbeziehung von Augustins Vorstellung der Paradiesesehe (*sine ardore conciperent*) in seinem Dictum post C. 32 q.2 c.2. Nur ganz wenige Ausnahmen kommen vor: Lediglich eine Einsetzung der Ehe kennt Magister Roland, der in der Erschaffung und Fortpflanzung der Menschen zugleich einen Ausgleich für die gefallenen Engel sieht [21]. Alanus kennt auch nur eine Einsetzung der Ehe, da er sehr starkes Gewicht auf ihren naturrechtlichen Charakter legt; er will daher von eigentlichen Einsetzungsworten der Ehe gar nichts wissen [22].

Einige meist theologisch beeinflußte Autoren kennen aber noch eine dritte Institutionalisierung der Ehe [23]. Der schon mehrfach genannte Ehetraktat *Sacramentum coniugii non ab homine* schickt den beiden traditionellen Institutionen der Ehe eine andere voraus, nämlich die Einsetzung im Paradies zur gegenseitigen Hilfeleistung und Unter-

---

[20] Siehe z.B. Rufin, C.27 pr., Ausg. Singer, S. 432. Weitere Beispiele sind in dem in Anm. 18 genannten Beitrag S. 447-449 enthalten.

[21] C.27 pr. Ausg. F. Thaner, *Summa magistri Rolandi* (Innsbruck, 1874; Aalen, 1962), 114. Ähnlich in der Ausdrucksweise sind das *Fragmentum Cantabrigiense* (C.27 pr., Cambridge, Univ. Libr. Addit. 3321 vol. 1 fol. 10r) und der Ehetraktat *Videndum est quid sit matrimonium* (Bamberg, Patr. 18 fol. 240ra; München, Staatsbibl. lat. 16084 fol. 29r).

[22] C.27 pr.: 'Verius est quod matrimonium in creatione maris et femine fuit institutum sine uerbis. Est enim matrimonium de iure naturali ut supra d.i. Ius naturale (c.7) et naturalia iura cum creaturis sunt prodita ut di. vi. §i. (p.c.3 §1)'. Bereits in der ersten Rezension seines Dekretapparats (ca. 1192): Paris, Bibl. Nat. lat. 3909 fol. 40ra.

[23] Zu den frühscholastischen Aussagen hierzu siehe neuerdings H. Zeimentz, *Ehe nach der Lehre der Frühscholastik*, Moraltheologische Studien, Hist. Abt., hrsg. von J.G. Ziegler, Bd. 1 (Düsseldorf, 1973). S. 141-147.

stützung, entsprechend dem sog. zweiten Schöpfungsbericht und seiner Begründung für die Erschaffung Evas: Es ist nicht gut für den Menschen (Mann), daß er allein ist; lasset uns ihm eine Gehilfin schaffen (Gen. 2.18)[24]. Dies ist der einzige bisher aufgefundene Text, welcher die liebende, gegenseitige Hilfeleistung als ersten Grund für die Einsetzung der Ehe nennt. Auch der Ehetraktat *Videndum est quid sit matrimonium* darf hier nochmals genannt werden, wenn er die Ehe zur Zeit der Gnade 'Heilmittel für die (menschliche) Schwäche, Dienst an der Menschheit und zugleich Gottesdienst (durch Erzeugung und Erziehung von künftigen Gottesverehrern) und Pflanzstätte der Liebe nennt'[25].

Sicard v. Cremona sieht in wichtigen eherechtlichen Vorschriften, besonders in der Zölibatsgesetzgebung und im Verbot der Verwandtenheirat, eine dritte *institutio*, d.h. eine rechtliche Fixierung oder Anpassung der Ehe an die heutige Zeit. Das Verbot der Verwandtenheirat verfolgt das ausdrückliche Ziel, damit zur weiteren Verbreitung der Liebe beizutragen[26]. Derselbe Gedanke wird auch in einer Glosse zur Summe des Honorius ausgesprochen:

> Triplex fuit matrimonii institutio. Prima ante peccatum causa propagationis; secunda post peccatum causa uitande fornicationis; tercia tempore gratie a sanctis patribus qua exclusi sunt a matrimonio sacerdotes, diaconi, subdiaconi et cum cognatis prohibitum est contrahere; primum causa decoris, secundum causa extendende caritatis[27].

Die theologische Vorlage hierfür war wohl der aus der Schule von

---

[24] 'Institutum ergo fuit in paradiso coniugium, cuius triplex est institutio... Prior est causa adiutorii de qua in genesi legitur: Non est bonum esse hominem solum; faciamus ei adiutorium simile sibi... Secunda causa prolis... Tercia causa incontinentie...' Stuttgart HB VI 63 fol. 43ra/b. Der Verfasser beruft sich ausdrücklich auf Isidor. Dieser sagt zwar in seinen Etymologien (9.7.27; PL 82. 367) fast das Gleiche, doch versteht er die drei Gründe als Eheschließungsmotive und bringt die beiden ersten Gründe in umgekehrter Reihenfolge.

[25] 'Tempore gratie fuit et est infirmitatis remedium et in quibusdam humanitatis et pietatis officium et caritatis seminarium': Bamberg, Patr. 18 fol. 240ra.

[26] C.27 pr.: 'Triplex est institutio... Tercia uero modernorum patrum institutio qua scriptum est ne sacerdotes et consanguinei coniungantur usque ad vii. gradum. De his autem maior auctoritas prophetarum, euangelii, apostoli non contradicit, set modernitas sola constituit, de sacerdotibus ad ecclesie decorem, de consanguineis ad caritatis propagationem'. Bamberg Can. 38 fol. 103v, Can. 39 fol. 145rb.

[27] Laon 371bis fol. 155ra. Die Summe selbst kennt nur zwei Einsetzungen der Ehe: 'Dupplex est causa institutionis, causa prolis et hec a domino in paradiso, causa uitande fornicationis et hec ab apostolo tempore gratie instituta fuit'. Laon 371bis fol. 155ra.

Laon stammende kurze Ehetraktat: *In coniugio figura et vestigium trinitatis*, in welchem durchgehend das Dreierprinzip herrschte[28].

Die entferntere sachliche Vorlage war hierzu Augustins *De civitate Dei* (XV, 16). Er begründet das Verbot der Verwandtenheirat damit, daß sich die Liebe weiter ausbreiten solle, indem zu anderen Menschen verwandtschaftliche Beziehungen aufgenommen werden. Für die Dekretisten war dieser Augustinustext auch Gegenstand ihrer möglichen Kommentare, da er als C.35 q.1 c.un. ins Dekret Gratians aufgenommen wurde. Die genannte Ausrichtung wurde durch Gratian sogar noch verschärft, da er ein Wort veränderte und jetzt die Verbindung zwischen Mann und Frau ganz allgemein '*quoddam seminarium est caritatis*' nannte (statt '*civitatis*' bei Augustin).

Die Ehe wird in diesen Texten nicht als Folge der Liebe, sondern die (weitere Verbreitung der) Liebe, nicht zuletzt unter Einbeziehung der gesamten neuen Verwandtschaft, als Ziel und Folge der Ehe gesehen, wie schon teilweise bei den vorher erwähnten sekundären Eheschließungsmotiven. Relativ ausführlich legt Rufin diesen Hintergrund des Verbots der Verwandtenheirat dar, das er jedoch als rein kirchliches ansieht: '*Causa quoque dilatande caritatis in ecclesia institutum est, ... ut ... latiori se gremio caritas explicaret*'[29]. Andere Autoren nehmen nur kurz oder fast gar nicht darauf Bezug, da z.B. weder Paucapalea noch Magister Roland dieses Element erwähnen. Huguccio faßt die traditionellen Gesichtspunkte folgendermaßen zusammen:

> ... In nouo uero testamento copula consanguineorum est prohibita duabus de causis, scilicet causa dilatande dilectionis et causa misterii, id est significationis. Causa dilatande dilectionis, quia cum uinculum consanguinitatis sufficiat ad mutuam dilectionem consanguineorum, copiosius se extendit gremium caritatis si per uinculum matrimonii extranei et alieni ad mutuum amorem colligentur[30].

---

[28] Ausg. F. Bliemetzrieder, *Anselms von Laon systematische Sentenzen* (Münster, 1919), S. 112-113.

[29] Zu C.35 q.1, Ausg. Singer, S. 509. Die Aussagen Rufins wurden fast wörtlich, wie so oft, von Johannes Faventinus in seine Summe aufgenommen: Bamberg Can. 37 fol. 83va. In der *Summa Parisiensis* wird dieser Grund sehr schön folgendermaßen formuliert: 'ut latius se caritas et inter plures porrigeretur et inter homines esset utilis atque honestissima concordia ex animarum conjunctione quaesita'. C.35 q.1, Ausg. T.P. McLaughlin, *The Summa Parisiensis on the Decretum Gratiani* (Toronto, 1952), S. 258.

[30] München, lat. 10247 fol. 268ra; Vat. lat. 2280 fol. 314rb hat zwei falsche Lesarten.

#### 4. Liebe, Treue und gegenseitige Hilfeleistung

Als Güter der Ehe werden seit Augustinus folgende drei genannt:
*fides, proles, sacramentum*[31]. Sie gingen auch ins Dekret Gratians
ein[32], spielten aber meist nur eine geringe Rolle in den Kommentaren.
Sie bildeten jedoch beispielsweise noch für die Enzyklika Pius XI.
*Casti connubii* vom 31.12.1930 eine wichtige Grundlage[33]. Bei der *fides*
wird meist nur das negative Moment gesehen, auf das schon Augustinus
hingewiesen hat, daß keiner der beiden Partner mit einem anderen
Geschlechtsverkehr haben dürfe. Das tuen z.B. Paucapalea[34], Ru-
finus[35], Stephan v. Tournai[36] und die *Summa Lipsiensis*[37].

Magister Roland bringt zwar die Treue der Gatten mit der Symbolik
des Ringes in Verbindung (wie der Ring keinen Anfang und kein Ende
mehr erkennen läßt, so darf die Treue niemals verletzt werden), erwähnt
aber nicht direkt die Liebe[38]. Am schönsten beschreibt die *Summa
Reginensis* die positiven Gehalte der *fides*, da nicht nur auf die innere
Seite eingegangen wird (frei sein von der Begierde), sondern auch die
Forderung erhoben wird, daß jeder Gatte den anderen wie sich selbst
lieben soll, weil jeder ein Teil des anderen ist[39]. Alanus spricht
dagegen von der Verpflichtung zur gegenseitigen Dienstleistung und der
ehelichen Keuschheit[40].

Eine gewisse Ausnahme stellt Paucapalea dar, welcher neben den drei
herkömmlichen *bona* noch drei andere nennt, nämlich die Vermeidung
der Unzucht, die aus der ehelichen Gemeinschaft hervorgehende
Freundschaft (*amicitia*) zwischen Mann und Frau und den Frieden
zwischen vorher einander feindlichen Menschen[41]. Paucapalea ist ferner

---

[31] *De bono coniugali* 24,32: CSEL 41, 227; *De Genesi ad litt.* IX, 7,12: CSEL 28, 275f.

[32] C.27 q.2 c.10 und DGp. C.32 q.2 c.2, letzter Satz.

[33] AAS 22 (1930) S. 543-555; Denz.-Schönm. 3703-3714.

[34] C.27 q.2 c.10, Ausg. v. Schulte, S. 115.

[35] C.27 pr., Ausg. Singer, S. 435.

[36] C.27 pr., Ausg. v. Schulte, S. 232.

[37] C.27 pr., Leipzig, Univ. Bibl. 986 fol. 231va: 'fides, ne cum alio uel alia contrahatur et coeatur'.

[38] Zu C.30 q.5 c.3, Ausg. Thaner, S. 152.

[39] 'Fides est ut neuter uiuente altero declinet ad alium, quia fidem sibi seruare debent ut non polluantur aliena libidine... et ut alter altérum diligat ut seipsum, quia alter pars est alterius'. Zu C.27 pr., Bibl. Vatic. Regin. 1061 fol. 25ra.

[40] C.27 q.2 c.10 v. *sacramentum*: 'Fides, id est obseruantia mutue seruitutis et coniugalis castitatis'. Paris, Bibl. Nat. lat. 3909 fol. 41va.

[41] C.27 q.2 c.10, Ausg. v. Schulte, S. 115. Paucapalea ist auch hier wieder völlig von Walter v. Mortagne abhängig, wie der Vergleich mit Migne, PL 176 Sp. 157 zeigt.

der erste Dekretist, welcher Augustins Aussage, daß die Ehe für manche Menschen *humanitatis solatium*' sei, dahin konkretisiert, daß dies besonders für Frauen zutreffe, die für wertlos und verachtenswert angesehen würden, wenn sie nicht verheiratet wären, außerdem für Greise, die nichts wegen ihrer Altersschwäche tun könnten, wenn sie nicht Frauen als ihre Gefährtinnen hätten, die mit den Kranken zu leiden wissen[42].

Rufin spricht allgemeiner davon, daß solche, die andere soziale Dienstleistungen entbehren müssen, auf diese Weise durch die Ehe wenigstens den Trost der Gemeinschaft erfahren[43]. Cardinalis erklärt in einer Glosse, daß es auch ohne Geschlechtsverkehr zwischen den Gatten eine *amicabilis quedam et germana coniunctio*' gebe[44].

Huguccio stellt hierzu fest, daß viele, besonders Greise, nur deswegen heiraten, damit sie in ihrer Hilflosigkeit von ihrer Frau die gewünschten Dienstleistungen erhalten könnten[45].

Schon aus diesen Beispielen geht hervor, daß mindestens bei den Dekretisten die gemütsmäßige Liebe zwischen den Gatten kaum erwähnt wird, dafür aber die konkreten gegenseitigen Hilfen im Leben, der personale Beistand (später oft *mutuum adiutorium*' genannt, bis hin zum c.1013 § 1 CIC) eine entscheidende Rolle spielen.

## 5. LIEBE ALS MOTIV FÜR DEN EHELICHEN VERKEHR?

Bei Gratian erscheint die Liebe nicht direkt als mögliches Motiv für den ehelichen Verkehr. Er nennt vielmehr nur zwei Motive: Erzeugung von Nachkommenschaft und Befriedigung der Lust oder um der Unenthaltsamkeit willen[46]. Gratian unterscheidet noch nicht, ob der Verkehr auf Bitten des anderen Teils (zur Vermeidung von dessen Unenthaltsamkeit) oder auf eigene Initiative hin vollzogen wird, zur Vermeidung der eigenen Unenthaltsamkeit oder zur Befriedigung der

---

[42] August. *De bono uiduitatis* 8; C.27 q.1 c.41, Ausg. v. Schulte, S. 113.

[43] 'qui aliorum socialibus ministeriis destituti ex nuptiis saltem solatium societatis exquirunt'. Ausg. Singer, S. 439.

[44] Zu C.27 q.2 c.16. Die gesamte Glosse wurde mitgeteilt vom Verfasser: 'Die Glossen des Cardinalis (Magister Hubald?) zum Dekret Gratians, besonders zu C.27 q.2', in *Bulletin of MCL*, 3 (1973), S. 77 Nr. 21.

[45] C.27 q.1 c.41 *v. solatium*: 'Id est contrahere propter seruitium a multis, scilicet ut in suis necessitatibus eis seruiatur, et precipue hoc habet locum in senibus, qui causa auxilio destituti sibi uxores copulant ut ab eis seruitium percipiant...' Vat. lat. 2280 fol. 258vb. Er stellt sogar noch die Frage, ob diese gültig heiraten könnten und löst sie entsprechend der jeweiligen Intention.

[46] C.32 q.2 pr., p.c.1, p.c.2, p.c.5, c.6 Summarium.

Lust dient. Die Ausdrücke *'causa incontinentiae'* und *'causa explendae libidinis'* werden von ihm noch als Synonyme genommen. Der Verkehr aus diesen subjektiven Motiven ist nach Gratian lediglich zugelassen, geduldet und wegen der Güter der Ehe keine schwere, sondern nur eine läßliche Sünde: *'Quod enim preter intentionem generandi fit, ... est ueniale propter nuptiarum bonum'* [47]. Gratian nimmt in sein Dekret aber auch einen Text aus der Streitschrift des Hieronymus gegen Jovinian auf, in dem u.a. der ominöse Satz des Stoikers Sextus steht: *'Adulter est in suam uxorem amator ardentior'* [48].

Rufin unterscheidet bereits genauer und vertritt daher im Vergleich zu Gratian teils eine weitere, teils eine strengere Ansicht. Nach ihm ist ein Verkehr zur Erfüllung der ehelichen Pflicht ohne Sünde, ebenso wenn er nur zum Zwecke der Erzeugung von Nachkommenschaft ausgeführt wird. Der Verkehr zur Vermeidung der (eigenen) Unenthaltsamkeit ist läßliche Sünde, wie bei Gratian, (nur) zum Zweck der Lust dagegen schwere Sünde. In dieser Ansicht darf die normale, sozusagen durchschnittliche Auffassung in der zweiten Hälfte des 12. Jahrhunderts gesehen werden. Die Autoren waren nämlich durch manche Umstände, nicht zuletzt durch die vorliegenden Texte des Hieronymus und Augustinus sowie durch das apokryphe *Responsum Gregorii* [49] daran gehindert worden, eine positive Einschätzung der Geschlechtlichkeit zu erreichen [50].

Sicard von Cremona ist zwar in seiner Formulierung von Rufin abhängig, stellt sich aber auf den von Gratian eingenommenen Standpunkt, daß nämlich ein zur Befriedigung der Lust erfolgter Verkehr wegen des dreifachen Gutes der Ehe nur läßlich sündhaft ist. Allerdings ist er insofern auch wieder rigoroser als Gratian, da er (auch) beim Verkehr um der Nachkommenschaft willen in der damit verbundenen Lust möglicherweise (*forte*) eine Sünde sieht [51]. In der französischen

[47] DGp. C.32 q. 2 c.2 § 1.

[48] C.32 q.4 c.5: den Satz des Sextus siehe in der Ausgabe von H. Chadwick, *Sextus Pythagoraeus — The Sentences of Sextus* (Cambridge, 1959), sent. 231 S. 39.

[49] C.33 q.4 c.7: '... voluptas ipsa sine culpa esse nullatenus potest'.

[50] Über die historischen Hintergründe sowie zum Weiterwirken stoischer Elemente siehe: D. Lindner, *Der Usus matrimonii: Eine Untersuchung über seine sittliche Bewertung in der katholischen Moraltheologie alter und neuer Zeit* (München, 1929); M. Müller, *Die Lehre des hl. Augustinus von der Paradiesesehe und ihre Auswirkung in der Sexualethik des 12. und 13. Jahrhunderts bis Thomas von Aquin*, Studien zur Geschichte der kath. Moraltheologie, Bd. I (Regensburg, 1954).

[51] C.32 q.2: 'Item cum aliquis cognoscit uxorem suam aut exactus hoc facit aut spontaneus. Si exactus nec etiam uenialiter peccat. Si spontaneus, aut hoc facit causa procreande prolis aut propter incontinentiam aut pro explenda libidine. In primo nec

Schule arbeiten die Dekretisten, abgesehen von Sicard, zunächst nicht mit diesen Unterscheidungen, sondern suchen eine einfachere Lösung. So erklärt die *Summa Parisiensis* die rigoristische Ansicht des apokryphen *Responsum Gregorii*, daß keine Geschlechtslust ohne Sünde sein könne, einfach damit, daß es Zeichen eines guten Geistes sei, auch dort eine Schuld anzuerkennen (und zu beweinen), wo keine vorliege[52].

Gandulph von Bologna, der bekanntlich sowohl Theologe (Verfasser von Sentenzen) als auch Kanonist war, vermittelte rigoristische theologische Ansichten an die Kanonistik. Nach ihm kann der eheliche Verkehr nie ohne Sünde vollzogen werden, wenn er auch in der Hoffnung auf Nachkommenschaft und zur Erfüllung der ehelichen Pflicht erlaubt ist; denn die Wollust, ohne die der *coitus* nie stattfinden kann, sei immer Sünde[53].

Die *Summa Lipsiensis* referiert mehrfach die Ansicht des Gandulph, daß die eheliche Hingabe nie ohne Sünde vollzogen werden könne, hält aber demgegenüber an der Lehre fest, wie sie etwa Rufin vertreten hat, daß der Verkehr um der Nachkommenschaft willen ohne Sünde sei, zur Leistung der ehelichen Pflicht ebenfalls (oder nur eine ganz kleine Sünde, wie abschwächend gesagt wird)[54].

In Bologna fand Gandulphs strenge und rigoristische Lehre vor allem in dem weit verbreiteten Glossenapparat *Ordinaturus magister* und bei Huguccio, dem größten Schüler des Gandulphus, Gefolgschaft. Die Hingabe kann nicht ohne Sünde sein bzw. nicht ohne Sünde vollzogen werden, weil damit immer ein Kitzel und die Wollust verbunden ist, die stets Sünde sei[55]. Huguccio ist der extremste und einflußreichste

etiam uenialiter peccat quoad cognitionem, set forte quantum ad delectationem. In secundo uenialiter peccat. Quidam dicunt quod peccat in tercio mortaliter. Ego autem dico quoniam uenialiter...' Bamberg Can. 38 fol. 107v-108r.

[52] C.33 q.4 c.7 *v. sine culpa*: 'Bonarum mentium est ibi culpas suas agnoscere ubi culpa non est'. Ausg. McLaughlin, S. 252.

[53] Sentenzen IV §253: 'Libido vero, sine qua coitus esse non potest, semper peccatum erit'. Ausg. v. Walter (Wien, 1924), S. 536.

[54] D.13 c.2 *v. beemoth*: 'Nota tamen quod *G.* dicit actum illum numquam exerceri sine peccato... Quandoque tamen actus ille non est peccatum ut si causa prolis fiat ut hic. Item si exactus reddat, quantum ad reddentem nullum est peccatum uel minimum ut xxxiii.Q.V. Si dicat (c.1)'. Leipzig 986 fol. 10rb. Zur Ansicht des Gandulphus bringt weitere Textzeugnisse die Untersuchung des Verfassers: 'Gandulphusglossen zum Dekret Gratians', *Bulletin of Medieval Canon Law*, 7 (1977), S. 20, 22 und 39f.

[55] Zu D.13 c.2 *v. sine culpa*: 'Quattuor... Non est tamen sine peccato, quia fit et exercetur quodam pruritu et libidine et uoluptate que peccatum est... Tunc solum opus carnale non est culpa quando desiderio filiorum uel causa reddendi debitum, suple miscentur; perfici tamen non potest illud opus sine peccato...' Bamberg Can. 13 fol. 6va.

Vertreter dieser rigoristischen Anschauung, daß kein *coitus* ohne Sünde sein könne. Er bildete sie bis in die letzten Verzweigungen aus. So analysiert er beispielsweise genau den Unterschied zwischen der Hingabe um der Unenthaltsamkeit willen, die in sich, nicht nur durch die dabei empfundene Lust, läßliche Sünde sei, und der Hingabe zur Erfüllung der Lust, die schwere Sünde sei: Im ersten Fall geht die erwachte Lust voraus und der Mensch sucht die eheliche Hingabe, um nicht schwerer zu sündigen; im zweiten Fall ist der Wille erst die Ursache für die Lust, indem er sie durch Gedanken, Berührungen oder sonstige Stimulantien hervorruft, weshalb nach Huguccio in diesem Fall eine schwere Sünde vorliegt[56].

Johannes Teutonicus, der ausnahmsweise mit herangezogen sei, erwähnt in seiner *Glossa Ordinaria* zum Dekret die rigoristische Ansicht Huguccios nur ganz am Rande, um sie ebenso schnell zu widerlegen[57]. Der Beischlaf um Nachkommenschaft zu bekommen oder zur Leistung der ehelichen Pflicht ist nach Johannes Teutonicus nie eine Sünde. Nach manchen Autoren gilt das auch für den Verkehr zur Vermeidung der Unenthaltsamkeit, da ihn der Apostel Paulus in 1 Kor. 7,2 zugestanden habe. Ein Verkehr (nur) zum Genuß der Lust wird verschieden beurteilt, von den einen wie Huguccio als schwere, von den anderen als läßliche Sünde. Nur in einem sind sich alle einig, daß ein widernatürlicher Verkehr schwere Sünde ist[58]. Mit Johannes Teutonicus hat sich in Bologna also eine tragbare Lehre im wesentlichen durchgesetzt.

Alanus ist einer der ganz wenigen Autoren, welcher bei der Erklärung von C.32 q.4 c.5 mit dem Sextuszitat nicht nur den negativen Aspekt herausarbeitet oder abgrenzt, wie es viele andere taten, sondern der positiv von der Liebe als ehrenwerter Ursache für die Geschlechtsgemeinschaft zwischen Mann und Frau spricht, allerdings auch dabei das rechte Maß oder besser die Mäßigkeit betont. Und trotzdem sagt er an anderer Stelle unter Berufung auf Ps. 51(50).7, daß auch beim

[56] DGp. C.32 q.2 c.2 *v. quod enim*: 'Item cum causa incontinentie, tunc ipse coitus ueniale peccatum est... cum uero causa explende libidinis siue uoluptatis tunc ipse coitus mortale peccatum est... Set siue coitus sit peccatum siue non, nunquam tamen fit sine peccato, quia semper fit et exercetur cum quodam pruritu et quadam uoluptate...' Vat. lat. 2280 fol. 280vb. Weitere Beispiele siehe in 'Die Lehre der Kanonisten...' (vgl. A.18) S. 471f.

[57] D.13 c.2 *v. et quia*: 'Arg. contra hu. qui dicit quod uir nunquam potest cognoscere uxorem sine peccato...' Bamberg Can. 13 fol. 206ra.

[58] C.32 q.2 c.3 *v. ab adulterio*: Bamberg Can. 13 fol. 206ra.

erlaubten Geschlechtsverkehr, nämlich um Kindern das Leben zu schenken, eine Sünde dabei ist[59]. Die *Summa Reginensis* erwähnt zur gleichen Stelle verschiedene Erklärungsmöglichkeiten und schließt sich der 'menschlicheren' Bewertung an, daß kein auf natürliche Weise vollzogener Geschlechtsverkehr eine 'kriminelle Sünde' sein kann. Als Beispiel für das rechte Maß verweist sie dabei auf einen König von Frankreich[60].

Ausdrücklich wird also kaum einmal von der Liebe als legitimem Motiv für den Geschlechtsverkehr gesprochen, doch darf man das bei manchen Erörterungen voraussetzen. Die Liebe gehörte damals nicht zum Raster der Kanonisten für die möglichen Motive beim ehelichen Verkehr. Lust, Trieb und Affekt waren fast ausschließlich negativ besetzt. So ergab sich eine ganz andere Bewertung als sie in der heutigen Zeit gängig ist. Die Kanonisten reden fast nur von Mißbrauch oder Entartungen, am häufigsten Huguccio[61]. Doch war das sogar in vielen sogenannten Moraltheologien in der ersten Hälfte unseres Jahrhunderts noch ähnlich.

## 6. LIEBE UND SAKRAMENTALITÄT DER EHE

Wenn bei den Dekretisten des 12. Jahrhunderts von der Sa-

---

[59] C.32 q.4 c.5 *v. Origo*: 'Quidam in coniugem suam exarserat et cum ea luxuriose uiuebat. Contra eum dicitur quamuis causa diligendi uxorem sit honesta, insania tamen erat quod sic excedebat. Modeste enim debet quis uxorem diligere, non sicut adulter in competu et libidine'. Paris, Bibl. Nat. lat. 3909 fol. 47va. C.33 q.4 c.7 *v. Vir*: '... in coitu licito interuenit peccatum, unde Dauid in iniquitatibus dicit se conceptum; si quis tamen cognouit uxorem causa prolis de ingressu ecclesie ad accipiendam communionem faciat quod uelit; si uero causa libidinis, peniteat de hoc, quia deliquit...' Paris, Bibl. Nat. lat. 3909 fol. 50rb.

[60] C.32 q.4 c.5 *v. adulter*: 'Habent se ad instar adulterii, uel si contra naturam cognoscit eam, uel dicitur ad exhortationem; dicunt enim quidam quod cum causa explende libidinis uxor cognoscitur criminale peccatum est. Set humanior sententia est quod numquam est criminale, dummodo secundum naturam ut supra e.Q. Quicquid (q.2 c.3). *v. iudicio*: discretione sicut rex francie solebat facere. Judicium hominum est, affectus bestiarum'. Bibl. Vat. Regin. 1061 fol. 38rb. Ist mit dem König von Frankreich der 1180 gestorbene ('solebat') Ludwig VII. gemeint?

[61] Als Beispiel sei noch aus Huguccios Kommentar zitiert zu D.25 p.c.3 §7. Dort führt Gratian zahlreiche Beispiele für 'minuta peccata' an, darunter: 'quoties, excepto filiorum desiderio, uxorem suam cognouerit'. Hierzu schreibt Huguccio u.a.: 'Per hoc quod dicitur "uxorem" remouetur coitus qui fit causa exsaturande libidinis, quia tunc non uir uxorem, set adulter uel amasius dicitur cognoscere adulteram uel amasiam ut xxxii.q.iiii. Origo (c.5)'. Vat. lat. 2280 fol. 26vb. Den ehelichen Geschlechtsverkehr zur Befriedigung der Lust stellt er (fast) auf eine Stufe mit dem außerehelichen, nur daß er weniger bestraft wird, wie er im Kommentar zu C.32 q.4 c.5 *v. adulter* sagt (fol. 283rb).

kramentalität der Ehe die Rede ist, dann hat das einen anderen Sinn als im heutigen Sprachgebrauch. Heute wird damit gesagt, daß die Ehe eines der sieben Sakramente des neuen Bundes ist und deswegen Gnaden vermittelt (cf. cc.1012 §1 u. 1110 CIC). Wegen der Überzeugung, daß die Ehe schon im Paradies eingesetzt wurde und daher bei allen Völkern vorhanden ist, stand im 12. Jahrhundert ein anderer Aspekt im Vordergrund, nämlich der zeichenhafte Charakter der Ehe, welcher primär mit ihrer Sakramentalität gemeint war (im Unterschied zum *bonum sacramenti*, das fast ausschließlich auf die Unauflöslichkeit bezogen wurde). Gratians Lehre ist nicht ganz leicht zu fassen. Doch spielt dabei die Aussage des Papstes Leo I. in ihrer Wiedergabe durch Gratian eine wichtige Rolle, daß nämlich die Frau nicht zur Ehe gehöre, welche nicht das eheliche Geheimnis (= ehelicher Vollzug) in sich trage, da nur die Ehen das Sakrament Christi und seiner Kirche in sich tragen, die vollzogen worden sind (C.27 q.2 c.17). In dem vorausgehenden c.16 wird das gleiche noch etwas massiver durch einen Augustinustext gesagt, der wohl ein Produkt Hinkmars von Reims ist[62]. Ähnlich wie bereits Hugo von St. Viktor[63], aber noch deutlicher und klarer unterscheidet Rufin eine doppelte Sakramentalität der Ehe, ja zwei Sakramente:

[62] Zur Genese dieser beiden Texte siehe neuerdings H. Zeimentz (s.A.23) S. 107f. (mit den Anmerkungen 23-26), 111f., 114f., woraus sich die obige Aussage ergibt. Reinhardt (s. A.4) berücksichtigt S. 87f. wohl zu wenig die Erkenntnisse von Zeimentz. Ungenau ist in diesem Punkt auch P. Leisching, 'Die Ehe als pactio und societas vom Dekret Gratians bis zur Glossa ordinaria', in *Ex aequo et bono, Willibald M. Plöchl zum 70. Geburtstag* (Innsbruck, 1977), S. 117-127 (hier S. 120 oben). Ivo hat das Leozitat in dieser Form nicht von Hinkmar übernommen, da dieser es noch richtig, ohne das sinnändernde 'non' zitiert. Auch der Beleg im folgenden kleinen Passus ist unrichtig, da nicht das fälschliche Augustinuszitat Nr. 61 der Sententiae Magistri A (in Wirklichkeit aus Hinkmars Paraphrase zu Leos Text, in der er Augustinus einführt) zitiert wird, sondern der Leotext Nr. 62. Übrigens fällt an Leischings Aufsatz auf, daß er sich auch da noch auf Schulte stützt (bes. S. 123 A.53), wo dieser schon längst überholt ist. Kuttners Arbeiten werden nie erwähnt. Ob Leisching noch mit W.M. Plöchl (*Geschichte des Kirchenrechts*, II, 2. Aufl. (Wien, 1962), S. 503) der Meinung ist, daß 'die Meinungen einzelner Forscher noch reichlich Gelegenheit geben, gegeneinander abgewogen zu werden, bevor die älteren Erkenntnisse abgeschrieben werden müßten'? Auch die Schlußfolgerungen aus der Verwendung des Societas- Begriffes für die Ehe auf 'die partnerschaftliche Gesellschaftsform der Ehe' (S. 127) erscheinen für die damalige Zeit nicht (genügend) begründet. Siehe auch Jean Gaudemet, 'Recherche sur les origines historiques de la faculté de rompre le mariage non consommé', in *Proceedings of the Fifth International Congress of Medieval Canon Law, Salamanca, 21-25 September 1976*, Monumenta Iuris Canonici, Series C: Subsidia, Vol. 6 (Città del Vaticano, 1980), S. 309-331.

[63] Siehe hierzu besonders die Untersuchung von H. Portmann, *Wesen und Unauflöslichkeit der Ehe in der kirchlichen Wissenschaft und Gesetzgebung des 11. und 12. Jahrhunderts* (Emsdetten, 1938), S. 103-105 sowie H. Zeimentz, S. 179-195 und H.J.F. Reinhardt, S. 54-75.

beim Verlöbnis (Konsenserklärung) wird die Beziehung der gläubigen Seele zu Gott repräsentiert, worauf auch die Aussage des Ambrosius von der geistlichen Verbindung in der Ehe (C.27 q.2 c.36) bezogen wird. Bei der fleischlichen Vereinigung wird die geheimnisvolle Vereinigung Christi mit seiner Kirche abgebildet, was mehr ist, da sie in Eph. 5.31f. ein *magnum sacramentum* genannt wird; wie Christus mit seiner Kirche *'una caro et una persona'* geworden ist, so wird der Mann mit der Frau ein Fleisch[64]. Diese zweite Sakramentalität ist jedoch nur bei einem *matrimonium consummatum et ratum* gegeben, das heißt bei einer rechtmäßigen christlichen Ehe, da nur in ihr die Vereinigung Christi mit der Kirche repräsentiert wird.

Stephan v. Tournai unterscheidet dagegen ganz anders, da er die eheliche Konsensleistung als eine *sacramentalis coniunctio* bezeichnet, die geschlechtliche Vereinigung aber als *corporalis coniunctio*[65]. Beide Verbindungen bezeichnen die Verbundenheit zwischen Christus und der Kirche; die Konsensleistung repräsentiert die geistliche Einheit, welche sich in der Liebe vollzieht, die körperliche Verbindung bezeichnet die Einheit *'per naturae conformitatem'*. Schon aus diesen Texten wird ersichtlich, daß wenigstens bei der Verbindung Christi und der Kirche ausdrücklich von der Liebe gesprochen wird. Ähnlich erwähnt Rufin bei der Verbindung der Seele mit Gott auch die Tugend der Liebe. Darin liegt mindestens ein indirekt wirkender Impuls für eine positivere Bewertung der Liebe und des Geschlechtlichen.

Die Rufin'sche Sakramentenlehre bekam in der Folge das Übergewicht. Sie wurde von Johannes Faventinus übernommen[66] und von einer großen, sehr weit verbreiteten Glosse des Bernhard v. Pavia, allerdings leicht modifiziert, weil nach ihm in der fleischlichen Vereinigung zunächst die Verbindung Christi mit der menschlichen Natur symbolisiert wird und außerdem die Vollendung der Kirche in der Auferstehung[67]. Auch in der anglonormannischen Schule greift die *Summa Lipsiensis* (wohl über Johannes Faventinus) auf Rufins Aus-

---

[64] C.27 q.2 pr., Ausg. Singer, S. 441f. Paucapalea, Ausg. v. Schulte, S. 115, zu C.27 q.2 c.10, und Magister Roland (zu C.27 q.2 c.17, Ausg. Thaner, S. 130) kennen nur die eine Sakramentalität: Ehe als Abbild der Beziehung Christi zu seiner Kirche.

[65] C.27 pr., Ausg. v. Schulte, S. 232f.

[66] Zu C.27 q.2 pr., Bamberg Can. 37 fol. 76vb.

[67] Gedruckt in etwas unterschiedlicher Fassung in den beiden Aufsätzen des Verfassers: 'Der erste Glossenapparat zum Dekret *'Ordinaturus Magister'*, *Bulletin MCL*, 1 (1971), S. 36f. und 'Bazianus- und B.-Glossen zum Dekret Gratians', in: *Mélanges G. Fransen*, II, Studia Gratiana, XX (1976), S. 483 in Verbindung mit S. 488f.

führungen zurück[68]. In der französischen Schule modifiziert die Summa *Tractaturus magister* ein wenig die Lehre von der Sakramentalität, da sie die Unauflöslichkeit der Ehe noch eigens, sozusagen als drittes 'Sakrament' nennt[69]. Eine Kombination und zugleich Modifikation der beiden Sakramentsauffassungen des Rufin und Stephan v. Tournai bietet Honorius in seiner Dekretsumme: Durch die Eheschließung wird die Verbindung der gläubigen Seele mit Christus repräsentiert, durch die vollzogene Ehe wird die Verbindung Christi mit der Kirche repräsentiert '*conformitate nature*', aber schon vor dem Vollzug wird, wenn die Ehe *ratum* geworden ist, die Unauflöslichkeit dieser Verbindung angezeigt[70].

Aus diesen wenigen Beispielen wird deutlich, daß die Lehre der Dekretisten über die Sakramentalität der Ehe reicher ist als man zunächst vermuten würde und sie durch diese Lehre einen Beitrag leisteten zu einer positiven Bewertung von Ehe und Geschlechtlichkeit. Trotzdem war noch ein erhebliches Defizit vorhanden, bevor man zu einer ausgewogenen Einschätzung von Liebe und Ehe insgesamt kommen konnte.

Würzburg

[68] C.27 q.2 pr.: 'In desponsatione est sacramentum fidelis anime ad deum ut sicut sponsa tunc sponso adiungitur per consensum, ita intelligatur anima iungi deo per dilectionis habitum... In carnis commixtione surgit sacramentum Christi et ecclesie...' Zu C.27 q.2 pr., Leipzig 986 fol. 234ra.

[69] C.27 q.1 c.10 *v. sacramentum*: 'Set hic triplex est sacramentum in coniugio: in desponsatione sacramentum unitionis dei ad fidelem animam, in carnali copula sacramentum Christi ad ecclesiam..., in utroque similis sacramentum inseparabilitatis utroque uiuente siue unicitatis...' Paris, Bibl. Nat. Lat. 15994 fol. 76rb.

[70] C.27 q.2 pr.: 'Sciendum est in matrimonio dupplex sacramentum representari, scilicet coniunctionem Christi et anime fidelis que in matrimonio initiato... representatur... et coniunctionem Christi et ecclesie, que duobus modis representatur, quia... in carnis commixtione representatur nature conformitate, cum fit ratum tantum representatur inseparabilitatis effectu'. Laon 371bis fol. 156ra.

CHARLES DUGGAN

# EQUITY AND COMPASSION IN
# PAPAL MARRIAGE DECRETALS TO ENGLAND*

The sources of canon law in the twelfth century are rich in material
concerning marriage and human sexual relations. Conciliar legislation,
judicial rulings on individual cases and academic treatises, many still
known in manuscript only, together confront the scholar with a vast and
intricate maze of doctrinal definitions, analyses and speculations. The
period was one of the most intellectually creative phases in the history of
canon law, alike for marriage questions and for many other themes, in
which principles were by degrees clarified to form a moral, ethical and
contractual system of marriage law with enduring consequences, many
indeed effective even today. It is not proposed here to deal with the
canon law of marriage in its juristic or theological essence or evolution,
a task on which numerous scholars have long been and are still
engaged, but rather to discuss the ways in which the law was applied
or abrogated in specific circumstances. In this way we may hope to
disclose facets of human society and the flexibility of the papal curia

* The footnotes of this paper are directed almost wholly to the texts of decretal
letters, since the language and tenor of the papal judgments are the primary interest
of the present study. Each letter is identified by a WH number, following the system
of numeration adopted by the late Walther Holtzmann. A forthcoming *regesta* of
all twelfth-century decretals and a volume of texts previously unprinted are based
on the Holtzmann files, now deposited at the Institute of Medieval Canon Law in
the University of California at Berkeley. WH references used here provide the location
of each item in the *regesta* and in the volume of texts, the latter being designated
'new edition' in the notes below. All letters addressed to the British Isles in these
projected volumes have been assigned to the present writer, and all others to Professor
Stanley Chodorow. It would not be possible to express sufficient thanks to Professor
Stephan Kuttner, President of the Institute, for providing congenial access to the
Holtzmann papers through many years, and for directing these projects towards their
completion. Additionally, the footnotes cite a JL number for each letter if it is listed
in the *Regesta Pontificum Romanorum* (ed. P. Jaffé, S. Loewenfeld *et al.*, II, Leipzig, 1888),
and an *X* number if it is found in the *Decretales Gregorii IX* (*Corpus Iuris Canonici*,
II, ed. E. Friedberg, Leipzig, 1881). The abbreviations *1 Comp.* and *2 Comp.* note
decretal locations in *Compilatio I* or *Compilatio II* (*Quinque Compilationes Antiquae
necnon Compilatio Lipsiensis*, ed. E. Friedberg, Leipzig, 1882), if the texts were transmitted
to either of those collections, but did not survive into the official collection of Gregory IX.
The most accurate dating at present available for each letter is also given.

in matching its judgments to the context of each dispute. It is an axiomatic function of the papal office to dispense justice in its most perfect sense, to declare the law unambiguously, and to administer it with discrimination and humanity. Towards the mid-twelfth century, Gratian summed up the papal rights of law-giving and dispensation, in asserting that the *prima sedes* has the right to lay down laws, but is not itself bound by them. As the framer of laws, it has the right to dispense from them; but it is the mother of justice, and therefore should not deviate from reason and equity[1]. It is the main conclusion of this essay that the popes of the later twelfth century, from Alexander III to Celestine III, applied the laws of marriage with these high and difficult ideals in mind.

The evidence on which this judgment is based is found chiefly in the many collections of decretal letters, originating in the 1170s and culminating in the official *Decretales* of Gregory IX in 1234. It is well known that one of the five component books of that authoritative work is devoted wholly to marriage, its opening section entitled '*De sponsalibus et matrimoniis*', following the pattern of Bernard of Pavia's *Compilatio Prima* of 1190. Indeed, from the earliest phase of decretal compilation, collectors had recognized the importance of the most recent papal rulings on marriage questions, and brought them together in a coherent and orderly sequence. For instance, the primitive Worcester Collection of *c.* 1181 was devised in seven books, of which the first was named '*De statu et iure coniugii sive contracti sive contrahendi*'[2]. But not all relevant matter was assembled under these headings. The large problems of clerical marriage or concubinage

---

[1] *Decretum*, C. XXV, qu. 1, *dict.* post c. 16. The juristic concepts of equity and reason, *aequitas* and *ratio*, are not analysed here, though they are a necessary backcloth. Cf. the excellent study by G. Lesage, 'La "Ratio canonica" d'après Alexandre III', *Proceedings of the Fourth International Congress of Medieval Canon Law*, ed. S. Kuttner, in *Monumenta Iuris Canonici, Series C: Subsidia*, 5 (Città del Vaticano, 1976), p. 95-106; see also P.G. Caron, '"Aequitas et interpretatio" dans la doctrine canonique aux xiiie et xive siècles', *Proceedings of the Third International Congress of Medieval Canon Law*, ed. S. Kuttner, in *MIC, Series C: Subsidia*, 4 (1971), p. 131-41; and R. Weigand, 'Kanonistische Ehetraktate aus dem 12. Jahrhundert', *ibid.*, p. 59-79. The fundamental works by A. Esmein and J. Dauvillier provide a general survey of the canon law of marriage in the period, and valuable insights for the present essay are found in the publications of professors C.N.L. Brooke, J.A. Brundage, C. Donahue, G. Fransen, R. Helmholz, J.T. Noonan, and other scholars; cf. esp. R. Weigand, *Die bedingte Eheschliessung im kanonischen Rechts*, 1 (München, 1963), with an important bibliography of sources and secondary literature.

[2] H.-E. Lohmann, 'Die Collectio Wigorniensis', *Zeitschrift der Savigny-Stiftung für Rechtsgeschichte, Kan. Abt.*, 22 (1933), p. 39-40 and 79-89.

and that of family inheritance of churches are dealt with in sections concerned with the state of the clergy, or the state and rights of churches. Moreover, as collectors became more juristically skilled, they selected and truncated material rather drastically, dissected or edited the letters, and frequently omitted some or even all historical details, intent simply on preserving definitions of legal principle or procedure. The familiar printed editions of famous collections are therefore less useful for our purpose. They omit many letters known in the earlier collections, and the excerpts which they retain frequently have no knowledge of those papal phrases and finely balanced judgments which record the pope's humanity, common sense or caution in a specific dilemma. It was common enough for a decretal to embody a clear definition of law, but also to dispense from its enforcement in the case in hand. Through generations of textual transmission, an excerpted statement of the point of law might survive, at times without trace of the human context, or alternatively the full scope of the original letter might be lost. Two examples from the Gregorian collection will suffice to illustrate respectively these defects. *Proposuit nobis*, from Alexander III to Bartholomew of Exeter, expressly recorded the pope's compassion in dispensing from the general law in the case of a certain son succeeding in his father's church. Its revealing phrase *'interna mentis affectione compatimur'* did not survive transmission into the official collection, although in this instance Friedberg's edition reinserted the passage which he recovered from earlier sources[3]. Again, *Preterea de his*, from Alexander to the bishop of Winchester, records in the 1234 collection that an appeal to the apostolic see should not be exploited as a protection for subsequent transgression[4]. But this chapter was simply one paragraph of the longer letter *Suggestum est*

---

[3] Cf. n. 25, below. In his edition of *X*, Friedberg prints such reconstructions in italic. At the same time, his inscription for this letter is inaccurate, giving 'Idem (*scil.* Alexander III) Oxonensi episcopo', a typical misreading for 'Exoniensi'. The details of the same letter are also faulty in the most accessible edition of the early systematic collection *Appendix Concilii Lateranensis*, which has the abbreviated address 'Idem B.' only, and the internal reading 'in tanta mentis affectione compatimur' for the phrase in question (cf. J.D. Mansi, ed., *Sacrorum conciliorum nova et amplissima collectio*, XXII [Venetiis 1778], col. 354: *App.* 19.6). The correct forms are found in the Lincoln MS of the *Appendix* (Lincoln Chapter Library MS 121, fol. 29r) and in other collections. The primitive collection *Alcobacensis prima* (Lisbon, Bibl. nac. cod. Alcob. 144 [314], fol. 27r: *1 Alc.* 79), completed in Portugal not much later than 1181, has been used for the present discussion. Similar textual problems could be cited for many of the decretals examined in this paper, for which the extracts cited are transcribed from the original manuscripts.

[4] *X* 2.28.22, JL 14152, 1159-81.

*nobis,* whose opening topic related to clerical marriage and even priestly concubinage in the Winchester diocese. That section is not found in the official corpus, yet it contains a papal admonition of much interest for our present purpose. Alexander counselled prudence and discretion in all such matters — '*In quibus omnibus cum ea cautela et providentia et maturitate procedere te convenit quod circumspectio tue sollicitudinis valeat commendabilis apparere*'[5].

Our enquiry must therefore be pressed back into the many earlier collections. But, to confine the material within manageable limits, decretal letters to England only will be considered here. On the other hand, the description 'marriage decretal' is very broadly applied and includes all social conditions or relationships which have a sexual aspect or implication — marriage questions in their normal connotation, illicit or extra-marital associations, inheritance disputes, illegitimacy, the age of consent, clandestine marriages, clerical liaisons, and so forth. In round numbers about 80 decretals to England deal with such problems or at least make some significant reference to them, of which barely half survived into the official *Decretales,* some in an extremely attenuated form. The recovery of evidence is therefore very substantial, and provides nine marriage decretals hitherto unprinted[6]. Moreover, more than 50 further letters to England concern the sons of priests or clerks, and three of these are previously unpublished texts[7]. Against the fact that about 1100 decretals are known from the collections of the period for the whole of Western Christendom and on all subjects, this harvest of English marriage cases and evidence of clerical liaisons is of crucial value, alike for social and legal history[8].

---

[5] WH 1004; otherwise as n. 4, above. *Suggestum est nobis* is not known either in *X* or JL, but was printed by Friedberg in his analysis of the primitive French collection *Parisiensis prima* (cf. *Die Canones-Sammlungen zwischen Gratian und Bernhard von Pavia,* Leipzig 1897, p. 55: *1 Par.* 52), and has been later found in other collections: cf. Lohmann, *Collectio Wigorniensis,* p. 102-03, no. 3.14, and p. 75-6. *Preterea de his* is found with variant incipits in many collections: cf. Lohmann, *ibid.,* p. 103.

[6] In addition to hitherto unprinted decretals discussed below, cf. WH 26 and 937; all will appear in the new edition.

[7] Cf. WH 893, 923 and 1054; these also will appear in the new edition.

[8] From the large secondary literature useful for the work in hand, see esp. A. Morey, *Bartholomew of Exeter: Bishop and Canonist* (Cambridge, 1937); W. Holtzmann and E.W. Kemp, ed., *Papal Decretals relating to the Diocese of Lincoln in the Twelfth Century,* in *Lincoln Record Society,* 47 (1954); A. Morey and C.N.L. Brooke, *Gilbert Foliot and his Letters* (Cambridge, 1965); and J.E. Sayers. *Papal Judges Delegate in the Province of Canterbury* (London, 1971). Cf. C. Duggan, *Twelfth-Century Decretal Collections and their Importance in English History* (London, 1963). There is a list of decretals to Gilbert Foliot in Morey and Brooke, ed., *The Letters and Charters of*

Numerous decretals deal with the sensitive problems of clerical incontinence or of clerks' sons holding ecclesiastical benefices. Their context is above all the insistence of the reformed papacy on clerical celibacy and the related question of inheritance of benefices and church property. Certainly, there is evidence of widespread abuse in the English Church, and of a sustained effort to counter its effects[9]. But it may not be taken for granted that the weight of evidence proves that the abuse was more prevalent in the English Church than elsewhere, since it is now generally accepted that the extant decretals reflect in their regional ratios the provenance of the canonical collections, rather than the numbers actually sent out from the curia[10]. Nor can it be assumed that the sons of clerks were all the result of invalid or illicit unions. Even so, general and individual condemnations of unlawful liaisons or uncanonical successions provide a formidable proportion of all surviving English decretals, and these recorded cases are presumably but a fraction of the total number. There can be no doubt that large numbers of English clerks lived the lives of married laymen. If this were not already known from narrative sources, it would be clearly revealed by the canonical collections. Concubinage without a form of marriage was unacceptable for all clergy, but a valid marriage was possible for clerks in minor orders. Alexander III expressed a general censure in two letters to archbishop Richard of Canterbury. *Cum in Cantuariensi* mandated the Archbishop to discipline the many clerks keeping concubines in their houses. If such were obstinate, they must be despoiled of their churches[11]. More strongly still, *Sicut ad extirpanda* was addressed jointly to Canterbury and its suffragans. The depraved and hateful custom of clerks keeping concubines has long been a scandal in England. Such clerks in the subdiaconate or above must put away the women within forty days, or be suspended from benefice, and finally

---

*Gilbert Foliot* (Cambridge, 1967), p. 525-29. See now Mary G. Cheney, *Roger, Bishop of Worcester, 1164-1179* (Oxford, 1980); cf. also *eadem*, 'Pope Alexander III and Roger, Bishop of Worcester, 1164-79: The Exchange of Ideas', *Proceedings of the Fourth International Congress of MCL*, p. 207-27. Dom Adrian Morey's work on Alexander III's marriage decretals to Bartholomew of Exeter is particulary valuable; the thesis of the present essay accords with Morey's acceptance of the view that 'leniency and commonsense' characterized Alexander's judgments: cf. *op. cit.*, p. 66-72 *et passim*.

[9] Cf. C.N.L. Brooke, 'Gregorian Reform in Action: Clerical Marriage in England, 1050-1200' in *Cambridge Historical Journal*, 12 (1956), p. 1-21; cf. M. Cheney, 'Pope Alexander III', p. 211-13.

[10] Cf. Duggan, *Decretal Collections*, p. 140-51, *et alibi*.

[11] WH 255(a), JL 13810, *1 Comp.* 3.2.9, 1174-79.

perpetually deprived if they do not comply. Below the subdiaconate, those who have married must relinquish their benefices and retain their wives[12]. The decretal *Ad aures nostras*, to the bishop of London, dealt with the problem in its second paragraph. Clerks, either in holy orders or minor orders, must put away their concubines. If they fail to do so at the second or third warning, and do not undertake not to take them back, they must be deprived of their churches or portions and must not be allowed to celebrate[13].

A two-fold distinction has thus been made between major and minor orders, and between marriage and concubinage in minor orders. Since no valid marriage was possible in or above the subdiaconate, all liaisons of clerks in those ranks were illicit and involved concubinage, and therefore the women must be put away. But below the subdiaconate, whereas all concubinage was likewise illicit, valid marriage could be contracted. Clerks in minor orders who were married must remain in the married state and relinquish their churches. This distinction is drawn in several extant letters of Alexander III, in addition to those already mentioned, including mandates to the bishops of Winchester and Worcester, and a further letter to the bishop of London[14]. The hitherto unprinted decretal *De clericis concubinariis*, to bishop Robert of Hereford, adds the sound advice that dismissed concubines may not remain in the parish of the offence or nearby, where access may readily be had to them, and is very explicit in its distinct instructions concerning the marriage or concubinage of clerks in minor orders[15]. Still further letters of Alexander III leave the law in no doubt, but reveal his concern and circumspection. *Universalis ecclesie*, to Gilbert Foliot of London, speaks of the very many clerics in the bishop's diocese who took wives while in the rank of acolyte or under, but presumed to retain their churches. Therefore, in this married state, they are divided in their interests, and should understand that they cannot both please their wives and perform their liturgical duties, since they are unable to give their undivided attention to divine service. The bishop must remedy this situation, and compel them to put aside their churches, which should be granted to suitable persons

---

[12] WH 927, JL 13813, *X* 3.2.4 and 3.3.1, 1174-81.

[13] WH 45(b), JL 13992, *X* 3.2.6, 1163-81.

[14] Cf. WH 589(a) and (c), JL 12254, *1 Comp.* 3.3.4 and 3.2.6, 26 November 1164: to Roger of Worcester; WH 961, JL 14222, 1163-81: to Gilbert Foliot of London; WH 1004(a), 1159-81: to the bishop of Winchester: cf. nn. 4 and 5, above.

[15] WH 332(a), new edition, 1164-67 or 1174-81.

in holy orders. The clerks in question may retain '*sub dissimulatione*' a simple benefice held in those churches, but they may not have churches in their care[16]. The pope's regard for public propriety and the avoidance of scandal is clear from his letter *Ex parte prioris* to the bishop of Worcester, in which he condemns the alleged behaviour of a priest who keeps a concubine and frequents taverns like a layman — '*quia indecens et rationi contrarium est, ut hii qui altario serviunt feminarum complexibus maculentur aut per tabernas discurrant, cum eos sobrios et castos esse opporteat*'[17]. With a wise attention to circumstances, he instructed Bartholomew of Exeter in the decretal *Significatum est nobis*. It is evident that the behaviour of certain subdeacons of the Exeter diocese or living there is contrary to law, since they have presumed to contract marriages and live with their wives like laymen, but the bishop should carefully discover what manner of lives they had previously led, and what kind of lives could be expected of them if they put away their wives. He should compel those who were honourable and might live chastely again to dismiss the women. But, if they were previously dissolute, and likely to fall into worse behaviour under constraint, their offence could be dissimulated to avoid a graver fault. The latter may not, however, celebrate divine office or receive benefices, and if they hold par-sonages they must either put away their wives or resign their churches[18]. In such cases the law was not in doubt but the pope was faced with a most serious dilemma, in which he strove to ensure the maximum attainable virtue and the least deterioration.

An unusually hazardous problem was raised by Robert Foliot of Hereford, on which Alexander advised him in *Super eo quod*, a letter dealing with a series of questions put to him by the bishop. The latter reported that he could not deal with the abuse resulting from long-standing grants of benefices made by his predecessors to married clerks in inferior orders. Great danger, even to the shedding of blood, might result from the attempt to deprive them. A violent and ill-disciplined society was in question, and doubtless the geographical location of the Hereford diocese is the context, especially since the letter included an earlier reference to the uncanonical customs of the bishops of Scotland and Wales. The extreme difficulties permit discretion —

[16] WH 1041, JL 14267, *1 Comp.* 3.3.2, 1 March 1171-81.
[17] WH 464, JL 14135, *1 Comp.* 3.2.11, 1164-79.
[18] WH 962, JL 13904, *1 Comp.* 4.6.3, 1162-81; cf. Morey, *Bartholomew of Exeter*, p. 92.

'*quia ibi natio et gens barbara est et multitudo in causa, eos sub dissi-mulatione sustineas*'. But the bishop must take care that benefices are not conferred on married clerks in future, and no such clerks are to be admitted to sacred orders or the administration of churches, unless they have taken a vow of perpetual chastity and have had no more than one wife — '*qui unicam et virginem habuerint uxorem*'[19].

The very large number of decretals which refer to the sons of priests or clerks affords further evidence of the prevalence of clerical marriage or cohabitation, and so the status of the sons of the clergy provides a reflected vision of their parents' relationships. Most decretals in this category are not, however, concerned with the morality or legality of the liaisons, but more typically with their consequences, especially in respect of benefice inheritance, eligibility for ordination, and fitness of character for celebration of the divine office. The matter arises most commonly in disputed benefices, but it must not be supposed that all accusations of clerical parentage were truthful. Such allegations were a useful weapon in litigation, especially if coupled with the charge that the clerical father had previously ministered in the church in question. Thus, in *Conquerente nobis*, Alexander III wrote to bishop Roger of Worcester in favour of the clerk Milo against the priest Roger over the church of St Mary at Droitwich, on the grounds that Roger was the son of a priest and born in the priesthood, his father having ministered in the same church[20]. Milo enjoyed the favour of the patron, and the pope ordered that he should secure possession of the church if he was otherwise suitable. But bishop Roger's diligent enquiries established the charges as false, that Roger was not born in the priesthood, nor was it established that his father had been vicar or parson in the church disputed. So Alexander wrote to him again, and in the revised judgment *Intelleximus ex litteris* reversed his decision, now in Roger's favour, despite the fact that Milo had the support of the '*dominus fundi*'. The case is of unusual interest, since the overturned judgment was widely received in decretal collections and was finally transmitted into the official collection of 1234, whereas the revised decision is found only in the primitive Worcester Collection of *c.* 1181[21]. The legal definition is not in dispute. The later collectors accepted the formulation of the first

[19] WH 1017(f), JL 13946, *X* 3.3.2, 1174-81.
[20] WH 143, JL 14138, *X* 1.17.4, 1164-79.
[21] WH 577, 1164-79; cf. Lohmann, *Collectio Wigorniensis*, p. 115: no. 4.39.

judgment as valid, as indeed it was, doubtless unaware of the fraudulent charges which gave rise to it.

It is not surprising that Alexander III and his successors condemned the possession of churches as if by hereditary right, since the principle was well established in canonical tradition and reinforced by more recent conciliar legislation. Alexander's view is perhaps nowhere more clearly expressed than in his letter *Ex parte Matthei*, to bishop Bartholomew of Exeter — '*quia non est consentaneum rationi, ut filii parentibus in ecclesiis succedere debeant, cum sanctuarium Dei non possit iure hereditario possideri*'[22]. On another occasion, he mandated bishop Gilbert of London and at least one other colleague to root out the practice in their areas, having heard of clerks within the recipients' jurisdiction, who were sons of priests and born in the priesthood, yet ministered in their fathers' churches — '*successiones huiusmodi ab ecclesie Dei limina sunt penitus extirpande*'. This decretal, *Ad audientiam nostram*, declared that priests' sons who have been ordained to the priesthood may not celebrate unless they have first ministered in a religious community, and Alexander's letter *Quod super his*, to bishop Hugh of Durham, ordered in a similar sense that priests' sons cannot be promoted to the diaconate or priesthood unless their lives have been tested in a monastery or house of canons regular, and they have worn the religious habit[23]. Nevertheless, there was room for flexibility and compassion for the human predicaments which were sometimes brought to light. Alexander III decided in favour of a priest who claimed that he had held his church for thirty years, and that he was not the son of a priest, whereas the papal decree of prohibition had been promulgated against priests' sons. Alexander's reply, *Significavit nobis*, to bishops Bartholomew of Exeter and Richard of Winchester, exonerated the priest from a retrospective penalty, asserting that new constitutions give shape only to future affairs, and ordered that the priest should not be harassed further if he had held the church a long time before the council of Tours and was otherwise suitable[24]. Still more striking, as an example of individual dispensation, is the same pope's *Proposuit nobis*, to Bartholomew of Exeter. The pope commends the bishop's prudence in declining to entrust the cure of

---

[22] WH 460, 1174-80.

[23] WH 29, JL 14223, 1163-81; and WH 823, JL 13869, *1 Comp.* 1.9.5, 1159-81.

[24] WH 974, JL 14224, 1174-81; cf. Morey, *Bartholomew of Exeter*, p. 56. Some collections name the bishops of Exeter and Worcester as the recipients; the church in question was that of Meppershall in Bedfordshire.

souls to a certain clerk who was a priest's son, though the clerk was presented to the church by the '*dominus fundi*'. But he looks with affectionate compassion on the clerk who had laboured to come to present his case in the curia, and decides that it is not fitting that an ordained subdeacon should have no share in a benefice. The bishop should find some honest priest with the consent of the clerk to serve in the church, but the clerk should also serve there in his order for the rest of his life and receive half of all its benefices[25]. A similar clemency is recorded in the letter *Ex parte R.*, undoubtedly English in provenance but of unknown address. A poor clerk had complained to the pope that he was harassed by a certain G. Ruffus, who may be fairly conjectured as dean Guy of Waltham, on a charge that he was the son of the previous minister in his church, which he has possessed for almost thirty years. His accuser has ample means, whereas he has none other, and is seriously disabled, having lost the sight of an eye and the hearing of one ear. Alexander states that it is right for him to show compassion to ecclesiastics, especially if burdened by continuing infirmity. If therefore the clerk has held the church so long, since he has no other benefice and is gravely disabled, he should be given possession[26]. It is clear that the pope was more frequently concerned to stress that hereditary right to churches should be broken, than that a judgment should be delivered against the person involved, as is evident from such letters as *Significavit nobis*, from Alexander III or Lucius III, to the abbots of Leicester and Rufford and the jurist Vacarius. The pope permitted the son to hold the church, provided that another incumbent, even his brother, had intervened between the father and the son — '*id ei misericorditer indulgemus, si inter ipsum et illum qui pater suus dicebatur fratris sui vel alicuius alterius intercesserit persone mediatio*'[27].

Many intricate marriage disputes were brought to the papal curia; requiring a definition of marital status or conjugal obligations. Among the English cases, a significant number involved powerful English families, frequently reflecting dynastic and territorial interests. Projected marriage alliances or inheritance rights could depend on papal rulings concerning legitimacy, the validity of an existing marriage, the impediments of affinity or consanguinity and so forth. The identity

[25] WH 751, JL 14217, *X* 1.17.6, 1162-81; cf. at n. 3, above. The church in this case was that of Aylesbeare in Devon.

[26] WH 465, 1159-81(?).

[27] WH 975, 1159-81 or 1181-85.

of the litigants is not always clear from the printed editions, but the following have been positively identified in papal letters subsumed into collections of canon law: Richard of Anstey, Hugh de Ralegh, earl Roger of Hereford and earl Hugh de Lacy, Mary, daughter of Gilbert of St Leger, members of the Arderne family, William FitzGodric (linked by marriage with the Lacy of Pontefract dynasty), and William I and William III de Roumare, earls of Lincoln. In addition, many noble men and women, knights and other persons of rank appear, often no longer identifiably, and it is a matter of great interest that the marriage disputes of the English upper classes contributed so substantially to the corpus of decretal law. Some of these papal rulings have an important place in the central history of marriage law, as witnessed by Innocent II's *Super eo quod* to Henry of Winchester in the well-known Anstey case, the pope defining that with the intervention of lawful consent the parties are married immediately from that moment when each willingly agreed to be the spouse of the other[28]. Others more readily suit our present theme, in recording papal concern to reach a workable compromise in the actual circumstances. Two letters of Alexander III to Roger of York concern the marriage of William FitzGodric to Aubrey de Lisours, the Lacy of Pontefract heiress, the canonical issue revolving round an earlier betrothal between William and Aubrey's daughter, allegedly below the age of consent at that time. It is evident that powerful material interests were at stake, one decretal asserting that the English king had given the mother in marriage to William. The pope was placed in some difficulty, as a result of conflicting testimony, the obduracy of the parties, and the extreme pressures brought to bear on the case. He affirmed the various points of law arising — in the earlier letter, *Ex litteris fraternitatis*, he ruled against the second union, and in the later mandate, *Accessit ad presentiam*, he declared that betrothals and marriages were not possible before the age of seven, especially if consent has not followed. But his final judgment is that William and Aubrey may remain united, lest the discord which had been quietened between the families should be recreated — '*id dissimulare poteris et equanimiter tolerare*'. Moreover, the marriage being tolerated by the Church, the children of the marriage cannot be deprived of their inheritance — '*a successione*

---

[28] WH 1016, JL 8274, *1 Comp.* 4.1.10, 1139-41; cf. P.M. Barnes, 'The Anstey Case' in *Medieval Miscellany for Doris Mary Stenton*, Pipe Roll Society, new series, 36 (1962), 1-24.

*paterne vel materne hereditatis*[29]. The case of Hugh de Ralegh,
sheriff of Devon, is no less interesting. In a decretal *Pervenit ad
audientiam*, to Bartholomew of Exeter, Alexander dealt with a charge of
consanguinity which had been brought against the marriage of Hugh
and his wife Muriel. Remarking that this is a matter of great discretion,
the pope orders the bishop to summon the parties before him, if
persons have come forward who wish to and are able to question
the legitimacy of the marriage. He should discover how long Hugh and
Muriel had lived together, and whether their accusers had kept silence
at the time of the marriage. It would be a grave matter to hear their
complaints now, if they were knowingly silent at the time of the
union. It is more tolerable to leave together those who have been
joined against the laws of men than to separate, against the laws of
God, those who have been lawfully united. But, if the marriage was
recent and the accusers did not know of it at the appropriate time,
local evidence should be carefully weighed, and a decision reached in
harmony with the law[30]. Two further letters concern the case of Mary,
daughter of Gilbert of St Leger — *Ex litteris quas*, to archbishop
Richard of Canterbury, and *Ex litteris venerabilis*, to his suffragan
bishops of Winchester, Bath and Hereford, to whom the case was
commissioned. Gilbert had betrothed Mary to a certain R. in her
absence, and later a marriage was contracted in her presence '*per verba
presentis temporis*', so that nothing was lacking save the solemnities '*in
facie ecclesie*', it being then Lent. The young man seemingly changed
his mind later and solemnly married Matilda, daughter of Hugh of
Polstead, despite the ban of archbishop Richard. The matter was
brought to judgment. The young man confessed the facts of the case,
claiming that he proceeded to the marriage with Matilda '*prava
quorundam suggestione seductum*'; but Mary asserted that the complaint
had been brought by her father against her will, and Matilda demanded
that R. be restored to her. The women were said to be related,
and fears of adultery and incest arose. Mary appealed to the pope,
and relying on this protection married W., in spite of threatened
excommunication. Alexander says that he cannot solve this case in the
absence of the parties, and so entrusts it to his commissioners,

---

[29] WH 12, JL 13887, *X* 4.2.5, *c.* 1175; and WH 420, new edition, *c.* 1168-75.
The dispute and the probable dates of the letters are discussed in the forthcoming
edition of new texts.

[30] WH 701, JL 14214, *1 Comp.* 4.19.3, 1162-67; cf. Morey, *Bartholomew of Exeter*,
p. 67-68.

enjoining that the second marriage shall be observed, if the promise of Mary and R. is the only impediment. Second vows should not be taken against the Church's prohibition, but it is not fitting — 'non est tamen conveniens' — that a solemn sacrament of marriage be dissolved for that reason alone. Once more Alexander sought to tread an equitable path through conflicting claims and interests, and it may well be judged in this instance that his 'conveniens' solution was indeed the most appropriate in human terms and in harmony with canonical equity[31]. Still further but mutually unrelated commissions involved the great family de Roumare. In Significavit nobis Alexander III appointed the abbot of Fountains and the jurist Vacarius to settle a dispute in which the deceased William I de Roumare was alleged to have constrained the plaintiff with prison and chains to swear to marry the lady Ha. He later escaped and married another, who bore him sons. But, at the instigation of Ha., he was compelled to swear that he would separate from the other woman, pending ecclesiastical judgment. Now, Ha. has since died, and he dares not return to the second. The judges are instructed to reach a judgment appropriate to the facts established by their enquiry[32]. A second letter, Comes Willelmus, was sent by Celestine III to Hugh of Lincoln. Earl William III de Roumare had secretly confessed that his wife had been instigated by others to suggest that their marriage was suspect by reason of consanguinity, and therefore sought an annulment. He was so incensed by his wife's contempt of him, although he did not believe the charge, that he neither denied it nor appealed to the pope, and a separation ensued. Both parties subsequently married other persons, but now the earl is smitten in conscience and has asked the bishop's advice. The pope notes the earl's scruple of conscience, but declares that he should not now abandon the second or deny her conjugal rights. He must do penance as enjoined by the bishop, and in relations with the second consort accept that she has the right to require the conjugal debt from him, yet he has lost the right to demand it of her[33]. It may be wondered what reliance the pope felt able to place on the testimony

[31] WH 426(a), JL 13793, X 4.1.7, 5 February 1175-81; and WH 439, JL 14311, X 4.16.2, 5 February 1175-81.

[32] WH 973, JL 13937, X 4.7.2, 30 June 1177; cf. Holtzmann and Kemp, Decretals to Lincoln, p. 20-21, no. 8, where Oliver Angevinus is conjectured as the identity of the plaintiff.

[33] WH 133, JL 16611, 2 Comp. 4.13.2, 15 April-25 October 1191; cf. Holtzmann and Kemp, Decretals to Lincoln, p. 56-57, no. 23, where the two women are identified as Alice and Philippa, the latter being the daughter of Jean I, count of Alençon.

in such a case, or how he assessed the motivation of the plaintiff, or indeed what hope he held of the implementation of his judgment in the case of so powerful an impetrant.

We should not expect to find a general disquisition on love and marriage in papal decretals, yet there is ample evidence of the importance attached by the popes to marital affection, to mutual responsibilities, to care for children, to a fair solution if alienation arises, to the eradication of abuse, and at least to discretion in potentially scandalous situations. Alexander III expressed a broad concern for the welfare of wives in the decretal *Relatum est auribus*, to the archbishop of Canterbury and his suffragans generally. He has heard that there are such in the Canterbury province who abandon their wives and adhere to concubines, and even attempt to defend and foster their fault by appeals. They must be constrained to take back their wives and treat them with marital affection[34]. Thus the general law was stated, but a better insight into its application and the many complications arising is provided by a consideration of cases. Bartholomew of Exeter received many letters from Alexander III to aid the solution of particular marriage disputes. In *Ex presentium latoris* the pope advised him in the affair of one of his subjects who confessed to adultery with the wife of another, repeated the offence after accepting penance, married the woman after her husband's death, and still retains her as his wife. Alexander was well aware of the possibility of collusion in such a chain of events, and instructed the bishop accordingly. If he finds that either party was involved in any way with the husband's death, or if the man promised marriage before that event, the two must be separated forthwith. Otherwise, the bishop may go forward to a canonical settlement[35]. Another of Alexander's letters, *Super eo quod*, instructed Bartholomew on a number of marriage questions. If a certain subject of the bishop has married a woman whose mother or sister he had already known, are they both bound to the conjugal debt? Further, what is to be done if the man has confessed his fault in secret, since it cannot be proven and he does not wish to remain continent? The bishop is admonished to advise the man to persuade his wife to observe continence so that they may both remain in that state. If they cannot be so induced, the man must accept penance and also render his wife her due. A further question concerns those who

[34] WH 868(a), JL 13823, *1 Comp.* 2.20.21, 1174-81.
[35] WH 474, JL 13900, 1162-81.

have made a pure and unconditional promise to marry and have taken an oath. They must be exhorted by every means to fulfil their promise and be joined in marriage. If, however, they wish mutually to remit their promise, lest worse befall — as if one takes a partner whom he or she will always hate — this can be accepted with patient toleration [36]. Yet again, in *Veniens ad nos*, Alexander discussed the case of Bartholomew's subject R., who confessed that he had married the cousin of a woman he had already known, and has tearfully asked the pope to advise him for the good of his soul. The pope declares that if the facts are so, or if others come forward who wish to and can prove them so, and if the sin was public and notorious, he should be induced to enter the religious life; failing this, he must accept penance and be separated from both women without hope of marriage. But if the bishop knows his sin was secret, he may remain with her whom he took as wife '*in facie ecclesie*', accepting a suitable penance [37]. In all such cases Alexander was anxious to reach a just and feasible solution, combining pastoral care with the public good of Christian society. His insistence on an equitable judgment is seen still more strikingly in the decretal *Singulorum consultationibus*, to abbot Simon of St Albans, concerning a man who, being already married, joined with another who was unaware of his earlier marriage. He lived long with the second, and she bore him several sons. But on the death of his wife he attempted to abandon the second woman, alleging that their union was unlawful. The pope agreed that such was indeed the law, since no one could have as his wife the one with whom he had committed adultery, especially her to whom he gave his promise while his wife was still alive; but it was unfitting for that man to seek advantage from an offence which he had knowingly committed. The innocent woman could seek a separation, but not the man, lest he would seem to benefit from his sin — '*cum de suo delicto videretur commodum reportare*' [38].

A similar concern for protective justice is revealed in the same pope's letter *Ex parte Emme*, to the abbots of Bury St Edmunds and Ramsey. Andreas and Emma had sworn mutual oaths in the presence of clergy and laity, and had thereafter lived together and had children. But Andreas deserted his family, and the judges are mandated to compel

---

[36] WH 1013(a) and (c), JL 13907 and 13903, *2 Comp.* 4.7.1 and *X* 4.1.2, 1162-81, possibly 1164-65.

[37] WH 1069, JL 14215, 1162-81; cf. Lohmann, *Collectio Wigorniensis*, p. 81, no. 1.11.

[38] WH 989, JL 12636, *X* 4.7.1, 1167-81.

him to regard his salvation, put away the '*superinducta*', return to
his wife, treat her with due affection, and expiate his guilt with penance.
If he resists, the culprits must both be excommunicated and avoided
by all, until satisfaction is made[39]. It will be noted that some
decisions of Alexander III were influenced by the important distinction
between the *forum internum* and the *forum externum*, more specifically
distinguishing whether the offence was brought to light by private
confession or was public knowledge. The papal judgment could be
adapted according to such considerations. The pope was likewise
concerned to determine whether or not the offence was known or
alleged by the culprit's admission alone, since it might sometimes suit
a litigant's case to impute an impediment against himself. A letter
touching this problem was sent by Clement III to the Confessor of
the Salisbury diocese. In *Ex litteris tue*, Clement recorded that the man
G. had confessed and sought penance from the recipient, in respect
of his offence with his spouse's sister, after he had been betrothed to
the girl below marriageable age and had lived at her father's house.
When the girl's parents later required him to marry his betrothed,
he confessed his fault to them, but the local archdeacon compelled
him, against his will, to be united with his spouse. The Confessor
forbade him access to either, and consulted the pope. The latter
declared that the man should not abstain from his spouse merely on the
grounds of his own confession of the fault[40]. A prolonged and difficult
problem was later put to Celestine III, as recorded in his answer
*Cum haberet uxorem*, to Hugh of Lincoln. Though lawfully married to
Alice, John had committed adultery with Maxilla. He confessed his
fault publicly, and in lawful form abjured the latter, but subsequently
disregarded his oath and went through a form of marriage with
Maxilla, while Alice was still alive. When Alice died, John and
Maxilla continued to live together for ten years and had ten children.
The question is — can they remain together, or if separated can they
contract other marriages? The pope declares that they must be
separated, and accept penance and perpetual continence. They are
both advanced in years, and their public adultery and perjury have
been a grave scandal in the Church. The length of their cohabitation
and the number of their children only increase their fault; but the
bishop must compel them to provide for their children, as far as their

---

[39] WH 457, JL 13872, *X* 4.1.9, 1159-81.
[40] WH 427, JL 16624, 16 September 1189.

means allow[41]. Such cases raised most serious problems. Celestine could hardly rule in conflict with the clear decisions of earlier popes and councils, some of which he cites in his judgment. He had also to bear in mind the public disgrace and disturbance to the Church. But the children were blameless and therefore must be cared for. Elsewhere, Celestine underlined the necessity of securing reliable evidence in matrimonial cases. In the decretal *Si matrimonii causa*, to Hubert Walter of Canterbury, he insisted that the accuser in a criminal marriage suit should not be represented by a proctor. It is right that the accuser should confront the accused, and subject himself to liability. The procedure is not necessary in a non-criminal matter, but is safer so to act, so that a definitive conclusion can be reached in the presence of both[42].

The pope was frequently asked to define the law or make a particular judgment on the question of legitimacy. The problems arose most commonly where property rights and inheritance were disputed, and the importance of this subject for the relations between secular and ecclesiastical jurisdiction is well known[43]. Many papal marriage decretals to England dealt either primarily or coincidentally with contested legitimacy, and at times made clear the appropriate functions of the two jurisdictions. Alexander III wrote to Bartholomew of Exeter and the abbot of Ford, in *Lator presentium R.*, concerning a dispute between R. and Hugh over the property of R.'s grandfather. The latter had evidently had two wives by whom respectively the father of R. and his uncle Hugh were born. Hugh contended that R.'s father was not of legitimate birth, so R. could claim nothing by hereditary right from his grandfather's estate. When the matter was brought to judgment, Hugh's evasive tactics prompted R. to appeal to the pope. The latter orders the judges to reach an expeditious decision on the matter of legitimacy, and then inform the secular lord so that the question of inheritance can be decided, a particularly clear statement of the separate jurisdictions — '*extunc seculari domino sub cuius iudicio causam de hereditate intrarunt significetis, ut pro questione nativitatis non dimittat, quin causam super hereditate audiat et decidat*'[44]. It is interesting to notice an emphasis in Alexander's rulings that prompt

[41] WH 243, JL 17678, *X* 4.7.5, 28 June - 25 December 1192.
[42] WH 908, JL 17615, *2 Comp.* 1.18.2, 1193-98.
[43] Cf. the various studies by R.H. Helmholz, esp. 'Bastardy Litigation in Medieval England', *American Journal of Legal History*, 13 (1969), p. 360-83.
[44] WH 604, JL 14218, *X* 4.17.5, 1175-80.

judgments be reached to avert frustratory delays and to facilitate just inheritance, as made very clearly in a hitherto unprinted letter to the same bishop of Exeter. The plaintiff W. took his case to the pope, alleging that Bartholomew had declined to accept proofs of his legitimacy. In the reply *Ex parte W.*, Alexander mandates the bishop to adjudicate between W. and his relation and adversary F., reminding the bishop of the pope's own duty to do justice to all and not appear to deny justice to anyone. If W. can establish his case, he is to be declared legitimate, so that he may then through the administration of secular justice secure his inheritance — '*ipsum W. auctoritate nostra legitimum denuntietis, qui postmodum per iustitiam secularem suam super memorata hereditate iustitiam consequatur*'[45]. In a dispute over the Arderne inheritance, Alexander had evidently crossed the border of the two jurisdictions and had given offence to the English king — '*qui sicut accepimus commotus est et turbatus*'. He therefore conceded in *Causam que inter*, to bishops Gilbert of London and Richard of Winchester, that the question of possession was within the king's right, mandating them nevertheless to reach a judgment on the antecedent question, namely whether or not the mother of R. was of legitimate birth. And with significant implication he observes that it is strange that the woman's status should be called in question now, after her death, when no accusation was made while she was alive. The case was not then resolved, and later commissioners were appointed. *Causam que vertitur*, to the bishops of Exeter and Winchester, and the abbot of Ford, records a further phase of this complicated dispute, revolving around the alleged illegitimacy of Agatha, mother of one of the parties. In this instance the commissioners are instructed to disregard previous or later documents leaving the question of possession to the king's court. They are to go forward without delay to judgment[46].

Although such litigation recorded material and property interests as the primary motive of the contestants, the papal replies reveal a concern with swift justice, and incidentally stress the serious and solemn nature of the marriage bond and its indissolubility. Indeed, so powerful is

---

[45] WH 473, new edition, 1162-81.

[46] WH 120, JL 14002, *X* 4.17.7, Oct. 1178; and WH 123, JL 13932, *X* 1,29.17, 2.14.3, and 4.17.4, *ex* 1178-81. Cf. Morey, *Bartholomew of Exeter*, p. 68-70, for a reconstruction of the Arderne (or de Ardenna) dispute, where a link is suggested with 'the great Bohun *v.* Arderne case of 1199'; cf. now C. Duggan and A. Duggan, 'Ralph de Diceto, Henry II and Becket', in *Authority and Power* (presented to Walter Ullmann), ed. B. Tierney and P. Linehan (Cambridge, 1980), p. 75-76 and 79-80.

the bond that it has a retrospective force, and confers legitimacy on children born before the marriage. The *'legitimatio per subsequens matrimonium'* is a very familiar principle in Roman and canon law, but marked a striking contrast with English secular law and interests. It may well be thought that the canon law accepted a more humane view in respect of the children born in such circumstances, a compassionate regard which was not received by English law until the twentieth century[47]. At the same time, Alexander's decretals place the emphasis of retrospective legitimation in the intrinsic quality of the later valid marriage. The matter was succinctly expressed in *Meminimus nos*, yet another decretal to Bartholomew of Exeter. An inheritance dispute had arisen between R. and P., in which it was alleged that the former's father and mother had married after his birth, and the pope had ruled that R. should be declared legitimate and not debarred from his inheritance — *'Tanta est vis matrimonii, ut qui antea sunt geniti post contractum matrimonium legitimi habeantur'*. However, the further charge was made that the father had begotten R. in adultery, while his previous wife was still alive, so the pope mandates that, if such was indeed the case, R. should be declared illegitimate — *'spurium'* — and deprived of the inheritance, especially if his mother was involved in the death of the first wife, since a lawful marriage could not be contracted between them[48]. The principle of retrospective legitimation was stated here in a classical formulation, but it was not effective if the parents' union was adulterous and an impediment to a subsequent valid marriage.

Inevitably, some legitimacy disputes were so complex and intractable, and the evidence so conflicting, that it was difficult for the pope to reach a verdict completely consonant with the law. The case of William Fitz Godric and the Lacy of Pontefract heiress has already been outlined above. In that case, Alexander agreed with evident misgivings to recognize the marriage of William and Aubrey, although William had been previously betrothed to Aubrey's daughter. The dubious union was tolerated in the interests of peace and harmony, and the children of the marriage were not deprived of their inheritance[49]. The status and material welfare of the children of doubtful unions were of concern to the pope, but in particularly notorious or flagrant cases it was

[47] Cf. Helmholz's concluding sentence, *Bastardy Litigation'*, p. 383: 'It is difficult not to wonder what Grosseteste's reaction would be to the delay'.

[48] WH 650, JL 13917, 1162-81.

[49] Cf. n. 29, above.

impossible to reach a judicial verdict to their advantage. Such a predicament was discussed by Alexander in his decretal *Referente nobis*, to archbishop Roger of York. The man G. was betrothed to a certain girl, but later put off the betrothed and clandestinely married her sister, by whom he had a child. The marriage was challenged, but the man died and an inheritance dispute arose between his brothers in their own interests and the woman's parents on behalf of the issue of the marriage. The archbishop was unwilling to decide the matter, and referred the question to the pope. The verdict hinged on the validity of the contested marriage and the legitimacy or otherwise of the child. Alexander declared that the justice of public honour prevented the recognition of the marriage. If such an illegal marriage was contracted, the parties should have been separated, and since the son may not be excused by permission of the Church or through the ignorance of the parents, he cannot be admitted as heir to the parental property[50]. The pope could not easily have decided differently, though it has been noted above that Celestine III ordered in a later judgment that provision be made for children whom he could not declare legitimate. In that case also, the pope observed that the illicit union could not be overlooked, in view of its public notoriety. Celestine III was certainly open to humane decisions, as witnessed in a further letter to the bishop of Lincoln and a certain abbot. In the decretal *Pervenit ad nos* he dealt with the complaints of the widow Lucy who was harassed by William Panes and his son, after her parents' deaths. Lucy asserted that her parents had been lawfully married, and lived without accusation for a long time. But now William and his son accuse her parents of having conceived her illegitimately, and seek to deprive her of her inheritance on a charge of illegitimacy. The pope briefly orders the recipients, if they find the facts as stated, to pronounce her legitimate and free her from vexation[51]. A materialistic and acquisitive society can be discerned in the actions and claims which gave rise to these disputes. The popes recognized the possible motives and potential deceptions of the impetrants, as well as the sensitive aspects of the human relationships involved. Respect for truth and justice should not be diminished, but the rigour of the law could in many directions be softened with the oil

---

[50] WH 854, JL 17623, *X* 4.17.10, 1159-81; previously attributed incorrectly to Celestine III, 1191-98. Cf. also n. 41, above.

[51] WH 724, JL 17633, *X* 4.17.11, 21 January-12 March 1193. Lucy was the widow of Tinchebrai.

of clemency — '*et iustitie rigorem oleo misericordie temperare*'[52]. And, in a different context, the pope's dispensing power from the canonical bar of illegitimacy is typically stated in the decretal *Dignum est*, to Richard FitzNeal, distinguished royal servant and son of bishop Nigel of Ely. Alexander writes that it is fitting for the pope to grant favour and grace to those who are learned and of good character — '*prerogativam favoris et gratie nostre obtineant*'. Many have told him of the recipient's qualities, as to his learning and character, and so he grants that his illegitimacy will not be a bar to his advance to ecclesiastical rank or benefice. But this is a gift of special favour — '*que tibi de speciali beneficio indulgemus*', and may not be used as a precedent in the future[53].

Several decretals to England treat of marriages arranged before either one party or both had reached the age of consent. It is already clear that many marriage disputes brought into the papal curia resulted from dynastic and territorial ambitions, or concerned hereditary rights. Such motives sometimes also prompted litigation involving the age of consent. The marriage treaty and the arranged marriage are very familiar features in human society, and were very noticeably so in Western Europe in the twelfth century. The son of Henry II and the daughter of Louis VII were married with the consent of papal legates in 1160, when the parties were respectively seven and three[54]. In strict law, such a marriage could not be contracted, but it is doubtful how far the popes could succeed in making the law effective against powerful secular pressures. Nevertheless, papal guidance on the general law and judgments in individual cases exerted a moderating and humanizing influence. Bishop Reginald of Bath consulted Alexander III on various problems which could arise in connexion with the age of consent, and received a well-judged response in the decretal *A nobis tua*. The bishop asked if it was lawful for both or either party to withdraw before the appropriate age from a marriage agreed to before that age.

---

[52] The phrase is taken from WH 1073, 1164-79: *Veniens ad presentiam*, not a marriage decretal; cf. Lohmann, *Collectio Wigorniensis*, p. 107, no. 3.38 = 2.31(b).

[53] WH 346, JL 14183, *I Comp.* 1.9.(9), 1159-81; for the identification of the recipient as Richard FitzNeal, see Duggan and Duggan, 'Ralph de Diceto, Henry II and Becket', p. 76-77 and 80.

[54] Cf. *Radulfi de Diceto decani Lundoniensis opera historica: Ymagines historiarum*, ed. W. Stubbs, Rolls Series (London, 1876). I, p. 303-04. The present section on the age of consent does not attempt to rationalize the individual rulings concerning the determining age, and indeed the manuscripts are themselves sometimes inconsistent in detail.

The pope replied that they did not have the power of consent at that time, so therefore must await the lawful age, and then either confirm the marriage or separate if both so wished, unless they had meanwhile consummated the union. But, concerning the woman, herself of age, who married a partner below the age of consent, it is not possible for her to withdraw her consent, unless he does not wish to consent to her when he has come of age[55]. The marriage of William FitzGodric has been cited twice already. One of the several aspects of that complex case was the age of the daughter to whom William was betrothed before marrying her mother. Although the pope finally ruled in favour of tolerating their marriage, he was much concerned with the daughter's age at the time of the betrothal. In moving towards his verdict, he declared that the marriage of William and Aubrey should be observed if the daughter had been below the age of seven and had later declined the union — '*quia ... desponsationes et matrimonia ante vii. annum fieri non possunt, presertim si consensus postea non accedit*'. On the other hand, the marriage was '*inhonestum*' if the girl had reached the age of seven, in spite of William's renunciation and her own unwillingness[56]. The relevant letters were sent to Roger of York, who was also the recipient of Alexander's *Ex litteris tue*, a decretal not previously published. A certain Walter had confessed to illicit knowledge of the mother of a girl to whom he had been betrothed, but claimed that he had not known the girl herself, since she was not yet ten years old. The pope approached this problem with great prudence. He could not and should not judge of matters concealed within the heart — '*non possumus nec debemus de occultis cordium iudicare*'. Nevertheless, he decided that Walter should have access to neither woman. By indulgence, and after penance, he should be allowed to marry another — '*propter fragilitatem carnis humane*'. As for the girl, no stain attaches to her in this matter, and so she may freely marry whomsoever she wishes[57].

In many instances the pope was unsure of the truth of the pleas entered before him, yet he made clear his advice in either direction when appointing the judges delegate. In *Litteras tue* to Robert Foliot of Hereford, he reviewed the alleged marriage of a man of full age — '*perfecte etatis*' — with a girl still in the cradle — '*in cunabulis*'.

---

[55] WH 4(a) and (b), JL 13765 and 13767, *X* 4.2.8 and 4.2.7, 1174-81.
[56] Cf. n. 29, above.
[57] WH 432a, new edition, 1159-81.

In the course of time the man knew the girl's mother and accepted her as his wife, and the bishop was uncertain how to deal with this situation. Alexander replied that, if the man had accepted the girl's mother before the daughter had reached the age of seven, their marriage should not be dissolved, since betrothals in the cradle were null. But if the girl had completed her seventh year at the time of the mother's marriage, they should be separated and the man must be refused marriage to either[58]. In a further instance, the pope was seemingly not disposed to accept an accusation that the girl in the marriage dispute was under age at the material time. In *Lator presentium Willelmus*, to the bishop and two archdeacons of Norwich, Alexander discussed the case of William, who claimed that he had lawfully married Juliana (or Julia) *'in facie ecclesie'*. But a scandal had later arisen between them, and William had withdrawn from relations with her. The woman's family had borne this ill, and alleged that he had married her against her will and when she was under age. Since, as it was also alleged, their protest suited William's interest — *'vitam cupiebat agere dissolutam'*, they were separated by mutual efforts. The pope defended the bond of marriage against this unlawful procedure, for they had been separated without good reason — *'minus rationabiliter'*. Canonically contracted marriages must not be lightly dissolved. The judges must take appropriate action to make the parties stay together, if their separation had been judicially improper and if the Church had been deceived in the matter — *'ecclesiamque fuisse deceptam'*[59]. On yet another occasion, Alexander wrote to the bishop of Chichester, concerning the case of a certain burgher of Hastings. The decretal *Suggestum fuit nobis* includes much of interest on marriage problems, including the age of consent. The man in question had put away a concubine, who had borne him children, and married a girl below the age of twelve. The concubine then provoked such discord that he could no longer look kindly on the girl or stay where she was, or be induced to take her back. However, when about to set out for Jerusalem, he promised the girl's father he would return in two years. Many years had now elapsed, and no reliable report could be had of him. The woman did not wish to remain continent, and her family brought a charge of consanguinity against the union. The pope therefore orders the bishop to advise the woman to wait, and the bishop should also make

[58] WH 631, JL 13947, *X* 4.2.4, 6 March 1177.
[59] WH 605, JL 14036, *X* 2.27.7, 1159-81.

most earnest enquiries about the man. But if these enquiries prove
fruitless, and less worse befalls, the woman may be granted the freedom
of marrying whom she wishes. The charge of consanguinity against
the marriage should be heard, if the man returns[60].

In some such cases, Alexander frankly confessed that he did not know
whom to believe. He commissioned a particularly confusing suit to
Roger of Worcester and the abbot of Evesham, in the mandate
*Recepta questione*. The dispute arose from a complaint by the woman
A. that she had been united to H. while she was under age and in
his father's custody. But, on reaching the age of discretion, she
renounced H. and was taken in marriage by B. Among the welter of
charge and counter-charge, the witnesses for B. swore that A. was five
years old when espoused to H., and that she fled as soon as she could,
and came willingly to B. Against which, witnesses for H. swore that
she was 14 years old when she was betrothed to him, that she lived
with him without objection for more than a year, and was taken
furtively from him. Alexander could not establish the truth here
— '*nescimus cui partium fides sit potius adhibenda*'. In instructing the
judges, he places the determining age at 12 years. If she was 14 or
12 when H. married her and she consented, B. must restore her.
But if she was not yet 12, did not consent and left as soon as
possible, she shall remain with B. without objection — '*nisi rationabilis
causa obstiterit*'[61].

The problem of clandestine marriages has been mentioned above,
and has been the subject of recent scholarly debate. There can be no
doubt that the popes in the period recognized that valid marriages could
be contracted clandestinely. Alexander III made this clear by implication
in an unprinted letter to an unidentified bishop, *Si quando fratres*.
If marriages have been contracted in secret and the parties then wish
to have their marriages publicly declared '*in facie ecclesie*', in accordance with custom — '*prout moris est*', this is permitted, and the
children should be declared legitimate, unless there is some clear and
reasonable objection[62]. Such was the general law, but it is not easy
to agree with the suggestion that Alexander 'was probably aware that

[60]  WH 1006, 1159-81.

[61]  WH 847, ? 1175-79.

[62]  The quotation is not from an English decretal: cf. WH 911a, *Si quando fratres*,
Alexander III to the bishop 'Belarensi' (see new edition); the subject matter of this new
letter is related to that of *Quod nobis ex parte*, to the bishop of Beauvais: WH 819,
JL 13774, 18 October 1170-19 September 1171.

his decisions would promote clandestine marriages', or that, however he may have disapproved of them, he was willing to accept the price to ensure a freer marriage[63]. This theory is not supported by a letter of Alexander III to archbishop Roger of York, *Solet frequenter*, concerning the vexatious pressure of litigation in the archbishopric as a result of clandestine marriages. Such unions frequently occurred there, and in disputes arising the parties contradicted one another's evidence. Matters are therefore rendered nugatory through lack of witnesses, which should be confirmed by ecclesiastical authority, if contracted in public. The pope mandates the archbishop to make a general prohibition, under pain of perpetual anathema, that marriages do not take place in future in secret — '*in absconso*' — but publicly in the presence of suitable witnesses, so that the matter be worthily confirmed and the contracting parties may not be beset with such ambiguity — '*nec contrahentes tam ambigua possint questione pulsari*'[64]. It would be difficult to imagine a more categorical condemnation of the practice.

Several English marriage decretals touch on the religious life, or involve religious communities in some way. At times a problem arose when a man in danger of death took the religious habit or entered a community and then recovered. Alexander III advised the abbot of St John of Croxton in such a predicament, in the previously unprinted decretal *Devotionis tue*. Such a man had entered the religious life with his wife's consent, but on his restoration to health she changed her mind and wished to have him back. The pope's verdict was that if the decision had been taken, or confirmed, with full understanding, and if the wife had vowed chastity, the arrangement should stand, so that he remained in religion and she observed her vow — '*alioquin quoniam ipsi una caro sunt effecti, non debet una pars in seculo remanere, et altera ad religionem transire*'[65]. A rather different situation was discussed by Alexander in *Ex parte mulieris*, to the prior and community of Dunstable. In this case the wife had been unwilling to agree and merely consented when her husband's life had been despaired of. She gave him to the community '*cum gemitu et nimia cordis amaritudine*'. This man also recovered, after taking the habit, but the canons of Dunstable were unwilling to restore him at the wife's request. Again, '*cum vir et*

[63] Cf. C. Donahue, 'The Policy of Alexander the Third's Consent Theory of Marriage', *Proceedings of the Fourth International Congress of MCL*, p. 251-81 (esp. 270-79).

[64] WH 990, JL 14162, *1 Comp.* 4.4.(4), 1159-81; cf. also n. 50, above.

[65] WH 343a, new edition, 1162-81.

*mulier una caro sint'*, it is improper for one to remain in the world
and the other to enter religion. The pope understood that the wife had not
accepted the religious habit, or promised to do so, and therefore her
husband should be restored to her[66]. The essential difference between
the two cases was the wife's standing. In the former instance she
had willingly committed herself to chastity, whereas in the latter she
had acted under constraint and took no vow. A variant problem
was put by Robert Foliot of Hereford to Alexander III, to which the
latter replied in *Super eo quod*. A certain married man had entered a
monastery and had perhaps even been professed, in the presence of
priests and monks and with his wife's consent, but without his bishop's
knowledge, and the wife remained in secular life and habit and took
no vow. Alexander decided that, if the wife remained in this state,
the man should be recalled from the community by the bishop, 'because
they are one flesh'. But she should be diligently exhorted to assume the
religious life and take a vow of chastity[67]. The pope clearly leaned in
this case to the solution of perpetual continence for both, yet conceded
the woman's right to have her husband restored. Yet another related
problem was raised by Bartholomew of Exeter. An educated nobleman
— *'literatus et nobilis'* — had sworn before witnesses with *'verba de
presenti'* to marry a certain girl within two years. Later he wished to
enter the religious life and sought the bishop's permission to assume
the monastic habit before the marriage contract, knowing that it was
open to him to assume a stricter monastic life after the contract and
even against her will, provided that this were done within two months,
in accordance with ancient canons restated by Alexander. The pope's
reply *Commissum* ruled that it is better for him to keep his oath
and fulfil the contract. Then he could enter the religious life, provided
they had not physically been united after the first betrothal. The letter
gives no guidance on the girl's position or status[68]. A curious case
was commissioned by Alexander III to bishop John of Norwich and his
archdeacon, concerning an accusation of invalid marriage. In *Querelam
R. nobilis*, the pope recorded that the marriage of the noble lady R.
with the knight M. was challenged on the grounds that she had been

---

[66] WH 466, new edition, 1162-81. The man in question was Walter of Odell in
Bedfordshire.

[67] WH 1017(d), JL 13946, *X* 3.32.1, 1174-81.

[68] WH 135, JL 13905, *X* 4.1.16, 1162-81. Alexander's phrasing is of interest: 'iuxta
veterum canonum statuta nostra constitutione innovata, ad arctioris vitae religionem
posset transire'. Morey remarks that 'this was a somewhat epoch-making decision and
was so regarded at a later period': cf. *Bartholomew of Exeter*, p. 71 and n. 4.

a professed nun, having taken the habit. This action was said to result from envy, and the woman replied that she had simply been within the nuns' care for her education — 'tantum causa custodie inter moniales fuit aliquando tempore educata'. In her absence and without her knowledge, the dean of the district had judged against the marriage, and compelled the man to abjure his wife's company. The commissioners are mandated to investigate the case diligently and carefully. If it is not manifest and public that the woman had been a professed nun, her husband must be restored to her, and the culpable dean be sent to the pope. Subsequently, they may consider any challenge which may be made against the marriage[69]. The pope's compassion is revealed in another newly edited letter concerning the nuns of Cheshunt. In Ex parte Adeline, Alexander mandated the bishop of London to take action against the nuns who had treated the plaintiff Adeline in a most inhuman manner. Adeline had become pregnant, and entered the community, took the habit and proposed to serve God there, paying incidentally a substantial sum of money. But after her child's birth, the nuns expelled her and kept the money. Not surprisingly, the pope condemned this harsh action — 'valde inhumanum est ut mulier ipsa immisericorditer tractetur', and was much concerned at the stress and risks which such a one might suffer in consequence. The bishop must compel the nuns to take her back, or within 15 days return her money in full, so that with God's mercy she could provide for her soul's salvation in another place — 'ut sibi possit in alio loco competentius providere, et animam suam Domino miserante salvare'[70].

The popes did not cease to proclaim the indissolubility of a validly contracted marriage — 'sine iudicio ecclesie matrimonium nulla potest ratione dissolvi nec ei ad secunda vota migrandi licentia debet aliquatenus indulgeri, quia sacra testante scriptura vir non potest uxorem nisi causa fornicationis dimittere, et tunc aut ei debet reconciliari aut ea superstite continere'[71]. It cannot be thought that this high ideal was easy, yet how could the pope diverge from such explicit scriptural teaching. Many cases brought before him were so obscured by perjured testimony that a perfect judgment on the specific question could not be reached with certainty. Others disclosed a human predicament of such com-

---

[69] WH 788, 1176-81.

[70] WH 449, new edition, 1163-81.

[71] The quotation is not from an English decretal, but its scriptural authority is very familiar: cf. WH 749, Proposuisti nobis, Alexander III to the archbishop of Tyre, 1166 or 1178-79.

plexity that a verdict falling short of the fulness of justice and virtue could be tolerated. In attaining as nearly as possible to a moral idealism set clearly before the faithful, some papal rulings required an almost heroic virtue, while others frankly recognized that a pragmatic judgment could be given without prejudice to principle. In some such cases the principles were left inviolate, while a human problem was resolved on grounds of reason and common sense, or to avert a graver situation. Alexander III's letter *Pervenit ad nos* to archbishop Richard and the Canterbury suffragans may serve as a concluding statement of the perfect affection ideally required in Christian marriage. By general custom, persons afflicted by the disease of leprosy are separated from the community and set apart in isolated places, but the pope has heard that in some such cases wives are not following their afflicted husbands, or husbands their wives. They are one flesh and should not remain without the other, so they must be constrained to follow them and minister to them with conjugal affection[72]. The devotion and self-denial required by such papal admonitions contrast sharply with the self-interest and tortuous litigation recorded in some of the marriage cases briefly surveyed in this essay. It was the pope's concern to harmonize Christian morality and virtuous ideals with the imperfect society resulting from fragile human nature. His authority as judge and teacher was exercised with discretion and pastoral care.

The conference paper ended at this point, but a short additional comment may be useful in the light of questions subsequently raised. The words equity and compassion were not conjoined in the title with a strictly technical significance. The meaning of compassion is self-explanatory, and the term equity implies a sense of fair judgments and that higher concept of justice which a rigid application of enacted laws sometimes impedes. The canonical principles of *aequitas* and *ratio* can be further explored in the professional studies noted above[73]. A query arose concerning political or social influence exerted to secure a favourable verdict in marriage disputes. It is readily agreed that such interventions occurred, and were doubtless sometimes successful. Indeed, that point is evident in several cases discussed within the paper, but it cannot therefore be assumed that the justice and humanity attested by the papal judgments cited is called in

---

[72] WH 713, JL 13794, *X* 4.8.1, 1174-81; in several collections (including *X*) the decretal has a singular address and style, to the archbishop alone, without his suffragans.
[73] Cf. n. 1, above.

question. It would be quite unrealistic and unfounded to impute duplicity or insincerity to the papal language of justice, and clearly so in those cases which did not involve powerful or wealthy litigants. The status and treatment of women gave rise to further questions, particularly concerning the dismissal of clerical concubines, which was thought to be inhuman. Again, there is an element of unreality in such an approach, however compassionately inspired. There are limits to which any pope can go, in adapting his judgments to human situations, and such limits stop short of distorting the moral law as he receives it. It would be inconceivable that a pope should condone public scandal in clerical standards of behaviour. At the same time, where vital moral principles were not at stake, it is noteworthy that many papal verdicts worked to the advantage or protection of the women involved. This important effect of the canon law of marriage is sometimes overlooked. It is a familiar opinion that the Church's marriage law has been too inflexible. The only substance for such a charge lies in the fact that there are immutable principles, valid for the Church in all ages, based on unambiguous scriptural teaching. Certainly, no pope could contradict these, though the cases discussed above reveal a notable openness to discretion and dispensation. Finally, it has been recently suggested that Alexander III's doctrine of marriage reflected some assimilation of the notions of romantic and courtly love, so prevalent in the period[74]. Such a theory is quite without foundation. The conventions of courtly love are distinct from, and even hostile to, the papal concern with law, unobscured but applied with Christian charity[75].

King's College
University of London

[74] Donahue, 'The Policy of Alexander', p. 277-79.

[75] Cf. Lesage, 'Ratio Canonica', p. 106: 'la *ratio canonica* s'identifie chez lui avec l'esprit authentiquement chrétien qui doit animer le droit, la discipline et les institutions ecclésiastiques'.

* For decretals designated 'new edition' here, see the forthcoming *Decretales ineditae saeculi xii*, Monumenta Iuris Canonici, Series B, Corpus Collectionum, 4 (Vatican City, in press): from the papers of Walther Holtzmann, edited and revised by S. Chodorow and C. Duggan.

Harry C. Schnur

# JÜDISCHE EHE UND FAMILIE IM MITTELALTER

Es herrscht immer noch die Meinung, daß das jüdische Recht, insbesondere Ehe- und Familienrecht, auf einer starren, unveränderlichen Gesetzgebung beruhe, die ausschließlich von Bibel und Talmud bestimmt sei. Es herrscht weiterhin die gleichfalls irrige Auffassung, dass Änderungen im jüdischen Familienrecht unter dem Druck der Außenwelt bzw. mit Rücksicht auf diese stattgefunden hätten. In Wirklichkeit war diese Gesetzgebung schon im frühen MA, also etwa nach dem Abschluss des Talmud um 500, flexibel; die Responsa bedeutender Gelehrter waren nicht nur authentische Interpretationen, sondern darüber hinaus rechtsetzend. Endgültig fixiert wurde die Auslegung der 613 Ge- und Verbote erst im Schulchan Aruch des Josef Karo, erschienen 1550-59; doch hatte bereits im Jahr 1040 Rabbi Gerschom von Mainz Entscheidungen getroffen, die von biblischen und talmudischen Satzungen abweichen, ja ihnen zuwider laufen. Formell galten seine Entscheidungen zunächst nur für die Region Speyer/Worms/Mainz, doch wurden sie bald in ganz Mittel- und Westeuropa akzeptiert. Allerdings blieben traditionelle, von den Reformen Rabbi Gerschoms abweichende, Bräuche, wie z.B. die Polygamie, sowohl in Italien und Spanien wie auch im ganzen Orient bestehen.

Von jeher hat sich jüdisches Recht mit dem Eherecht besonders eingehend beschäftigt, weil im Eherecht ein rein persönliches Element enthalten ist, das anderen Rechtsinstitutionen fehlt.

Über die beiden wesentlichen Elemente der Ehe hinaus, nämlich die geschlechtliche und wirtschaftliche Verbindung von Mann und Frau, ist die Ehe im jüdischen Recht von jeher ein religiöses Institut gewesen; und wenn auch in der Bibel selbst, die ja Recht und Religion nicht trennt, nur Formen und Bräuche der Eheschließung behandelt werden, so wurde das Eherecht, nach Verlust der jüdischen Eigenstaatlichkeit und selbstständigen Gerichtsbarkeit auf anderen Gebieten, im Talmud besonders ausführlich behandelt. Das dritte Buch der Mischna, *Nashim* (Frauen), hat sieben Traktate, die das Eherecht behandeln, und bei den Dezisoren[1] sowie in der Responsen-Literatur nehmen bis heute eherechtliche Fragen breiten Raum ein.

Von Anbeginn wurde die Ehe über einen privaten Vertrag hinaus in die Sphäre der Sittlichkeit erhoben; sie sollte zur Familie und Nation hinüberleiten. Da das Eherecht im Gegensatz zu der griechisch-römischen Ehe nicht ein Mittel zur Mehrung der staatlichen Macht ist, hat es niemals ein Recht des Vaters oder des Staates auf Aussetzung oder Kindestötung gegeben. Grundsätzliche Abneigung gegen die Ehe kannte nur die Sekte der Essäer, die hiermit allerdings gegen das Verbot der Askese verstieß und wohl ausschließlich das Urchristentum beeinflußte.

In der Bibel lassen sich noch Spuren eines Mutterrechtes erkennen, z.B. Namengebung der Kinder durch die Mütter. Bald aber beginnt — wie in der ganzen Welt — das Vaterrecht: der Mann wird als *Ba'al*, Herr, die Frau als *Be'ula*, Eigentum, bezeichnet. Allerdings war in der häuslichen Sphäre die Frau die *Ba'alat habajit*, Hausherrin: R. Meïr von Rothenburg sprach von seiner Frau stets als 'mîn husfruwe'. Die Frau war im allgemeinen gehalten, den Wohnsitz des Mannes zu teilen, so z.B. mit ihm nach Palästina zu ziehen, konnte aber nach mittelalterlicher Rechtsprechung nicht gezwungen werden, in ein Land mit fremder Sprache zu ziehen.

### Ehefähigkeit

Die Ehefähigkeit deckt sich, vom Alter abgesehen, im Wesentlichen

---

[1] Zu den maßgebenden Dezisoren, die die Bausteine für Josef Karos *Shulchan aruch* schufen, gehörten u.a. Eleasar ben Juhuda aus Worms (ca. 1176-1238), nach seinem Hauptwerk auch 'Rokeach' genannt (Rok. ist isopsephisch mit Eleasar = 308). Er war ein Nachkomme der berühmten Kalonymos-Familie. Ferner ist zu nennen Jakob ben Asher (ca. 1269-1343), nach seinem Hauptwerk *Arba turim* auch Baal Haturim genannt; sein Werk wurde eine Hauptgrundlage des Shulchan aruch. Einer der letzten großen Dezisoren war fernerhin Jakob ben Moses halevi, genannt der MaHaril (ca. 1355 — Mainz, bis 1423 — Worms) Er befürwortete Anerkennung der Minhagim, d.h. der nebengesetzlichen Volksbräuche, und gab 233 maßgebende Responsen ab. Zu den späteren Dezisoren, aber noch heute zitiert, gehört R. Moses Isserle (1520-1572). Wohl der bedeutendste Ausleger und Kommentator war Maimonides (eigtl. Moses ben Maimon, arabisch Abu Amran Musa ibn Maimum, mit dem Zusatz obaid Allah, Diener Gottes), geb. zu Cordoba (1135-1203). Seine zwischen 1170 und 1180 abgefaßten *Mishne torah*, eine systematische Darstellung des Gesetzes nach Pentateuch und Talmud, wurde teilweise ins Lateinische und Deutsche übersetzt, ebenso wie seine Schrift (auf Arabisch) *delalat alhaïrin*, Führer der Irrenden, in ihrer hebräischen Fassung bekannt als *Moré Nebuchim*, lateinisch von Buxtorf (Basel 1629) als *Doctor Perplexorum* übersetzt. Er war mit der griechischen Philosophie, insbes. Aristoteles, in arabischen Übersetzungen wohlvertraut. Als Theologe und Gesetzeslehrer übte er einen höchst bedeutenden Einfluß auf die mittelalterliche und spätere Lehre aus.

mit der Handlungsfähigkeit bzw. -unfähigkeit. Eine Ehe kann also nicht von Personen geschlossen werden, denen die psychische oder physische Fähigkeit der Willensäußerung ermangelt, dazu gehören Irrsinnige, Minderjährige und Taubstumme, wobei allerdings der Stumme, der sich durch Zeichensprache verständlich machen kann, doch eine Ehe eingehen kann. Ein Irrsinniger war eheunfähig, wohingegen ein geistig Zurückgebliebener wenigstens theoretisch eine Ehe schließen konnte. Während ein Minderjähriger selbst eine Ehe nicht eingehen kann, konnte die minderjährige Tochter in biblischer Zeit zwar ohne oder gegen ihren Willen verlobt und verheiratet werden, doch war die Frühehe im MA seltener geworden. Immerhin kam sie gelegentlich noch bis ins 18.Jhdt. vor: so schreibt Salomon Maimon (1754-1800) — nicht zu verwechseln mit Moses ben Maimon (Maimonides) — in seiner Lebensgeschichte: 'Meine Verheiratung im elften Jahr macht mich zum Sklaven meiner Frau und verschafft mir Prügel von meiner Schwiegermutter'. Frühehe ist jedoch nicht dasselbe wie Kinderehe, welche ja auch in der christlichen Welt — meistens aus dynastischen Erwägungen — nicht selten war. Die Frühehe bestand vielmehr darin, daß alsbald nach Auftreten der äußerlich feststellbaren Merkmale der Geschlechtsreife geheiratet wurde. Natürlich heiratete der mit dreizehn Jahren als Mann im Sinne des Religionsgesetzes betrachtete Knabe noch nicht, doch war es ein moralisches Anliegen, daß ein junger Mann mit 18 Jahren verheiratet sein sollte. Daß hierdurch sexuelle Schwierigkeiten wie auch z.B. Prostitution kaum aufkommen konnten und der durch ständige Massaker reduzierte Volksbestand durch Ehen ergänzt wurde, die im kräftigsten Zeugungsalter geschlossen wurden, war ein weiterer Vorteil, dessen sich auch die Dezisoren bewußt waren.

Ein absolutes Ehehindernis war die Zeugungsunfähigkeit, weshalb Eunuchen nicht heiraten durften.

Absolute Eheverbote bestehen ferner für den Mamser (Bastard), d.h. ein aus einer verbotenen (inzestuösen) Ehe stammendes Kind; auch dem Findling und dem unehelichen Kind, dessen Vater unbekannt war, ermangelt die Ehefähigkeit, wohingegen das nur uneheliche Kind, dessen Eltern nicht *rite* verheiratet waren, die Ehefähigkeit besaß. Die Mischehe mit fremden Völkern war zwar verboten, doch waren Proselyten jeder Rasse ehefähig; auch mit Sklaven war nach ihrer Freilassung und Konversion die Ehe zugelassen.

Es gab kein Eheverbot wegen Standesunterschieden; nur für die Kohanim (Priester) gab es noch besondere Ehehindernisse, auf die hier nicht eingegangen werden kann.

Zeitlich begrenzte Ehehindernisse betreffen eine Witwe oder Geschiedene. Diese darf innerhalb 90 Tagen nach dem Tode des Mannes bzw. rechtsgültiger Übergabe des Scheidebriefes keine neue Ehe eingehen, damit Unklarheiten in der Vaterschaft vermieden werden. Ein zwölf Monate nach dem Tod oder der Abreise des Mannes geborenes Kind galt als unehelich. Streng genommen durfte auch eine Witwe oder Geschiedene, die ein Kind nährte, erst zwei Jahre nach der Geburt des Kindes wieder heiraten: es herrschte ja der Brauch, Säuglinge zwei Jahre lang zu stillen. Auch hier wurden jedoch in den mittelalterlichen Responsa die Bestimmungen gelockert. Eine talmudische Bestimmung, wonach eine Frau, die bereits zwei Ehemänner durch natürlichen Tod verloren hatte, keine Ehe eingehen sollte, wurde im MA nicht mehr angewandt — wohl weil es sich mehr um ein böses Omen, also Aberglauben, handelte.

Daß Verwandtenehen oder Ehen mit Verschwägerten als inzestuös verboten waren, versteht sich von selbst: im Gegensatz zum kanonischen Recht gab und gibt es kein Dispensationsrecht.

Die Reinheit der Ehe wurde geschützt durch besondere Eheverbote: z.B. durfte der Ehemann die von ihm geschiedene Frau nicht wieder heiraten, selbst wenn ihre zweite Ehe aufgelöst wurde. Eine des Ehebruchs überführte Frau durfte weder ihre bisherige Ehe weiterführen noch nach der Scheidung den Ehebrecher heiraten. Letzteres war bis vor wenigen Jahrzehnten auch englisches common law.

*Verlöbnis*

In frühester Vorzeit mag es eine Raubehe gegeben haben, doch wurde in historischer Zeit die Eheschließung in der Form eines Kaufvertrages vorgenommen. Genauer gesagt handelt es sich — wiederum bis zu dem erwähnten Zeitpunkt, dem Jahr 1040 — um ein die Ehe begründendes Verlöbnis. Diese Antrauung wurde in Form eines Vertrages abgeschlossen, doch waren gewisse eheliche Verpflichtungen bereits begründet: Untreue oder Vergewaltigung der Jungfrau wurde ebenso bestraft wie der Ehebruch oder die Schändung einer verheirateten Frau, und Auflösung des Verlöbnisses war nur durch Scheidung möglich.

Dieser Verlobungsakt, genannt Erussin, schaffte früher ein Übergangsstadium, in dem das Mädchen bereits teilweise aus der *manus* des Vaters entlassen wurde. Gewöhnlich ließ man bis zur formellen Eheschließung 12 Monate verstreichen, damit das Mädchen ihre Ausstattung vorbereiten könne: längerer Aufschub wurde mißbilligt. Für eine Witwe genügte dagegen Monatsfrist. Die sexuelle Aufklärung des jungen Mädchens wurde nicht etwa von der Mutter vorgenommen — hier waren die Hemmungen zu groß —, sondern von einem frommen und gesetzeskundigen alten Mann.

In früherer Zeit zahlte der Bräutigam dem Brautvater einen Kaufpreis (Mohar), auch konnte die Frau durch persönliche Arbeitsleistung erworben werden. Der Vater sollte jedoch den Kaufpreis für Ausstattungsgut oder Mitgift der Frau verwenden. Nach Ablauf der Verlöbniszeit erfolgte die Hochzeit (*Nissuin*), wonach die Frau feierlich in das Heim des Mannes geführt wurde.

Die Mischna kannte noch drei Formen des Verlöbnisses (*Erussin*), welches durch die Antrauung (*Kiduschin*) der Frau geschah, und zwar

1. durch Übergabe einer Wertsache (Kessef), ein symbolischer Kaufpreis, der aus Überreichung der kleinsten Kupfermünze bestand;
2. durch Übergabe einer Trauungsurkunde (Schetar Kiduschin oder Erussin). Diese mußte mit Einwilligung der Frau geschrieben werden und die Namen beider Verlobten enthalten. Diese Urkunde kam jedoch im MA völlig außer Gebrauch;
3. durch Beischlaf und Zusammenleben, was jedoch schon im Talmud als Sittenlosigkeit scharf getadelt wird.

Im MA empfand man es jedoch als unerwünscht, Brautpaare, die ohne Gegenwart eines Zeugen nicht einmal zusammenkommen durften, auf längere Zeit aneinander zu fesseln. Man vereinigte daher Verlöbnis und Hochzeit in der Weise, daß beide gleichzeitig erfolgten — auch dies eine einschneidende Abweichung von früherem Recht.

Das Verlöbnis entwickelte sich, wie im modernen Recht, zu einem Vorvertrag, bei dem man Mitgift und andere Einzelheiten vereinbarte. Hiermit hat sich die mittelalterliche Entwicklung der jüdischen Eheschließung weitgehend abendländischen Formen angepasst.

Ein Trauring ist auch erst seit dem MA in Gebrauch gekommen; er darf nicht mit Edelsteinen besetzt sein.

## Polygamie

Die Polygamie war, wie bei vielen Völkern des Orients, durchaus statthaft, und wenn ein anglo-jüdischer Schriftsteller, Israel Abrahams (1962), von der 'abscheulichen Unsittlichkeit der Vielehe' spricht, so ist dies völlig unhistorisch gedacht. Sowohl aus sittlichen wie insbesondere wirtschaftlichen Gründen war die Großfamilie eine Notwendigkeit. Kurz nach der Wiederbegründung des Staates Israel verlangte ein aus Jemen stammender Abgeordneter Diäten für seine zwei Ehefrauen; er erhielt sie auch, und es wurde bestimmt, daß in Israel schon bestehende Vielehen auslaufen, aber keine neuen geschlossen werden dürften.

In der Diaspora trat die Polygamie immer mehr zurück (obwohl sogar die katholische Kirche in einigen Sonderfällen die Vielehe zuließ); jedenfalls hat Rabbi Gerschom auf einer im Jahre 1040 zu Worms einberufenen Rabbinerkonferenz die Mehrehe untersagt. Ein weiterer Fall von Polygamie, in der Bibel geradezu zwingend vorgeschrieben, war die Leviratsehe. Ein Bruder, auch wenn er verheiratet war, mußte die kinderlose Witwe seines Bruders heiraten oder, falls er sich weigerte, sich einer schimpflichen Zeremonie unterziehen (Chalizah). Hier haben wir nun den seltenen Fall, daß ein ausdrückliches biblisches Gebot aufgehoben wurde, und zwar von einem formell dazu gar nicht berechtigten Gremium. So werden z.B. im Staat Israel öffentliche Betriebe, Telefon- und Fahrverkehr am Sabbat aufrechterhalten, wobei man sich auf einen dehnbar ausgelegten Notstandsparagraphen bezieht. Um biblische bzw. talmudische Vorschriften abzuändern oder aufzuheben, bedürfte es jedoch eines Synhedrions (Sanhedrin) von 70 Weisen, deren jeder die anderen 69 als ihm ebenbürtig anerkennen müßte — eine Hypothese, die vor der Ankunft des Messias wohl kaum zu verwirklichen wäre.

Schon die Bibel hatte ja im Leviticus die gleichzeitige Ehe mit zwei Schwestern verboten, obwohl Erzvater Jakob eine solche Ehe geschlossen hatte. Ferner kannte biblisches Recht das Konkubinat, der polygamen Ehe ähnlich und nur in güterrechtlicher Hinzicht von der Ehe verschieden.

In ältester Zeit mag wohl Eheschließung durch konkludente Handlung, d.h. geschlechtliche Vereinigung (*Bia*) begründet worden sein: es scheint mir, daß die Semitin Dido durchaus glauben konnte, Aeneas habe sie geehelicht. Auch dem Konkubinat wurde also von Rabbi Gerschom die rechtliche Grundlage entzogen. Von diesem hatte es zwei Formen gegeben. Die unterste Stufe war ein loses Verhältnis, wobei der Mann die Konkubine (*mejuchedet*, etwa = *hetaira*) jederzeit formlos verlassen konnte; doch da im jüdischen Recht das Abstammungs-, nicht das Legitimitätsprinzip, galt, hatten die Kinder der Konkubine gewisse Erbrechte. Das Kind einer Dirne (*kedescha*) dagegen hatte wegen Ungewißheit der Vaterschaft (man denke an die *exceptio plurium*) keinerlei Rechte. Höher dagegen stand das Kebsweib, die Nebenfrau (*pilegesch*, vielleicht verwandt mit lat. *paelex*), das oft

von der Ehefrau, besonders wenn sie unfruchtbar war, dem Manne
zugeführt wurde (wie z.B. Sara dem Abraham die Hagar zuführte).
Familienrechtlich standen die Kinder der Kebse den sonstigen Kindern
des Mannes gleich und wurden oft adoptiert: über ihr Erbrecht ist
wenig bekannt; ansonsten galt die Verbindung mit der Kebse als
eheänlich, doch nicht vollgültig. Geschlechtsverkehr mit dem Kebsweib
des Vaters seitens des Sohnes galt jedenfalls als Inzest. R. Gerschom
schaffte also auch diese Form der Polygamie ab.

*Die Eheschließung*

Die Eheschließung erfolgt — wenigstens bei orthodoxen Juden —
in seit dem MA fast unveränderter Form. Das Paar steht unter einem
von vier Männern an Stangen festgehaltenen Baldachin (*chuppa*), der
zur Not durch Bedeckung des Paares mit einem Gebettuch (*talit*)
ersetzt werden kann. Damit wird das eheliche Gemach symbolisiert.
Hierbei trägt die Braut die *Kursen*, einen weiten, mit Pelzwerk
gefütterten und mit bestickter Seide überzogenen Überwurf (ähnlich
dem *pallium*), dazu trug sie einen ertsmals im 13. Jhdt. erwähnten
weißen Kittel, auch *sargenes* genannt. Anfänglich ein Festkleid, wurde
er schon im 13. Jhdt. vom Verfasser des Rokeach als Leichengewand
erwähnt, und ist es bis zum heutigen Tag geblieben. Auch bei der
Hochzeitsfreude sollte eben auch ein *memento mori* erscheinen. Der
ursprüngliche Name dieses Kittels ist im Rokeach *voltura*, im MaHaril
*bulter*, beides zweifellos vom franz. *volture*.
Beide trinken nun aus demselben Becher Wein, über den zunächst
die Formel des Verlöbnisses ausgesprochen wird. Nun erfolgt ein sehr
wichtiger Vorgang: Verlesung, Unterzeichnung und Überreichung der
sog. *Ketubba*, der Eheurkunde, entsprechend der *donatio propter
nuptias*, worin der Ehemann alle ehelichen Pflichten, also z.B. liebevolle
Behandlung, standesgemäße Kleidung und Versorgung der Frau, ihre
ärztliche Behandlung und auch die Kosten ihrer Bestattung übernimmt,
sowie sich verpflichtet, im Falle seines Todes oder der Scheidung,
der Frau einen angemessenen Betrag auszahlen zu lassen. Die Ketubba
sollte die Ehefrau gegen leichtfertige Scheidung wie auch für den
Witwenstand sichern. *Rem tuam tibi habeto.* Der Ehemann konnte die
in der Urkunde genannten Beträge zwar für seine Geschäfte verwenden,
doch hatte die Frau eine Generalhypothek auf das Vermögen des
Mannes. In älterer Zeit galt dies nur für Immobilien, doch da im MA

jüdischer Grundbesitz immer seltener wurde, erhielt die Frau nunmehr auch Zugriff auf sein bewegliches Vermögen.

Hatte die Ketubba bereits eine wesentliche Sicherung der Frau gegen die (immer noch) einseitige Scheidung dargestellt, so untersagte R. Gerschom jetzt die Scheidung gegen den Willen der Ehefrau, wenn nicht schwerwiegende Gründe vorlagen, wobei übrigens in gewissen Fällen, z.B. bei unbegründeter Verweigerung des Beischlafs, das Gericht die in der Ketubba vorgesehenen Zuwendungen kürzen konnte.

Auch diese Entscheidung der von R. Gerschom geführten Synode war ein radikaler Eingriff in das Gesetz von Bibel und Talmud. Auf die güter- und erbrechtlichen Folgen der Ketubba einzugehen, würde hier zu weit führen; erwähnt sei noch, daß in Italien wie auch im Orient oft sehr kunstvoll ausgeschmückte Ketubbot noch bis Ende des 19. Jhdts. ausgefertigt wurden. Jedenfalls hatte die Ketubba erheblich an Bedeutung verloren, zumal in späterer Zeit weitgehend die zivilen Landesgesetze Anwendung fanden.

Danach steckt der Mann der Frau den Ehering an den Finger mit den Worten: 'Siehe, du bist mir angeheiligt mit diesem Ring nach der Satzung Moses' und Israels'. Hierbei müssen mindestens zwei der anwesenden Zeugen völlig einwandfrei sein, d.h. es muß feststehen, daß sie sittenstreng sind und das Gesetz völlig erfüllen.

Beim Anstecken des Ringes ist das Wort *li*, mir, entscheidend; es ist vorgekommen, daß bei Darstellung von Trauungen auf dem jiddischen Theater der Schauspieler versehentlich dieses Wort aussprach, und waren beide Teile vorher nicht verheiratet, so waren sie es nach strengem Recht jetzt und mußten eigentlich geschieden werden.

Die Frau äußert sich während des ganzen Vorgangs nicht: theoretisch könnte sie sich noch jetzt weigern, was aber einen ungeheuren Skandal verursachen und eine schwere Verletzung des kindlichen Gehorsams darstellen würde. Ein solcher Fall ist in dem bekannten Theaterstück 'Dybbuk' dargestellt. Die Vermählungsformel muß der Frau verständlich sein: durch Betrug oder Irrtum geschlossene Ehen (wie z.B. Jakob durch Verehelichung mit Leah getäuscht wurde) sind ungültig und bedürfen keiner Scheidung. Durch Schweigen stimmt die Frau also zu: *tacendo consentit.*

Es folgt die Segnung der Vermählung, wobei die Ehegatten wiederum gemeinsam aus einem zweiten Becher trinken.

Als letzter Akt folgt das symbolische Alleinsein (*Jichud*) der Ehegatten, wodurch der Ehevollzug symbolisiert wird.

Die Hochzeit wird mit großer Feierlichkeit und erheblichem Auf-
wand begangen. Zu talmudischer Zeit wählte man den Dienstag oder
Donnerstag, (am Sabbat darf eine Ehe nicht geschlossen werden);
heute bevorzugt man den Freitagnachmittag, weil zwei aufeinander
folgende Bankette an auseinanderliegenden Tagen viele Familien über-
fordert haben würden, und auch wohl, weil ehelicher Beischlaf am
Freitagabend zur Erhöhung der Sabbatfreude beiträgt. Es sollte vermieden werden, zwei Hochzeiten an einem Tag zu zelebrieren, damit die
ärmere Familie nicht beschämt würde. Bei dem Festmahl traten
Lustikmacher (Marschalik) auf, doch durften die Scherze die Grenzen
des Anstandes nicht überschreiten, und unmäßiges Trinken war verboten.

In der abnormen Situation besonders während der Kreuzzüge, als
nach den Massakern die Reste der jüd. Bevölkerung zersprengt waren,
kam der Brauch der Vertretung, den es allerdings schon früher gegeben
hatte, in erhöhtem Maß zur Anwendung.


*Gattenwahl*

Bei der Eheschließung war der Wille des Vaters bzw. des über-
lebenden ältesten Bruders entscheidend, wobei man bei der Auswahl
einer Braut auf sittlichen Lebenswandel, auch ihrer Brüder, mehr als
auf Vermögen sah. Bei der Auswahl eines Schwiegersohnes war im
MA und noch bis ins frühe 20. Jhdt. Gelehrsamkeit wichtiger als
Vermögen.

Man darf jedoch nicht annehmen, daß im MA regelmäßig eine der
Neigung der jungen Leute zuwiderlaufende Verbindung erzwungen
wurde. Der 'Minnedienst' der Umwelt war unbekannt, aber die
großen Dichter wie Moses ibn-Ezra (geb. 1070) und Jehuda ha-Levi
verfaßten glühende Liebeslieder, und schließlich gab es auch anläßlich
freudiger Feste Tanzveranstaltungen, bei denen Mädchen und Jünglinge
einander wenigstens sehen und miteinander reden konnten.

Zu dem gleichfalls weit verbreiteten Irrtum, die Ehefrau sei völlig
rechtlos der Willkür des Mannes unterworfen gewesen, stehen die
Vorschriften über Ehevertrag und Scheidung in entschiedenem Wider-
spruch. Der Ehemann haftet, wie gesagt, mit seinem gesamten Vermögen
für standesgemäße Ernährung und Kleidung der Frau. Ist er unver-
mögend, so muß er sich sogar als Tagelöhner verdingen. 'Standes-
gemäß' bestimmt sich in erster Linie nach den Vermögensverhältnissen
des Mannes, dann aber auch nach der früheren Lebensweise der

jungen Frau. Es gilt der talmudische Grundsatz: 'Die Ehefrau erhebt sich mit ihrem Mann zu dessen Stand, aber sie steigt nicht mit ihm herab'. Übrigens ist der Mann sogar verpflichtet, seine Frau mit Schmuck auszustatten.

Im MA bildete sich, gleichfalls infolge des Genocids während der Kreuzzüge, ein neuartiges Institut heraus: der gewerbsmäßige Heiratvermittler (*shadchan*). Diese Ehemakler, unter ihnen bedeutende Gelehrte, reisten zwischen den versprengten Überbleibseln der Gemeinden hin und her. Sie waren — und sind es noch heute — erfahrene Psychologen und waren streng gehalten, stets bei der Wahrheit zu bleiben. Sie erhielten 1-2% von der Mitgift.

### Die Ehe — ein Sakrament?

Da das Judentum, welches ja die sog. Erbsünde ablehnt, den Begriff 'Sakrament' nicht kennt, bedarf es zur Eheschließung nicht eines Rabbiners: eigentlich könnte jeder mit dem Eherecht vertraute Mann die Eheschließung vollziehen. Auch in der Kirche ist die Ehe zwar ein Sakrament, wird aber nicht vom Priester, sondern von den Ehegatten gespendet, wobei der Priester nur gegenwärtig ist. Doch wurde schon im MA die Eheschließung meistens vom Rabbiner vorgenommen — der nicht ein Priester, sondern ein Doktor des Rechtes ist, den Prüfung und Ordination zu autoritativen Entscheidungen religiöser und rechtlicher Fragen ermächtigen; heute übernimmt er in manchen Ländern sogar gleichzeitig die Funktion des Standesbeamten.

### Die ehelichen Pflichten

Ohne falsche Scham behandelt die Literatur die Ausübung des ehelichen Verkehrs, die Pflicht des Mannes und Recht der Frau ist: der Mann muß nach Maßgabe seiner Gesundheit und Lebensweise diese Pflicht erfüllen, und eine Abmachung, wodurch die Gatten auf ehelichen Verkehr verzichten (Josefsehe), wäre sittenwidrig und ungültig. Verweigert ein Ehegatte den Verkehr, so wird das Gericht ihm gütlich zureden, notfalls aber eine Geldstrafe verhängen. Kann ein Ehemann infolge Krankheit oder Gebrechlichkeit diese Pflicht nicht erfüllen, so kann nach 6 Monaten die Frau die Scheidung verlangen, die allerdings nur der Mann aussprechen kann, zu der ihn das Gericht aber zwingen kann.

Eine ganz besonders wichtige Verpflichtung des Mannes war die

Auslösung der Frau aus der Gefangenschaft. Gilt sonst die Be-
schränkung, daß man einen Gefangenen nicht mit höherem Lösegeld
als dem üblichen Preis eines Sklaven auslösen darf, um die Menschen-
räuber nicht zu ermutigen, so muß der Ehemann wegen der offenbaren
sittlichen Gefahren sogar sein ganzes Vermögen als Lösegeld hergeben.
Während der im Zeitalter der Kreuzzüge beginnenden Verfolgungen
wurde diese alte Vorschrift oft aktuell.

Zu den Pflichten des Mannes gemäß Ehevertrag gehört das Verbot,
die Ehefrau zu kränken, wie auch sie nicht versuchen soll, über ihren
Mann zu herrschen.

An der Mitgift der Frau hat der Mann die Nutznießung, während
die Frau zur Führung des Haushalts und zur Hilfe bei der Erwerbs-
tätigkeit verpflichtet ist. Das Frauengut wird eingeteilt in:

1. 'Eisernes Schaf', ein Ausdruck, der mit dem deutschrechtlichen
   'Eisenvieh' Ähnlichkeit hat. Der Mann verwaltet das Frauengut,
   doch haftet er bei Auflösung der Ehe — wie gesagt — persönlich
   für die Rückgabe. Allerdings erlangte der Mann im MA die Befugnis,
   solches Frauengut im Rahmen seines Geschäftes zu verkaufen oder
   zu verpfänden.
2. Paraphernal- oder Pflückgüter: diese sind im Ehevertrag nicht verzeichnet, und der Mann hat an ihnen nur ein Nutznießungsrecht,
   während der Ehefrau das Verfügungsrecht verbleibt.
3. Privatgüter der Ehefrau: Dies ist Gut, das der Ehemann oder ein
   Dritter der Ehefrau unter der Bedingung geschenkt hat, daß der
   Ehemann keinerlei Recht daran erwerben soll. Dies entspricht etwa
   dem modernen Sondergut der Ehefrau. Manchmal verschenkte die
   Frau vor der Eheschließung ihre Güter durch ein Scheingeschäft an
   einen Dritten, um sie der Nutznießung des Mannes zu entziehen.

Bei Auflösung der Ehe durch Tod oder Scheidung kann die Ehefrau
Rückerstattung ihrer Mitgift verlangen. Es würde zu weit führen,
alle Einzelheiten des seit dem MA gültigen Ehegüterrechts darzustellen:
man kann sagen, daß es eine Verbindung des deutschrechtlichen
Gemeinschaftssystems mit dem römisch-rechtlichen Trennungssystem
darstellt.

*Scheidung*

Ein Mädchen wurde — wie gesagt — mit 12 Jahren ehefähig, ein
Knabe technisch zwar mit der Bar Mizvah, der Vollendung des 13.
Lebensjahres, doch war Geschlechtsreife, etwa mit 16 Jahren, die

Regel. Nach dem 18. Jahr sollte ein Jüngling nicht mehr unverheiratet sein. Ein Mädchen unter 12 konnte selbst gegen ihren Willen von ihrem Vater verlobt werden, doch konnte sie nach Erreichung der Volljährigkeit Scheidung verlangen.

Zu keiner Zeit war die Scheidung verboten (es gibt 2 Ausnahmefälle), da ein unharmonisches Zusammenleben sinnlos erschien. Die Scheidung konnte nur der Mann vornehmen, und zwar, wie im römischen Recht, durch einfaches Aussprechen einer Formel; allerdings verlangt eine talmudische Schule, Shammai, das Vorliegen ausreichender Gründe, während eine andere, die Hillels, dies verneint. In der Praxis wurde jedoch die Scheidung sehr erschwert: es mußte unter vielen sehr strengen Ritualvorschriften ein Scheidebrief (get) von einem Torahschreiber ausgefertigt werden. Dies war nicht nur sehr teuer, sondern der kleinste Formfehler, etwa ein verschriebener Buchstabe, machte das Dokument ungültig.

Die der untreuen Ehefrau angedrohte Todesstrafe wurde wohl kaum jemals vollzogen: schon das talmudische Schrifttum verlangt zwei Zeugen der verbotenen Handlung, was bei Untreue wohl niemals der Fall war. Jedenfalls genügte begründeter Verdacht zur Scheidung.

In besonders übler Lage befand sich — gleichfalls in Zeiten von Massenmorden an Juden — die Ehefrau, deren Mann verschollen war. Das jüd. Recht kennt kein Aufgebotsverfahren mit Todeserklärung; daher war die sog. aguna weder Ehefrau noch Witwe; und da nur der Mann die Initiative bei der Scheidung hatte, war ihr Personen- und Güterstand völlig im Unklaren. Auch hier aber bildete sich im MA die Tendenz heraus, durch erleichtertes Verfahren wie etwa Zeugenbeweis von sonst nicht als Zeugen qualifizierten Personen, ferner durch Indizien allein, ja sogar durch glaubhaftes von Zeugen erhärtetes Hörensagen den Tod des Mannes als bewiesen anzusehen.

*Gerichtsbarkeit*

Es bestand im ganzen Mittelalter weitgehend interne jüdische Autonomie im Zivilprozeß. Aufgrund des sog. Judenprivilegs vom Jahre 1089 wurde für die Städte Köln, Speyer, Worms und Würzburg ein 'Judenbischof' anerkannt, d.h. ein Vertreter der Judenschaft aus ihren Reihen. Die Urteile des Gerichts wurden im allgemeinen von der Außenwelt anerkannt, wie z.B. der Bann (cherem), der in etwa der Exkommunikation entsprach.

Kriminalfälle dagegen wurden intern nur in Nördlingen und Schweidnitz behandelt, und als ein jüdisches Gericht in Nördlingen einmal ein Todesurteil verhängte, wurde allgemein die jüdische Gerichtsbarkeit in Strafsachen aufgehoben und der allgemeinen Gerichtsbarkeit unterstellt.

## Familienleben

Das Familienleben war im MA ein besonders inniges. Gesetze gegen Eltern- oder Kindesmord gab es nicht, weil solche Taten einfach als undenkbar galten. Der im MA stetig zunehmende äußere Druck beförderte engen Familienzusammenhalt; erst im Zeitalter der Emanzipation, im 18. Jhdt., drangen fremde Ideen aus der Außenwelt ins Ghetto und erzeugten hier den uns sattsam bekannten Generationenkonflikt.

Hauptaufgabe der Eltern war es, die Kinder zu unterrichten, so daß sie baldmöglichst zunächst die hebräischen Gebete und sodann die Torahvorlesung verstehen konnten; Knaben setzten dann ihr Studium mit Mischna und Gemara fort. Auch Mädchen wurden soweit unterrichtet, daß sie Verständnis des Hebräischen erlangen und die Kinder mit den Anfangsgründen der Sprache vertraut machen konnten. Noch heute gedenkt man der verstorbenen Eltern mit den Worten 'Mein Vater und Lehrer, meine Mutter und Lehrerin'. Übrigens sollte den Kindern auch das Schwimmen beigebracht werden. Im späten MA wurde auch das Lesen der Landessprache verlangt.

Jüdische Analphabeten hat es kaum je gegeben: wo Juden, z.B. in frühen amerikanischen Einwanderungsstatistiken, als Analphabeten bezeichnet werden, setzten die meist recht ungebildeten Einwanderungsbeamten Unkenntnis der englischen Sprache und Schrift dem Analphabetismus gleich.

Der Unterricht begann für Knaben mit Vollendung des 4. Lebensjahres (was noch bei meinem eigenen Vater zutraf); in dem ultraorthodoxen Stadtteil Jerusalems, Meah she'arim, trafen wir einen 6 jährigen Knaben, der auf Befragen erklärte, er habe das Studium des Pentateuchs beendet und beginne jetzt mit dem Talmud.

Viele Beispiele kindlicher *pietas* sind überliefert; es liegt auf der Hand, daß sich Knaben wie Mädchen den Wünschen der Eltern bezügl. Verehelichung nur ganz selten widersetzten. Dass gegenseitige Unterhaltspflicht bestand, war eine Selbstverständlichkeit.

Mag manches, was hier gesagt wurde, apologetisch oder idealisierend erscheinen, so sei auf zeitgenössische Darstellungen von nichtjüdischer

Seite verwiesen. Auch dürfte es jedem einleuchten, daß die ständige Bedrohung mit dem Tod durch fanatisierten Pöbel die zentripetalen Tendenzen verstärkte, während heute die zentrifugalen Tendenzen überwiegen: der sittliche Verfall der heutigen Zeit ist auch an der jüdischen Familie nicht vorbeigegangen.

Zusammenfassend kann gesagt werden:

1. Frühzeitige Eheschließung ersparte der Jugend weitgehend sexuelle Probleme. Auch war nicht nur der gesetzliche, sondern insbesondere der Druck der öffentlichen Meinung in den jüdischen Gemeinden, die ja alle nach heutigen Begriffen nur geringen Umfang besaßen, ausreichend, um Untreue, Prostitution wie auch Mißhandlung von Frauen und Kindern zu verhindern.

2. Hohe Geburtenziffern, unterstützt durch die Reinheits- und Reinlichkeitsgesetze, verringerten die in der Außenwelt grassierende Säuglingssterblichkeit und verringerten dadurch die durch blutige Verfolgungen beabsichtigte Verminderung der nationalen Substanz.

3. Die Rechtsstellung der Frau erschien, wie oft im Lauf der Geschichte, nach dem Buchstaben des Gesetzes schlechter als dem effektiven Einfluß der Frau entsprach. Schon die Tatsache, daß die Frau von einer ganzen Anzahl der 613 Ge- und Verbote ausgenommen war, beweist, nicht etwa ihre Inferiorität, sondern Anerkennung der überaus großen Wichtigkeit ihrer eigenen Sphäre: Führung des Heims und Erziehung der Kinder, nicht selten auch Führung des Geschäfts, während der junge Ehemann seinen Studien oblag.

St. Gallen

## LITERATUR

*Jüdisches Lexikon* (Berlin, 1928), s.v. Ehe, Ketubba, Eherecht
Israel Abrahams, *Jewish Life in the Middle Ages* (London, 1932)
M. Lew, 'The Individual and the Family', Address at *13th Conf. of Anglo-Jewish Preachers (Jews' College)*, London 1960
P. Buchholz, *Die Familie in rechtlicher und moralischer Beziehung* (Breslau, 1867)
A. Berliner, *Aus dem Leben der Juden Deutschlands im Mittelalter* (Berlin, Schocken, 1937)

Jean Leclercq

## L'AMOUR ET LE MARIAGE
## VUS PAR DES CLERCS ET DES RELIGIEUX,
## SPÉCIALEMENT AU XIIe SIÈCLE

Des recherches précédentes ont porté sur les formes d'amour dont les moines et les moniales du XIIe siècle avaient connaissance, sur la façon dont ils en ont utilisé l'imagerie pour parler de leur amour pour Dieu, sur les relations qui ont pu exister entre leurs écrits et les autres littératures d'amour que leur temps a produites[1]. Cette comparaison a conduit à aborder le problème de la place que tenaient, dans le mariage, à la même époque, l'amour et le plaisir qui l'accompagne[2]. Le moment vient, dans le développement de cette enquête, de demander à ceux qui n'étaient pas mariés, aux clercs et aux religieux — moines et chanoines réguliers —, ce qu'ils pensaient, non seulement du mariage et de l'amour, mais du rapport qu'il y a entre l'un et l'autre. Il arrive qu'on lise encore, au sujet des chrétiens du moyen âge, des déclarations qui coïncident avec celle qu'un spécialiste de l'Islam fit récemment à propos de 'l'amour entre époux' dans cette tradition: 'L'amour n'est jamais pris en considération dans l'institution du mariage où seules les relations de justice et de coopération unissent les époux, si bien que dans la littérature on assiste, par réaction, à la recherche d'un véritable amour, amour idéal ne pouvant trouver aucune satisfaction dans la réunion charnelle'[3]. On va répétant, à la suite de S.C. Lewis, que 'dans une société où le mariage n'a des fins qu'utilitaires, "toute sublimation de l'amour sexuel doit commencer par idéaliser l'adultère"'[4]. Que disent, à ce sujet, spécialement en ce grand siècle de l'amour que fut le XIIe, les sources dont nous disposons?

[1] Dans un volume intitulé *Monks and Love in Twelfth Century France* (Oxford University Press, 1978), j'ai présenté les premiers résultats de recherches menées en ces domaines.

[2] *Love in Marriage in Twelfth Century Europe*, University of Tasmania Occasional Paper 13 (Hobart, 1978).

[3] M. Arnaldez, 'Statut juridique et sociologique de la femme en Islam', *Cahiers de civilisation médiévale*, 20 (1977), p. 143.

[4] C. Frugoni, 'L'iconographie de la femme au cours des Xe-XIIe siècles', *Cahiers de civilisation médiévale*, 20 (1977), p. 177, citant encore C.S. Lewis, *L'allegoria d'amore* (Torino, 1969), p. 4.

Les textes séculiers — romans, chansons de toile, pastourelles, fabliaux et autres — ont souvent été interrogés. Mais que ressort-il des témoignages 'monastiques', c'est-à-dire émanant de ces célibataires volontaires qu'étaient les clercs et les religieux? Ces documents sont légion. Aux traités sur l'amour de Dieu, aux commentaires du *Cantique des cantiques* s'ajoutent d'innombrables écrits mineurs, tels que poèmes, lettres, *miracula*, *exempla*, récits hagiographiques, *quaestiones* de droit canon et de théologie, paraboles, sentences, actes de procès de mariage: autant de sources qui en disent plus long sur les conceptions courantes et sur la vie réelle que les grandes œuvres littéraires — issues des cours ou des cloîtres — dans lesquelles la fiction, rançon de l'art, occupe tant de place. L'enquête pourrait donc être vaste. Ici ne seront considérés, en attendant des recherches plus étendues, que quelques documents étudiés, pour ainsi dire, comme des symboles, en tant qu'ils en représentent beaucoup d'autres. Aussi le titre de cet exposé mentionne-t-il '*des* clercs et *des* religieux' et non pas tous '*les* clercs et *les* religieux'. Le tableau d'ensemble évoqué par cette dernière formule serait sans doute plus complexe et plus nuancé que l'esquisse tentée ici.

Il paraît prudent que l'on se fie d'abord aux textes qui sont les moins littéraires, ceux qui font connaître des faits de la vie matrimoniale et amoureuse. Ils aideront à apprécier ensuite ce qu'il y avait de réel dans le symbolisme nuptial utilisé par des auteurs spirituels.

### I. Un concept de base: l'affection conjugale

Il y a lieu de partir de cette notion parce qu'elle était à la fois traditionnelle et universellement admise: elle est soit énoncée, soit sous-entendue, dans la plupart des textes émanés de clercs et de religieux concernant le mariage. Elle a été étudiée chez les canonistes par J.T. Noonan[5], mais elle est également présente chez les théologiens[6]; elle représente la situation normale, et c'est elle qui est supposée par le langage des spirituels. Ses implications pour la validité du mariage sont désormais bien connues, en particulier quant aux rapports entre mariage et concubinat permanent — lequel est différent

---

[5] J.T. Noonan Jr., 'Marital Affection in the Canonists', dans *Collectanea Stephan Kuttner*, éd. J. Forchielli-A.M. Stickler, Studia Gratiana, XII (Bononiae, 1967), p. 479-510.

[6] G. Le Bras, art. 'Mariage', dans *Dictionnaire de théologie catholique*, IX, 2 (Paris, 1927), col. 2134-2136.

de l'adultère passager, de la fornication occasionnelle et du concubinage
plus ou moins durable, mais toujours anormal[7]. Plus que ses con-
séquences juridiques, son contenu nous intéresse ici. Car de bien des
textes il ressort que le mariage n'était pas seulement une réalité d'ordre
social, juridique ou sacramentel, mais qu'il comportait une composante
affective qu'on ne doit pas craindre d'appeler par son nom : l'amour.
La littérature canonique médiévale, rédigée en un latin aussi technique,
précis, que le langage des mathématiques anciennes ou nouvelles, est
plus austère que celle des fabliaux et des romans, et elle a moins de
lecteurs que ceux-ci. Mais elle en eut beaucoup au moyen âge,
et elle est plus révélatrice de la mentalité d'alors que ne le sont les
divertissements des lettrés. Or elle accorde une large place à cette
forme d'attachement que désignent des formules comme *affectio* ou
*affectus maritalis*, quand on considère l'attitude du mari envers son
épouse, *uxoris affectio* ou *affectus uxorius*, quand on se place au point
de vue de la femme, *affectio conjugalis*, lorsqu'on pense à la réciprocité.
Le moyen âge n'avait pas eu à inventer ces expressions, qui venaient
de l'antiquité, et païenne et chrétienne, et avaient trouvé place dans
le droit romain[8]. Alors, comme dans la tradition médiévale, l'attitude
de l'homme envers la femme qu'il épousait comportait à la fois, du
moins d'après les lois, domination et estime. Quant au fait que des
mariages étaient 'arrangés' par les parents, il n'excluait pas davantage
l'amour que ce n'est aujourd'hui le cas en bien des civilisations non
occidentales où, si l'on n'épouse pas toujours la femme que l'on aime,
on en vient à aimer la femme que l'on a épousée. Et rien n'empêche
que ce soit réciproque : 'A son mari, disait déjà au IXe siècle, en une
formule vigoureuse, l'archevêque Gonthier de Cologne, à son mari elle
a été associée par la fidélité, l'affection et la dilection : *suo viro fide*,

---

[7] J.A. Brundage, 'Concubinage and Marriage in Medieval Canon Law', *Journal of Medieval History*, 1 (1975), p. 1-17.

[8] Pour le droit romain, par exemple Ulp., Dig., 21, 1, 32, 13 : 'Non enim coitus matrimonium facit, sed affectio maritalis'; pour la latinité tardive et patristique, textes dans *Thesaurus linguae latinae*, I (Leipzig, 1900), 1191; IV (1906-1909), 322; des inscriptions chrétiennes antiques sont reproduites par H. Leclercq, art. 'Mariage', dans *Dictionnaire d'Archéologie chrétienne et de Liturgie*, X, 2 (Paris, 1932), 1951-1958. Particulièrement dense est ce texte de l'*Historia Apollonii Regis Tyri*, qui date pro-bablement du VIe siècle et qui fut adapté et traduit tout au long du moyen âge : 'ingens amor fit inter coniuges, mirus affectus, incomparabilis dilectio, inaudita laetitia, quae perpetua caritate complectitur', éd. Riese (Leipzig, 1893), 23. Pour le moyen âge, aux textes cités par Noonan, 'Marital Affection...', ajouter, par exemple, Rathier de Vérone (Xe siècle), *dilectio maritalis*, dans *Praeloquia*, III, PL 136, 242.

*affectu ac dilectione sociata est'*[9]. Au XIIᵉ siècle, et à mesure que les canonistes affirment le droit que possède une femme de choisir son mari[10], le contenu de l'affection conjugale devient de plus en plus explicite. Elle inclut d'abord un élément de grâce, puisque la culture de l'époque comporte la foi et fait admettre que l'amour entre époux est un don reçu de Dieu. S'y ajoute 'une disposition active que les époux ont le devoir de cultiver'[11], avec 'la volonté, pour chacun d'eux, de traiter l'autre comme un conjoint en mariage doit être traité'. Il s'agit donc d'un 'amour actif' et permanent, d'un 'amoureux état d'esprit': 'cet état d'esprit, qui était une disposition dynamique, suffisait à constituer un mariage valide et, sans lui, le mariage ne pouvait exister'[12]. Attachement profond et efficace: en latin, le verbe *afficere* et *affici* a cette signification très forte[13]; et l'*affectus* désigne ce que les modernes appellent l'affectivité, mais c'est aussi autre chose et bien plus.

## II. Littérature anticathare

Cette façon de parler et cette conviction qui, dans l'Église, étaient traditionnelles, sont explicites dans les textes des canonistes et des théologiens, mais elles sont implicites en beaucoup d'autres documents dont les auteurs n'étaient point tenus à la même précision. Dans la littérature anticathare, qui ne cessait de réaffirmer la grandeur du mariage, on en trouve l'équivalent, par exemple, en ce texte du moine Guillaume réfutant, vers 1133-1135, Henri de Lausanne. Après avoir rappelé les trois fins du mariage, dont l'une est l'amour, les empêchements qui s'opposent à ce qu'il soit légitime, et les trois conditions de sa validité, dont l'une est l'intention de chacun des époux de garder fidélité à l'autre jusqu'à la mort, il a cette importante affirmation: 'Ce qui fait le mariage, ce n'est pas le contrat entre les deux personnes, mais un accord explicite incluant l'orientation de chacune des deux vies vers l'autre, et l'amour des personnes entre lesquelles l'amour est légitime, en vue de la procréation'. Ainsi amour et volonté de procréation ne sont point séparables: ni l'un ni l'autre ne suffisent à

---

[9] Guntharius archiep. Coloniensis (†873), *Diabolica ad Nicolaum papam*, dans MGH, Scriptores rerum germanicarum, [5]: *Annales Bertiniani*, ed. G. Waitz, 1883, p. 70, cap. 7.

[10] J.T. Noonan, 'Power to Choose', *Viator*, 6 (1973), p. 410-434.

[11] Noonan, 'Marital Affection...', p. 497-502.

[12] Noonan, 'Marital Affection...', p. 502-509.

[13] Des références aux mots cités ici se trouvent dans *Thesaurus linguae latinae*.

constituer les motifs et la fin de l'union. Aussi, parmi les trois causes
de dissolution possible, figurent, non seulement l'impuissance, — qui
fait obstacle à la procréation —, et un 'consentement honnête', — par
exemple pour ceux qui se font religieux —, mais la fornication,
qui manifeste l'absence de l'amour[14].

Dans la seconde moitié du XIIe siècle, contre les cathares qui
attaquent la 'stabilité' du mariage, Egbert de Schönau (†1184) la défend
en montrant le caractère définitif de l'union des cœurs, l'*unitas mentium*,
que l'alliance conjugale (*foedus coniugale*) a inaugurée. Même si les deux
parties se séparent pour entrer au monastère, le 'lien conjugal' qui les
unit subsiste entre elles. Et il ajoute, à l'adresse de ses adversaires:
'Cette sorte de séparation, nous ne la conseillons à personne, ainsi que
vous le faites'[15]. Lui aussi répète que la seule justification du divorce
est le manque de fidélité, donc d'amour: *sola fornicationis causa
divortium fieri potest*[16]. Lui aussi légitime 'l'œuvre conjugale', *opus
conjugale*, par le fait que les humains 'ne sont pas de fer, *non...
tam ferreos esse*[17]: ce qui est permis ne peut pas être un mal, *et
quia licitum est, malum non est*'[18]. C'est même un devoir, *officium
conjugii*[19]. C'est une dette — et ici àpparaît cette notion du *debitum*
qui le transforme en acte méritoire de justice et de charité[20]: 'cela
peut se faire sans péché', 'ce n'est pas un péché'[21]. Et dans le cas
où la délectation charnelle excède la mesure du raisonnable, un tel
péché, d'une part, est léger et, d'autre part, il est excusé par les
'biens du mariage'. De même, le plaisir qu'on prend à boire et à
manger doit être modéré, et justifié par l'intention qu'on a de se nourrir.
En ces domaines, les excès sont objet d'indulgence, de pardon (*venia*);
ils sont véniels, à la différence des fautes majeures, comme l'homicide[22].

---

[14] Ce texte a été édité par R. Manselli, 'Il monaco Enrico e la sua eresia',
*Bulletino dell'Istituto storico Italiano per il medio evo*, 65 (1953), p. 36-62, qui suggérait
la possibilité de l'attribuer à Guillaume de Saint-Thierry, hypothèse considérée comme
'non concluante' par R.I. Moore, *The Birth of Popular Heresy* (London, 1975), p. 46.
Consulté, un spécialiste de Guillaume de Saint-Thierry, le P.S. Ceglar, a bien voulu,
dans une lettre du 27 mai 1977, me communiquer plusieurs observations favorables à
l'hypothèse de Manselli et dont on peut espérer qu'il en fera l'objet d'une publication.
[15] *Sermones contra Catharos*, 5, 2, PL 195, 27 C-D.
[16] PL 195, 28 A.
[17] PL 195, 28 D.
[18] PL 195, 29 B.
[19] PL 195, 30 C.
[20] Elizabeth M. Makuski, 'The Conjugal Debt and Medieval Canon Law', *Journal of
Medieval History*, 3 (1977), p. 99-114.
[21] PL 197, 30 B.
[22] PL 197, 30 B-C.

Et Egbert de Schönau, cet écrivain spirituel qui mettra aussi par écrit les expériences mystiques d'Élisabeth, sa sœur, consacre encore de longues pages à cette défense et illustration de l'amour conjugal: ce texte est, pour son époque, l'un des plus développés de la littérature anticathare en faveur du mariage[23].

### III. Cas extrêmes idéalisés et exemples à éviter

Deux convictions se dégagent des écrits, si divers, du XIIe siècle ayant pour objet le mariage: la première est que l'amour y est nécessaire; la seconde est que 'l'œuvre conjugale' est la manifestation normale de cet amour. Normale, mais non indispensable; par conséquent, d'une part, si elle manque, l'amour n'en subsiste pas moins; et, d'autre part, si elle est accomplie en dehors du mariage, elle est une faute contre l'amour. Ces vérités sont illustrées par deux sortes de récits relatant des conduites humaines et confirmant les idées exprimées, de façon plus spéculative, par les théologiens, les canonistes, les polémistes anticathares.

Voici d'abord toute une série de témoignages en faveur d'un mariage sans consommation, mais non sans amour. Il est même parfois dit expressément que l'amour, alors, est non seulement présent, mais plus intense parce que spirituel. De telles légendes développent un thème qui était devenu traditionnel, en hagiographie, depuis les premiers siècles de l'Église, et dont on a relevé des exemples jusqu'en notre temps[24]. Imagination, dira-t-on. Mais de quel droit, si l'on trouve une signification dans la légende arthurienne ou d'autres, refuserait-on d'interroger ces légendes matrimoniales au sujet de la conception de l'amour qu'elles impliquent ou proposent? Car, en ces *Vies*, même si elles sont dénuées de caractère historique, la doctrine est plus importante que les faits, vrais ou supposés, qui donnent prétexte à l'enseigner. Or ces

---

[23] Ce texte s'étend, dans PL 197, des col. 27 à 36.
[24] B. de Gaiffier, '*Intactam sponsam relinquens*: A propos de la Vie de S. Alexis', *Analecta Bollandiana*, 65 (1947), p. 157-195; R. Grégoire, 'Il matrimonio mistico', dans *Il matrimonio nella società altomedievale*, Settimane di studio... (Spoleto, 1977), p. 758-778. En particulier, sur la diffusion en Occident de la légende de S. Alexis: U. Mölk, 'Die älteste lateinische Alexiusvita [9./10. Jahrhundert]: Kritischer Text und Kommentar', *Romanistisches Jahrbuch*, 27 (1976), p. 293-315. R. Grégoire, dans l'article cité, p. 770, cite cette formule paradoxale, au sujet de la bienheureuse Marie d'Oignies (†1213) et de Jean, son mari: 'Quanto autem affectu carnali ab ea divisus est, tanto magis matrimonii spirituali nexu ei *per dilectionem* coniunctus est': Jacques de Vitry, *Vita Mariae Ogniacensis*, I, 13-14, AASS, Iunii, V (1867), p. 550.

récits revêtent parfois la forme de véritables romans de l'amour virginal. Les aventures qui les emplissent ne sont d'ailleurs pas moins mouvementées que celles qu'ont inventées les auteurs de romans profanes. Ainsi, la *Vie* de Ste Amalbergue, écrite au Xe siècle et lue ensuite au chœur par des générations de clercs et de moniales, fait assister aux épreuves par lesquelles passe une vierge qui, par amour, reste fidèle à son époux, le Christ, alors que le rival n'est rien moins que l'empereur Charlemagne. Celui-ci 'continuellement captivé par son amour pour elle, ne cessait, par l'intermédiaire de ses internonces, de la solliciter en mariage'[25]. Retenons seulement ici que, s'il voulait l'épouser, c'est parce qu'il l'aimait.

De même, l'histoire réelle du mariage infécond de l'empereur Henri II (†1024) avec Ste Cunégonde se transforme bientôt en un récit qui sera lui-même, plus tard, à l'origine d'autres romans édifiants[26] et de représentations iconographiques, telle celle de l'épreuve du feu à laquelle est soumise Cunégonde, d'après un manuscrit de Bamberg du XIIe siècle[27]. Aux historiens de décider, s'ils le peuvent, s'il y a eu stérilité ou impuissance[28]. Mais le fait est qu'un supplément, ajouté à la *Vie* au début du XIIIe siècle, constitue un roman d'amour virginal réciproque : celui-ci a donc existé au moins dans l'esprit du narrateur et de ses lecteurs. Le cas, extrêmement clair, qu'il présente est celui de la dissociation entre un amour conjugal authentique et son expression charnelle. Une véritable intimité se développe entre les époux, allant jusqu'à faire de l'impératrice la conseillère et collaboratrice de son mari dans les affaires politiques, ce qui, alors, n'était point fréquent. Tout au long du récit, l'auteur insiste sur cette 'affection' et cet amour[29].

---

[25] Thierry de Saint-Trond, dans AASS, Iulii, III, p. 89, n. 4.

[26] A. Beer, *Heinrich Herrscher und Heiliger* (Freiburg i.Br., 1939).

[27] H. Günter, *Kaiser Heinrich II. der Heiliger* (Kempten-München, 1904), p. 11 ; une sculpture du tombeau de Henri à Bamberg est également reproduite p. 44.

[28] J.-B. Sägemuller, 'Die Ehe Heinrich II. des Heiligen mit Kunigunde', *Theologische Quartalschrift*, 87 (1905), p. 75-95, 89 (1907), p. 564-577. 'Das *"impedimentum impotentiae"* bei der Frau vor Alexander III', *ibidem*, 93 (1911), p. 90-126; 'Nochmals das *"impedimentum impotentiae"* bei der Frau vor Alexander III', ibidem 95 (1913), p. 565-611. Qu'il y ait eu impuissance ou non, la tradition littéraire créée par l'*Additamentum* dont il va être question, a existé et fut utilisée, par exemple par Joachim de Flore : Cf. F. Pelster, S.J., 'Ein Elogium Joachims von Fiore auf Kaiser Heinrich II. und seine Gemahlin die Heilige Kunigunde', dans *Liber Floridus : Mittellateinische Studien Paul Lehmann... gewidmet*, hsg. v. B. Bischoff-S. Brechter (Sankt-Ottilien, 1950), VI, p. 340-341; l'utilisation faite par R. Glaber est citée par B. de Gaiffier, '*Intactam sponsam...*', p. 178, n. 6.

[29] Ed. MGH, SS, IV, p. 821-828, reproduite dans PL 140, 189-198 ; le texte sera cité ici d'après cette édition. Donné comme du début du XIIIe siècle dans BHL 3814. Les mots *amor* et *amare* reviennent sept fois dans le passage situé dans PL 140, 190 C-191 A.

Il s'agissait pourtant d'un mariage 'arrangé', mais qui fut accepté, — on dirait, de nos jours, 'intégré'. La définition que Cicéron avait donnée de l'amitié est appliquée aux conjoints: 'Il y avait en eux un même vouloir et un même non-vouloir, à ce point que si l'un des deux entreprenait quelque chose, l'autre s'employait activement à l'achever...' Ils 's'aimaient tendrement' d'un 'amour qui était spirituel'[30]. Quand on profita d'un voyage, que l'empereur dut faire seul, pour calomnier son épouse, il finit par croire à son infidélité, 'son cœur frémit en lui, et il fut infiniment triste'. Il décida de ne plus jamais la voir. De son côté, l'impératrice diffamée 'fut troublée à l'excès; blessée par la charité, elle désirait, d'un désir ardent, revoir son bien-aimé. Elle saisit un jour l'occasion de s'approcher de lui, pleine de charité et de dilection, et elle le salua avec toute l'affection possible'[31]. Passons sur les aventures qui s'en suivent, et qui conduiront au *happy end* de la réconciliation. L'érudit éditeur de ce texte le caractérise, en sa brève introduction, comme 'rempli de fables'[32]. Or pourquoi ce long fabliau serait-il moins éclairant que d'autres au sujet de l'histoire des sentiments? Dans l'esprit de l'auteur et de son public, un mariage arrangé en vue d'intérêts politiques pouvait parfaitement être ou devenir un mariage d'amour.

On comprend que ce genre de littérature, tout autant que celui des légendes d'Arthur ou de Tristan, ait proliféré. A la fin du XIIIe siècle, une autre Cunégonde, reine de Pologne, 'marchande', pour ainsi dire, avec celui qu'on lui a donné pour mari, Boleslas: elle obtient d'abord de lui un an de virginité pour l'amour d'elle-même, puis un an pour l'amour de la Mère de Dieu[33]. Entre-temps, son confesseur lui démontre, par l'Écriture Sainte, qu'elle doit s'unir au roi: devant ce déploiement d'arguments empruntés à l'Ancien Testament, au Nouveau, à l'histoire et aux lois de l'Église, elle hésite d'abord, puis réfute toutes ces raisons, fait sévèrement la leçon à ce clerc intelligent, enfin s'enfuit et refuse de l'écouter davantage. Toutefois, la succession au trône est en cause; les conseillers du roi reprochent à celui-ci les concessions qu'il fait à son épouse. Un grand mouvement politique agite la Pologne: on craint que le royaume ne soit divisé, s'il ne naît

---

[30] PL 140, 194 C.
[31] PL 140, 194 C-D.
[32] PL 140, 194 C-D.
[33] Ed. AASS, Iulii, V, (éd. Anvers, 1727), p. 669-726; cf. M. Coens, compte rendu dans *Analecta Bollandiana*, 76 (1958), p. 262-264.

pas de descendance. Le roi se sépare d'elle et ne veut plus la voir.
Jusqu'ici, en ce roman de mariage arrangé et d'amour virginal, il n'y
a pas d'amour, semble-t-il, chez l'époux. Mais, aux prières de S. Jean-
Baptiste, le roi change d'avis; il en vient même à faire une véritable
déclaration d'amour chaste. De son côté, Cunégonde l'aide en son
action politique; 'elle prie pour son époux terrestre' — puisqu'elle en a
aussi un autre, qui est le Christ —, pour le succès de ses batailles.
Toute la Pologne lui en est reconnaissante. Elle fait accepter par le roi
que la succession au trône se fasse selon une autre ligne héréditaire.
Elle obtient même de lui qu'il fasse vœu de continence et qu'il se
sépare d'elle, qui devient tertiaire franciscaine. Et quand elle sera
veuve, elle se fera moniale [34]. Entre-temps, elle a su réconcilier deux
époux malheureux, après avoir converti le mari adultère [35] : elle sait
bien que le mariage exige l'amour et la fidélité. Ceci suffirait à
confirmer que ni dans son esprit, ni dans celui de son hagiographe
— non plus que dans celui des autres —, ces mariages sans consommation ne sont pas présentés comme des modèles dont l'imitation
est proposée à l'ensemble des chrétiens. Il s'agit là de cas extrêmes,
exceptionnels, de véritables cas limites, illustrant le fait que le mariage,
consommé ou non, comporte l'amour.

Aussi, de même qu'on imagine des situations qui offrent l'occasion
de réaffirmer l'importance de l'amour, on en invente d'autres à propos
desquelles on dénonce, comme un mal, le manque d'amour. C'est là
tout le domaine — qui méritera une enquête spéciale — de la place
que tiennent, dans les *exempla*, la fidélité conjugale et son contraire,
l'adultère. Ces textes brefs sont souvent pittoresques. Pour nous en
tenir à un témoin de la fin du XIIe siècle qui est peut-être Odon de
Chériton, voici le cas d'une méchante femme qui traite son mari à coups
de poings: *De mala muliere quae dat marito suo cum pugno*; elle le
traite rudement, mais cela finit quand même bien: *Quando vult eam
osculari, dat ei cum pugno in rostrum et osculatur ad lectum* [36]. Voici
une autre épouse, qui est une bonne femme, *mulier bona*, mais qui 'se
plaint de ce que son mari ne l'aime point', *conquesta est de marito suo,
quod eam non diligeret* [37]. Voici une épouse dont l'amour est si intense

[34] Editio citata, p. 678-701.
[35] Editio citata, p. 693-694.
[36] Sous le titre 'Pétulance et spiritualité dans le Commentaire d'Hélinand sur le
Cantique des cantiques', *Archives d'histoire doctrinale et littéraire du moyen âge*, 31
(1964), p. 55, j'ai édité ce texte. Sur l'auteur: 'Hélinand de Froidmont ou Odon de
Chériton?', ibidem, 32 (1965), p. 61-69.
[37] 'Pétulance...', p. 55.

qu'elle en devient jalouse: *Sponsa zelotypa sponsum suum absentem attentissime desiderat osculari, ita quod frequenter suspirat, frequenter lacrimatur dicens: 'Quant vendra li dulz, li frant qui mimicer desire tant?' Cum venerit, cum lacrimis osculatur, osculum illud quandoque plus mille aureis appretiatur, Deus scit*[38]. Nous ne sommes plus ici au niveau des familles royales, mais dans le peuple, où il y a moins de chances pour que les mariages soient forcés. Or parmi les gens du commun, nous le constatons aussi, il y a de l'amour entre époux, et cela est considéré comme la situation normale. Aux yeux des prédicateurs qui utilisent de tels exemples afin d'inculquer la vertu, le manque d'amour est une faute.

## IV. PROCÈS DE MARIAGE

Aux exemples, bons et mauvais, empruntés à la vie réelle ou imaginés d'après elle, s'ajoutent encore les nombreuses causes matrimoniales qui étaient examinées dans les tribunaux ecclésiastiques et dont les actes ont été consignés en bien des registres aujourd'hui conservés, mais peu ou point interrogés jusqu'à présent. L'intérêt que présente cette mine de documents a été souligné récemment par un connaisseur, le P.M. Sheehan[39], à l'occasion d'une excellente étude de R.H. Helmolz portant sur des textes de ce genre écrits en Angleterre entre la fin du XIIIe siècle et celle du XVe[40]: époque plus tardive que celle qui a été ici envisagée; mais, on peut le présumer, les conclusions qui s'en dégagent se vérifieraient pour des périodes antérieures, et pour tous les pays, car les conceptions juridiques selon lesquelles les causes étaient jugées et les cas résolus remontaient à la tradition élaborée par les décrétistes du XIIe siècle. Dans quelle mesure les œuvres purement littéraires peuvent-elles encore être utilisées comme révélatrices des réalités sociales et psychologiques du moyen âge? Telle est la grave question que l'on ne peut manquer de se poser, lorsqu'on voit toute la lumière que les minutes des délibérations et décisions des tribunaux d'Église projettent sur les relations intimes ayant existé à l'intérieur du mariage et de la 'famille nucléaire', dont la réalité fut importante bien avant que nos contemporains ne lui aient donné ce nom. 'L'analyse des

---

[38] 'Pétulance...', p. 53.
[39] M.M. Sheehan, Compte rendu de l'ouvrage cité dans la note suivante, dans *Speculum*, 52 (1977), p. 983-987.
[40] R.H. Helmolz, *Marriage Litigation in Medieval England* (Cambridge-New York, 1974).

théologiens et des canonistes avait établi le rôle essentiel du consentement du couple et nié la nécessité du consentement de la famille
et du seigneur'[41]. Mais, en pratique, d'une part, le mariage avait bien
souvent lieu en l'absence de témoins et sans revêtir de caractère
public, — cela resta légitime jusqu'au Concile de Trente; d'autre part,
la distinction entre fiançailles et mariage n'était pas toujours claire.
Il est normal que des contestations s'en soient suivies; les procès en
divorce sont parmi les plus rares, d'après les sources étudiées jusqu'ici.
Dans tous les cas, le rôle des tribunaux fut généralement de renforcer
le mariage et 'de restaurer la paix dans le ménage'[42]. L'une des
raisons de l'intérêt majeur que présente cette documentation vient de
ce qu'elle nous informe, non seulement sur l'aristocratie — comme le
font l'hagiographie et la littérature courtoise —, mais sur les gens
d'humble condition, vilains et serfs. Aussi, conclut le P. Sheehan,
les résultats de telles enquêtes obligent-elles 'à une révision drastique
de conceptions trop longtemps acceptées, à une critique sévère des
conclusions des érudits, et même des plus grands, qui ont écrit antérieurement à ces recherches"[43]. Le temps est venu de contester aux historiens de la littérature le quasi monopole du discours sur l'amour au
moyen âge. La parole, désormais, est également aux canonistes.

Et, en effet, que lisons-nous, dans ces procès de mariage? Dès le
début du recueil publié par Helmolz, voici un exemple éclatant:
'Elle lui dit: 'Je voudrais vous dire quelque chose, s'il ne vous en
déplaisait'. Et l'homme dit: 'Dites-le'. Alors elle dit: 'Il n'y a rien
au monde que j'aime plus que vous'. Et il lui dit: 'Je vous remercie:
moi aussi, je vous aime'. — 'Bien sûr, s'empresse d'ajouter l'éditeur,
tous les procès ne produisent pas de telles histoires...'[44]. Mais dans
celles qui suivent non plus, le motif d'amour n'est pas absent: *si se
invicem diligunt*[45]. Plus loin, voici 'une femme qui ne veut pas être
séparée du dit Thomas Biley, mais qui est très attachée (*summe
affectat*) à l'avoir pour mari'[46]. Voici encore une fille de caractère,
une forte tête — *a headstrong girl* — qui 's'est mariée pour l'amour
seulement, à l'encontre des désirs de sa famille'[47]. Voici 'une plainte

[41] Sheehan, p. 985.
[42] Sheehan, p. 986.
[43] Sheehan, p. 987.
[44] Helmolz, p. 7.
[45] Helmolz, p. 32.
[46] Helmolz, p. 72.
[47] Helmolz, p. 91.

adressée à une fille par un homme qui languit d'amour pour elle au point de presque en mourir'[48]. Un autre plaignant demande de pouvoir épouser celle qu'il aime, et qui s'appelle Godlewe: *ad habendum bonum amorem suum*[49]. Enfin, voici une déposition qui, en sa brièveté, en dit long: 'un mari traite sa femme avec affection maritale, *tam in mensa quam in lecto*'[50]. Cette dernière formule nous ramène à la réalité de base qui a été évoquée au début du présent exposé comme résultant de la tradition et ayant reçu un relief nouveau des canonistes et théologiens du XIIᵉ siècle. A propos d'un procès, on s'y réfère en citant un canoniste du XIIIᵉ siècle, Guillaume Durant, lorsqu'il 'enjoint à un mari de traiter sa femme avec affection maritale'[51].

## VI. CONCLUSIONS

### POUR UNE IMAGE DE LA FEMME RÉELLE

Il restera, dans un exposé ultérieur, à entendre le témoignage de ces clercs et de ces religieux qui furent — tout en étant parfois aussi théologiens et canonistes — des écrivains spirituels : Hugues et Richard de Saint-Victor, Bernard de Clairvaux et Lothaire, qui devint pape sous le nom d'Innocent III. S'ils décrivent avec tant de chaleur — et même avec une précision qui nous déconcerte — la pratique de l'amour humain, pour en faire un symbole de l'amour envers Dieu, c'est qu'ils lui reconnaissent une valeur positive. Or ils n'empruntent leurs analogies qu'à la seule situation amoureuse qu'ils considèrent comme légitime : celle des époux, non celle de l'adultère, de l'union libre ou de la fornication.

Il suffira ici, pour conclure, de constater d'abord que, parallèlement à la littérature d'amour monastique et à la littérature d'amour courtois, se développe une littérature de l'amour conjugal. Ensuite, et confirmant les dires du P. Sheehan, de souligner à quel point cette littérature cléricale relative à l'amour et au mariage permet de compléter, et de corriger, l'idée que l'on s'en fait, et l'image que l'on se fait de la femme, si l'on ne se fie qu'aux écrits produits par ou pour des séculiers, tels

---

[48] Helmolz, p. 131.
[49] Helmolz, p. 205.
[50] Helmolz, p. 102.
[51] Cité par Helmolz, p. 13, n. 20.

que romans et fabliaux. Ces lieux communs non contrôlés qui concernent la femme sont liés à ceux qui se rapportent au mariage :
puisque, dans cette perspective, le mariage, non seulement ne comporte
pas l'amour, mais l'exclut, le forçant à se réfugier dans l'adultère,
l'épouse, qui n'est pas aimée, ne peut qu'être méprisée. Aux historiens
de la littérature courtoise de dire si cela se vérifie dans les textes
qu'ils étudient. Mais qu'ils soient prudents quand ils parlent des textes
monastiques, sans les avoir lus.

Ils ont, certes, raison de dénoncer un abus, s'il a existé : 'Cet
antiféminisme scandaleux apparaît dans certaines lettres de S. Bernard
(ou de S. Anselme) qui présentent la femme comme un sac d'ordure
et d'iniquité'[52]. Il est seulement dommage qu'ils n'indiquent point dans
quelle lettre de l'un ou de l'autre de ces auteurs, ou des deux, ils
ont trouvé cela. Il y a bien une épître d'un Pseudo-Bernard, anonyme
et tardif, qui constitue un témoin exceptionnel de l'antiféminisme au
moyen âge[53]. Mais un médiéviste qui lit des sources religieuses a
justement fait observer que cette 'violente diatribe contre les femmes
contredit tout ce que l'on sait de S. Bernard à ce sujet'[54]. Elle ne
comporte d'ailleurs pas l'allusion aux ordures. Celle-ci, il est vrai,
se trouve dans les *Miracula* de Guillaume de Malmesbury[55]; toutefois
elle s'y applique, non à la femme, mais à toute chair qui est
éphémère, et par comparaison avec la gloire éternelle à venir[56]. De
même, affirme-t-on, que 'S. Bernard, scandalisé par l'action des filles de
joie, menaça de fermer tous les moulins' où, paraît-il, elles se ras-
semblaient. 'S'il avait mis sa menace à exécution, il aurait pu freiner le
développement économique de l'Europe'[57]. Déjà il avait fallu signaler

---

[52] M. Payen, *Cahiers de civilisation médiévale*, 20 (1977), p. 128, dans une *Discussion*
dont le genre, il est vrai, ne comportait pas qu'on y donnât des références. De la
discussion qui suivit le présent exposé, il ressort que ces dires se trouvent peut-être
en quelque écrit pseudo-bernardin, dont la référence est donnée en quelque ouvrage non
cité. Déjà, dans le même sens, P. Gallais, *Perceval et l'initiation* (Paris, 1972), p. 227,
n. 48; une demande de référence est restée sans réponse, et pour cause.
[53] C'est celui que j'ai édité sous le titre 'Un témoin de l'antiféminisme au moyen
âge', *Revue bénédictine*, 80 (1970), p. 304-309.
[54] M.T. d'Alverny, 'Comment les théologiens et les philosophes voient la femme',
*Cahiers de civilisation médiévale*, 20 (1977), p. 118, n. 83.
[55] J'utilise l'édition critique de P.N. Carter, *An Edition of William of Malmesbury's
Treatise on The Miracles of the Virgin Mary*, (dactyl., Merton College, Oxford, 1959),
p. 203, avec annotations critiques et indications de sources, p. 485-489.
[56] Carter, p. 202.
[57] J. Gimpel, *La révolution industrielle du moyen âge* (Paris, 1975), p. 10; dans la
traduction anglaise, *The Industrial Revolution of the Middle Ages*, Penguin (1977), p. 35.

que cette assertion reposait sur une information de seconde main[58]. En réalité, dans les six dernières lignes de la lettre 79 de S. Bernard[59], il s'agit 'd'un moulin (et d'un seul) dont le soin est confié à des convers. Et ils ne peuvent éviter que des femmes ne le fréquentent'. Il n'est pas dit que ce soient des prostituées: d'autres ne venaient-elles point y porter leur blé et y reprendre leur farine? S. Bernard envisage trois solutions: ou bien interdire l'accès des femmes au moulin; ou bien confier le moulin à quelqu'un qui soit étranger à la communauté plutôt qu'à des convers; ou bien renoncer entièrement à ce moulin. Dans aucune des trois solutions il n'est question de détruire ni ce moulin, ni, encore moins, tous les moulins d'Europe.

De tels exemples de lieux communs répétés sans que l'on en contrôle la source devraient suffire à faire éviter des généralisations faciles, mais fallacieuses, et ceci vaut peut-être aussi bien de la femme rêvée et idéalisée que de celle que l'on réduit à n'être qu'un sac d'excréments. L'islamologiste qui fut déjà cité au début de ces pages a eu le courage de déclarer: 'Mais il en va dans la poésie arabe comme dans la poésie occitane: on peut se demander si la femme chantée existe réellement'[60]. Entre la nonne et l'adultère, il y a eu la femme mariée, et entre la femme chantée et la femme méprisée, il y eut la femme réelle, qui fut, normalement, l'épouse aimée d'un mari qu'elle aima.

Clervaux

[58] 'Dix années d'études bernardines', *Bulletin de philosophie médiévale*, 18 (1976), p. 63.
[59] *S. Bernardi opera*, VIII (Romae, 1979), p. 212.
[60] Arnaldez, p. 143.

WALTER BERSCHIN

# HERRSCHER, 'RICHTER', RITTER, FRAUEN...
## DIE LAIENSTÄNDE NACH BONIZO

*Me certe legentem pauci libri aeque ac Bonizo delectarunt* — so schrieb 1854 Kardinal Angelo Mai in der Vorrede zur editio princeps von Bonizos kanonistischem Werk *Liber de vita christiana*[1]. Seitdem ist dieses Dictum implizit und explizit mehrfach wiederholt worden. 'Eins hat er gewiß vor allen voraus, die sich neben ihm von gleichem Grund und Boden zur Beurteilung der Ereignisse erhoben. Er hat in einer Zeit der Chroniken und Annalen, Biographien und Pamphlete den Gedanken einer Welt- oder Kirchengeschichte gefaßt' — so 1868 ein deutscher Historiker über Bonizos Streitschrift *Liber ad amicum*[2], und ein berühmtes Buch der Mediävistik des XX. Jahrhunderts greift eigentlich genau den gedanklichen Ansatz der bonizonischen Streitschrift auf 'War oder ist es dem Christen erlaubt, für die Lehre mit Waffen zu streiten?': Carl Erdmanns *Entstehung des Kreuzzugsgedankens*[3]. 'Ein interessantes Stück mittelalterlicher Soziologie' hatte eine Berliner Dissertation von 1925 im *Liber de vita christiana* gefunden[4]; der genannte Historiker Erdmann gab einem Teil der Standessoziologie bei Bonizo den Namen 'ein christlicher Gebote-Kodex für den Ritter'[5]. Der Romanist Ernst Robert Curtius nahm Erdmanns Darstellung zum Anlaß einer lange nachwirkenden Polemik gegen das vielberufene 'ritterliche Tugendsystem' des Germanisten Gustav Ehrismann[6]. Inzwischen füllt die Debatte hierüber einen eigenen Band[7].

---

[1] A. Mai, *Nova Patrum Bibliotheca*, t. 7/3 (Romae, 1854), p. IV.

[2] H. Saur, 'Studien über Bonizo', *Forschungen zur Deutschen Geschichte*, 8 (1868), p. 395-464 (hier 464).

[3] C. Erdmann, *Die Entstehung des Kreuzzugsgedankens* (Stuttgart, 1935).

[4] E. Kittel, 'Die Staatsauffassung der kirchlichen Reformpartei', Diss. Ms. (Berlin, 1925), p. 30.

[5] Erdmann (wie Anm. 3), p. 235. Bonizo ist mit seinem 'Ritterspiegel' ein Vorläufer des Johannes von Salisbury, *Policraticus*, VI 8, ed. C.C.I. Webb, t. 2 (Oxford, 1909), p. 23.

[6] E.R. Curtius, 'Das ritterliche Tugendsystem', *Deutsche Vierteljahresschrift für Literaturwissenschaft und Geistesgeschichte*, 21 (1943), p. 343-368, wiederholt in *Europäische Literatur und lateinisches Mittelalter*, 2. Aufl. (Bern, 1954), Exkurs XVIII.

[7] Cf. *Ritterliches Tugendsystem*, ed. G. Eifler (Darmstadt, 1970).

Spätestens seit Curtius' Attacke auf Idole einer quellenarm, aber gedankenreich arbeitenden Philologie hat Bonizo seinen festen Platz im mediävistischen Bewußtsein. Er gilt mit einigem Recht als ein eigenwilliger und eigenständiger Autor, bei dem man gelegentlich mit Erfolg Aspekte sucht, die man sonst in der Literaturlandschaft der Zeit nicht findet. Freilich war Bonizo kein Originalgenie, das immer und überall Interessantes zu sagen wußte. Es ist vorgekommen, daß man in sein Werk Gedanken hineingelesen hat, die Bonizo fremd waren[8]. Man muß sich auch davor hüten, die bei Bonizo häufigen Irrtümer und Verwechslungen entweder als Fälschungen oder als fortschrittliche Interpretationen zu mißdeuten.

So plädiert Bonizo in seinen eherechtlichen Darstellungen *in praxi* für eine Reduzierung des Ehehindernisses der Verwandtschaft. Aber er rüttelt *in theoria* nicht am alten Grundsatz, daß die kanonistisch relevante Verwandtschaft bis zum siebten Grad reiche. Er reduziert die *arbor parentelae*, den 'Baum der (als Ehehindernis geltenden) Verwandtschaft', indem er (in der Deszendentenreihe) den Stammvater schon als ersten Grad zählt: Vater und Mutter = erster Verwandtschaftsgrad, Brüder und Schwestern = zweiter Grad, deren Kinder = dritter Grad usw. Damit berechnet Bonizo die Verwandtschaftsgrade nicht auf die alte römisch-kanonische, sondern auf eine 'altlangobardische' Weise[9], wobei er aber gleichzeitig behauptet, er vertrete nichts anderes, als was die 'Kanones' der Päpste immer schon gesagt hätten. Vielleicht der wichtigste Gesichtspunkt lag für Bonizo, der immer das schlagende Argument suchte, in der Evidenz der Sprache: eigene Namen gibt es im Lateinischen nur bis zu dem Grad, den Bonizo eben als den äußersten Verwandtschaftsgrad ansieht:

[Deszendentenreihe, männlich]

     pater
      |
     filius
      |
     nepos
      |

---

[8] Gegen die in germanistischen Publikationen seit 1956 vertretene Auffassung, Bonizo habe den Heidenkrieg gerechtfertigt und sei damit als ein Theoretiker der Kreuzzugsidee anzusehen, habe ich mich in meinem Buch, *Bonizo von Sutri, Leben und Werk* (Berlin-New York, 1972), p. 17 sq., n. 65, gewandt.

[9] U. Lewald, *An der Schwelle der Scholastik: Bonizo von Sutri und das Kirchenrecht seiner Tage* (Weimar, 1938), p. 79 sqq.; W. Berschin, *Bonizo von Sutri*, p. 87-91.

pronepos

|

abnepos

|

atnepos

|

trinepos

Genau so weit, wie sich ein lateinischer Name für das Verwandt-
schaftsverhältnis finden läßt, reicht auch die Verwandtschaft: Das hat,
sagt Bonizo, Kaiser Justinian so bestimmt[10]. Bonizos Quelle ist, wie
so oft, nicht mit Sicherheit zu bestimmen[11]. Er war mit seiner Praxis
jedenfalls ein Vorläufer der Kanonisten des XII. Jahrhunderts und hat
die drückend gewordene *arbor parentelae* wenigstens an ihren äußersten
Rändern etwas beschnitten.

Bonizos Bedeutung für die Laienstände liegt aber nicht darin, daß
er sich mit dem Problem des Ehehindernisses der Verwandtschaft
beschäftigt hat und versucht hat, Erleichterungen zu propagieren,
sondern gerade darin, daß für ihn *das Eherecht nicht das einzige
Gebiet* war, auf dem er sich als Kanonist für die Laien interessierte.
Für die sich in der Epoche Gregors VII. entwickelnde Kanonistik gilt
die Identität von Laienrecht = Eherecht als charakteristisch. '[Il
matrimonio] è l'istituto e il sacramento, che caratterizza, qualifica e
quasi esaurisce in sè lo stato di vita laicale'[12]. Die Laien wurden
geradezu als *ordo coniugatorum* den Klerikern als *ordines continentes*
gegenübergestellt.

Hier steuert Bonizo, der 'Gregorianer', einen Kurs, der ganz und
gar nicht im Zug der Zeit liegt, der, rechtsgeschichtlich gesprochen,
nicht zu Gratians *Decretum* hinführt. Sein großes und eigenartiges
kanonistisches Sammelwerk *Liber de vita christiana*, das wir besser ein
'kanonistisches Lesebuch' nennen könnten, beschäftigt sich zu einem

---

[10] Bonizo, *De arbore parentele*, ed. G. Miccoli, 'Un nuovo manoscritto del Liber
de vita christiana di Bonizone di Sutri', *Studi Medievali*, III 7 (1966), p. 371-398 (hier
p. 393). Die zentrale Stelle revidiert bei W. Berschin, *Bonizo von Sutri*, p. 82-84
(hier p. 82). *De arbore parentele* ist teilweise auch im Codex Barb. lat. 484 der
Vatikanischen Bibliothek überliefert, cf. H. Schadt, 'Eine neue Handschrift von Bonizo
von Sutris Konsanguinitättraktat und ihre Darstellungen', *Bulletin of Medieval Canon
Law*, N.S. 6 (1976), p. 72-75.

[11] Über Parallelen zu Petrus Damiani: W. Berschin, *Bonizo*, p. 83, n. 357.

[12] L. Prosdocimi, 'Lo Stato di vita laicale nel diritto canonico dei secoli XI e XII',
in *I laici nella 'societas christiana' dei secoli XI e XII* (Milano, 1968), p. 56-77 (hier
p. 58).

nicht unerheblichen Teil (auch außerhalb des Eherechts) mit den Laienständen[13].

Es ist in zehn Bücher eingeteilt. Buch VII ist den führenden Laienständen gewidmet, Buch VIII den niederen Laienständen, Buch I, IX und X der Taufe und Buße, die naturgemäß auch erheblich mit den Laien zu tun haben. Buch IX enthält außerdem speziell Eherechtliches. Nach moderner Auffassung sind auch die Jungfrauen und Witwen Laien, die Bonizo im Einklang mit der Zeit den geistlichen Ständen zurechnet und in Buch VI des *Liber de vita christiana* nach den Äbten und Mönchen behandelt. Was also Bonizo in seinem *Liber de vita christiana* bringt, ist Kirchenrecht, aber keineswegs Klerikerrecht: Fast die Hälfte seines 'Lesebuchs' gilt den Laienständen.

## I

Einem Autor, der den Laien breiten Raum in einem kanonistischen Werk einräumte, konnte das Kanonesmaterial nicht überall so reichlich zur Verfügung stehen wie im kirchlichen Eherecht. Wie half Bonizo sich weiter, wenn ihm das kanonistische Material nicht mehr ausreichte? Er hatte über die Auswahl der Kanones hinaus zwei Möglichkeiten, sein Material zu interpretieren und zu strecken: erstens Rubrizierung der kanonistischen Texte, zweitens verbindende eigene Texte, sog. *Dicta*. Gerade letztere hat Bonizo häufig eingefügt und manchmal ganze Abteilungen seines 'Laienspiegels' mit solch selbstverfaßten Texten

---

[13] Maßgebende Ausgabe von E. Perels, *Bonizo: Liber de vita christiana* (Berlin, 1930), rec. W. Levison in *Zs. für Rechtsgeschichte*, Kan. Abt. 20 (1931), p. 631 sq. Ein Neudruck der Perels'schen Ausgabe ist ein Desiderat. — Zu dem von Perels benützten Brescianer Bonizo-Codex Cl. Villa, 'Due antiche biblioteche bresciane. I cataloghi della cattedrale di S. Giovanni de Foris', *Italia Medioevale e Umanistica*, 15 (1972), p. 63-97 (hier p. 77 und 93). Hinzugekommen zu den von Perels benützten Handschriften sind eine in der Biblioteca Comunale von Mantua (439 [D III 13] saec. XII, aus Polirone), die Miccoli (wie Anm. 10) genauer bekanntmachte, sowie eine im Besitz eines englischen College, die J.S. Robinson, 'A Manuscript of the 'Liber de vita christiana' of Bonizo of Sutri', *Bulletin of Medieval Canon Law*, N.S. 3 (1973), p. 135-139 anzeigte (Heythrop College/Oxfordshire Z 105 BON.). Beide neue Handschriften haben die Besonderheit, daß sie dem *Liber de vita christiana* eine kleinere Schrift Bonizos vorausschicken, den *Libellus de sacramentis*. Der Mantuaner Bonizocodex inkorporiert ferner die Schrift *De arbore parentele* in das IX. Buch von *De vita christiana* (ob dies auch in der englischen College-Handschrift so ist, ist aus Robinsons Beschreibung nicht zu entnehmen). Nach Miccoli (wie Anm. 10; ferner Art. 'Bonizo' im *Dizionario biografico degli italiani*, 12 (1972), p. 246-258) wäre durch den Befund die Perels'sche Edition in ihrer Disposition erschüttert. Dagegen W. Berschin, *Bonizo*, p. 59 sq. u. 255.

ausgefüllt. Buch VII zum Beispiel beginnt mit einem Dictum über die
Herrscher, die Würde des Römischen Reichs (besonders des östlichen!)
und die Sünde derer, die das 'Römische Reich zerreißen wollen, die
Gerechtigkeit verdunkeln und das kaiserliche Joch, unter dem unsere
Väter ohne Widerstreben lebten, von den Nacken der Untertanen
ziehen wollen'[14]. Erstaunliche Worte aus dem Mund des alten
Patareners, der höchstens zehn Jahre zuvor — 1085/6 — noch mit zum
Teil maßloser Polemik die Vasallen Heinrichs IV. zum Kampf gegen
die 'Häresie' und das 'Schisma' anzustacheln versucht hatte. Damals
hatte er geschrieben[15]:

> Also mögen die glorreichsten Ritter Gottes für die Wahrheit kämpfen,
> für die Gerechtigkeit streiten, wahren Sinns gegen die Häresie kämpfen...
> Sie mögen zum Guten die hervorragendste Markgräfin Mathilde nach-
> ahmen, die Tochter des heiligen Petrus, die mit männlichem Geist alles
> Weltliche hintanstellt und lieber sterben will, als Gottes Gesetz brechen
> und gegen das Ketzertum, das nun in der Kirche wütet, soweit die
> Kräfte reichen, mit allen Mitteln ankämpft. In ihre Hand, so glauben wir,
> wird fallen Sisara und untergehen wie Jabin am Bach Cison; denn er
> hat den Weinberg Gottes zugrundegerichtet und verwüstet ihn wie ein
> Wildschwein zu einem Misthaufen. Wir aber beten gemäß unseres Amtes,
> daß es wie durch Brand und Minen im Zorn deines Angesichtes schnell
> zugrundegehe.

Dies ist der berühmte Schluß des *Liber ad amicum*, dessen Fanatismus
auch kaum gemildert wird, wenn man als den Sisara — dem die neue
Jahel den Nagel durch den Kopf schlagen wird —, den Kanaaniter-
könig Jabin, das Wildschwein und das *stercus terrae* nicht Kaiser
Heinrich IV., sondern 'die Häresie' interpretiert[16]. Denn wenn es so
gemeint war, war dies ein gefährlich zweideutiger Aufruf zur Gewalt
— wie der Aufruf Papst Alexanders II. an die Cremonéser Pataria
(1067), sich 'mit dem Dolch der göttlichen Kraft zu bewaffnen...
und die Pforten der simonistischen Käuflichkeit und klerikalen Unzucht... mit den Leichen der Erschlagenen zu verstopfen'[17].

Man könnte einen Augenblick lang zweifeln, ob dies derselbe Bonizo

---

[14] *Liber de vita christiana*, VII 1, ed. E. Perels, p. 233.
[15] *Liber ad amicum*, IX in fin., ed. E. Dümmler, *MGH Libelli de lite*, t. 1, p. 620.
Dazu W. Berschin, *Bonizo*, p. 38-57. L. Gatto, *Bonizone di Sutri e il suo Liber ad
Amicum* (Pescara, 1968); Id., 'Il problema delle elezioni simoniache nel "Liber ad
amicum" di Bonizone da Sutri', in *Chiesa e riforma nella spiritualità del secolo XI*
(Todi, 1968), p. 137-167; Id., 'Matilde di Canossa nel Liber ad amicum di Bonizone
da Sutri', *Studi Matildici*, t. 2 (Modena, 1971), p. 307-325.
[16] So Erdmann (wie Anm. 3), p. 232 n. 96. Cf. W. Berschin, *Bonizo*, p. 110,
n. 502.
[17] *Liber ad amicum*, VI, *MGH Libelli de lite*, t. 1, p. 598.

sein kann, der in den 90er Jahren des XI. Jahrhunderts das Römische Reich hochhielt und den *Gehorsam* gegenüber dem Herrscher verfocht — auch gegenüber dem schlechten! Bonizo ist binnen weniger Jahre nach dem Tod Gregors VII. zur alten Lehre vom *duldenden Gehorsam* zurückgekehrt, wie ihn am stärksten vielleicht unter allen abendländischen Kirchenhäuptern Gregor I. vertreten hat. Der große Papst hatte die Thronbesteigung des Phokas in Konstantinopel mit dem Schreiben begrüßt[18]:

> Ehre sei Gott, der, wie geschrieben steht, die Zeiten wandelt und die Reiche überträgt... In des allmächtigen Gottes unerforschlichem Ratschluß sind verschieden die Geschicke des menschlichen Lebens. Bisweilen, wenn die Sünden vieler zu strafen sind, wird einer erhoben, dessen Härte die Nacken der Untertanen unter das Joch der Trübsal beugt, wie wir es lange in unserer Prüfung erfahren haben. Bisweilen aber beschließt der barmherzige Gott, die vielen betrübten Herzen mit seinem Trost heimzusuchen und erhebt einen Mann zum Gipfel des Regiments, durch dessen mitfühlenden Sinn er die Gnade seines Jubels in alle Herzen gießt.

So feierte der 'Musterpapst' einen 'blutbefleckten Mörder', den 'unfähigsten, lasterhaftesten und feigsten aller byzantinischen Kaiser'[19] — und ein ehemaliger Mitstreiter Gregors VII. rückte diesen Text unter der Rubrik *Quod regnum dei ordinacione donetur* in sein kanonistisches Handbuch ein[20]. Bonizo war es ernst mit der Rückkehr zum ehrfürchtigen Nebeneinander weltlicher und geistlicher Macht: '*Quod in suis scriptis non dedignetur beatus Gregorius imperatores dominos vocare*'[21] und insistierend: '*Quod beatus Gregorius Mauricium imperatorem sibi infestum dominum vocat*'[22]. Papst Benedikt VIII. (1012-1024) hatte Kaiser Heinrich II. noch seinen 'Herrn' genannt, und das war 'mehr als Höflichkeit', nämlich nicht Unterwerfung, wie Albert Hauck insinuierte[23], sondern die Tradition von Gregor dem Großen her. Aber war es im Jahr 1094 oder 1095, an der Schwelle des ersten Kreuzzugs, noch denkbar, daß ein Papst Urban II. den Kaiser Heinrich IV. oder Alexios I. seinen 'Herrn' nannte?

Von den *reges* geht Bonizo zum zweiten führenden Laienstand,

---

[18] *Registrum Gregorii*, XIII 34, edd. P. Ewald-L.M. Hartmann, *MGH Epistolae*, t. 2, p. 397.

[19] E. Caspar, *Geschichte des Papsttums*, t. 2 (Tübingen, 1933), p. 489, im Kommentar zum genannten Brief Gregors d. Großen.

[20] *Liber de vita christiana*, VII 4.

[21] *Ib.*, VII 7.

[22] *Ib.*, VII 9.

[23] A. Hauck, *Kirchengeschichte Deutschlands*, t. 3, 4. Aufl. (Leipzig, 1920), p. 523.

den *iudices*, über. Hierunter versteht er mancherlei, vom 'Konsul' bis zum 'Graf'[23a]. Dieser Gruppe ordnet Bonizo eine Reihe von Kanones vor allem aus Augustinus zu, die zeigen sollen, daß die Kirche Gewalt anwenden dürfe: '*quod ecclesia possit facere persecucionem*'[24]. Es handelt sich um ein 'kanonistische Begründung der gregorianischen Kriegstheorie', von der man früher glaubte, sie sei aus der Kanonessammlung des Anselm von Lucca übernommen[25]; genauere Untersuchungen haben das nicht bestätigen können. Bonizo ist trotz seiner Lehre vom duldenden Gehorsam gegenüber den Herrschern auch im kanonistischen Alterswerk kein Ireniker geworden, sondern tritt wie in seiner Streitschrift *Liber ad amicum* dafür ein, daß Schismatiker mit Gewalt verfolgt werden, und hält dies sogar für eine Liebestat: '*Quod caritativa sit ecclesie persecutio*'[26].

Damit kommt Bonizo zu seinem dritten führenden Laienstand, den *milites*. Hier ist eine soziale Gruppe erreicht, bei der Bonizo offenbar das kanonistische Material ausgeht, die er aber in seinem kanonistischen Handbuch nicht missen möchte, die Ritter[27]. Bonizo hilft sich mit einem Dictum, dem berühmten 'Ritterspiegel'[28]:

> Von den Rittern aber, was soll ich anderes sagen, als daß sie den Herren die Treue halten sollen, vor allem den das Reich regierenden, und so für die irdische Macht streiten, daß sie der christlichen Religion nicht zuwiderhandeln und sich immer im Gedanken des Herzens die Gabe des Herrn vergegenwärtigen, daß sie die Erstlinge der Gläubigen im römischen Erdkreis waren… Ihnen ziemt, ihren Herren ergeben zu sein, nicht nach Beute zu streben, zum Schutz des Lebens ihrer Herren das eigene Leben nicht zu schonen und für den Bestand des Staates bis zum Tode zu kämpfen (*pro statu rei publicae usque ad mortem decertare*), Schismatiker und Häretiker zu bekriegen, auch die Armen, Witwen und Waisen zu

[23a] Bonizo verwendet *iudex* in der spätlateinischen Bedeutung 'höhere Amtsperson'. Dieser Gebrauch ist zum Beispiel belegt in der Bonizo vertrauten *Vita S. Ambrosii* des Paulinus von Mailand (c.8).

[24] *Liber de vita christiana*, VII 17.

[25] Erdmann (wie Anm. 3), p. 234 mit n. 107.

[26] *Liber de vita christiana*, VII 25.

[27] Oder — wie man in bezug auf die soziale Wirklichkeit des engeren Lebensraumes Bonizos übersetzen könnte: die 'Capitane' und 'Valvassoren'. Cf. H. Keller, *Adelsherrschaft und städtische Gesellschaft in Oberitalien* (Tübingen, 1979), p. 17 sqq. In seinem *Liber ad amicum* von 1085/6 sprach Bonizo unbefangen von *capitanei* und *varvassores*; ein Jahrzehnt später vermied er im *Liber de vita christiana* diese konkreten Standesbezeichnungen, wohl um nicht allzu Lokales und Zeitgebundenes in sein abschließendes Werk eingehen zu lassen: Bonizo wollte mit seinem 'Buch vom christlichen Leben' ein weites Publikum erreichen. Insofern darf man *miles* zuversichtlich in die umfassendere, europäische Wirklichkeit der Zeit übersetzen als 'Ritter'.

[28] *Liber de vita christiana*, VII 28 und, kürzer, II 43.

verteidigen (*pauperes quoque et viduas et orphanos defensare*), die gelobte Treue nicht zu verletzen und keinesfalls ihren Herren meineidig zu werden...

Der vierte der führenden Laienstände ist merkwürdigerweise derjenige der regierenden Frauen[29]. 'Von den Frauen aber ist in den römischen Gesetzen festgesetzt, daß sie keinen Dukat und keinen Judikat regieren sollen', und 'das vom Herrn selbst der Frau verkündete Gesetz lautet, daß sie nach dem Mann ihren Wandel richte und unter der Gewalt des Mannes sei'. Trotzdem haben gelegentlich Frauen regiert: 'Wir lesen jedoch nirgends, daß Frauen ohne einen merklichen Schaden der Untergebenen regiert hätten!'. Semiramis, Kleopatra, die Frau des Darius, Fredegunde und Rosamunde (die Bonizo *Rosalinda* nennt) haben in Staats- und Kriegssachen nur Verderben gebracht. Die Schwester des Moses mußte ob ihrer Überhebung der Aussatz treffen, und 'nennt man mir Debora..., die Witwe Lapidots, die Israel richtete — vielleicht eben weil (die Israeliten) von weiblicher Willkür regiert wurden, darum mußten sie Jabin dienen'. Jabins Feldherr Sisara ist denn auch nicht in Deboras Hand gefallen, sondern in die Jahels, einer verheirateten Frau, 'damit den späteren Witwen kein Beispiel gegeben werde, sich den Dukat verschaffen zu wollen'. Hier wird es deutlich, daß mit dem Kapitel — in dem Bonizo gewissermaßen Theophrast und Hieronymus (*Adversus Iovinianum*) fortschreibt — eigentlich nur eine einzige Frau gemeint war, die freilich im Italien des XI. und frühen XII. Jhs. allein auch schon ein beachtliche soziale Realität darstellt: die Markgräfin Mathilde von Tuszien (1052-1115), die *virago catholica*, *miles catholica*, *miles S. Petri*, *catholica potestas*, die neue Debora, die neue Jahel — wie sie ihre Panegyriker priesen[30]. Sie war nicht nur militärisch-politisch von Bedeutung, sondern auch literarisch: eine ganze Gruppe von Autoren scharte sich um sie in Canossa oder Mantua, der 'grammaticus' Johannes von Mantua, Bischof Anselm von Lucca, später Bischof Rangerius von Lucca, der Mönch Donizo von

---

[29] *Liber de vita christiana*, VII 29. — Zum zeitgenössischen sozialen Hintergrund: J. Chélini, 'Les femmes dans la société médiévale au temps de la comtesse Mathilde à travers l'œuvre de Pierre Damien', in *Studi Matildici*, t. 2 (Modena, 1971), p. 295-305.

[30] 'Virago catholica': Johannes von Mantua, *In cantica canticorum*, edd. B. Bischoff-B. Taeger (Freiburg/Schw., 1973), p. 38 — 'miles catholica': *ib.*, p. 65 — 'miles S. Petri': Bernold von Konstanz, *Annales ad a. 1085*, MGH *Scriptores*, t. 5, p. 443 — 'catholica potestas': Johannes von Mantua, *ed. cit.*, p. 64 — 'Debora': Donizo, *Vita Mathildis*, v. 743, edd. M. Bellocchi-G. Marzi (Modena, 1970), p. 224 und Rangerius, *Vita Anselmi*, v. 3589, MGH *Scriptores*, t. 30, p. 1232 und andere Autoren — 'Jahel': Bonizo, *Liber ad amicum*, IX, MGH *Libelli de lite*, t. 1, p. 620.

Canossa, und mit einer Widmung gehört sogar Anselm von Canterbury in diesen Kreis[31]. Man kann von 'mathildischer Literatur' sprechen. Vielleicht darf man Mathilde die erste in großem Stil literaturfördernde Frau im Mittelalter nennen.

Bonizo selbst zählt mit seinem *Liber ad amicum* von 1085/86 zu den der Markgräfin Mathilde huldigenden Autoren und zur 'mathildischen Literatur' — seine Abwendung von Mathilde hat vielleicht biographische Gründe: eine nur halbgeglückte Bischofserhebung in Piacenza, die schwache Unterstützung seitens des Papstes, Blendung und Verstümmelung durch seine Gegner im Jahr 1089... all' dies mag auch die misogyne Wendung des *Liber de vita christiana* verursacht haben, die in Verbindung mit der fortschrittlichen Ritterethik des Buches doppelt merkwürdig bleibt. Die Frauen gehören, das ist die Essenz des bonizonischen Dictums, eigentlich gar nicht zu den *prelatis in laicali ordine positis*, sondern eher zu den *subditis*, denen Bonizo wieder bemerkenswerte Details widmet.

> Zuerst wollen wir das Volk einteilen: denn aus dem Volk sind die einen Handwerker, die anderen Kaufleute, wieder andere Bauern. Obwohl der Handel den Menschen in dieser Welt sehr nützlich ist, haben dennoch unsere Väter den Büßenden streng verboten, zum Handel zurückzukehren; denn es gibt keinen Handel, ohne daß einer von zweien betrogen wird (*non potest negotiatio fieri, nisi alter eorum fallatur*). Denen, die nicht mit schweren Verbrechen belastet sind, ist es, wenn auch nicht zugestanden, so wenigstens nicht verboten, Handel zu treiben, daraus Almosen zu geben, Fremdenherbergen und Kirchen zu bauen und in gutem Stande zu halten. Aber sie sollen sich davor hüten, verschiedene Gewichte zu benützen — die einen zum Einkauf, die anderen zum Verkauf, den gleichen Scheffel und den gleichen Schoppen sollen sie gebrauchen! Die Elle sollen sie beim Einkauf nicht länger und beim Verkauf nicht kürzer machen, der Baumwolle sollen sie nicht Stöckchen beimischen, damit sie schwerer wiegt, den Pfeffer nicht mit Wasser übergießen, Gewürze nicht feucht lagern, damit sie schwerer werden, trockene Fische nicht mit Wasser übergießen, damit sie schöner glänzen, die alten nicht mit kaltem Wasser waschen und schwören und lügen, sie wären frisch, da sie schon schwammig sind und stinken. Die Getreidehändler aber müssen sich davor hüten, das Marktaufkommen, das sie kaufen, so hartnäckig zurückzuhalten, daß sie über die Leute den Hunger bringen. Die Handwerker aber, die durch ein ehrenhaftes Handwerk ihren Lebensunterhalt verdienen, sollen zusehen, daß sie ihr Werk nicht unter Meineid und Lüge verkaufen. Die Schuster sollen das Schuhwerk so nähen, daß es nicht gleich ausein-

---

[31] B. Bischoff, 'Der Canticumkommentar des Johannes von Mantua für die Markgräfin Mathilde', in *Lebenskräfte in der abendländischen Geistesgeschichte* (*Festschrift Walter Goetz*) (Marburg, 1948), p. 22-48 (hier p. 25 sq).

anderfällt... Die Bauern aber, deren Arbeit ohne Sünde ist, sollen lernen, ihren Herren die Treue zu wahren, nicht auf Diebstahl zu sinnen und den Zehnt und die Erstlingsfrüchte den Kirchen Gottes und denen sie zustehen ohne Betrug mit aller Heiterkeit zu geben ... [32].

Die Technik der künstlichen Marktverknappung ist also im Handel Oberitaliens des XI. Jahrhunderts schon da, und der Zehnt ist, so darf man aus Bonizo schließen, gelegentlich mit mangelnder Heiterkeit geleistet worden. Letzteres gibt Bonizo Anlaß, eine Reihe von Kanones zur Zehntpflicht, vor allem karolingischer Herkunft, einzurücken. Sodann kommt er zur klassischen Materie des Laienrechts innerhalb der Kanonistik, dem Eherecht, aus dem Bonizo hier vor allem die Unauflöslichkeit des Sakraments behandelt, während die Ehehindernisse zum größten Teil bei der Buße und zwar unter dem Begriff der *fornicatio* vorkommen. Schließlich schärft Bonizo den einfachen Laien das Fasten, die Arbeitsruhe an Sonntagen und Heiligenfesten, die Freigebigkeit, das Aufopfern von Messen für Lebende und Tote sowie den Gehorsam gegenüber den Priestern ein.

Selbst Einzelheiten, wie die Haltung beim Gottesdienst, gehören für Bonizo zu den Laienregeln des christlichen Lebens:

> Die Priester sollen den Leuten verkünden, daß sie nur in der Fastenzeit und an den Quatembertagen zur Messe die Knie beugen müssen. An den Sonntagen hingegen und an den anderen Festen sollen sie von der einen Vesper bis zur anderen nicht die Knie beugen, sondern stehend gebeugt beten, und keiner soll sich herausnehmen, nur mit einem Knie auf die Erde gestützt zu beten, wie man liest, daß die verspottenden Juden bei der Passion des Herrn taten, sondern beide Knie führe man zur Erde. Denn Paulus sagt: 'Ich beuge meine Knie zum Vater unseres Herrn Jesus Christus' [33].

## II

Bis hierher ist zu skizzieren versucht worden, wie uns bei Bonizo eine ständisch gegliederte und schon recht differenzierte Laienwelt gegenübertritt. Es soll in einem zweiten Überblick gezeigt werden, wie Bonizos Oeuvre insgesamt Hinweise auf soziale Verschiebungen im XI. Jahrhundert auf den Aufstieg einer einfacheren Schicht gibt. Fast alle Werke Bonizos sind mit Widmungen oder Adressen versehen: an einen Abt Johannes (*Paradisus*), an einen *sacerdos* Gregorius (*Liber de vita christiana*), an einen Laien-'Freund', wohl einen

---

[32] *Liber de vita christiana*, VIII 1.
[33] *Ib.*, VIII 71, wohl ein Dictum Bonizos.

Ritter (*miles*; *Liber ad amicum*), einen Prior Walter von Leno (bei
Brescia; *Libellus de sacramentis*), gegen einen Gualfred (*Sermo de
penitentia*), an einen Kleriker Alexander von Lucca (*De arbore parentele*)
und an einen *prudens vir A.* [34]. Ist es ein Zufall, daß diese mehr
oder minder deutlich überlieferten Adressaten historisch und literatur-
historisch sonst völlig unbekannt sind? Ich glaube, man darf aus dem
Adressatenregister (in dem der höchste Rang von einem weiter nicht
bekannten Abt eingenommen wird) schließen, daß Bonizo in einer
relativ niederen, damals erst ausnahmsweise literaturfähigen Schicht
sein Publikum hatte, der Schicht, der Bonizo vermutungsweise selbst
entstammte. Manche Dinge des Alltags, des Volkslebens, der Laienwelt,
die gemäß klassischer Tradition sonst nur in der Satire (oder Komödie,
die aber abgestorben war) literaturfähig waren, wurden in dem Moment,
in dem diese Schicht ins literarische Leben eintrat, auch geschriebene
Wirklichkeit. Dies mag die Eigenart, manchmal Einzigartigkeit, des
Werkes Bonizos erklären. Was aus seinem Leben bekannt ist, paßt
in das Bild eines 'Aufsteigers', der freilich kein Parvenü wurde,
angefangen vom Namen (den in seiner Zeit in Oberitalien viele trugen,
ohne daß einer davon bekannter als unser Bonizo wurde) [35], über seine
extreme Parteilichkeit, die Unklugheit, mit der er sich exponierte,
bis zu seinem Ende in der Vergessenheit. Der naive Optimismus,
mit dem er der Zeitströmung zum kanonischen Recht folgte, von dem
er nicht nur die Heilung der Kirche, sondern die der ganzen christlichen
Gesellschaft seiner Zeit erwartete, aber auch das betonte Festhalten
an der sich ergänzenden Einheit von Klerus und Laien, von geistlicher
und weltlicher Hierarchie, sprechen für einen von der Zeittendenz
getragenen, aber letzten Endes konservativen Charakter, einen, der
wirklich an die Wiederherstellung der Eintracht und Strenge alter Zeit
glaubte, und nicht in der Geschichte und im Kirchenrecht nur nach

---

[34] W. Berschin, *Bonizo*, passim.

[35] Der Name *Bonizo* ist durch eine 'langobardische Verschiebung' aus *Bonitus*
entstanden: R.v. Planta, 'Die Sprache der rätoromanischen Urkunden', in A. Helbok,
*Regesten von Vorarlberg und Liechtenstein* (1920/25), p. 62-108 (hier p. 78). — Über die
Verbreitung des Namens im hochmittelalterlichen Italien W. Berschin, *Bonizo*, p. 3, n. 2.
Neue Bonizones sind bei Keller, *Adelsherrschaft und städtische Gesellschaft* (wie Anm.
27) zu finden: sie bestätigen den Eindruck, daß 'Bonizo' kein Name großer Leute war.
Das dichteste Feld dieses Namens habe ich *loc. cit.* in der Handschrift Piacenza,
Biblioteca Comunale Ms. Pallastrelli 16, fol. 41v, namhaft gemacht, Dort ist der etwa
40 Mönche umfassende Konvent von S. Savino zu Piacenza um die Mitte des XI.
Jahrhunderts verzeichnet, in dem jeder achte 'Bonizo' heißt. Die Ms. Seite ist jetzt
abgebildet bei K. Schmid, 'Heinrich III. und Gregor VI. im Gebetsgedächtnis von
Piacenza', in *Verbum et signum (Festschrift Friedrich Ohly)*, t. 2 (München, 1975),
nach p. 80: tab. 2.

Vorwänden für im Grunde revolutionäre Vorstellungen suchte, wie
etwa der 'mathildische' Autor Johannes von Mantua, der unter dem
Pauluswort an die Thessalonicher 'Bevor der Tag des Herrn kommt,
muß der Abfall kommen' ansetzte: (1) daß vom deutschen Kaiser der
Abfall schon stattgefunden habe, während (2) das Weltende noch nicht
gekommen sei — und logisch schloß, daß das *imperium Romanum*
seiner Zeit das gemeinte nicht sein könne, sondern 'nur der Papst als
der römische Kaiser angesehen werden kann'[36]. Direkt oder indirekt
gegen solche monistische Theorien, die auf eine nur im Klerus gipfelnde
christliche Gesellschaft hin arbeiteten, ist Bonizos *Liber de vita
christiana* mit seinem betont dualistischen Aufbau geschrieben. Innerhalb
der geistlichen wie der weltlichen Hierarchie gilt aber strengstens das
Gebot des Gehorsams, dem sich Bonizo als Bischof auch demonstrativ
und radikal unterwarf. Vielleicht findet sich hier der stärkste Beleg für
die Vorstellung von einem Autor, der in den oberen Zonen des Lebens
seiner Zeit nicht beheimatet ist und dies auch gar nicht will, der sich
in das, was 'oben' geschieht, notfalls fügt, auch wenn er es nicht
versteht. Die Formulierung dieser Einstellung findet sich da, wo Bonizo
sich mit einander widersprechenden Papstdekreten auseinandersetzt.

Den Kritikern der '*canonum discordantium*' ruft Bonizo zu: 'Warum
sehen sie nicht ein, daß die Kaiser nicht an die Gesetze gehalten
sind, die sie selbst prägen, ausgenommen die christlichen Gesetze,
denen sie unterworfen sind? So sind auch die römischen Bischöfe nicht
an die Kanones gebunden, die sie selbst gemacht haben. Denn immer
war es und bleibt es den römischen Bischöfen erlaubt, neue Kanones
zu prägen und alte mit Rücksicht auf die Zeiten zu ändern'[37]. Und
dann fügt er den Schlußsatz bei: 'Mögen die römischen Bischöfe
zusehen, was sie tun. Sie sollen tun, was sie wollen! Wir aber müssen
das tun, zu dem wir durch die Regeln der heiligen Väter gezwungen
werden, ob wir wollen oder nicht (*Videant igitur Romani pontifices quid
faciant. Faciant quid velint! Nos autem id oportet facere, ad quod faciendum
regulis sanctorum patrum volentes nolentesque constringimur*)[38]. Das
Mittelalter hat sich, wie die Handschriftenüberlieferung zeigt, an der
Radikalität dieser Sätze gestoßen. In drei von fünf Handschriften des
XII. Jhs. ist die Überlieferung dieses Kapitels gestört, und nur zwei

---

[36] Johannes von Mantua, *In cantica canticorum et de sancta Maria tractatus ad
comitissam Matildam*, edd. B. Bischoff-B. Taeger (Freiburg/Schw., 1973), p. 64.

[37] *Liber de vita christiana*, V 6.

[38] W. Berschin, *Bonizo*, p. 58 (erhalten nur in den beiden von Perels bei seiner
Ausgabe noch nicht benützten Handschriften, siehe o. Anm. 13).

haben den zitierten Schluß des blinden, aber verzweifelten Gehorsams Bonizos[39].

Insoweit war und blieb Bonizo 'Gregorianer': Bedingungslose Unterwerfung unter den Papst. Aber er verlangte sie nur für sich und seine Amtsbrüder — nicht vom Kaiser, *iudex*, *miles* oder sonstigen Laien. Sei es aus Beharrungsvermögen, sei es aufgrund einer Witterung für die Gefahren einer Überanstrengung der Ansprüche des Klerus, Bonizo hat am alten abendländischen Dualismus festgehalten.

Bonizos Werk bezeugt, daß es auch im päpstlichen Lager alternative Gesellschaftsentwürfe gab — daß durchaus nicht alle Linien zu Innozenz III. und Bonifaz VIII. hinführten. Es bezeugt auch die Bedeutung und Vielfalt des Laientums: zumindest in den oberitalienischen Städten des XI. Jahrhunderts, die Bonizos eigentlicher Lebensraum waren. Manche gesamtabendländische Entwicklung des XII. Jahrhunderts bahnte sich in dieser fortgeschrittenen italienischen Städtewelt an. Da gibt es eine 'Ritterliteratur': nicht den höfischen Roman des XII. Jahrhunderts, sondern die an den *miles* gerichtete Streitschrift. Da wirkt eine Frau mäzenatisch in der Literatur, nicht der volkssprachlichen historisch-epischen Literatur wie Eleonore von Aquitanien, sondern der lateinischen Exegese, Polemik, Panegyrik. Die Erscheinungsformen diesseits und jenseits der Alpen sind verschieden und lassen sich dennoch auf *eine* Bewegung zurückführen. *Nolo diutius Bonizonis scripta commendare, quae ceteroqui plerisque grata fore confido*[40].

---

[39] Zur gestörten Überlieferung des Kapitels W. Berschin, *Bonizo*, p. 58 sq., n. 252.

[40] Nach Angelo Mai (wie Anm. 1). — Ich gebe hier noch eine Errata-Liste des Buches *Bonizo*, zu deren Beigabe der Berliner de Gruyter-Verlag sich leider nicht bereitgefunden hat:
S. 3, Z. 27: di Piacenza.
S. 16, Z. 23: regierende.
S. 35, Z. 13: Fo/gen.
    Z. 45 und 46 sind vertauscht.
S. 49 o. Die Verwirrung resultiert aus divergierender Paginierung in verschiedenen Auflagen, die als solche nicht gekennzeichnet sind: Ambrosius *Ep.* 11,4 steht in dem 1866 gedruckten Band von Migne, PL 16, in der Tat auf col. 986 (freundlicher Hinweis von P. Classen), während der Text im Erstdruck von 1845 (= Nachdruck 1966) auf col. 946 zu finden ist.
S. 83, Z. 19 *gradu*[360].
S. 96 o. Nach Paul von Bernried wäre Berthold von Zwiefalten zu erwähnen gewesen, der gemäß L. Wallach, *Studien und Mitteilungen zur Geschichte des Benediktinerordens*, 51 (1933), p. 185 sqq. und *Traditio*, 13 (1957), p. 168 und 195 sq. Bonizos *Liber ad amicum* benützt hat.
S. 102, Z. 39: Distin*g*uieren.
S. 106, Z. 40: zweitgena*n*nten.

### Ständeschema nach Bonizo

| | ordo clericalis | ordo laicalis |
|---|---|---|
| *praelati* | Romani pontifices | reges |
| | archiepiscopi | iudices |
| | episcopi | milites |
| | abbates | mulieres imperantes |
| | praepositi | |
| *subditi* | presbyteri | artifices |
| | diaconi | negotiatores |
| | subdiaconi | agricolae |
| | acolyti | mulieres |
| | lectores | |
| | exorcistae | |
| | hostiarii | |
| | monachi | |
| | virgines | |
| | viduae | |

Universität Heidelberg

S. 136, Z. 15: litteram [96].

40: Herkunftsverweis.

Eingehende Rezensionen: J. Gilchrist, *Zeitschrift für Rechtsgeschichte*, Kan. Abt., 59 (1973), p. 427-433; W. Ullmann, *Journal of Ecclesial History*, 24 (1973), p. 294 sq.; R. Lacour, *Bibliothèque de l'École des Chartes*, 132 (1974), p. 347-351; K. Langosch, *Mittellateinisches Jahrbuch*, 9 (1973), p. 295 sq.; H. Zimmermann, *Mitteilungen des Instituts für Österr. Geschichtsforschung*, 81 (1973), p. 447-449; B. Szabó-Bechstein, *Quellen und Forschungen aus italienischen Archiven und Bibliotheken*, 54 (1974), p. 622-624; R. Grégoire, *Rivista di Storia della Chiesa in Italia*, 28 (1974), p. 235 sq.

Piero Zerbi

# ABELARDO ED ELOISA:
## IL PROBLEMA DI UN AMORE E DI UNA CORRISPONDENZA

Un fondamentale termine di riferimento per lo studio della corrispondenza di Abelardo e di Eloisa è oramai il *colloque* tenuto a Cluny nel 1972[1]. La novità di alcune impostazioni e proposte emerse in quella sede ha dato stimolo alla riflessione sull'argomento ed ha aperto qualche interessante prospettiva alla ricerca. Vorrei dunque partire da Cluny, esaminando tre relazioni dovute a storici di diversa preparazione e di interessi dissimili, ma tutte di grande importanza.

La comunicazione di Jacques Monfrin, dedicata per l'appunto a *Le problème de l'authenticité de la correspondance d'Abélard et d'Héloïse*, non soltanto aveva fornito un quadro sobrio ed essenziale della polemica come si era svolta fino alla data del *colloque* e dello stato degli studî intorno alla tradizione manoscritta quale solo l'editore della *Historia Calamitatum* era in grado di offrire, ma aveva segnato alcuni punti sulla composizione e le finalità dell'intero *corpus* uscito dal Paracleto (*Historia Calamitatum* + *Lettere* + *Regula* + — forse — un altro testo di cui si dirà), che rimarranno fermi, come sicuri termini di riferimento, anche dopo il viaggio, abbastanza lungo e piuttosto tormentato, che ci accingiamo a compiere[2].

Dallo *status quaestionis* che occupa la prima parte della comunicazione — senza dubbio il più chiaro, essenziale e aggiornato fino alla data del colloquio cluniacense[3] — risulta che, allora, ci si trovava ancora in quella che si potrebbe chiamare 'l'èra del Gilson', aperta nel 1938 con la pubblicazione del celeberrimo *Héloïse et Abélard*. Lo

[1] Gli atti del congresso, che onora la medioevalistica francese, furono pubblicati sotto il titolo *Pierre Abélard — Pierre le Vénérable: Les courants philosophiques, littéraires et artistiques en Occident au milieu du XIIᵉ siècle*, Abbaye de Cluny, 2 au 9 juillet 1972, Colloques internationaux du Centre National de la recherche scientifique, n. 546 (Paris, 1975).

[2] Il saggio del Monfrin si legge alle p. 409-424 del volume degli atti, cit. alla n. precedente.

[3] Solo nel 1974, infatti, un altro degli intervenuti a Cluny, P. Von Moos, pubblicherà una storia della storiografia intorno al problema di Eloisa, cit. qui di seguito alla n. 11.

splendido libro sembrava aver fatto prevalere in modo netto la tesi dell'autenticità, sopra tutto attraverso una lettura fine, non frammentaria, compiuta dall'interno, di tutta la corrispondenza, ma anche attraverso la ragionata risposta ad una serie di particolari difficoltà, prima fra tutte quella costituita dal lamento di Eloisa all'inizio della lettera II (la prima da lei scritta ad Abelardo), di Eloisa già insediata al Paracleto e tuttavia dolente per non essere mai stata consolata, né di presenza né con lettera, dall'amato: in contrasto, almeno in apparenza, con la *Historia Calamitatum* (sulla cui autenticità, negli anni trenta, non si nutrivano dubbi), dalla quale invece risulta che il *magister* in persona si era recato al Paracleto per assistere la giovane comunità oramai stabilita nell'oratorio a lui carissimo [4]. Non ogni discussione, in realtà, era stata sopita, e alcuni avevano parlato di rimaneggiamenti o perfino di più profonde rielaborazioni di un nucleo genuino; lo stesso Gilson, nella terza edizione del suo volume — che è del 1964 —, sembrava sfumare alquanto la sua precedente sicurezza, non si sottraeva all'idea di qualche ritocco, e attribuiva alla raccolta una *historicité foncière*, espressione che potrebbe suonare un poco limitativa. Ma, nel complesso, la convinzione dell'autenticità pareva, fino al *colloque* di Cluny, in netto vantaggio [5]. Il Monfrin passava poi a richiamare, con qualche importante chiarimento e precisazione, i risultati che egli aveva già raggiunti nel 1959, studiando, in vista dell'edizione della HC, la tradizione manoscritta della *Historia* stessa e delle altre lettere che ci sono giunte sotto il nome di Abelardo e di Eloisa. Il testimone fondamentale e più antico è il ms. 802 della Biblioteca municipale di Troyes, proveniente dal Paracleto; esso è della fine del secolo XIII o degli inizi del seguente; nella prima parte,

[4] Per uniformità con l'uso comune, le lettere saranno sempre citate secondo la numerazione che recano nel volume 178 della *Patrologia Latina* (citata poi PL), non secondo quella adottata dagli editori che pur seguo per il testo, J.T. Muckle e M.M. McLaughlin, i quali prescindono dalla lettera I o *Historia Calamitatum*, di cui non danno l'edizione. Il passo di Eloisa che fu per lungo tempo il fulcro delle discussioni si trova a p. 70 dell'edizione del Muckle: cfr. 'The Personal Letters between Abelard and Heloise', *Mediaeval Studies*, 15 (1953), p. 47-94 (= *Epp. II-V*); 17 (1955), p. 240-281 (= *Epp. VI-VII*). D'ora in avanti questa edizione sarà detta semplicemente Muckle. La McLaughlin ha edito l'*ep. VIII*, cioè la *Institutio seu Regula Sanctimonialium*: cfr. 'Abelard's Rule for Religious Women', *Mediaeval Studies*, 18 (1956), p. 241-292 (d'ora innanzi cit. McLaughlin). Il tratto ora in questione della *Historia Calamitatum* è alle p. 100-101 dell'ediz. del Monfrin: cfr. Abélard, *Historia Calamitatum* (Paris, 1959) (in seguito cit. HC).

[5] Questi non sono se non alcuni elementi desunti dal quadro di un secolo e più di discussioni intorno al problema dell'autenticità della raccolta, che il Monfrin ha tracciato in 'Le problème de l'authenticité...', p. 409-414.

che qui ci interessa, contiene la HC, più le altre lettere di Abelardo ed
Eloisa sino all'VIII o *Regula*, più un testo abbastanza misterioso e
che ci darà da fare, cioè un complesso di *Institutiones* a uso del
Paracleto[6].

L'editore della HC nota che non sembra trattarsi di una collezione
messa insieme utilizzando testi che avevano già, isolatamente, una loro
storia : infatti, a nessuna delle lettere componenti la raccolta riusciamo
ad attribuire una tradizione autonoma, anteriore al *corpus* rappresen-
tato dal ms. di Troyes. Pare pertanto al Monfrin che il *corpus* sia stato
formato, a ragion veduta e con un fine preciso, da qualcuno che
stava al Paracleto e che voleva tramandare il ricordo della storia
personale di Abelardo e di Eloisa, e della loro conversione, culminante
nell'opera comune ai due, il Paracleto, che doveva continuare a vivere
così come i suoi fondatori l'avevano voluto. Il Monfrin trova naturale
pensare ad Eloisa. Saremmo così di fronte ad una raccolta fatta intorno
alla metà del secolo XII, e che avrebbe circolato poco o punto al di
fuori del monastero o, al più, delle sue dipendenze, per circa un
secolo e mezzo, quando ci incontriamo con il manoscritto di Troyes.

E' necessario però aggiungere che, se i singoli testi entrarono nella
unità di un *corpus* ad opera di Eloisa o comunque intorno al 1150,
di questa prima raccolta non potevano far parte le *Institutiones*; queste,
infatti, anche se composte di elementi forse, in parte, anteriori, non
furono messe insieme che nel secolo seguente[7].

Il Monfrin passa poi a mettere in luce l'unità profonda e vivente
di tutto l'insieme. Sarà utile ripercorrere, sia pur brevemente, il suo
cammino : la lettera I, o *Historia Calamitatum*, corrisponde alla
conversione di Abelardo; le lettere II-V tracciano la storia, più faticosa,
della conversione di Eloisa. Decisiva l'ultima parte della lettera V,
che è di Abelardo, con l'invito a chiudere tutto il passato e a stabilire
una nuova unione, in Cristo; simbolo vivente di questa più profonda e
vera unità sarà una impresa comune, il Paracleto. Ecco allora la let-

---

[6] Per la tradizione manoscritta, v. Monfrin, 'Le problème de l'authenticité...',
p. 416-419; ma anche, e specialmente, la *Introduction* premessa dallo stesso Monfrin
alla ediz. della HC (cit. alla n. 4), p. 9-31.

[7] Qui è probabilmente la ragione del dubitativo 'peut-être', con cui il Monfrin
include le *Institutiones* fra le membra originarie del *corpus* (cfr. 'Le problème de
l'authenticité...', p.417). Ma, se la raccolta è del XII secolo, le *Institutiones* vanno
espunte con sicurezza. Per la struttura di queste ultime e per il tempo a cui risale la
compilazione, v. D. Van den Eynde, 'En marge des écrits d'Abélard : Les *Excerpta ex
regulis Paracletensis monasterii*', *Analecta praemonstratensia*, 37 (1962), p. 70-84. Sul
problema di questi *Excerpta* dovremo tornare in seguito.

tera VI, di Eloisa, che sembra davvero voler incarnare, in quell'opera, la sua conversione e il nuovo amore di entrambi, e chiede pertanto ad Abelardo che si faccia fondatore della istituzione; la lettera VII, sulla dignità delle monache, e l'VIII, cioè la *Regula*, gettano infine le fondamenta dell'edificio. Mi pare che il Monfrin ritenga — e sono d'accordo con lui — che questo nesso vitale fra i singoli testi, ora tracciato così sommariamente, sia il segno e la garanzia dell'autenticità genuina; la quale resiste perfettamente anche se si ammette, con il Monfrin, che siamo dinanzi a un *dossier* costruito mediante testi autentici, ma organizzati e pertanto in certa misura adattati. Da chi? si domanda alla fine il valente studioso: da Eloisa? da Abelardo? o magari dai due, quasi a fissare di comune accordo la storia del loro peccato e della loro redenzione, che aveva preso forma, per sempre, in quella creatura vivente che era il Paracleto?[8]

Passo subito a esaminare il contributo del Benton, anche se negli atti di Cluny esso segue quello del Von Moos, per metterne meglio in luce la funzione, per così dire, dirompente nei confronti della più accreditata tradizione, ed anche per qualche altro motivo, che apparirà poi, riguardante la logica interna del presente discorso.

L'ipotesi, o, meglio, la serie di ipotesi dello studioso americano investe l'origine e la redazione dell'intero *corpus*, ed è senza dubbio complicata, come il suo stesso autore riconosce[9]. Non è tuttavia impossibile riassumerne l'essenziale con una certa brevità.

Per il Benton, il blocco delle lettere, dalla *ep. I* o HC alla *ep. VIII* o *Regula*, è opera di almeno due autori. Il primo, che lavora nel secolo XII non con animo di falsario ma per puro esercizio letterario, mette insieme la HC, valendosi anche di frammenti genuini.

Altra sarebbe l'origine delle lettere VI, VII, VIII, cioè le più direttamente orientate verso l'opera nuova e comune del Paracleto. Il falsario, che si muoverebbe sempre sulla base di scritti autentici — fra cui non solo la perduta *Exhortatio ad fratres et commonachos*, ma altresì una *Exhortatio ad sorores* ipotizzata dal nostro autore —, lavorerebbe verso la fine del secolo XIII, precisamente nel 1289, al momento della contrastata elezione di una badessa al Paracleto.

---

[8] V. queste importanti riflessioni del Monfrin in 'Le problème de l'authenticité...', p. 419-421 e 424.

[9] Il contributo di J.F. Benton, 'Fraud, Fiction and Borrowing in the Correspondence of Abelard and Heloise', si legge alle p. 469-506 degli atti. Il tratto cui ora mi sono riferito è alla p. 497.

Approfittando della minore compattezza delle monache in quel periodo, un esponente della comunità maschile — come avremo occasione di dire in seguito, il Benton considera l'originario Paracleto come un monastero doppio del tipo di Fontevrault, posto pertanto sotto l'autorità suprema della badessa — vuole far accettare alla comunità femminile, con l'autorità dei nomi dei fondatori, una regola in cui le donne siano soggette al *magister* e, per così dire, alla sezione maschile del complesso; addolcisce allora l'amaro boccone introducendo un più largo regime alimentare, che preveda anche il consumo di carne; inoltre, delineando il quadro della ideale badessa, avrebbe implicitamente suggerito l'elezione di una delle due contendenti, l'anziana Agnese di Mécringes, che sembra meglio corrispondere a quel ritratto e dalla quale evidentemente ci si attendeva appoggio o almeno acquiescenza allo scopo sopra detto. Rimangono le più brevi lettere personali, dalla II alla V. A questo proposito, il Benton avanza tre soluzioni: o si pensa al valore letterario di queste epistole, e allora si potrebbe chiamare in causa l'autore stesso della HC; o si preferisce sottolineare elementi di contenuto (necessità di una regola, sottomissione di Eloisa ad Abelardo come fatto esemplare), e allora si dovrebbe tornare al falsario delle lettere VI-VIII. Lo studioso americano propende per questa soluzione ma non ne esclude una terza, quella cioè di più falsari operanti in secoli diversi.

Mi limito per ora a questo breve riassunto perchè tornerò in seguito su alcuni punti importanti dell'analisi del Benton. Ma dirò subito la ragione per cui il suo tentativo, pur condotto con tanto impegno e sottigliezza, mi sembra fallito: egli ha infatti ridotto in frammenti eterogenei un blocco che è inscindibile perché si tratta di una vivente unità. Dopo simile minuta dissezione, ogni tentativo, pur ingegnoso, di risolvere gli innegabili problemi posti dai testi mi sembra vano in radice.

Il suggestivo e finissimo studio di Peter Von Moos sembra riflettere, proprio nella redazione definitiva apparsa nel volume degli atti [10], la generale sorpresa e — perché no? — un certo disorientamento, provocato in un pubblico che pur era di specialisti, dalla impostazione innegabilmente nuova data dal Benton all'intero problema, dalla ampia documentazione che egli recava, dal lungo e appassionato studio che aveva dato vita al suo contributo. Rivoluzionaria risultava, sopra tutto, la negata autenticità della HC, per l'innanzi sicuro punto di riferi-

---

[10] Sotto il titolo: 'Le silence d'Héloïse et les idéologies modernes', alle p. 424-468 degli atti del *colloque*.

mento della generalità degli studiosi: le stesse conclusioni del Gilson, come si è visto, erano fondate su quella certezza. Il problema poteva dunque riaprirsi in tutta la sua estensione. In un robusto e amplissimo studio che largamente alimenta la relazione letta dal Von Moos a Cluny e che forse, nei giorni del convegno, non era ancora stato totalmente pubblicato, anche lo studioso svizzero si era mostrato incline a riconoscere l'autenticità delle lettere[11]. Ma la relazione del Benton deve averlo profondamente, e in parte giustamente, impressionato. Infatti, fin dalla prima delle ricche note di cui il saggio è corredato, il Von Moos, dopo aver dichiarato che oramai non si potrà più prescindere dalle tesi, così sconvolgenti, del collega americano, aggiunge che la sua stessa ricerca, volta a cogliere l'interna coerenza di determinati testi rispetto ai moduli e alle forme espressive propri del Medioevo, ammette una 'doppia verità': può cioè ugualmente convivere con la tesi dell'autenticità e con quella della falsificazione.

Si ha dunque l'impressione che il più 'rivoluzionario' fra i contributi affluiti a Cluny abbia indotto il Von Moos a restare, con cura più rigorosa e sorvegliata, sul terreno suo proprio, quello cioè dell'interiore unità di una costruzione letteraria. Anche se ci trovassimo di fronte agli *ipsissima verba* di Abelardo e di Eloisa — osserva a un certo punto il Von Moos —, il suo disegno non ne sarebbe per nulla disturbato[12]. Potrà allora sembrare meno giustificato che si dia tanto rilievo a uno studio del genere in una sede in cui si ha da trattare proprio di autenticità; ma il seguito del ragionamento dovrebbe far cadere simile impressione.

Il Von Moos, rispetto al Gilson, insiste maggiormente su di un altro tormentoso passaggio dell'epistolario, ispiratore a sua volta di discussioni pro e contro l'autenticità, alle quali tuttavia il giovane e valido studioso — coerente con il modo sopra detto di impostare il problema — si dichiara indifferente ed estraneo. Si tratta di quello che fu detto il 'silenzio' di Eloisa, all'inizio della VI lettera, di fronte all'invito rivolto a lei da Abelardo, nell'ultima parte dell'*ep. V*, a trasferire tutto il suo amore in Dio: Eloisa sembrerebbe dunque non avere ancora — e quindi

---

[11] P. Von Moos, *Consolatio: Studien zur mittellateinischen Trost-literatur über den Tod und zum Problem der christlichen Trauer*, I-IV, Münstersche Mittelalter-Schriften, 3 (München, 1971-1972). Il passo ora in questione è nel v. II, *Anmerkungsband*, p. 135, nr. 561. Al contrario, il Von Moos terrà conto del nuovo panorama emerso a Cluny in *Mittelalterforschung und Ideologiekritik: Der Gelehrtenstreit um Heloise* (München, 1974), per es. p. 21, 88-89. Si tratta, fino ad oggi, del miglior *status quaestionis* sulla polemica intorno ad Eloisa (cfr. sopra, n. 3).

[12] Von Moos, 'Le silence...', n. 25 di p. 438.

mai più — sacrificato l'antico amore, ma soltanto avrebbe accettato di seppellire tutto in un silenzio enigmatico. Per il Von Moos, al contrario, il difficile nodo può essere sciolto, almeno sul piano che a lui interessa : quello appunto dell'unità e coerenza di certe forme espressive, che avrebbe reso il tutto pienamente intelligibile e accettabile ad un lettore dell'epoca. La sostanza del suo discorso può essere riassunta con relativa brevità ; ma prima gioverà trascrivere una parte almeno delle parole di Eloisa :

> Revocabo itaque manum a scripto in quibus linguam a verbis temperare non valeo. Utinam sic animus dolentis parere promptus sit quemadmodum dextra scribentis. Aliquod tamen dolori remedium vales conferre si non hunc omnino possis auferre. Ut enim insertum clavum alius expellit, sic cogitatio nova priorem excludit cum alias intentus animus priorum memoriam dimittere cogitur aut intermittere. Tanto vero amplius cogitatio quaelibet animum occupat, et ab aliis deducit, quanto quod cogitatur honestius aestimatur, et quo intendimus animum magis videtur necessarium [13].

Il Von Moos ritiene necessario, in via preliminare, stabilire il nesso fra il passaggio incriminato dell'*ep. VI* e le due antecedenti di Eloisa (rispettivamente la II e la IV nella comune numerazione delle lettere di Abelardo). Lo stato d'animo di Eloisa, come si è rivelato fino a questo punto, non sarebbe la muta sfida a Dio, bensì la lucida coscienza delle proprie colpe unita all'autoaccusa di non detestarle abbastanza. Eloisa, insomma, teme di commettere il solo peccato che non ha remissione, quello contro lo Spirito Santo. Il nostro autore crede di poter illuminare lo stato d'animo della donna ricordando quanto fosse diffuso, in quel periodo, il motivo di Maria Maddalena : in simile contesto di sensibilità e di pietà, fiorivano i racconti di conversione dei peggiori peccatori dopo vere crisi di disperazione. Il lettore del XII o del XIII secolo poteva avere presente anche un passo dei *Moralia* di Gregorio Magno, in cui si parla di un tipo di disperazione che è vero e proprio pregustamento dell'inferno e prepara la via alla conversione : nulla dunque che potesse riuscire incomprensibile o, peggio, scandaloso a un avvertito lettore di allora. Sempre tenendo d'occhio il problema della recezione dei testi nell'ambiente al quale erano rivolti e in cui potevano circolare, lo studioso svizzero viene poi ad affrontare direttamente il passo sopra riprodotto, in cui, al dire di alcuni, Eloisa manifesterebbe un indurimento nel peccato, una ostinazione resistente

---

[13] Ed. Muckle, p. 241-242. Da segnalare la buona traduzione francese del passo, che il Von Moos offre in 'Le silence...', p. 453-454.

allo stesso sublime tentativo di Abelardo, che non potevano non suonare, allora, scandalosi. Il Von Moos, invece, non vede nel passo né impenitenza né masochismo, ma piuttosto, per usare le sue stesse parole, la 'strategia retorica della *petitio*', che comporta l'invocazione di soccorso quando se ne avverta il bisogno. Ma c'è anche, nel testo, qualcosa di positivo, di nuovo, una speranza, uno sforzo di superamento, sia pure espresso con la preoccupazione, che l'autore dice caratteristica di Eloisa, di non presumere troppo da se stessa, e, in genere, dalle forze umane. L'ottativo preceduto da *utinam* sarebbe un segno di questa volontà oramai proiettata verso l'avvenire.

A questo punto, condotto dalle parole stesse di Eloisa che invoca dall'uomo amato un oggetto nuovo su cui concentrare i suoi pensieri — oggetto che non può essere se non una nuova regola, da trasfondere nella vita del Paracleto —, il Von Moos passa dalle prime alle ultime frasi della *ep. VI*, cioè alla appassionata supplica finale:

> Tibi nunc, domine, dum vivis incumbit instituere de nobis quid in perpetuum tenendum sit nobis. Tu quippe post Deum huius loci fundator, tu per Deum nostrae congregationis es plantator, tu cum Deo nostrae sis religionis institutor [14].

Con tale richiesta, Eloisa sembra voler trasformare la sua vita in una offerta d'amore a Dio, compiuta tuttavia per la mediazione della creatura amata sulla terra, da cui riceverà la norma per la grande opera comune. Anche qui, il fine lettore del quale riferiamo l'esegesi vede usato un classico *topos*, la *avocatio mentis a malo*, però con un contenuto e un senso concreto e attivo.

Ma dopo aver detto tutto questo, il Von Moos si accorge di trovarsi ancora di fronte a un problema che non può essere eluso: perchè l'autore della *ep. VI* — chiunque esso sia — non ha posto più cura nel mostrare con chiarezza la conversione interiore di Eloisa? Il problema è tanto più serio in quanto il testo, secondo il nostro studioso, era destinato essenzialmente alla comunità del Paracleto, come fra poco si vedrà. Anche qui, la risposta è cercata nella direzione di canoni retorici e stilistici familiari ai lettori di allora. Il Von Moos ricorda, in particolare, che il dialogo medioevale — e che tutto lo scambio di lettere sia un grande, sublime dialogo nessuno potrà ragionevolmente contestare — si presenta non di raro, già nel XII secolo, come una forma di discussione o dibattito. Ora, in simili componimenti, è frequente il ricorso, dinanzi a una difficoltà, alla

---

[14] Ed. Muckle, p. 253.

rottura brusca, alla conclusione anticipata, al falso passaggio ad altro:
si tratta di quegli artifici che la retorica conosce sotto il nome di
aposiópesi o *reticentia* o *praeteritio* o *praecisio*, e che servono a sottolineare, mediante l'arresto di fronte a un problema delicato — quasi con
una dichiarazione di impossibilità o di incompetenza —, la gravità
dell'ostacolo. Ora, quale sarebbe stata, nel caso, la difficoltà per Eloisa?
Quella di piegarsi alla rivelazione di uno stato d'animo, di un processo
interiore: ciò è conforme alla tendenza medioevale a non indulgere a
descrizioni psicologiche, essendo gli *occulta cordis* insondabili ad uomo,
riservati a Dio. Si ricorreva piuttosto ad atti o a fatti corrispondenti,
con valore di simboli o segni esteriori. Il fatto, qui, sarebbe quello
enunciato da Eloisa con le parole: *Tu cum Deo sis nostrae religionis
institutor*: l'opera cioè alla quale essa intendeva votarsi, l'erezione
della comunità monastica in perfetta e oramai santa unione con
Abelardo. Letto così, il dialogo avrebbe perso — sempre secondo
il Von Moos — ogni ambiguità e asperità non solo agli occhi dei
lettori viventi al Paracleto, ma di qualsiasi altro loro contemporaneo.
 Siamo oramai arrivati a un punto che, nell'economia delle presenti
riflessioni, è assai importante: il Von Moos ritiene che le *epp. I-VIII*
— autentiche o no, scritte nel XII o nel XIII secolo — costituiscano
una perfetta costruzione letteraria, in forma epistolare, sulle origini del
Paracleto, tale da servire a un tempo come monumento storico e
spirituale della fondazione[15]. Ma — aggiunge in seguito l'attento
lettore della corrispondenza, a proposito del punto che lo ha quasi
totalmente occupato —, o la preghiera di Abelardo, alla fine della *ep.
V*, è non soltanto il punto di arrivo del suo cammino interiore ma
anche di quello di Eloisa, e pertanto il passaggio naturale e necessario
alle tre lettere successive, svolgenti il grande tema dell'osservanza,
oppure tutto l'insieme cade a pezzi, e ci troviamo non più dinanzi
a un edificio unitariamente costruito, avente la sua precisa funzione,
ma ad un puro aggregato di frammenti autobiografici[16]. Ora, sarà lecito
chiedersi, a questo punto, se quella perfetta unità 'letteraria' — pre-
ferirei dirla artistica —, che il Von Moos ha ricostruito in modo
magistrale, non ammetta — meglio non esiga — come presupposto e
supporto, l'unità di un dramma profondo e sublime, concretamente
vissuto da un uomo e da una donna. Ma da chi mai, se non da
Abelardo e da Eloisa, l'unico uomo e l'unica donna che il Medioevo

---

[15] Cfr. Von Moos, 'Le silence...', p. 436-438.
[16] Von Moos, 'Le silence...', p. 449.

ci presenti in grado di intrecciare simile dialogo, di dire quelle cose
e in quel modo, con aderenza così perfetta ai canoni retorici e stilistici?
(come è ovvio, tengo qui presenti le altre testimonianze, sui due,
assolutamente indubitabili, aggiungendo che, per Eloisa, vien fatto di
pensare, in questo momento, sopra tutto ai *Problemata*, e al ritratto di
lei contenuto nell'*ep. 115* di Pietro il Venerabile). Perchè, insomma,
non fare il salto dall'unità 'letteraria' all'autenticità? Naturalmente,
il problema è tutto qui, e bisognerà ragionarci sopra alquanto. Ma,
per rimanere ancora un istante nell'ambito delineato con tanta finezza
dal Von Moos, si potrà subito notare che, se si attribuiscono le lettere
a coloro di cui portano il nome, alcuni suoi rilievi entrano in luce
più viva per i rapporti che si stabiliscono con altre fonti o avvenimenti
a noi noti. Per esempio, il soggiorno di Abelardo a Cluny presso il
grande abate, nell'estrema fase della sua vita, acquisterebbe un più ricco
significato e un più vivo rilievo. Infatti, nei lunghi colloqui che senza
dubbio furono formidabile sostegno per l'animo sconvolto del filosofo,
reduce dalla tremenda battaglia di Sens — l'ultimo fra i molti episodi
dolorosi —, alcuni dei più frequenti soggetti di discorso erano stati
di certo Eloisa e il suo dramma, comune del resto ad Abelardo; e
così Pietro aveva potuto conoscerla nell'intimo. Non ci meraviglieremo
più, allora, se le parole con cui Pietro di Cluny, consolando Eloisa
dopo la morte dell'amato, la esorta a trasferire in Dio ogni certezza
perchè l'oggetto del suo amore vive oramai eternamente in Dio,
appaiono al Von Moos l'eco diretta di altre parole — di Abelardo,
questa volta —, poste a suggello della stupenda preghiera scritta per
Eloisa alla fine dell'*ep. V*:

> Coniunxisti nos, Domine, et divisisti quando placuit tibi et quo modo
> placuit. Nunc quod, Domine, misericorditer coepisti, misericordissime
> comple. Et quos semel a se divisisti in mundo, perenniter tibi coniungas
> in coelo[17].

In questa linea si muoveranno, anche in seguito, le nostre riflessioni:
sembra infatti che l'ipotesi dell'autenticità possa, meglio dell'opposta,
spiegare e illuminare fatti e testi, e lasci sussistere un minor numero di

---

[17] Von Moos, 'Le silence...', sopra tutto p. 446-447, ma anche 454. Per le parole
di Abelardo, cfr. ed. Muckle, p. 94. Il tratto di Pietro il Venerabile appartiene
all'*ep. 115*, ed. G. Constable, *The Letters of Peter the Venerable*, I (Cambridge Mass.,
1967), p. 307-308. Per lo 'status quaestionis' fin qui esposto, ho largamente attinto a
un mio precedente saggio: "Un recente dibattito sull' autenticità della *Historia Calamitatum* e della corrispondenza fra Abelardo ed Eloisa. Note critiche e metodologiche",
in *Studi di letteratura e di storia in memoria di Antonio Di Pietro*, Scienze filologiche
e letteratura, 8 (Milano, 1977), p. 3-9.

dubbi e di punti oscuri; salva sempre la rinuncia, che lo storico deve saper fare, a spiegare tutto.

A questo punto, è necessario aggiornare il nostro quadro storiografico, dando uno sguardo ai non pochi studî press'a poco contemporanei al *colloque* di Cluny o di poco seguenti nel tempo. Chi legga lo *status quaestionis* tracciato dal Monfrin, o l'altro, più recente e più ampio, delineato dal Von Moos e sul quale fra poco torneremo, ha quasi l'impressione che tutte le possibili posizioni dinanzi al problema dell'autenticità siano già state prese e difese. Dom Jean Leclercq le ha sinteticamente raccolte sotto quattro punti: 1) Abelardo ed Eloisa sono gli autori delle lettere che vanno sotto i rispettivi nomi; 2) l'intera corrispondenza è opera dell'uno o dell'altra; 3) tutto il *corpus* è da attribuire a persona contemporanea ai due; oppure — ed è l'ultima ipotesi — a qualcuno che scrive un secolo dopo, e anche più[18]. In realtà, altre soluzioni sono state prospettate, in anni abbastanza lontani ed anche nei recentissimi, che possono considerarsi una combinazione di alcune fra quelle sopra indicate, perché, per es., chiamano in causa un anonimo autore che, lavorando in epoca più tarda, si valeva anche di materiale autentico; il Leclercq. stesso ne fa cenno. In ogni caso, spunti di qualche interesse, e importanti osservazioni di metodo, si possono dedurre da ricerche degli ultimi anni.

Cominciamo proprio dal Von Moos, che è ritornato più volte sul problema, e, pur collocandosi sempre nella prospettiva sopra delineata, ha toccato anche dell'autenticità, con una significativa evoluzione di atteggiamenti che riflette una continua e attenta meditazione. Infatti, nel 1973 egli riteneva il *corpus* opera di un autore — o di più autori — collocabili in un arco di tempo amplissimo, tra gli inizi del Paracleto e il 1250 circa: non escludeva, pertanto, che proprio Abelardo ed Eloisa potessero avere scritto l'insieme delle lettere. Queste tuttavia costituiscono, sempre secondo il Moos a quella data, un tutto unitariamente composto; in nessun modo, cioè, si potrebbe parlare di una raccolta di lettere preesistenti, scambiate in precedenza[19]. Ma nel 1974 l'opinione del Von Moos è un po' diversa, più orientata verso la autenticità nel senso comune della parola: egli pensa cioè al *corpus*, ove si riesca a provarlo redatto ai tempi di Abelardo e di Eloisa,

---

[18] J. Leclercq, 'Modern Psychology and the Interpretation of Medieval Texts', *Speculum*, 48 (1973), p. 476-490; per la parte che qui interessa, p. 481.

[19] P. Von Moos, '*Palatini quaestio quasi peregrini*: Ein gestriger Streitpunkt aus der Abaelard-Heloise-Kontroverse nochmals überprüft', *Mittellateinisches Jahrbuch*, 9 (1973), p. 124-158.

come ad opera di collaborazione fra i due sposi, alla maniera dei
*Problemata Heloisse*. Sia che l'insieme venga fuori d'un colpo sia che
la redazione avvenga a tappe successive, sia che rifletta il pensiero di
Abelardo o piuttosto quello di Eloisa, esso è una comune e impegnata
opera d'arte, al servizio della nuova creatura, il Paracleto[20]. Nel 1976,
poi, il valente studioso è tornato sulla questione analizzando la presenza
di Lucano nelle opere di Abelardo, con particolare attenzione alla HC
e alla corrispondenza. Il Von Moos ritiene sempre aperta la questione
dell'autenticità, e ribadisce il suo punto di vista 'letterario', di per sé
indifferente a quel problema, che tuttavia rispunta (e non può non
essere così, in un lettore di viva sensibilità non solo artistica ma anche
storica). Lo studioso svizzero osserva infatti che un così conseguente
trapasso della filosofia abelardiana in biografia — quale appunto l'uso
di Lucano rivela — obbliga a pensare, come ad autore, o ad Abelardo
in persona o a un suo confidente o a un eccezionale conoscitore del
suo mondo spirituale. Lo studio di cui ci occupiamo non reca al
Von Moos una prova decisiva a favore dell'autenticità, ma ne accresce
la verosimiglianza[21].

Nello stesso anno il Von Moos si occupa ancora dell'argomento,
e, pur giudicando sempre apertissimo il dibattito, si conferma incline a
ipotizzare una collaborazione fra i due, simile a quella da cui nacquero
i *Problemata*.

Inoltre, dopo avere preannunziato un auspicabile più ampio intervento sul tema che ci ha finora occupati, espone già in quella sede
alcuni importanti rilievi, che mi sento di condividere del tutto, a
proposito dell'applicazione dell'informatica a simile tipo di ricerche:
applicazione che, nel momento in cui il Von Moos scriveva, era già in
corso ad iniziativa di un tenace e impegnatissimo lavoratore come il
Benton. Ora noi possediamo i primi risultati delle indagini dello
studioso americano, limitate, per il momento, alla HC[22]. Il Von Moos
osservava che le particolarità linguistiche e stilistiche rilevate attraverso
tecniche di quel tipo possono avere qualche utilità nel discernere
l'autenticità di uno scritto solo quando si tenga ben presente la
distinzione fra i generi letterari (infatti ognuno di noi, osserva lo studioso

---

[20] Vedi, a p. 122, *Mittelalterforschung* cit. qui sopra alla n. 11.
[21] Von Moos, 'Lucan and Abaelard', in *Hommages à André Boutémy*, édités par
G. Cambier, Collection Latomus, 145 (Bruxelles, 1976), p. 413-443; sopra tutto n. 5 e
p. 442-443.
[22] Vedi F. Benton - F. Ercoli Prosperetti, 'The Style of *Historia Calamitatum*: a
Preliminary Test of the Authenticity of the Correspondence attributed to Abelard and
Heloise', *Viator*, 6 (1975), p. 59-86.

svizzero, sa di scrivere ben diversamente secondo che esponga i risultati di ricerche scientifiche o voglia fare opera d'arte o scriva una lettera di carattere familiare); inoltre, i dati linguistici emergenti dalle analisi sopra dette dovranno essere rigorosamente subordinati al confronto decisivo, che è quello fra i testi nella loro tematica e nel loro contenuto[23]. Si ritorna così, se non andiamo errati, proprio a quella lettura dall'interno che a me sembra, in un caso come il presente, la via veramente risolutiva.

In un centro di studî come Lovanio, così benemerito nel campo dell'informatica, piace a questo punto ricordare le parole dette, con vero senso storico, da uno degli animatori di queste ricerche, Léopold Genicot, concludendo i lavori della *Table Ronde* di Roma su *Informatique et histoire médiévale*:

> Il reste et il restera toujours que, même dans les conditions les meilleures, l'ordinateur est seulement un auxiliaire, que le traitement informatique ne dispense pas de se pencher sur les textes mêmes pour les lire et relire. Le contact direct, la longue familiarité avec eux ne cesseront jamais d'être nécessaires pour les pénétrer et pour y trouver l'homme et la vie. La machine seconde l'historien. Elle ne l'élimine pas. Spécialement en présence d'œuvres qui font la part large à la création, épopées, romans, nouvelles, drames ou poèmes[24];

ed anche le osservazioni di un giovane e valente specialista nel campo dell'informatica, il Tombeur, il quale, dopo avere compendiato i cospicui risultati raggiunti, sopra tutto nel campo lessicologico, dal *Centre de Traitement Électronique des Documents de l'Université Catholique de Louvain*, così scrive:

> Nous nous efforçons... systématiquement d'automatiser tout ce qui est automatisable, afin que le chercheur puisse avoir accès à de nouvelles possibilités de connaissance des textes; que délivré aussi des tâches purement matérielles, il ait davantage l'*otium* de réfléchir sur les textes... Le plus grand service que nous fournit l'ordinateur, c'est de nous mettre à l'écoute des textes[25].

Passando ad altri studiosi, sarà da ricordare un saggio di Hugo Friedrich, apparso solo nel 1972, l'anno stesso del *colloque* di Cluny,

[23] P. Von Moos, 'Die Bekehrung Heloises', *Mittellateinisches Jahrbuch*, 11 (1976), p. 95-125; per quanto ora ci riguarda, v. specialmente n. 7a di p. 99.

[24] L. Genicot, 'Conclusions', in *Informatique et histoire médiévale* (Communications et débats de la Table Ronde CNRS, organisée par l'École française de Rome et l'Institut d'Histoire médiévale de l'Université de Pise; Rome, 20-22 mai 1975), Collection de l'École française de Rome, 31 (Rome, 1977), p. 429.

[25] P. Tombeur, 'Informatique et étude de textes: Pour une meilleure connaissance du vocabulaire médiolatin', *Archivum Latinitatis Medii Aevi*, 40 (1977), p. 138.

ma scritto già nel 1953 e ritoccato nel 1970. Pur dichiarando sempre aperta la questione dell'autenticità, il Friedrich propendeva a vedere in Abelardo l'autore di tutta la corrispondenza: infatti, l'Eloisa che balza dalle lettere poste sotto il suo nome è troppo diversa dalla pia badessa che altre fonti, sicuramente autentiche, ci tramandano; quegli scritti, inoltre, ove fossero stati conosciuti, l'avrebbero sicuramente disonorata, e la saggia Eloisa non si sarebbe esposta a simile rischio (ma, come è già stato giustamente osservato, simile obiezione non scaturisce forse da una concezione della dignità personale troppo moderna, e comunque estranea al Medioevo?; né va sottovalutato che in Eloisa non c'è la messa in mostra di una doppia vita, ma solo la confessione umile di uno strazio interiore[26]). Lo studioso tedesco inoltre, dopo avere rilevato le profonde affinità fra lo stile delle lettere amorose di Eloisa e quello di Abelardo, si rifiuta di pensare ad una assimilazione, da parte della donna, dei moduli linguistici, sintattici e stilistici dell'uomo così intensamente amato e che era stato, per lei, l'unico maestro; perchè, nel caso concreto, Eloisa, volta a difendere la propria posizione e il proprio stato d'animo, ben diversi da quelli di Abelardo, doveva, a giudizio del Friedrich, tendere a differenziarsi, per atteggiamento polemico, anche nello stile (ma — osserverei a questo punto — l'assimilazione dei modi espressivi di Abelardo doveva essere, in Eloisa, fenomeno così profondo e vitale da agire, oramai, come una seconda natura).

L'epistolario andrebbe visto, secondo il nostro autore, come una grande opera di poesia, come una delle tragedie più ricche di umanità nella letteratura di tutti i tempi. Abelardo avrebbe scolpito in essa la vicenda del suo mancato ritorno a Dio, per il terribile imperio di un amore che gli aveva impedito di aprirsi alle esigenze di un altro, divino amore. Le lettere sarebbero così una sorta di drammatica confessione che l'autore compie, in parte, per bocca e nella persona di Eloisa[27].

Alcuni altri contributi meritano un breve cenno. In uno studio che ebbe la sua prima edizione nel 1971, Raffaello Morghen, riflettendo sul libro del Gilson, aveva nettamente sostenuto l'autenticità della corrispondenza, affermando, fra l'altro, che la tesi della falsificazione

---

[26] Cfr. Monfrin, 'Le problème de l'authenticité...', p. 414.
[27] H. Friedrich, 'Über den Briefwechsel Abélard-Héloïse (Aus einer Vorlesung)', in *Romanische Literaturen. Aufsätze I: Frankreich* (Frankfurt am Main, 1972), p. 56-83.

pone problemi più gravi dell'altra e opposta[28]. Lo Engels, studiando
Abelardo come scrittore, concludeva, nello stesso anno, non solo
all'unità di lingua e di stile di tutte le opere a lui attribuite, comprese
le lettere, ma anche ad una sistematica ripresa e sviluppo di motivi,
concetti, *auctoritates*, spesso con notevole affinità nelle forme espressive: l'opera di Abelardo insomma — sono parole dell'autore — appare
percorsa da un *réseau de relations internes*[29]. In una comunicazione
tenuta poco prima del *colloque* di Cluny e già sopra richiamata,
J. Leclercq era tornato sul tema dell'autenticità. Il problema gli appariva
pienamente solubile soltanto a seguito della eventuale scoperta di un
manoscritto della metà del secolo XII. Tuttavia, applicando metodi di
moderna analisi psicologica, l'editore delle opere di s. Bernardo aveva
trovato profonde affinità fra le lettere che vanno sotto il nome di
Abelardo e gli altri suoi scritti; mentre, confrontando la parte della
corrispondenza che è attribuita al *magister* con quella che si presenta
come scritta da Eloisa, il Leclercq aveva scoperto una netta differenza.
Inoltre, le due serie di lettere gli rivelavano due processi non soltanto
diversi e irriducibili l'uno all'altro, ma anche continui nel loro intimo
sviluppo. In particolare, egli riteneva veramente difficile — ancorché
non impossibile — che un solo anonimo autore, in ogni caso un
genio, fosse stato capace di rivivere due esperienze così dissimili e di
tradurle in due linguaggi a un tempo differenti e coerenti[30].

Prima di procedere oltre, occorre domandarsi se valga davvero la
pena di spendere tanta fatica per ricercare l'autore, o gli autori, di
queste lettere. Qualcuno potrebbe dire, infatti, che in ogni caso i testi
ci sono, preziosa testimonianza di una o due personalità di eccezione,
qualunque sia il loro nome, e, al di là degli individui, di correnti
spirituali e culturali di straordinaria ricchezza. Ogni fonte rivela almeno
se stessa; e questa è già una grande cosa, per lo storico.

---

[28] V. 'Il dramma di Abelardo ed Eloisa nella spiritualità del secolo XII (a proposito di un libro famoso)', in *Civiltà medievale al tramonto: Saggi e studi sulla crisi
di un'età*, Biblioteca di cultura moderna, 708 (Bari, 1973²), p. 25-41 (specialmente
p. 34).

[29] L. Engels, 'Abélard écrivain', in *Peter Abelard: Proceedings of the International
Conference, Louvain, May 10-12, 1971*, edited by E.M. Buytaert, Mediaevalia Lovaniensia,
Series I / Studia II (Leuven-The Hague, 1974), p. 12-37; in modo particolare v. p. 17.

[30] Leclercq, 'Modern Psychology...', p. 483-485. Il saggio di N. Cappelletti Truci
('Alcuni problemi di interpretazione nell'epistolario di Abelardo ed Eloisa', *Filosofia*,
n.s. 26 (1975), p. 257-270) non manca di fini rilievi su alcuni punti difficili della
corrispondenza, dall'autrice ritenuta autentica, ma è sostanzialmente fermo, per quanto
riguarda il dibattito storiografico, al Gilson.

Tutto ciò è vero, e potrà costituire una consolazione non del tutto magra qualora si dovesse prendere atto della inanità di ogni sforzo per giungere a ipotesi ragionevoli sulla paternità di testi simili. E' infatti da ricordare che, se cancellassimo dalle lettere i nomi che portano, ci priveremmo di fonti importantissime per conoscere la mentalità, la spiritualità, le idee di uno fra gli uomini di maggiore importanza nella storia del pensiero e della cultura del Medioevo, e della donna certo la più singolare di quell'età; sopra tutto Eloisa scolorirebbe, consegnata in pratica ai soli *Problemata*, al ritratto, già ricordato, di Pietro il Venerabile, ai documenti della sua amministrazione abbaziale: Eloisa, in cui il Vinay, in una acutissima recensione alla traduzione italiana del volume del Gilson, vedeva la prima persona che nell'età di mezzo abbia narrato le sue passioni per fare un'opera bella, la prima che dia una 'formulazione dell'amore cortese'[31]. Non si tratta dunque di rinuncia da poco.

Tanto più che non si potrebbe poi eludere il problema di ricercare seriamente questo autore o questi autori, i quali attesterebbero — è una espressione del Monfrin — *une puissance d'invention dont aucun texte médiéval ne porte la trace*[32]. Certo, non ci si potrebbe in nessun caso accontentare di pensare a un qualsiasi *clericus* del Paracleto, che avrebbe cucito testi autentici mettendoci, di suo, un po' di connettivo: ci vuol altro! E nemmeno si può accogliere l'osservazione del Von Moos a proposito dell'alto numero di capolavori anonimi nati nel Medioevo[33]: perchè qui non si tratta di testi anonimi, bensì di opere che recano, ben chiaro, il nome di due autori, i quali erano certamente in grado di scriverle. Chi mettiamo al loro posto? Nessuno si è azzardato, per quel che mi risulta, a emettere ipotesi alternative accettabili.

La sola via che mi sembra ragionevole percorrere è un'altra, seguita dal Gilson e, anche, dal Monfrin nel suo intervento di Cluny: la lettura dall'interno, che ci mette dinanzi ad un tutto indivisibile, a un organismo vivente, in cui ogni membro ha una precisa funzione e si connette agli altri sì da non poterne essere disgiunto; a un dramma in cui si alternano la voce di un uomo e quella di una donna, di cui conosciamo i nomi. Anche questo mi sembra importante: non riesco

---

[31] La recensione di G. Vinay si trova nel *Giornale storico della letteratura italiana*, 67 (1950), p. 452-459. L'opera del Gilson è uscita in italiano, in traduzione di G. Cairola, sotto il titolo *Eloisa e Abelardo* (Torino, 1950).

[32] Cfr. Monfrin, 'Le problème de l'authenticité...', p. 424.

[33] Cfr. Von Moos, 'Le silence...', n. 88 di p. 457.

infatti a pensare al solo Abelardo o alla sola Eloisa come all'autore o all'autrice del tutto, essendo per me evidente, volta a volta, l'intervento di una psicologia maschile e di un'altra tipicamente femminile. Il continuo e vigile confronto con i testi dovrebbe anche preservarci dal pericolo, che sussiste e che è stato giustamente segnalato dal Vinay, di rinchiuderci 'nel vicolo cieco delle tesi e controtesi'[34].

E' appena necessario avvertire che la sistemazione, certamente avvenuta per la nostra corrispondenza come per altre famose raccolte epistolari del Medioevo, in un corpo organizzato[35], ha comportato una revisione del testo che poté tradursi in ritocchi, in aggiunte, in omissioni. Ciò esige, nel lettore, uno spirito vigile e attento, ma non compromette la sostanziale autenticità delle lettere; può anzi spiegare, come si vedrà, certe apparenti anomalie.

Come già si è accennato, si vorrebbe ora tentar di provare, mediante qualche esempio, che l'ipotesi dell'autenticità chiarisce i testi meglio della contraria e risolve un maggior numero di problemi.

Prendiamo le mosse dalle principali argomentazioni addotte dal Benton a proposito dell'*ep. VIII* o *Regula*, redatta da Abelardo per il Paracleto a seguito della già vista supplica di Eloisa, contenuta — quest'ultima — nell'*ep. VI*.

Ma prima converrà accennare brevemente alla profonda interiore coerenza delle due lettere in un tutto che non ammette artificiose separazioni o segmentazioni, come è di ogni atto di vita. Innanzitutto, non sembra possibile trovare, per l'*ep. VI*, autore più adatto di Eloisa, come esce da testi sulla cui autenticità nessuno, finora, ha gettato ombra di dubbio: la ricordata epistola consolatoria di Pietro il Venerabile in morte del *magister*, ove la destinataria è lodata per la sua eccezionale formazione scientifica, estesa alle discipline letterarie, alla logica, alle Scritture[36]; e i *Problemata*, che rivelano, nelle acute domande, una mentalità anelante ad accostare il testo sacro — partecipe, quindi, delle più profonde esigenze dell'evangelismo contemporaneo —, ma ancor più a penetrarlo con l'aiuto della ragione:

---

[34] V. la recensione cit., p. 455, che indica anche il Gilson come vittima di quell'insidia, in *Héloïse et Abélard*; sembra consentire il Von Moos, 'Le silence...', n. 16 di p. 434.

[35] Tipico il caso del *registrum* di s. Bernardo di Chiaravalle, studiato dal Leclercq: cfr. 'Recherches sur la collection des épîtres de saint Bernard', *Cahiers de civilisation médiévale*, 14 (1971), p. 206-216; e sopra tutto 'Lettres de S. Bernard: histoire ou littérature?', *Studi medievali*, 3a s., 12 (1971), p. 1-74.

[36] V. l'*ep. 115* nell'ed. Constable, *The Letters...*, I, p. 303-305.

una 'forma mentis' che tende dunque a persuasioni razionalmente
fondate, e si muove secondo il supremo criterio della ragionevolezza[37].

Nell'*ep. VI* si direbbe che la 'discretio' di s. Benedetto, espli-
citamente invocata[38], riceva come insistente e specifica tonalità quella,
appunto, della ragionevolezza: è secondo ragione che le monache
abbiano una regola adatta a loro, alle particolari esigenze spirituali
ed anche fisiche della donna[39]. Anche il problema dei cibi carnei,
in contrasto con le tendenze allora prevalenti, viene risolto nel senso
di un uso moderato, perchè l'interpretazione ragionevole del Nuovo
Testamento, altissima norma di vita, porta Eloisa in quella direzione[40].
Lo stesso profondo bisogno di razionalità induce la scrivente a dar
valore, in ogni caso, non alle opere ma all'animo con cui sono
compiute[41].

La ragione, per Eloisa come del resto per Abelardo, dovrà sempre
prevalere sopra una comune opinione acritica, o sopra una norma
puramente consuetudinaria ma priva di fondamento logico. Questa
attitudine mentale conduce talora i due a posizioni che peccano di
una certa astrattezza, proprio perché non tenevano abbastanza in conto
il valore della tradizione, specialmente nella vita della Chiesa: ciò era
accaduto, per esempio, nel caso della sostituzione, che Abelardo ed
Eloisa avevano compiuto, di *supersubstantialem* a *quotidianum* nella
recita del *Pater noster*[42]; ma, nella lettera che qui ci occupa, quel
modo di impostare i problemi guida la donna a porre un principio
veramente innovatore, e che si rivelerà poi, e tuttora si manifesta,
del tutto accettabile e fecondo di sviluppi: esiste cioè una *religio
laicorum*, un modo proprio dei laici per vivere gli *evangelica praecepta*,
che costituisce una esperienza di vita cristiana autentica, anche se non
perfetta: ad ottenere la *monastica perfectio*, secondo l'autrice dell'*ep. VI*,
si dovrà infatti aggiungere solo la continenza. A motivo della fragilità
fisica, in casi come quello dei cibi carnei sarà allora logico non

---

[37] V. i *Problemata* in Petri Abaelardi *Opera*, PL 178 (Parisiis, 1885), coll. 677 B-
730 B.

[38] Ed. Muckle, p. 244 e 246-247.

[39] Ed. Muckle, p. 242-247.

[40] Ed. Muckle, p. 248-249.

[41] Ed. Muckle, p. 250-252.

[42] Cfr., in proposito, P. Zerbi, 'Panem nostrum supersubstantialem: Abelardo
polemista ed esegeta nell'ep. X', in *Raccolta di studi in memoria di S. Mochi Onory*,
Pubblicazioni dell'Università Cattolica del Sacro Cuore: Contributi, s. III: Scienze
storiche, 15; Contributi dell'Istituto di Storia medioevale, II (Milano, 1972), p. 624-638,
in particolare n. 39.

richiedere alla monaca più di quello che si esige dai laici[43]. Vedremo presto come Abelardo, nella *Regula*, ricaverà pratica applicazione da questo principio, accettandolo pienamente.

Se passiamo all'*ep. VIII*, ci troviamo di fronte al puntuale, coerente inserirsi del *magister* e legislatore nelle linee proposte da colei che, con naturale sensibilità alle esigenze della donna, aveva richiesto una particolare regola per le monache. Il principio della *discretio* è accolto e coerentemente applicato, anche qui, sotto la costante guida della ragione[44]. Eloisa si era già richiamata al testo biblico come a decisivo criterio di giudizio; ma l'autore della *Regula* va oltre, con tonalità e accenti che un appena mediocre conoscitore di Abelardo non faticherà a riconoscere come autentici, anche solo sulla ristretta base della *ep. X* poco sopra citata, e non soggetta a dubbi per quanto concerne la paternità. La fonte genuina per la vita cristiana in genere, e religiosa in ispecie, cioè l'intera Bibbia, Antico e Nuovo Testamento, andrà letta per intero, dalle monache, nel corso dell'anno[45]; e, perchè ciò sia possibile, colei cui tocca di leggere o di cantare in coro dovrà premettere una certa preparazione sul testo, e tutte dovranno studiare, per mettersi in grado di intendere[46]. Dopo la parola di Dio, norma dell'agire sarà la coscienza[47], che dovrà formarsi con responsabile riflessione non tanto sul *quod fiat*, ma sul *quomodo vel quo animo*. A questo fondamentale principio si connette, in maniera perfettamente logica, la solenne affermazione che segue a breve distanza: *Omnino ... prohibemus ut numquam consuetudo rationi praeponatur, nec umquam aliquid defendatur quia sit consuetudo, sed quia ratio, nec quia sit usitatum, sed quia bonum...*[48]; dove si ritrovano quasi alla lettera, ancora una volta, i criteri ispiratori dell'*ep. X*.

Le tre norme ora viste, della ragionevole discrezione, della aderenza al testo sacro letto alla luce della *ratio*, della bontà dell'agire dedotta non tanto dalla azione in sé ma dalla disposizione interiore e dal modo con cui in concreto si opera, confluiscono nella soluzione che Abelardo dà alla questione, la più importante per lo sviluppo del nostro ragionamento, relativa ai cibi carnei: non sembra ragionevole né discreto, secondo il *magister*, imporre alla fragile natura della donna

---

[43] Ed. Muckle, p. 244-245.
[44] Ed. McLaughlin, p. 274.
[45] Ed. McLaughlin, p. 263.
[46] Ed. McLaughlin, p. 263 e 287.
[47] Ed. McLaughlin, p. 268.
[48] Ed. McLaughlin, p. 265.

un'astinenza dalla carne più pesante di quella richiesta dalla *fidelium laicorum religio* alla generalità dei cristiani[49]; se s. Paolo, d'altra parte, proibisce le carni, lo fa solo per il caso in cui sussista possibilità di scandalo[50]. La temperanza e la povertà sarebbero molto più gravemente offese — asserisce Abelardo — quando, con una inintelligente valutazione morale, si negasse l'uso moderato della carne per consentire quello di pesci costosi e raffinatamente conditi[51]; dal che l'autore della *Regula* deduce che l'astinenza delle monache del Paracleto, pur con un moderato consumo di carne, finirà in realtà per risultare superiore a quella di certi monaci[52]: per lui, infatti, non è da temere *quidquid agatur in corpore si animus ad consensum non trahitur; nec confidendum de munditia carnis si mens voluntate corrumpitur*[53].

La profonda unità fra i due testi — segnati, in maniera inconfondibile, dalle personali caratteristiche di Abelardo ed Eloisa — si realizza, nel *corpus*, anche per il tramite dell'*ep. VII*, volta ad esaltare la dignità della donna nel piano divino, superiore addirittura a quella dell'uomo[54].

---

[49] Ed. McLaughlin, p. 280; cfr. però anche p. 274, per quanto attiene in particolare alla *discretio*.

[50] Ed. McLaughlin, p. 268.

[51] Ed. McLaughlin, p. 273-274.

[52] Ed. McLaughlin, p. 279.

[53] Ed. McLaughlin, p. 276.

[54] L'*ep. VII*, *De auctoritate vel dignitate ordinis sanctimonialium*, si trova alle p. 253-281 dell'ed. Muckle. E' da notare che nell'*ep. VIII*, dove si tratta di delineare la struttura del monastero doppio, che senza dubbio costituiva, per i due fondatori del Paracleto, l'ideale punto di arrivo, la superiorità dell'abate sulle monache deriva non da una qualsiasi sovraeminenza dell'uomo, ma dall'obbligo di attuare il precetto di Paolo per cui l'uomo è capo della donna, dalla funzione pastorale che è propria dell'uomo, dalla necessità di provvedere le monache di chi sappia supplire nella pratica, in ispirito di umile servizio, alle loro naturali debolezze e insufficienze (ed. McLaughlin, p. 258-260). Mi stupisce un poco, quindi, che il Leclercq scopra in Abelardo un 'antifemminismo', sia pure soltanto speculativo: cfr. *Ad ipsam sophiam Christum: Das monastische Zeugnis Abaelards*', in *Sapienter ordinare. Festschrift für E. Kleinedam*, Erfurter theologische Studien, 24 (Leipzig, 1969), p. 197-198 (nella successiva edizione francese, sotto il titolo '*Ad ipsam sophiam Christum*: Le témoignage monastique d'Abélard', *Revue d'ascétique et de mystique*, 46 (1970), il passo ora cit. è a p. 181). Sembra da preferire, in proposito, il punto di vista di M.M. McLaughlin, 'Peter Abelard and the Dignity of the Women: Twelfth Century "Feminism" in Theory and Practice', in *Pierre Abélard — Pierre le Vénérable...*, p. 287-334: Abelardo è qui considerato come il grande teorizzatore della 'vita evangelica' femminile; l'alto concetto che egli aveva della dignità e dell'ufficio della donna nel piano provvidenziale, fa della donna stessa il fulcro dell'ideale ordinamento che il *magister* voleva attuare al Paracleto.

L'origine del tutto diversa che il Benton, come già si è visto, assegna all'*ep. VIII* è sostenuta con un complesso di argomenti, dei quali soltanto due saranno qui oggetto di attenzione. Più breve sarà il discorso intorno al primo, che si può riassumere così: le doti che l'*ep. VIII* prevede o richiede per la 'diaconissa' o badessa sono diverse da quelle possedute da Eloisa; nel ritratto ideale tracciato dall'autore della *Regula*, insomma, non si può assolutamente riconoscere la donna amata da Abelardo. E può essere vero: lo scrittore vuole infatti una 'diaconissa' matura negli anni ed Eloisa, che per i sostenitori dell'autenticità si trovava fra i 30 e i 35 anni, difficilmente poteva essere considerata tale; non la vuole proveniente da regioni vicine, mentre Eloisa era cresciuta nella non lontana Parigi; prevede anche la possibilità che l'eletta non sia dotta, e in tal caso le consiglia di non darsi pena per questo, di procurarsi umilmente le cognizioni necessarie, ma di ricordare altresì che la miglior dottrina non consiste nei discorsi ma nelle opere, non nella parola ma nei fatti[55] (dove, sia detto subito per inciso, non si rileva contraddizione, come invece vorrebbe il Benton[56], con quello che si legge in altri scritti attribuiti ad Abelardo sulla necessità dello studio per le monache, perché qui si prevede il particolare caso della persona che regge la comunità e che in questo ufficio deve spendere tutta la sua giornata). Di fronte a simile serie di affermazioni, basterà rilevare che l'autore aveva logicamente di mira non il presente, ma il futuro: i tempi, cioè, in cui la comunità non avrebbe più potuto disporre, per l'appunto, di una donna assolutamente eccezionale come Eloisa e avrebbe dovuto compiere le sue scelte a più normali livelli.

L'argomento, almeno in apparenza, più forte è tuttavia un altro. Il ms. 802 di Troyes contiene, subito dopo l'*ep. VIII*, una serie molto composita di testi, quasi tutti legislativi, che il d'Amboise, dandone per la prima volta edizione nel 1616, battezzò *Excerpta ex regulis Paracletensis monasterii*. Gli *Excerpta* si aprono con una serie di istruzioni ad uso di una comunità di monache, in cui è molto facile riconoscere il Paracleto o una sua dipendenza. Queste norme, che dal loro *incipit* derivano il nome di *Institutiones nostrae*, sarebbero state redatte vivente ancora Eloisa, mentre il restante dei testi sarebbe stato raccolto nella prima metà del Duecento. Il motivo per cui il più accurato studioso degli *Excerpta*, il Van den Eynde — seguito dal

---

[55] Per i relativi passi, v. ed. McLaughlin, p. 253-254.
[56] Cfr. Benton, 'Fraud, Fiction...', p. 479.

Benton —, ritenne le *Institutiones* anteriori al 1164, cioè alla morte
della prima badessa del Paracleto, è il seguente : esse appaiono mani-
festamente redatte per una fondazione nuova ; ora, le cinque dipendenze
del Paracleto sono tutte sorte prima della scomparsa della fondatrice.
Ma nelle *Institutiones nostrae* sono espressamente interdette le carni,
conforme alla norma generalmente in vigore nelle comunità monastiche
del secolo XII ; contro, però, l'esplicita concessione della *Regula*. Non
ci riguardano in questa sede le conclusioni del compianto studioso
belga, orientate verso l'autenticità. Il Benton ritiene invece impensabile
che Eloisa contraddicesse a un principio stabilito da Abelardo, in una
regola che, nell'ipotesi della corrispondenza autentica, lei stessa avrebbe
richiesto come norma sacra per il futuro del Paracleto. La conclusione
è che, almeno in quella parte, la *Regula* non avrebbe come autore il
*magister*.[57]

Ma qui bisognerà intendersi sulla natura della *Regula* contenuta
nell'*ep. VIII*. Già il Leclercq notava molto acutamente che il testo in
esame offre le strutture basilari e i principî direttivi, più che una
normativa particolare[58] ; poi, nella vivace e suggestiva discussione di
Cluny, seguita alla relazione del Benton, si accennò da più parti al
carattere speciale di questa *Regula*, che è delineazione di un ideale,
di un progetto, non formulazione di precetti[59].

Nello stesso senso ci si vorrebbe muovere qui.

In primo luogo, il problema degli *Excerpta*, della natura della
raccolta, del tempo in cui la compilazione è stata messa insieme,
merita ancora esame ed approfondimento. E' augurabile che qualche
storico del diritto canonico ci si provi. Che la questione sia aperta,
il Benton stesso, del resto, ha dimostrato, tornando sul tema dopo il
*colloque* di Cluny per proporre una precisa identificazione di due fra i
numerosi canoni che costituiscono la massima parte della raccolta[60].

---

[57] Il saggio del Van den Eynde, che rimane di importanza fondamentale anche se
lascia aperta una serie di problemi, si intitola 'En marge des écrits d'Abélard : Les
*excerpta ex regulis Paracletensis monasterii*'. Esso è apparso in *Analecta praemonstratensia*,
37 (1962), p. 70-84. Per il testo degli *Excerpta* bisogna ancora rifarsi all'ed. delle
opere di Abelardo in PL 178, col. 313 ; per le *Institutiones*, cfr. ibidem coll. 313 C-
326 A ; il tratto relativo alla proibizione della carne è alla col. 314 D. Per il pensiero
del Benton, cfr. specialmente 'Fraud, Fiction...', p. 476-477.

[58] Cfr. Leclercq, '*Ad ipsam sophiam Christum*...', p. 190 dell'ed. tedesca e 172 di quella
francese.

[59] Cfr. sopra tutto gli interventi del Monfrin e di M. Miethke nella 'Discussion...',
in *Pierre Abélard — Pierre le Vénérable*..., p. 507.

[60] Cfr. Benton, 'The Paraclete and the Council of Rouen of 1231', *Bulletin of
Medieval Canon Law*, n.s. 4 (1974), p. 33-38.

Ma accettiamo pure il punto di vista del Van den Eynde e del
Benton, e pensiamo ad una Eloisa che legifererebbe in senso opposto
alla *Regula* di Abelardo. Ciò obbliga davvero a concludere che il
*magister* non sia l'autore dell'*ep. VIII*? Per dare una risposta a questo
interrogativo, si dovrà cercare di penetrare un po'a fondo nella natura
dell'opera che Eloisa, all'inizio dell'*ep. VI*, vuole progettata dall'amato
come aiuto a lei per attuare la suprema obbedienza, per trasfigurare
cioè ed elevare l'amore umano nell'amore a Cristo, e che poi i due
disegnano assieme, in perfetta consonanza di pensieri, nella stessa
lettera e nella VIII.

Il vero Paracleto è una comunità che verrà costruendosi sopra tutto
nello spirito, nel più profondo dei cuori, in armonia con l'affermazione
così precisa e decisiva del valore della interiorità, dell'intenzione, che
domina ambedue i testi. Per una simile opera, scolpita nel vivo delle
coscienze, soltanto Abelardo poteva e doveva dare i principî: per questo
Eloisa, alla fine dell'*ep. VI*, lo esorta, trepida e ansiosa, a provvedere
finché è vivo: perché non sopravvenga qualcuno, poi, a edificare
*super alienum... fundamentum*. Ma la badessa, appassionata e gelosa
realizzatrice di un progetto in cui oramai si concentrava tutta la sua
vita perché in quel disegno essa recuperava la creatura amata, era
troppo intelligente per non accorgersi che doveva agire con estrema
prudenza. Da questo punto di vista assume il suo pieno significato,
per esempio, anche la saggezza amministrativa di Eloisa, preoccupata di
garantire alla giovane creatura l'indispensabile supporto economico[61].

Inoltre, Eloisa doveva perfettamente intuire che, se un progetto di
monastero doppio, quale era disegnato nell'*ep. VIII*, era in ogni caso
tale da attrarre l'attenzione vigile dell'autorità della Chiesa[62], quella
attenzione si sarebbe fatta più circospetta ed anche sospettosa di fronte
ad una eventuale iniziativa di Abelardo, specialmente dopo l'episodio
di Sens, ma probabilmente anche prima. La stessa visita di s. Bernardo
di Chiaravalle alla giovane comunità — circostanza in cui era esplosa
la polemica con il *magister* sul *panem nostrum supersubstantialem* —
si spiegherebbe bene, all'inizio del 1131, proprio come cauta ispezione

---

[61] L'impressione si ricava netta scorrendo i documenti che corrispondono all'abbaziato di Eloisa nel *Cartulaire de l'abbaye du Paraclet* ed. da Ch. Lalore (Paris,
1878).

[62] Quella forma di doppia comunità, maschile e femminile, era bensì ammessa nel
secolo XII, in vista sopra tutto dell'assistenza, spirituale e materiale, richiesta dai
cenobî femminili, ma se ne avvertivano e temevano i rischi: v. in proposito M. de
Fontette, *Les religieuses à l'âge classique du droit canon: Recherches sur les structures
juridiques des branches féminines des ordres* (Paris, 1967), p. 17, specialmente n. 29.

voluta da Innocenzo II, che sarebbe stato sollecitato da Abelardo a concedere al Paracleto un privilegio di protezione (dato poi, infatti, il 28 novembre dello stesso anno)[63].

Il punto di vista sopra esposto circa la natura e la finalità dell'*ep. VIII* trova del resto conferma nel fatto che al Paracleto vigeva ufficialmente un'altra regola, quella di s. Benedetto; la prima chiara indicazione in proposito è contenuta in una lettera di Pietro il Venerabile a Eloisa, dopo una visita del grande amico di Abelardo alla comunità[64]. Ma nemmeno si può escludere che la badessa volesse presentare una ancora più tranquillizzante facciata. In un momento in cui era generale la disciplina della totale astensione dalle carni, sarebbe stato imprudente non adeguarvisi: ecco allora la proibizione contenuta nelle *Institutiones*; che è certo comune con Fontevrault, osservanza allora assai diffusa e che aveva ottenuto l'approvazione di Roma fin dal 1119[65].

[63] Per questa possibile spiegazione della visita dell'abate di Chiaravalle, cfr. Zerbi, '*Panem nostrum......*', p. 625-627.

[64] '... verba communis regulae, hoc est tam nostrae quam uestrae...': *ep. 168*, ed. Constable, *The letters...*, I, p. 401. La lettera è assegnata dall'editore al periodo 1144-1154 (cfr. *The letters...*, II, p. 210 e 209).

[65] Sulle osservanze di Fontevrault e l'intervento di Roma, cfr. de Fontette, *Les religieuses...*, p. 74. Per le caratteristiche e la natura del primitivo Paracleto, mi sia consentito rinviare ai rilievi che ho fatto occupandomi di 'Un recente dibattito...', p. 36-37 e n. 81-82-83 (anche per fonti e bibliografia). Devo ripetere quel che dicevo in quella sede intorno alla necessità di ricerche sulle origini e sui primi tempi del Paracleto. Ho tuttavia anche l'obbligo di indicare un certo spostamento delle mie posizioni rispetto a quelle di allora: ferma restando l'impossibilità di dimostrare, in base ai documenti in nostro possesso, che la primitiva fondazione di Abelardo e di Eloisa fosse un monastero doppio, una più attenta analisi dei sermoni di Abelardo mi ha infatti condotto a rilevare che tre di essi contengono esplicite allusioni, oltreché alle *feminae*, alle *virgines* e alle *sponsae Christi*, anche a *viri*, a *presbyteri et laici*, a *fratres* (v. PL 178, rispettivamente *Sermo XI*, 453 C - 479 B; *Sermo XXIX*, 555 A - 564 A; *Sermo XXXI*, 569 C - 573 C). Presi alla lettera, questi dati potrebbero indurre ad anticipare al primissimo periodo del Paracleto l'esistenza, accanto alle monache, di quei *fratres* e *capellani* che i documenti del cartulario segnalano con certezza a partire dal 1179 (cfr. Zerbi, 'Un recente dibattito...', n. 83). Ma qui si pone in tutta la sua complessità il problema della raccolta dei *Sermones* abelardiani, dei quali ci manca, prima di tutto, una soddisfacente edizione. La annuncia L.J. Engels, che collabora allo scopo con G.A.A. Kortekaas: v. '*Attendite a falsis prophetis* (Ms. Colmar 128, f. 152v/153v): Un texte de Pierre Abélard contre les Cisterciens retrouvé?', in *Corona gratiarum: Miscellanea patristica, historica et liturgica Eligio Dekkers O.S.B. XII lustra complenti oblata*, Instrumenta patristica XI (Brugge-'s-Gravenhage, 1975), II, p. 195. Dagli studi, che una ediz. critica sempre suscita, potrà venire qualche luce; altrettanto mi auguro per indagini che io stesso ho promosse (tra queste, una sola, per ora, è giunta a termine: vedi A. Granata, 'La dottrina dell'elemosina nel sermone "pro sanctimonialibus de Paraclito" di Abelardo', *Aevum*, 47 (1953), p. 32-59). Almeno per ora, tuttavia, rimane apertissimo il problema di quel che siano, effettivamente, sermoni come quelli citati: sopra tutto, se e fino a qual punto riflettano una predicazione ed una situazione reali, o, piuttosto, un modello ideale e vagheggiato di comunità.

Il Benton — affezionato, come si vedrà, all'idea che Abelardo avesse sin
dalla fondazione ordinato il Paracleto a monastero doppio, idea sulla
quale rimango dubbioso — insiste sull'affinità con l'istituzione di
Roberto di Arbrissel; ma la severa disciplina era allora generale, come
anche lo studioso americano riconosce[66]. Adattamenti prudenziali di
questo tipo non erano però tali da creare problemi per Eloisa; della
*Regula* di Abelardo le monache dovevano infatti assimilare l'ispirazione
profonda, così da plasmarsi una *forma mentis*, una spiritualità, oggi
diremmo, imbevuta dei principî lasciati dal maestro. Uno dei fon-
damentali principî era, per l'appunto, questo: le disposizioni dell'animo
importano, non le osservanze esteriori.

Nello svolgere questa linea di formazione e di governo, la badessa
era aiutata proprio anche dalla *discretio* benedettina. Si è visto come
tale stupenda caratteristica del fondamentale testo del monachesimo
occidentale sia messa in rilievo più volte, tanto nell'*ep. VI* quanto
nell'*VIII*. Andrà aggiunto che la *discretio* domina sovrana anche nei
due capitoli della *Regula* di Benedetto (il XXXIX e il XL) riguardanti
il cibo e le bevande[67]. Cosa importava, in ultima analisi, che le monache
mangiassero o no cibi carnei, purché praticassero una astinenza reale,
non puramente esteriore? La *discretio*, la prudente e saggia valutazione
delle circostanze avrebbero suggerito se e quando fosse da seguire la
normativa ufficiale, esteriormente più severa, e quando invece si potesse
attuare quella formulata dal maestro, forse più mite in apparenza ma,
nella sostanza, più incisiva.

Un 'doppio' Paracleto, dunque? Uno esterno, ufficiale, di facciata;
l'altro più intimo e, per così dire, esoterico? Lo stesso episodio del
*supersubstantialem* sembra accennare a qualcosa di simile. Né mi sentirei
di tacciare di ipocrisia questo modo di procedere, che in realtà era
piuttosto accorta difesa di un ideale amato con tutte le forze.

Ed ora, per finire, qualche annotazione più minuta, ma forse non
del tutto inutile. Il Von Moos, e in misura molto maggiore il Benton,
credono di poter indicare, in alcuni passi delle prime otto lettere
dell'epistolario di Abelardo, costituenti la parte più notevole del ms. 802
di Troyes, l'intervento maldestro di un ordinatore del *corpus* diverso da
Abelardo e da Eloisa, o addirittura di un falsario.

[66] Cfr. Benton, 'Fraud, Fiction...', p. 475-476.
[67] Cfr. *Benedicti Regula*, capp. XXXIX-XL, ed. R. Hanslik, Corpus scriptorum
ecclesiasticorum latinorum, 75 (Vindobonae, 1960), p. 99-102.

Il Von Moos, per esempio, trova stranissimo il modo con cui Abelardo, nella *ep. IV*, richiama una citazione da lui stesso fatta nell'*ep. II*: *ut iam alibi meminimus*. Questo, per lo studioso svizzero, sarebbe il modo di scrivere non di un corrispondente, ma di uno che redige un trattato da leggersi tutto di seguito[68].

Il Benton, dal canto suo, ritiene che il falsificatore si scopra completamente, facendo addirittura uso di un tratto della perduta abelardiana *Exhortatio ad fratres et commonachos*, nella VII lettera, là dove, ricordato il martirio della madre dei Maccabei e dei sette figli per non aver voluto mangiare carne porcina, si volge d'improvviso, ai *fratres et commonachi* appunto, per rimproverare loro l'avidità di carni, che anche Abelardo vietava ai monaci[69]. Inoltre, il deciso avversario dell'autenticità delle nostre lettere trova strano che, in due punti dell'*ep. VIII*, Abelardo riprenda due passi dell'*ep. VI*, in cui Eloisa citava rispettivamente s. Gerolamo e i Proverbi, senza nemmeno un *ut dicis*[70].

Ora, potrà essere ingenuità, ma non mi sembra poi così strano quell'*ut iam alibi meminimus*, a meno che non si pretenda che uno usi sempre la parola più appropriata e più adatta; e sopra tutto non mi pare strano nel caso di Abelardo, per il tono, per dir così, lievemente magistrale che l'espressione infonde al discorso, e che è frequente negli scritti di Abelardo ad Eloisa. La diversione ai *fratres et commonachi* può certo meravigliare chi diffida della HC; ma se si pensa all'abbaziato del filosofo a St.-Gildas, così dolorosamente descritto nella *Historia* appunto, e si riflette che proprio in quel periodo sembra doversi collocare la corrispondenza con Eloisa — ammessa beninteso la autenticità —, e che, sopra tutto, Abelardo nella *Historia* parla del Paracleto come della dolcissima consolazione datagli da Dio in un'ora dolorosa come quella dell'aspro contrasto con i monaci a lui soggetti, l'improvviso, appassionato spostarsi della attenzione ai *fratres* diventa comprensibile sfogo[71]. E nemmeno mi sembra poi così

---

[68] Cfr. 'Le silence...', p. 436-437, e n. 21. I due passi relativi si trovano rispettivamente alle p. 91 e 77 dell'ed. Muckle.

[69] Cfr. Benton, 'Fraud, Fiction...', p. 492; il passo dell'*ep. VII* è nella ed. Muckle, p. 269-270.

[70] V. ancora Benton, 'Fraud, Fiction...', p. 497. I passi di Eloisa si trovano nell'ed. Muckle, rispettivamente alle p. 245 e 247; quelli di Abelardo nell'ed. McLaughlin, p. 269 e 270.

[71] Per l'abbaziato di St.-Gildas, cfr. tutta l'ultima parte della HC, ed. Monfrin, p. 98-109; per la consolazione recata al fondatore dalla comunità installata al Paracleto, ibidem, p. 100, r. 1301-1303, e sopra tutto p. 105, r. 1481-1488. Per l'epoca di redazione delle otto lettere (1132-1135, durante gli anni di St.-Gildas), v. Van den Eynde,

singolare che i due corrispondenti citino, per due volte, uno stesso passo, quando si pensi all'immenso valore che ambedue attribuivano all' *auctoritas*, ragionevolmente interpretata. Il fatto poi che il secondo testo, quello dei Proverbi, sia introdotto in maniera molto simile da Abelardo e da Eloisa [72], non induce necessariamente a pensare all'intervento di persona diversa dai due.

Se poi si preferisce vedere in qualcuno dei casi sopra citati, o magari in tutti, modificazioni o aggiunte dovute a qualche ordinatore di un insieme di testi autentici, nulla di male: perché quell'ordinatore, come si è detto, certamente vi fu.

Il problema dell'autenticità di queste lettere affascinanti è uno di quelli che a intervalli riaffiorano. Molto probabilmente sarà così anche per l'avvenire [73]. Dobbiamo addirittura augurarcelo: simili dibattiti, infatti, purché siano condotti con metodo e finalità esclusivamente scientifici, giovano moltissimo ad affinare gli strumenti di lavoro e ad approfondire l'intelligenza dei testi: quel che davvero importa, nella ricerca storica.

---

'Chronologie des écrits d'Abélard à Héloïse', *Antonianum*, 37 (1962), p. 338; le sue conclusioni sono accettate da E.M. Buytaert, nella *General Introduction* a *Petri Abaelardi Opera theologica*, I, Corpus Christianorum: Continuatio Mediaevalis, 11 (Turnholti, 1969), p. XXIV.

[72] *De quo et maximus ille sapientum in Proverbiis meminit dicens...* (*Ep. VI*, ed. Muckle, p. 247); *Quod maximus ille sapientum diligenter attendens ab hoc maxime nos dehortatur dicens...* (*Ep. VIII*, ed. McLaughlin, p. 270).

[73] Il problema potrà anzi allargarsi e arricchirsi di nuovi, suggestivi elementi dopo la edizione delle *Epistolae duorum amantium. Briefe Abaelards und Heloises?*, dovuta a E. Könsgen (Leiden-Köln, 1974). L'ipotesi enunciata nel titolo è poi svolta alle p. 97-103. Soltanto quando il presente saggio era già stato consegnato per la stampa venni a conoscenza di due studî che, pur non contenendo argomenti di sostanziale novità, meritano tuttavia di essere ricordati per la loro serietà. Il primo è la 'lecture' di P. Dronke, *Abelard and Heloise in Medieval Testimonies*, W.P. Ker lecture no. 26 (Glasgow, 1976): attraverso un fine esame di testimonianze dei secoli XII e XIII, l'autore conclude che la tragedia dei due era giudicata con compassione dagli uomini contemporanei o vicini nel tempo, come qualcosa di non estraneo al loro modo di pensare e di sentire (p. 30-31). L'orientamento del Dronke verso l'autenticità appare chiaro. L'altro saggio, dovuto a J. Jolivet ('Abélard entre chien et loup', *Cahiers de civilisation médiévale*, 20 (1977), p. 307-322), offre un denso *status quaestionis* sul problema dell'autenticità; la tesi del Benton non ha mancato di sollevare obbiezioni e riserve, ma la analisi dello studioso americano, secondo il Jolivet, è così estesa e dettagliata da esigere la sospensione di ogni giudizio, fino a che essa venga esaminata con eguale ampiezza e impegno (p. 310-312).

APPENDICE*

### A proposito di alcune riflessioni di H. Silvestre
### sulla tesi del Benton

Soltanto mentre il *colloque* del 1978 era in corso, mi fu possibile prendere visione delle *Réflexions sur la thèse de J.F. Benton relative au dossier 'Abélard-Héloïse'*, appena apparse in *Recherches de théologie ancienne et médiévale* (XLIV, 1977, p. 211-16). Non è possibile ignorare il contributo, denso di dati e di pensiero, offerto dall'insigne collega; ma non sono riuscito a dargli un posto nel testo della relazione, già concepito e redatto con una sua linea di svolgimento. Per questo mi sono risolto a dedicare questa appendice al saggio del Silvestre.

Non è facile riassumere in poche parole un contributo così ricco. L'autore aderisce in pieno alla tesi della falsificazione, sostenuta dal Benton, ne condivide tutti i principali argomenti e ne aggiunge alcuni nuovi. Per lui, in questo come negli altri casi del genere, il falsario si scopre su certi punti tipici, detti dal Silvestre *constantes du faux*: il primo è la *méchanceté*, derivante dal fatto che abitualmente il falsario vuole compiere una vendetta o almeno screditare qualcuno. Ora, lo studioso lovaniense è d'accordo con il Benton nel riconoscere, nella HC, sentimenti di odio verso numerose persone che sarebbero ben difficilmente attribuibili ad Abelardo (aggiungendo peraltro, onestamente, che nemmeno è agevole spiegare perché un falsario del secolo XIII dovesse tanto avversare Anselmo di Laon e Guglielmo di Champeaux). In secondo luogo il falsario si scopre, in questa corrispondenza come in molti altri casi, per ingenuità o goffaggini che commette nel tentativo di fare perdere le proprie tracce, o, in altre parole, nello sviare il lettore dai fini reali della falsificazione. Sopra tutto, i falsari non sempre riescono a colmare il vuoto del tempo, a scrivere cioè le cose che avrebbe scritto l'autore al quale vogliono accreditare la loro

---

* Il presente testo stava per andare in istampa, quando l'autore ebbe notizia dell'attenuazione, da parte del prof. J.F. Benton, delle sue tesi contrarie all'autenticità della corrispondenza. Il Benton ha esposto le sue nuove idee in una comunicazione dal titolo *A reconsideration of the authenticity of the correspondence of Abelard and Heloise*, pubblicata in 'Petrus Abaelardus (1079-1142)'. *Person, Werk und Wirkung*, herausgegeben von R. Thomas (Trierer Theologische Studien, 38, (Trier, 1980), p. 41-52). Non è qui possibile addentrarsi nell'esame del nuovo contributo, che è certamente una indiscutibile prova dell'onestà intelletuale del suo autore. Sembra tuttavia che la presente relazione, come l'appendice che subito la segue, conservino la loro utilità come contributi alla soluzione di un problema importante e delicato.

composizione, e nel modo in cui quello le avrebbe messe in carta. La nostra corrispondenza, secondo il Silvestre, non si sottrae neppure a questa debolezza.

L'attenzione del collega di Lovanio si fissa prevalentemente sulla HC, che fra i pezzi di cui si compone la corrispondenza non è dei più importanti per il tema che mi è stato assegnato. Ma la *Historia*, come ho cercato di mostrare, è legata da un nesso strettissimo alle altre lettere; inoltre, il problema dell'autenticità investe indistintamente tutto il complesso.

Non è possibile discutere qui, nemmeno sommariamente, tutti i punti toccati dal Silvestre con buona conoscenza dell'argomento; anche perché dovrei ripetere molto di quel che ho scritto nella relazione e nel precedente studio, qui cit. alla n. 65.

Vorrei soltanto richiamare quella che pare a me — e non a me solo — la formidabile unità, artistica e più largamente umana, dello stupendo complesso, per il quale, tolti di mezzo Abelardo ed Eloisa, bisognerebbe pur ingegnarsi a proporre l'autore — o gli autori — adatti; vorrei altresì osservare che le mancanze stesse di coerenza e di consequenzialità appartengono alla vita, e pertanto possono far legittimamente presumere anche l'autenticità[1]; e che il problema della mancata circolazione, per un secolo e mezzo, dell'intero *dossier* potrà forse trovare una risposta, o almeno diventare meno acuto, il giorno in cui conosceremo meglio la vita e la storia del primitivo Paracleto, tuttora oscurissime, e degne di attento studio.

Per ora mi limito a due soli rilievi, volti a mostrare che gli argomenti recati dal Silvestre stimolano a più approfondita riflessione e a più ampia discussione. Una riflessione ed un dibattito che mi auguro pubblici, in una 'tavola rotonda' alla quale prendano parte attiva tutti coloro che negli ultimi anni si sono impegnati sull'argomento. Primo rilievo: il Silvestre (p. 213) qualifica di *désagréable* il legislatore della *Regula* (o *ep. VIII*) per le misure alquanto restrittive a proposito del consumo di pane, contrastanti con quelle più larghe contenute nelle *Institutiones nostrae*; è naturale che quello sgradevole autore non possa essere Abelardo. Per contro, l'insigne collega non dà risalto alcuno al ben più ampio e impegnato discorso che l'*ep. VIII* svolge a proposito dell'uso delle carni, in connessione stretta con l'*ep. VI*. Sull'argomento mi sono già abbastanza diffuso nel corso della relazione perché debba

---

[1] Mi pare che questo concetto si evinca dalla cit. recensione del Vinay alla traduzione italiana dell'opera del Gilson, in *Giornale storico della letteratura italiana*, 127 (1950), p. 456-459.

riprenderlo ancora. Mi limiterò a ricordare che conosco pochi testi che nel complesso rivelino, con chiarezza ed efficacia pari all'*ep*. *VI* e alla *VIII*, le inconfondibili personali caratteristiche di Eloisa e di Abelardo, quali risaltano dalle altre fonti sicuramente autentiche.

Secondo rilievo. Il Silvestre accoglie il punto di vista del Benton anche per quanto riguarda le origini del Paracleto; in particolare, egli è d'accordo con lo studioso americano nel negare il soggiorno di Eloisa ad Argenteuil (p. 213). Si tratta di un argomento sul quale mi pare di dover ritornare con una certa attenzione.

Il Benton vede sorgere il Paracleto, già nel 1121, come monastero doppio, fortemente influenzato dal modello della fiorente Fontevrault, entro o nelle adiacenze di una obbedienza dell'abbazia di S. Dionigi. L'amico studioso contrappone subito, in modo netto, i suoi risultati alla *communis opinio*. Si ritiene infatti generalmente, sulla autorità della HC — il bersaglio preferito dal Benton —, che Eloisa si fosse fatta monaca ad Argenteuil, e che al Paracleto Abelardo l'avesse insediata dopo l'espulsione delle religiose dalla loro prima sede per opera dell'abate di S. Dionigi, Sugero — il quale agiva sulla base di una bolla di Onorio II (1129) a noi giunta e che restituiva il cenobio femminile alla celebre abbazia, con l'onere, per Sugero, di provvedere convenientemente alle monache altrove —; si pensa altresì comunemente che Eloisa e le compagne fossero state collocate da Abelardo presso l'oratorio a lui carissimo in un periodo che può oscillare fra l'aprile 1129 — data del documento di Onorio II — e il novembre 1131, quando la nuova istituzione ricevette il primo ufficiale riconoscimento, già ricordato, da Innocenzo II. Per il Benton, tutta questa costruzione cade: nessuna fonte, infatti, nemmeno la bolla di Onorio, che non nomina Eloisa, lega quest'ultima e le compagne ad Argenteuil; solo la HC e la corrispondenza stabiliscono simile nesso.

Le vere origini del Paracleto sarebbero invece rivelate da un passo della famosa lettera di Roscellino, che presenta Abelardo dedito all'insegnamento in una dipendenza del cenobio di S. Dionigi, donde continuamente si recava a trovare Eloisa per portarle del danaro, con grave scandalo dei confratelli che lo vedevano rientrare tardi. Ecco, secondo il Benton, la doppia comunità, sorta nell'ambito dei possessi del grande cenobio di Francia[2]. Trascuriamo altri aspetti dell'argomentare del Benton, già toccati, del resto, nel mio precedente saggio

---

[2] V. l'esposizione del pensiero del Benton, e la citazione delle relative fonti, in 'Fraud, Fiction...', p. 485-490.

cit. alla n. 65 di questa relazione, e restringiamoci al punto più debole:
l'esegesi, che a mio parere è vero fraintendimento, della lettera di
Roscellino ad Abelardo.

Vediamo con precisione quel che il maestro scrive al discepolo:
vuole andare a discutere con lui sulle accuse che Abelardo gli aveva
mosso, e allo scopo andrà a trovarlo a S. Dionigi, dove lo sa monaco,
e lo avvertirà del suo arrivo tramite l'abate[3]. Egli è bene al corrente
che il destinatario si è ritirato a svolgere il suo magistero in una
dipendenza del cenobio[4]. Ma è chiaro che non può trattarsi del
Paracleto, come invece vorrebbe il Benton. La prova viene subito dopo:
Abelardo fa visite ad Eloisa, che dal testo si desumono frequenti ed
abituali, scandalizzando i confratelli per i suoi ritardati rientri al
monastero:

> collecto falsitatis quam doces pretio, scorto tuo in stupri praemium
> nequaquam transmittis, sed ipse deportas... Teste Deo et electis angelis
> loquor, quia commonachos tuos perhibentes audivi, quia, cum sero ad
> monasterium redis, undecumque congregatam pecuniam de pretio falsitatis
> quam doces calcato pudore ad meretricem transvolans deportas stuprum-
> que praeteritum impudenter remuneras[5].

Anche la donna amata, dunque, si trova in luogo non lontano da
quello in cui risiede Abelardo. Ora, ragioniamo un istante sui dati di
cui disponiamo sicuramente: il dialettico è a S. Dionigi o nei dintorni,
tanto è vero che Roscellino si propone di andare a cercarlo proprio lì;
dunque egli non è al Paracleto, distante da St.-Denis, in linea d'aria,
110-120 km. Ma nemmeno Eloisa poteva trovarsi al Paracleto: se
infatti quelle che l'antico maestro raccoglie sul conto dello scolaro
potevano essere impietose e crudeli calunnie, del tipo di altre che
l'autore stesso della HC lamenta correnti intorno a lui più innanzi,
nel periodo in cui si stanzierà davvero presso il prediletto oratorio
per procurare aiuto materiale alla nuova e povera istituzione monastica[6], è difficile poter credere che i detrattori di Abelardo presen-
tassero nei termini sopra riportati, cioè come visite spesso ripetute e
che sembrano proprio chiudersi entro la giornata, gli eventuali viaggi

---

[3] La lettera di Roscellino fu edita da J. Reiners come *Anhang* (p. 62-80) a un
importante studio dello stesso autore sul pensiero di quel filosofo: *Der Nominalismus
in der Frühscholastik: Ein Beitrag zur Geschichte der Universalienfrage im Mittelalter*,
Beiträge zur Geschichte der Philosophie des Mittelalters, B. VIII, Heft 5 (Münster, 1910).

[4] Reiners, p. 79.

[5] Reiners, sempre p. 79.

[6] Ed. Monfrin, p. 101, r. 1341-1350.

del filosofo da S. Dionigi al Paracleto, che fra andata e ritorno comportavano circa 300 km. di strada.

Ma noi sappiamo benissimo dove si trovava Eloisa, sol che vogliamo prestare un po' di fede alla HC, così sospettata dallo studioso americano: la donna amata da Abelardo era ancora ad Argenteuil, dove si era fatta monaca dopo le notissime vicende e dove, sempre secondo la *Historia*, essa rimarrà sino al trasferimento presso l'oratorio del Paracleto[7]. Ad Argenteuil, come si è visto, il Benton non la vorrebbe in alcun modo, ma si deve convenire che la lettera di Roscellino conferma la HC: fra St.-Denis e Argenteuil la distanza, in linea d'aria, è infatti di 7-8 km.; certamente un po' maggiore sulla strada, ma, in ogni caso, tale da prestarsi bene a visite come quelle malignamente attribuite dall'autore della lettera all'infelice destinatario. Non mi sembra opportuno, per il momento, aggiungere altro. Questa appendice, infatti, vorrebbe soltanto confermare la necessità di nuove riflessioni e ricerche sul tema che ci ha fin qui occupati.

---

[7] Cfr. ed. Monfrin, p. 79, r. 573-575; p. 100, r. 1304-1320.

ULRICH MÖLK

# SAINT ALEXIS ET SON ÉPOUSE DANS LA LÉGENDE LATINE ET LA PREMIÈRE CHANSON FRANÇAISE*

Le culte de saint Alexis a pris son origine à Rome, sur l'Aventin. Cela ne signifie pas, comme nous allons le voir, qu'il n'y eût pas d'autre chemin que la légende orientale de l'Homme de Dieu ait pu prendre pour arriver dans l'Occident latin. C'est à partir de la fin du Xe siècle que saint Alexis est vénéré liturgiquement sur l'Aventin. L'homélie sur saint Matthieu (19,27-29) qu'Adalbert, évêque de Prague et moine de l'abbaye bénédictine de l'Aventin, prononça à Rome lors de la fête de saint Alexis, date vraisemblablement de 995. La Vie romaine de notre saint, rédaction qu'on qualifie généralement d'officielle (B.H.L. 286), date probablement elle aussi de la fin du Xe siècle. Dès le XIe siècle, on connaît le texte de cette Vie, en deçà des Alpes, dans l'Empire, en France et ailleurs. Le texte qui se répand avec une rapidité surprenante, ne cesse pas d'être copié au cours du XIIe siècle. Pour cette raison, on peut le considérer également comme un texte du XIIe siècle, tenu compte du fait qu'à mon avis, chaque public est responsable des textes qu'il trouve intéressants, ce qui revient à dire que la Vie dite officielle de saint Alexis appartient aussi à l'époque qui est le cadre chronologique de ce recueil d'études.

Avant d'étudier la Chanson française de saint Alexis, que nous datons de la fin du XIe siècle, et avant de nous étendre sur une rédaction latine de la légende, qui, antérieure à celle de Rome, date

---

* *Bibliographie.* Textes : *Vita sancti Alexii*, ed. M. Sprissler, *Das rhythmische Gedicht 'Pater Deus Ingenite' (11. Jh.) und das altfranzösische Alexiuslied* (Münster, 1966), p. 107-153; *Vita sanctissimi viri filius Fimiani*, ed. U. Mölk, 'Die älteste lateinische Alexiusvita : Kritischer Text und Kommentar', *Romanistisches Jahrbuch*, 27 (1976), p. 293-315; *La Chanson de saint Alexis* : texte du ms. L (ms. de Hildesheim, provenant de l'abbaye de St. Albans), précédé d'un prologue en prose et d'une miniature. — Études importantes: B. de Gaiffier, '*Intactam sponsam relinquens* : A propos de la Vie de S. Alexis', *Analecta Bollandiana*, 65 (1947), p. 157-195; K. Gierden, *Das altfranzösische Alexiuslied der Handschrift L.: Eine Interpretation unter dem Gesichtspunkt der Trauer und Freude* (Meisenheim, 1967); B. Schmolke-Hasselmann, 'Ring, Schwert und Gürtel im Albanipsalter', *Zeitschrift für französische Sprache und Literatur*, 87 (1977), p. 304-313.

du début du X$^e$ siècle, nous avons l'intention d'examiner la façon dont les rapports entre saint Alexis et son épouse sont décrits dans cette Vie romaine qui est de loin la plus répandue.

Lorsqu'Alexis, nous dit le texte, est arrivé à l'âge adulte, ses parents le marient à une jeune fille (*puella*) d'origine noble. Le soir des noces, le père demande au fils de rejoindre son épouse dans la chambre nuptiale :

> Ut autem intravit, coepit nobilissimus iuvenis et in Christo sapientissimus instruere sponsam suam et plura ei sacramenta disserere. Deindi tradidit ei *anulum* suum aureum et *rendam*, id est caput baltei quo cingebatur involuta in prandeo et purpureo sudario dixitque ei : Suscipe haec et conserva usque dum domino placuerit, et dominus sit inter nos.

Sur ces mots, Alexis quitte son épouse et, sans d'ailleurs leur rien dire, ses parents. Il leur restera, pour nous servir d'un mot du poète français, 'estrange' jusqu'à la mort.

Quant aux noces de saint Alexis, ce sont les parents et non le fils qui y aspirent. C'est le père qui exhorte le fils à consommer le mariage. Mais le saint qui, imprégné d'un profond pessimisme sexuel, tend à la perfection spirituelle, initie son épouse aux choses éternelles, lui donne un anneau et son baudrier et s'évade de la maison paternelle. Le sermon de l'époux — ses instructions (*instruere, disserere*) — a évidemment pour objet la pureté sexuelle de l'épouse. Le texte ne parle, il est vrai, d'aucune réaction de la part de l'épouse, mais il va sans dire que, pour le lecteur ou l'auditeur de l'époque, les choses ne sont pas ambigües : l'épouse obéit à saint Alexis, elle accepte l'anneau et le baudrier que l'époux lui remet. L'anneau est en tant qu'*anulus fidei*, anneau d'alliance, anneau nuptial, symbole de l'union, de la fidélité et de la chasteté. Le baudrier dont le saint se dégage, symbolise certainement le renoncement aux honneurs et engagements séculiers et peut-être aussi, puisqu'Alexis le donne à son épouse, la pureté sexuelle.

Nous voyons que l'épouse est le seul personnage du texte qu'Alexis met au courant de son projet d'une vie d'ascète, le seul personnage qui connaît le motif de sa fuite. Ni le père ni la mère n'en savent rien ni n'en apprennent rien par leur belle-fille. Il est important de constater que par les mots prononcés et par les gestes exécutés dans la chambre nuptiale, la jeune fille est et accepte d'être l'épouse légitime de saint Alexis. Le texte l'appelle toujours 'épouse' (*sponsa*). A cela s'accorde le fait qu'elle reste dans la maison de son époux ; à cela s'accorde avant tout son comportement : elle est soumise et obéissante, chaste et fidèle.

> Sponsa vero eius dixit ad socrum suam: non egrediar de domo tua, sed
> similabo me *turturi*, quae omnino alteri non copulatur, dum eius socius
> captus fuerit. Sic ego faciam quousque sciam, quid factum sit de dulcissimo
> coniuge meo.

*Sponsa, coniux, socrus, nurus, vidua* : la terminologie ne permet pas
de doute. Il s'agit du lien matrimonial. L'image de la tourterelle (très
répandue d'ailleurs depuis les Pères de l'Église) souligne la solitude de
l'épouse et l'intensité de sa fidélité et de sa chasteté, qui en principe
vont au-delà de la mort de l'époux.

Il n'y a plus qu'un seul endroit où le texte mentionne l'épouse de
saint Alexis. Après que les parents ont pleuré la mort d'Alexis, nous
lisons :

> Sponsa quoque eius induta veste lugubri adriatica nomine cucurrit plorans
> et dicens : Heu me, quia hodie desolata sum et apparui vidua. Iam non
> habeo, in quem aspiciam nec in quem oculos levem. Nunc ruptum est
> *speculum* meum et periit spes mea, amodo coepit dolor, qui finem non
> habet.

L'épouse de saint Alexis est la veuve qui a perdu son seigneur.
N'oublions pas d'ajouter qu'elle est sans espoir, qu'elle dit d'elle-même
que sa douleur ne prendra jamais fin. De ceci, il résulte qu'en tant que
personnage du texte, l'épouse est, il est vrai, mise en relief à l'aide de
moyens stylistiques (image de la tourterelle, l'image du miroir) et même
par le développement de l'action (elle seule apprend le projet d'Alexis),
mais nous constatons aussi qu'elle a très peu de part à la spiritualité de
son époux. La sainteté de l'époux ne rayonne pas sur elle. Elle est
l'épouse obéissante, fidèle, chaste et tendre, restant en deuil jusqu'à la
fin de sa vie. Quant à elle, il s'agit non d'un caractère profond,
mais plutôt d'un type (*typos*) qui n'évolue pas : du jour de son mariage
à la fin de sa vie, l'épouse est identique à elle-même. Ceci vaut
d'ailleurs aussi pour l'époux qui est capable de se dégager des choses
terrestres sans qu'il y ait lutte ni hésitation, avec une exception
cependant : comme l'a très bien vu Pierre Damien, le saint renforce,
d'un épisode de sa vie à l'autre, la dureté et la rigueur de son ascèse.

Il y a encore une autre observation à faire, suggérée, elle aussi, par
Pierre Damien : il me semble que la pureté sexuelle qui caractérise le
saint et son épouse, est, pour ainsi dire, préfigurée, dans le récit,
par la chasteté des parents, qui décident, après la naissance de leur fils,
*ut deinceps castum et sanctum reliquum vitae suae ducerent tempus*.

Il me reste à attirer l'attention sur un problème qu'il n'est pas
facile de résoudre. Nous connaissons le comportement de l'épouse

envers l'époux, mais quelle est l'attitude que le saint adopte, après sa
fuite, envers l'épouse? Il faut avouer que le texte de la Vie romaine
semble éluder ce problème. Tel n'est pas le cas de la rédaction du
Mont-Cassin (B.H.L. 288), texte qui, en général, est presque identique
à la version romaine. D'après la rédaction du Mont-Cassin, le saint,
écrivant le récit de sa vie sur le parchemin, n'oublie pas de mentionner
son épouse, ce qui signifie qu'ici le saint porte ses pensées une
dernière fois vers son épouse, tandis que, dans la version romaine, il
ne démontre que sa rigueur ascétique. Dans toutes les rédactions de
la Vie latine qui dérivent de la version romaine, on peut d'ailleurs
observer que les objets symboliques qu'Alexis avait donnés à son épouse
ne sont plus mentionnés par la suite.

Il n'en est pas de même de la plus ancienne version latine de la
légende de l'Homme de Dieu, texte qui offre bien des détails intéressants. Cette rédaction, qui date au plus tard du début du X$^e$ siècle,
a été exécutée en Espagne, sans que Rome eût d'ailleurs été le médiateur
du texte. Quant à notre sujet, on s'aperçoit tout de suite que la rédaction
espagnole traite les rapports entre le saint et l'épouse avec, si je peux
dire, plus d'attention que la version romaine. Ceci vaut déjà pour la
préparation du mariage. Le saint n'obéit pas simplement à ses parents
quand ceux-ci lui proposent le mariage, mais il se fait convaincre.
En ce qui concerne l'épisode de la chambre nuptiale, il est intéressant
de constater que notre rédaction ne parle pas seulement d'un discours
prononcé par le saint, mais qu'elle décrit assez longuement l'entretien
des deux époux :

> Dum autem introiuit ad eam, repletus est spiritu timoris Domini et ait ad
> *coniunctam* sibi uirginem : 'Benedicaris a Domino Deo tuo; benedictus
> Dominus in eternum, qui dedit te mihi in *coniunctionem*, ut impleat in
> nos misericordiam suam sanctam. Rememoratus enim sum prophetam
> dicentem : "Nolite tardare conuerti ad Dominum", et iterum : "Dico, nolite
> tardare; nescitis enim, que pariat superuentura dies, quia de mane in
> uesperum mutabitur tempus'. Est igitur, sponsa mea, dilecta mea, seculum
> istum in ruina positum, et tamquam nihilum reputati sunt dies licentie
> nostre. Nescimus, si hac nocte anima nostra reposcatur, et hora, quam
> nescimus, repente subtrahimur". Statimque ut audiuit puella hos ser-
> mones, stupescens ualde dixit ei : 'Fac, sicut tu uis. Sit enim Dominus
> Deus noster adiutor in omnem confessionem nostram".

Dans cet épisode, le narrateur ne fait pas mention des objets
symboliques qu'Alexis remet à son épouse, mais il la fait parler et
donner son aquiescement explicite. Le saint appelle son épouse *sponsa
mea, dilecta mea*; leur mariage est selon lui une union voulue par Dieu;

le saint invite son épouse à se dédier, à se convertir à Dieu. L'épouse est bien étonnée d'entendre de tels mots dans la chambre nuptiale, mais elle s'accorde à la proposition de son époux.

Le passage correspondant à notre deuxième citation se rencontre, dans la rédaction espagnole, à un endroit différent. C'est déjà l'époque où le saint est rentré à la maison paternelle, sans être reconnu par personne, bien entendu.

> Permansit autem et nurus in uirginitate sua dicens : 'Non mouebor de loco isto, donec sciam, ubi peregrinatus est dilectus meus, sed ero similis *turturi* : inquirens socium suum per aridam uel decurrentia aquarum et alium non querens, et singulariter facta est omnibus diebus uite sue'.

Comme nous le voyons, l'image de la tourterelle se retrouve ici, avec, bien sûr, le même symbolisme. Plus loin, lorsque le narrateur raconte les événements du jour de la mort de saint Alexis, il enrichit la plainte de l'épouse d'un trait intéressant qu'on ne retrouve pas dans la version romaine.

> Quum autem audisset nurus sua de inuentione sponsi sui, prosternit se in terra super faciem suam cum fletu amarissimo dicens : 'Ecce dies afflictionis mee, de quo intellexi, quia uiduitas mea uera est. Sumam igitur lamentum et defleam omnibus diebus uite mee. Uos autem, seniores mei electissimi, flete mecum et adiuuate me in orationibus uestris, ut illi *coniungar* in uita eterna'.

L'épouse, la veuve est inconsolable ; elle sait que son deuil ne prendra pas fin sa vie durant. Mais elle demande aux dignitaires qui l'entourent de pleurer avec elle et de la soutenir par des prières afin que Dieu lui permette de rejoindre le saint après la mort. Le mot *coniungere* se rencontre ici, à la fin du texte, prononcé par l'épouse : le lecteur ou l'auditeur n'a certainement pas oublié que c'est le même mot dont le saint avait qualifié, dans la chambre nuptiale, leur mariage (*coniunctio*). Mais ce n'est pas tout. Il est peut-être encore plus intéressant de voir que le saint lui aussi tient à cette union que Dieu a voulue. Peu avant sa mort, lorsqu'il écrit sa biographie sur le parchemin, il mentionne son épouse et, ayant achevé sa biographie, il enveloppe le parchemin dans un *palleus*, qui est précisément celui que son épouse lui avait donné le jour de leurs noces.

> Quum omnia consummasset, plicauit cyrografum et inuoluit in *palleum*, quem dederat ei sponsa propter consuetudinem pro scriptione eius, et stringens eum in palmis suis extendit semetipsum (...)

Le passage est difficile. *Palleus* ('drap', 'voile') représente ici un don aussi bien personnel que symbolique de la part de l'épouse : don personnel à l'aide duquel l'épouse révélera l'identité de son époux (fonction d'*anagnorisma*), mais également don symbolique qui évoque le lien matrimonial. Car le *palleus* joue un rôle important lors des cérémonies nuptiales : le prêtre en couvre les épaules de l'époux et la tête de l'épouse. Dans d'autres versions latines de la légende, c'est saint Alexis qui remet des objets symboliques à son épouse. Ici, c'est au contraire l'épouse qui donne le *palleus* à l'époux. Au niveau de la technique narrative, il me paraît utile de souligner que le *palleus* n'est mentionné ni dans la scène du départ ni dans la scène de l'*anagnorisis*; on peut même constater par la suite du récit que le parchemin ne semble plus être enveloppé dans le *palleus*. On reconnaît donc que la mention du *palleus* n'a que la fonction de mettre en relief le lien qui unit les deux époux. Le passage entier signifie selon nous que le jour des noces, le saint a remis le contrat de mariage (*scriptio*) à son épouse et qu'elle lui a fait un cadeau de mariage (*palleus*), rituel qui se faisait selon les coutumes (*propter consuetudinem*).

On voit donc que depuis le jour des noces jusqu'à la mort du saint et même jusqu'à la réunion, au Ciel, des deux époux, le lien unissant saint Alexis et son épouse joue un rôle important. Ce lien conjugal et spirituel n'existe pas seulement dans l'optique de l'épouse, mais aussi dans celle du saint. Ainsi, l'auteur espagnol démontre qu'il tient particulièrement au sujet du mariage et de l'amour; il y tient plus en tout cas que ne l'a fait l'auteur de la rédaction romaine. Nous allons cependant voir que l'auteur français de la Chanson de saint Alexis va encore plus loin.

Contrairement à beaucoup de chercheurs, nous datons la Chanson non du milieu, mais de la fin du XIᵉ siècle. Il n'est peut-être pas nécessaire d'avancer ici les arguments qui plaident en faveur de cette datation relativement tardive. Il est plus intéressant, nous semble-t-il, de savoir que la Chanson s'est répandue très rapidement, probablement à partir de la Normandie, dans presque toutes les régions de langue française, y compris l'Angleterre et la Franche-Comté.

De quelle façon l'auteur décrit-il le mariage? Le soir des noces — ce n'était d'ailleurs pas Alexis, mais le père qui désirait le mariage —, Alexis, obéissant une deuxième fois à son père, se rend auprès de son épouse 'al cumand Deu del ciel', comme s'exprime le père, pour ne pas 'corocier' le père, pense le fils. La vue de l'épouse — plus précisément, la vue de la femme l'invitant à des plaisirs érotiques — rappelle au saint l'existence objective et la puissance redoutable du péché originel, de la concupiscence. Pour ne pas succomber lui-même à la force de la concupiscence et — ce qui est important — pour ne pas entraîner dans sa propre chute l'épouse que Dieu lui a donnée, il refuse de consommer le mariage, parce qu'il est convaincu que la vie terrestre s'oppose de façon radicale à la vérité divine à laquelle seule il aspire et vers laquelle il veut conduire son épouse. Cette union avec Dieu — c'est là la 'parfit'amor' (str. 14) — l'épouse en sera capable pourvu qu'elle se donne entièrement au Christ; c'est à celle qui sera symboliquement l'épouse du Christ, qu'Alexis remet le baudrier et l'anneau (str. 15). Évidemment, ces deux objets ont ici la même signification symbolique que dans la Vie latine; peut-être l'anneau a-t-il de plus la fonction de signaler que le saint marie symboliquement son épouse au Christ, détail auquel tient le poète.

> 12  Cum ueit le lit, esguardat la pulcela;
>      dunc li remembret de sun seinor celeste,
>      que plus ad cher que tut aueir terrestre.
>      'E deus, dist il, cum fort *pecet* m'apresset!
>      Se or ne m'en fui, mult criem que ne *t'em* perde'.
> 13  Quant an la cambra furent tut sul remes,
>      danz Alexis la prist ad apeler;
>      la mortel uithe li prist mult a blasmer,
>      de la celeste li mostret ueritet;
>      mais lui est tart quet il s'en seit turnet.
> 14  'Oz mei, pulcele! Celui tien ad espus
>      ki nus raens de sun sanc precius.
>      An ices secle nen at *parfit' amor*,
>      la uithe est fraisle, n'i ad durable honur.
>      Cesta lethece reuert a grant tristur'.
> 15  Quant sa raisun li ad tute mustrethe,
>      pois li cumandet les *renges* de s'espethe
>      & un *anel*; a Deu li ad comandethe.

Ceci posé, le texte ne permet pas de douter qu'Alexis et son épouse sont liés, l'un à l'autre, du lien d'un mariage légitime. Elle est toujours appelée 'la spuse', 'la spuse danz Alexis' ou 'la spuse/la pulcele que il out espusethe'. Lui est, comme le dit sa mère, le 'seigneur' de son épouse. Lorsqu'il est parti, elle se décide à vivre 'an guise de turtrele'. Il est très important de voir que l'épouse, quand elle se lamente sur l'absence de son mari, reprend le mot de 'pechet' que le saint avait employé dans son discours (str. 22). Ce n'est pas à un péché commis soit par lui, soit par elle-même qu'elle pense à ce moment, mais plutôt à l'existence objective du 'pechet' en tant que danger qu'il faut éviter quand on s'achemine vers la perfection. Elle qui avait accepté le baudrier et l'anneau en épouse obéissante, comprend maintenant

quelque chose de très important (la valeur de 'pechet'), mais nous
voyons aussi que sa douleur personnelle surpasse encore la joie qui
naît de la confiance de parvenir, par le *contemptus mundi*, au bonheur
éternel.

Quant à saint Alexis, il n'a pas non plus oublié son épouse. Rentré
à la maison de son père, il la voit et l'entend pleurer l'absence du
mari, ce qui le fait tout de même réfléchir (str. 49), mais, sûr de
lui-même, il en revient à la conclusion qu'il n'y a rien d'important en
dehors du salut éternel.

La plainte funèbre de l'épouse présente deux passages assez intéressants :

> 95  Sire Alexis, tanz iurz t'ai desirret
> e tantes feiz pur tei an luinz guardet,
> si reuenisses ta spuse conforter,
> pur *felunie* nient ne pur *lastet*.
> 98  Ia tute gent ne m'en sousent turner
> qu'a tei ansemble n'ousse conuerset;
> *si me leust*, si t'ousse bien guardet.

Les deux derniers vers de la strophe 95, nous les interprétons
ainsi : 'pour voir si tu ne reviendrais réconforter ton épouse, ni pour
infidélité/trahison ni pour lâcheté/lassitude/faiblesse', ce qui signifie
qu'à son avis, Alexis aurait pu revenir chez elle, tout en restant fidèle
à l'union avec Dieu et tout en gardant sa force ascétique; l'épouse
reconnaît donc que la mission ascétique de l'époux est d'une importance
supérieure à toute préoccupation personnelle et humaine. Elle dit qu'elle
aurait été prête à partager sa vie d'ascète, mais elle ajoute : 'si cela
m'avait été possible' (str. 98). La restriction qu'elle fait en ajoutant
'si me leust' prouve à mon avis qu'à ce moment-là, elle se doute
que, au fond, partager la vie ascétique de son mari ne lui aurait
pas été possible. Maintenant qu'elle connaît le destin extraordinaire
de son époux, le lien qui l'unit toujours à saint Alexis, s'est enrichi d'une
valeur ultérieure : c'est l'espoir de rejoindre l'époux après la mort.
Et ici, le poète français est d'une logique admirable. Quelques strophes
plus loin, il dit précisément qu'après la mort de l'épouse, le couple
est enfin réuni :

> 122  Sainz Alexis est el ciel senz dutance,
> ensembl'ot deu e la compaignie as angeles,
> *od la pulcela* dunt il se fist si estranges.
> *Or l'at od sei, ansemble sunt lur anames*;
> ne uus sai dirre cum *lur ledece est grande.*

C'est précisément cet aspect de la Chanson que l'auteur du prologue en prose (qui n'est d'ailleurs pas identique à l'auteur de la Chanson) met en relief. De même, c'est la relation très étroite entre le saint et son épouse que choisit comme sujet l'auteur des miniatures qui précèdent, dans le ms. de Hildesheim, le prologue.

L'intérêt qu'a pour notre sujet la Chanson de saint Alexis peut se résumer de la façon suivante : contrairement à la Vie romaine, n'étant cependant pas sans analogie avec la Vie espagnole, le texte français nous peint l'épouse non comme un type fixe, mais comme un caractère souple et susceptible d'une certaine évolution. Avant le mariage, il s'agit d'une jeune fille noble, il est vrai, mais sans posséder, sur le plan intellectuel et humain, des qualités particulières. Le soir des noces, elle suit les instructions d'Alexis, en épouse obéissante, sans les comprendre réellement. Lorsque le mari est parti, elle se doute que le départ a été nécessaire : elle lui restera fidèle à la manière d'une tourterelle. Devant le cercueil de l'époux, elle reconnaît qu'une vie ascétique commune ne leur a pas été possible. Après la mort, elle rejoint l'époux qui, la vie durant, lui a été si 'estrange'. Son renoncement à un mariage séculier, renoncement auquel elle a donné son aquiescement, est le point de départ d'une vie pleine de douleurs, il est vrai, mais riche aussi en expériences spirituelles, conduisant à des 'goies del ciel' (prologue), à une 'ledece' (Chanson) dont les époux jouissent ensemble au Ciel.

Göttingen

Jacques De Caluwé

# L'AMOUR ET LE MARIAGE, MOTEURS SECONDS, DANS LA LITTÉRATURE ÉPIQUE FRANÇAISE ET OCCITANE DU XIIe SIÈCLE

Dans les lettres françaises du XIIe siècle, l'idéal épique, c'est bien connu, coïncide avec le service féodal et chrétien, tandis que l'idéal romanesque et courtois magnifie le service d'amour.

On reconnaît, dans cette constatation, le simple fruit d'une honnête lecture des œuvres concernées, mais aussi le goût de la critique et de l'histoire littéraires pour l'équilibre et le balancement cartésiens des dichotomies. En fait, c'est une idée reçue qui cherche à superposer une typologie des contenus à une typologie des formes, puisque l'on peut reconnaître, dans chacun de ces genres, un jeu spécifique des structures narratives [1]. En ce qui concerne les détails, cependant, il serait bien peu vraisemblable que se vérifiât une vue aussi nette des choses, dans la mesure surtout où ces genres ont longtemps coëxisté avant de se fondre en épopées romanesques et en romans de chevalerie. Et si la chanson de geste, dans le Nord de la France, a sans aucun doute précédé le roman, son éclosion à la fin du XIe siècle semble bien contemporaine des premières manifestations 'courtoises' de la lyrique occitane des troubadours.

Une lecture attentive du *corpus* épique suggère plus de nuances. Au lieu d'insister sans cesse sur une opposition contrastée, il serait opportun de souligner que chaque genre privilégie l'une ou l'autre manifestation fondamentale de la société médiévale dans laquelle il s'inscrit, sans pour autant vivre sur lui-même, en ignorant superbement d'autres aspects du réel.

On sait déjà que l'amour courtois a parfois pris le détour du vocabulaire féodal, 'spécifique' à l'épopée, pour exprimer son idéo-

---

[1] Voir à ce sujet Jean Rychner, *La chanson de geste — Essai sur l'art épique des jongleurs*, Société des publications romanes et françaises, 53 (Genève-Lille, 1955) et le volume collectif *La technique littéraire des chansons de geste* (colloque international tenu à l'Université de Liège du 4 au 6 septembre 1957), Les congrès et colloques de l'Université de Liège, 11 (Liège, 1959).

logie[2] : certains ont même cru reconnaître là l'origine si controversée de la 'fin'amor'[3]. En revanche, des écrits comme ceux de Jacques Ribard[4] révèlent que le roman courtois exprime çà et là, de manière symbolique, une pensée chrétienne dont la 'senefiance' serait plus eschatologique qu'érotique.

Ne peut-on pas, dès lors, remettre en question l'opinion largement répandue selon laquelle l'amour ne jouerait aucun rôle actif et digne d'intérêt dans la chanson de geste du XIIᵉ siècle?

C'est à ce problème que je voudrais consacrer les réflexions qui suivent. Peut-être susciteront-elles le projet d'une étude plus complète qu'il m'est évidemment impossible de présenter dans le cadre de ce recueil.

*
*    *

Dès que l'on pense au concept 'chanson de geste', on a tendance à évoquer, sans s'interroger davantage, la *Chanson de Roland*, ou plus exactement la version de cette œuvre qui est conservée dans le manuscrit d'Oxford et qui est la seule à être accessible, aujourd'hui encore, à des lecteurs non spécialistes de la philologie médiévale[5]. Or, pour notre sujet, ce texte présente bien toutes les caractéristiques susceptibles de confirmer la conception dichotomique que nous avons évoquée, car il accorde une place très limitée à l'amour et à sa face institutionnelle, si j'ose m'exprimer ainsi pour désigner le mariage.

Les premiers commentateurs de notre vénérable épopée ont tout fait, au demeurant, pour aggraver cet aspect négatif. Comme l'a fort justement noté une romaniste liégeoise, Mlle Annette Vallé, dans un beau mémoire de licence consacré au *Personnage d'Aude dans la*

---

[2] Cf. Rita Lejeune, 'Formules féodales et style amoureux chez Guillaume IX d'Aquitaine', dans *Atti del VIIIᵒ congresso internazionale di studi romanzi* (Firenze, 1959), p. 227-248; repris dans *Littérature et sociétés occitanes au moyen âge* (Liège, 1979).

[3] Antoine Tavera, 'Toujours à propos de la genèse du "trobar"', dans *Actes du colloque des 5 et 6 mai 1978 : Littérature et société au moyen âge* (Amiens, 1978), p. 305-332.

[4] Cf. notamment Jacques Ribard, *Chrétien de Troyes, Le Chevalier de la Charrette — Essai d'interprétation symbolique* (Paris, 1972) et *Chrétien de Troyes, Le Conte du Graal — Anthologie thématique* (Paris, 1976).

[5] Nous disposons, au moins, aujourd'hui, en plus de l'édition et de la traduction de Joseph Bédier, des éditions de Gérard Moignet (Paris, 1969, avec traduction), de Cesare Segre (Milano-Napoli, 1971) et de Gerard J. Brault (University Park-London, 1978, avec traduction anglaise). C'est aussi cette version que vient de traduire Pierre Jonin (Paris, 1979).

*littérature du moyen âge*[6], on se trouve, lorsqu'on parcourt la critique, en face d'un nombre considérable de notes ou de résumés qui ignorent sans plus le personnage d'Aude la belle. Et lorsqu'elle retient l'attention, 'ombre furtive'[7] ou 'éclair fulgurant'[8], Aude est le plus souvent réduite au rôle de faire-valoir, qu'il s'agisse de mettre en évidence, au-delà de l'action elle-même, la valeur de Roland ou la félonie de Ganelon. Quant à Bramimonde, l'autre femme de la *Chanson de Roland* — elle dont la seule présence impliquait celle d'Aude, car il eût été pour le moins étrange que les païens fussent mieux aimés que les chrétiens —, on limite volontiers son intérêt à la signification de son baptême[9], qui met fin à l'œuvre en évoquant le thème de la rédemption.

C'est évidemment là une attitude critique contestable, puisqu'elle omet de lire les textes *in extenso* : l'étude détaillée des épisodes fugitifs où ces personnages apparaissent et, avec eux, l'amour, révèle à chaque pas l'importance qui leur est accordée dans l'économie de l'œuvre. Si l'amour est loin, en effet, de jouer un rôle de premier plan dans la *Chanson de Roland* oxonienne, il n'en est pas moins présent sous plusieurs aspects qui contribuent à donner à l'œuvre sa dimension humaine.

Évoqué par Olivier en colère, c'est l'amour physique qui, discrètement, surgit :

> Dist Oliver : — Par ceste meie [b]arbe,
> Se puis veeir ma gente sorur Alde,
> Ne jerreiez ja mais entre sa brace!          (vv. 1719-1721)[10]

Lorsqu'intervient Charlemagne, c'est plutôt du mariage qu'il s'agit, en tant qu'institution sociale susceptible d'apporter à la femme un statut et une protection, dans le cadre de la féodalité. Malgré sa propre peine et l'émotion que lui communique le désespoir d'Aude, il réagit comme un souverain à qui il incombe de rétablir un ordre social, et il propose à la jeune fille l'échange que l'on sait :

---

[6] Annette Vallé, *Le personnage d'Aude dans la littérature du moyen âge*, mémoire dactylographié, Université de Liège, année académique 1974-1975.

[7] Maurice Delbouille, *Sur la genèse de la Chanson de Roland* (Bruxelles, 1954), p. 41.

[8] Jules Horrent, *La Chanson de Roland dans les littératures française et espagnole au moyen âge*, Bibliothèque de la Faculté de Philosophie et Lettres de l'Université de Liège, 120 (Paris, 1951), p. 281.

[9] Cf. Hans-Erich Keller, 'La conversion de Bramimonde', dans *Société Rencesvals, VIᵉ congrès international, Actes* (Aix-en-Provence, 1974), p. 175-203.

[10] Les citations de la *Chanson de Roland* sont extraites de l'édition Cesare Segre.

> Jo t'en durai mult esforcét eschange :
> Ço est Loewis, mielz ne sai a parler ;
> Il est mes filz, e si tendrat mes marches.                    (vv. 3714-3716)

Mais Aude ne comprend pas ce langage et sa réponse, à la fois sobre et pathétique

> Alde respunt : — Cest mot mei est estrange.                    (v. 3717)

implique une autre conception de l'amour, toute de sentiment et de passion latente. Aude se dissout, d'ailleurs, sans attendre davantage, dans une mort qui, comme l'a montré Jean Subrenat[11], peut faire penser à celle d'Iseut. N'était-ce pas là pour Aude, et pour Turold, le moyen sûr et cruel d'affirmer l'existence d'un amour qui ne coïncide pas nécessairement avec les valeurs sociales défendues par l'idéal épique ?

De son côté, Bramimonde, la païenne épouse de Marsile, représente, me semble-t-il, les deux faces de l'amour conjugal tel qu'on le rencontre dans les chansons de geste. Sentimentalement attachée à Marsile, elle n'hésite pas à crier sa douleur quand elle craint de le perdre :

> Dedevant lui sa muiller Bramimunde
> Pluret e crïet, mult forment se doluset,                    (vv. 2576-2577).

mais elle se lamente aussi, et très souvent, sur ce qu'implique pour sa situation personnelle la mort de son royal époux :

> Que devendrai, duluruse caitive ?
> Lasse ! que n'ai un hume ki m'ociet !                    (vv. 2722-2723)

Lors de sa première apparition, elle s'était présentée à Ganelon comme seulement capable d'exprimer les sentiments éprouvés par Marsile :

> — Jo vos aim mult, sire, — dist ele al cunte
> — Car mult vos priset mi sire e tuit si hume.                    (vv. 635-636).

'Les personnages féminins, écrit Micheline de Combarieu[12], n'apparaissent dans l'ensemble de notre littérature épique que par référence à des personnages masculins'. C'est tellement vrai pour Bramimonde que, privée d'époux, elle est totalement désemparée, au point qu'on la voit renier sa foi païenne bien avant sa conversion. J'avoue ne pas partager ici l'avis de Gerard J. Brault[13] pour qui Bramimonde

---

[11] Jean Subrenat, 'Aude et Yseut devant la mort', dans *Mélanges offerts à Charles Rostaing* (Liège, 1974), p. 1049-1057.

[12] *L'idéal humain et l'expérience morale chez les héros des chansons de geste — des origines à 1250 —*, Publications de l'Université de Provence, Études littéraires, 3 (Aix-en-Provence, 1979), p. 351.

[13] Gerard J. Brault, ' "Truvet li unt le num de Juliane" : sur le rôle de Bramimonde dans la Chanson de Roland', dans *Mélanges offerts à Pierre Le Gentil* (Paris, 1973), p. 134-149.

aurait 'un cœur de Judith'. Son désir de voir Charlemagne mort participe plutôt d'une aspiration à la paix que d'une colère mal contenue ou d'un désir de vengeance. Elle considère que c'est le seul moyen — avec sa propre mort — de ne plus avoir à prendre des responsabilités dans une guerre dont l'issue, fatale pour son peuple, lui paraît inéluctable. Il est remarquable de constater, dans ce passage, qu'elle souhaite la mort de Charlemagne en utilisant une formule très semblable au vers 2723, déjà cité, dans lequel elle appelait la mort sur elle-même :

> E Bramimunde le pluret, la reïne ;
> Trait ses chevels, si se cleimet caitive,
> A l'altre mot mult haltement s'escriët :
> — E ! Sarraguce, cum ies oi desguarnie
> Del gentil rei ki t'aveit en baillie !
> Li nostre deu i unt fait felonie,
> Ki en bataille oi matin l[i] faillirent.
> Li amiralz i ferat cuardie,
> S'il ne cumbat a cele gent hardie
> Ki si sunt fiers, n'unt cure de lur vies.
> Li emperere od la barbe flurie
> Vasselage ad e mult grant estultie ;
> S'il ad bataillie, il ne s'en fuirat mie.
> Mult est grant doel que nen est ki l'ociet. —                    (vv. 2595-2608)

Peu d'amour, donc, et peu de mariage dans cette chanson de geste, mais il ne s'agit pas d'une exclusion : le sentiment et l'institution socio-religieuse qui le consacre interviennent bien dans la fiction narrative. Cependant leur rôle se limite à l'un des deux aspects que présente la structure du récit ; ils constituent, en effet, des éléments de psychologie inscrits dans un cadre statique et, comparables aux traits que révèlent les 'laisses parallèles', ils n'interviennent que médiocrement dans la dynamique de l'intrigue.

Quoi qu'il en soit, on sait que, loin de constituer un prototype de chanson de geste, la *Chanson de Roland* apparaît plutôt, dans sa sobre beauté, comme une œuvre atypique[14]. Et l'esthétique d'ascète qui semble avoir présidé à sa composition pourrait bien n'être, dans le cadre de la féodalité et de l'esprit de croisade, que la récupération géniale d'une tradition plus proche des autres chansons de geste du douzième siècle que nous connaissons. Témoins d'un état de la tradition rolandienne postérieur ou antérieur à la version d'Oxford,

---

[14] Sur ce point, je me permets de renvoyer à mon article 'Pour une typologie de la chanson de geste : le cas de la Chanson de Roland', à paraître.

les autres manuscrits de la *Chanson de Roland*[15] présentent en tout cas, sur le sujet qui nous occupe, des caractères éminemment différents.

Les versions de C, $V_4$ et $V_7$ insèrent dans le récit une aventure qui, faisant passer le terrain des événements d'Aix-la-Chapelle à Blaye, donne à Aude une dimension nouvelle[16]. Trois songes et deux prières, qui mériteraient d'être longuement étudiés, lui sont attribués, et ces artifices de la composition lui donnent, dans ces versions, une importance presque égale à celles de Charlemagne et de Roland. Et si quelque esprit romanesque peut avoir imprégné l'épisode où l'empereur se perd dans de piteux mensonges pour cacher à Aude la mort des deux héros, les scènes évoquées ci-dessus correspondent bien, quant à elles, aux fonctions des prières contenues dans les chansons de geste ou aux fonctions des rêves, telles que les a expliquées Herman Braet[17], qui projettent dans un concret symbolique les aspirations et les craintes des personnages. Ailleurs dans la *Chanson*, seul Charlemagne est visité par des songes prémonitoires, seuls Charlemagne et Roland prononcent de longues prières.

Le rôle de la femme et celui de l'amour en sont ainsi grandis et cela — il est remarquable de le noter ici — dans une perspective qui n'enlève rien à l'idéal 'typique' de la chanson de geste. L'amour d'Aude — au sens le plus large du terme — se porte sur son frère autant que sur son fiancé. C'est à Olivier mort qu'elle parlera, c'est pour lui qu'elle réclamera avec succès une fugitive résurrection. Et, dans une scène ultime qui ne laisse pas d'évoquer les gisants des abbayes, on la retrouvera entre les deux hommes, étendue et défunte :

> Entre deus bieres, soz un paille d'olgié,
> La ont le cors de belle Aude couchié.
>
> (ms. C, vv. 7263-7264)[18]

Tout cela me paraît réduire considérablement l'influence possible de l'esprit romanesque sur ces remaniements où Aude rejoint sans doute Iseut dans la passion amoureuse, mais en révélant virtuellement l'âme épique d'une Guibourc, d'une Berte ou d'une Chimène.

Les autres chansons de geste du cycle de Charlemagne sont pour la plupart trop récentes pour retenir notre attention dans les limites chronologiques fixées pour ce recueil. On peut cependant noter que

---

[15] Cf. *Les Textes de la Chanson de Roland* édités par Raoul Mortier (Paris, 1940-1944).

[16] Annette Vallé, *Personnage d'Aude...*, p. 110 sv.

[17] Herman Braet, *Le songe dans la chanson de geste au XIIe siècle*, Romanica Gandensia, 15 (Gent, 1975).

[18] Édition Raoul Mortier (Paris, 1943).

le rôle de l'amour, du mariage et même de la vie conjugale intervient pour une part non négligeable, mais au second degré, dans une œuvre comme le *Pèlerinage de Charlemagne*[19]. L'auteur de cette chanson 'a composé, selon Jules Horrent[20], un conte à rire sans sortir des préceptes moraux courants de la conception chrétienne de son époque, conception fervente, naïvement optimiste, libre d'allure, familière et qui se permet certaines privautés innocentes avec le divin et le sacré'. Ce faisant, il insère son intrigue entre deux scènes de la vie privée d'un couple royal et il construit, sur le mode burlesque, l'évocation d'un *gab* érotique qui parodie l'héroïsme chevaleresque, mais trouve sa conclusion dans un mariage où l'amour et la morale chrétienne peuvent retrouver leur compte. Les continuateurs de la geste du roi ne manqueront d'ailleurs pas d'insister sur cet aspect des événements[21].

* * *

Les textes épiques qui appartiennent à la geste de Guillaume d'Orange ont été plus souvent observés du point de vue qui est ici le nôtre, dans la mesure où l'un des traits originaux de ces chansons réside dans le traitement littéraire du couple Guillaume-Guibourc[22]. Mais il faut immédiatement noter qu'il ne s'agit jamais, dans ce cas-ci, d'une quête amoureuse proprement dite ou de l'expression de sentiments passionnés : les personnages sont unis l'un à l'autre par les solides liens de leur 'amour-estime'[23] et ils se retrouvent égaux dans le combat qu'ils livrent, chacun selon ses moyens, pour exalter ou sauvegarder l'idéal épique. Ce sont des gens heureux qui ont une histoire, mais celle-ci ne concerne pas leur amour.

Il est remarquable de constater que ces personnages sont indissociables à travers toute une geste dont les diverses rédactions s'étalent sur plus d'un siècle. Comme l'a noté Jeanne Wathelet-Willem[24], même

---

[19] Cf. édition Guido Favati (Bologna, 1965) et *Le Voyage de Charlemagne à Jérusalem et à Constantinople*, traduction critique par Madeleine Tyssens, Ktemata, 3 (Gand, 1978).

[20] Jules Horrent, *Le Pèlerinage de Charlemagne — Essai d'explication littéraire avec des notes de critique textuelle*, Bibliothèque de la Faculté de Philosophie et Lettres de l'Université de Liège, 158 (Paris, 1961), p. 122.

[21] Notamment l'auteur de *Galien li restorés* (cf. édition Stengel, Marburg, 1890).

[22] Cf. notamment Jean Frappier, *Les chansons de geste du cycle de Guillaume d'Orange*, 2 volumes (Paris, 1955 et 1965). On peut aussi consulter Nicole Brach-Pirotton, *Quelques figures féminines de la geste de Guillaume d'Orange*, mémoire dactylographié, Université de Liège, année académique 1973-1974.

[23] Jean Frappier, *Les chansons de geste...*, I, p. 179.

[24] Jeanne Wathelet-Willem, 'Guibourc, femme de Guillaume', article à paraître dans un volume d'hommage à la mémoire de Jean Frappier.

dans le *Moniage Guillaume*, où la mort empêche évidemment Guibourc d'être un personnage de premier plan, l'auteur insiste sur les liens qui l'attachent à Guillaume :

> Ch'est de Guillaume, le marchis au cort nés
> Et de Guibors la dame o le vis cler.

La geste de Guillaume est essentiellement fondée sur des intrigues de guerre et de féodalité. L'exploit n'y est pas lié à l'amour que les héros portent à leur épouse ou à quelque princesse sarrasine, et l'on y trouve aussi des héros sans femme, comme Vivien. Dans les textes les plus anciens, l'amour ne suscite jamais l'action par lui-même; il s'y superpose et la rend plus humaine. Plus tard — et c'est le cas dans la *Prise d'Orange*, mais ce ne l'était sans doute pas dans la version primitive[25] ni dans ce *Siège d'Orange* perdu, dont Madeleine Tyssens[26] a déterminé l'existence vraisemblable —, l'amour peut rendre une tension nécessaire à une fiction qui ne se satisfait plus des événements politiques.

Toutefois, il ne faudrait pas croire que ce sentiment qui vient au secours esthétique d'un idéal en péril coïncide avec la dialectique amoureuse que l'on rencontre dans le roman. Le premier contact entre les deux héros, décrit dans les *Enfances Guillaume*[27] et dans la *Prise d'Orange*, confirme bien le caractère original du couple. 'Il n'y a pas ici, écrit Micheline de Combarieu[28], une jeune fille amoureuse — priant, demandant, — et un jeune homme recherché et s'avisant d'accepter de l'être, mais deux personnages en quête l'un de l'autre, et qui se découvrant, se reconnaissent'. Tourné vers le mariage, institution socio-religieuse, l'amour épique ne s'achève pas avec le sacrement, tandis que l'amour romanesque, parce qu'il magnifie la quête de l'autre, perd son intérêt littéraire au moment même où il s'accomplit.

Entre les chansons qui évoquent la rencontre des héros et celles qui envisagent le moment de leur séparation fatale, nous possédons des œuvres qui font coïncider l'action épique et la vie conjugale. Là, nous trouvons bien l'image de deux êtres solidaires, entièrement dévoués l'un à l'autre. Leur amour ne fait aucun doute, même s'il ne paraît fondé, la plupart du temps, que sur une passion éteinte par les ans. Mais il ne faut pas s'y tromper : cet amour conserve en lui des

---

[25] Cf. Claude Régnier, *Les rédactions en vers de la 'Prise d'Orange'* (Paris, 1966).
[26] Madeleine Tyssens, 'Le "Siège d'Orange" perdu', *Boletín de la Real Academia de Buenas Letras de Barcelona*, 31 (1965-1966), p. 321-329.
[27] Édition Patrice Henry, S.A.T.F. (Paris, 1935).
[28] *Op. cit.*, p. 360.

violences latentes prêtes à se manifester et l'on sait qu'une des plus
terribles colères de Guillaume intervient précisément quand la reine
Blanchefleur médit de Guibourc :

> Dame Guiburc fu née en païsnisme,
> Si set maint art e mainte pute guische.
> El conuist herbes, bien set temprer mescines.
> Tost vus fereit enherber u oscire.                         (vv. 2591-2594) [29]

'Guillaume, écrit Jeanne Wathelet-Willem [30], frappé dans son amour
pour Guibourc, sans relever les calomnies portées contre elle, se
déchaîne contre sa sœur, dont il dénonce la conduite dépravée en des
termes d'une violence remarquable [...]'. En fait, avant que la reine
n'ait 'la folle idée de s'en prendre à Guibourc' [31], le héros vient
d'accumuler en son cœur un bon nombre de griefs à l'encontre d'un
couple royal aussi jaloux des marques extérieures de son rang qu'in-
efficace dans l'exercice du pouvoir. Mais il a pu garder son calme
jusque-là et c'est la seule attaque portée contre Guibourc qui le fait
sortir de lui-même. La violence de ses propos paraît alors d'autant
plus grande que Guillaume, omettant de répondre aux accusations
de sa sœur, qui brode malicieusement sur des faits réels, accuse à
son tour en des termes qui, apparemment, sont encore moins fondés.
La lecture du dernier ouvrage de René Girard [32] inviterait peut-être
à interpréter ce passage de manière psychanalytique et à voir en
Blanchefleur la victime — non innocente, au demeurant — d'un
'transfert sacrificiel' de la violence. Ne pouvant nier l'origine païenne de
Guibourc ni, sans doute, ses pouvoirs magiques, et craignant par-dessus
tout que l'on n'insiste sur cette 'faiblesse' de l'héroïne chrétienne,
Guillaume adresse à Blanchefleur des injures gratuites, en ce qui la
concerne, mais qui seront, par antiphrase, autant d'éloges des vertus
conjugales de Guibourc : sur ce plan-là, en tout cas, elle est inattaquable.
Subsidiairement, la situation fera apparaître davantage encore le
caractère falot du roi qui est incapable, quant à lui, de défendre son
épouse — et sa propre dignité — contre les accusations les plus
calomniatrices.

[29] Édition Jeanne Wathelet-Willem, *Recherches sur la Chanson de Guillaume*, 2
volumes, Bibliothèque de la Faculté de Philosophie et Lettres de l'Université de Liège,
210 (Paris, 1975).
[30] Jeanne Wathelet-Willem, 'Le roi et la reine dans la Chanson de Guillaume et
dans Aliscans', dans *Mélanges Jeanne Lods* (Paris, 1978), p. 566.
[31] Italo Siciliano, *Les chansons de geste et l'épopée — Mythes — Histoire —
Poèmes* (Torino, 1968), p. 385.
[32] René Girard, *La violence et le sacré* (Paris, 1972).

Ainsi les mots de Guillaume en colère dépassent-ils, dans leur
violence, la réalité des faits, mais certes pas sa pensée, toute à
défendre ici la légitimité de son amour conjugal.

*<br>* *

On peut s'attendre à ce que les épopées occitanes, nées dans un
cadre culturel qui a privilégié le lyrisme et la 'fin'amor', présentent
des caractères différents. C'est là un problème qui a, jusqu'ici, fort
peu retenu l'attention dans la mesure où, le plus souvent, les textes
narratifs en langue d'oc ne sont évoqués que par référence aux œuvres
françaises, dont on prétend qu'ils ne seraient jamais que de pâles
imitations dépourvues de toute originalité.

Pourtant, quelle que soit la spécificité septentrionale de la typologie
épique médiévale, la production occitane ne paraît pas indigne d'intérêt
car tout transfert de genre littéraire d'une culture à une autre s'accompagne forcément de certaines mutations au niveau du contenu social
ou idéologique sinon toujours au niveau des formes.

Dans un bel article consacré au texte tardif du *Roland à Saragosse*[33],
Hans-Erich Keller a mis en évidence la 'rencontre de deux cultures'
qui a pu se manifester au XIIIᵉ siècle et qui a pu, notamment,
transformer le personnage de Roland en héros courtois. D'autres
œuvres mériteraient d'être abordées dans le même esprit et, pour s'en
tenir à la situation au XIIᵉ siècle, ou peut se référer à deux chansons
de geste bien connues : *Daurel et Beton* et *Girart de Roussillon*.

La première œuvre, dont la composition est certainement antérieure à
1170[34], présente d'incontestables traits communs avec les épopées
françaises : la présence de Charlemagne, de Roland, d'Olivier et d'un
personnage appelé Beuve d'Antona ne suffit-elle pas à rattacher cette
chanson à la geste du roi ? Mais ici, la narration ne s'inscrit pas dans
un cadre féodal hiérarchisé et rigide, et si les rapports de vassalité[35]
interviennent, ils ne constituent pas le moteur de l'action. L'idéal épique
qui, à travers les rapports sociaux, se référait au service de Dieu,
se voit complètement oublié et remplacé par une intrigue d'ordre

---

[33] Hans-Erich Keller, 'Roland à Saragosse : Rencontre de deux cultures', dans
*Mélanges offerts à Rita Lejeune* (Gembloux, 1969), p. 137-158.

[34] Cf. A.S. Kimmel, *A critical edition of the old Provençal epic Daurel et Beton*,
University of North Carolina Studies in the Romance Languages and Literatures, 108
(Chapel Hill, 1971).

[35] Voir à ce sujet mon article 'Le lien féodal dans Daurel et Beton', dans *Etudes de
philologie et d'histoire littéraire offertes à Jules Horrent* (Liège, 1980), p. 105-114).

'privé'. Un accident de 'compagnonnage' déclenche le drame qui, dans un premier temps, se résout littérairement en une opposition mani-chéenne entre l'amitié la plus généreuse et l'ingratitude la plus noire.

L'aspect quelque peu caricatural des sentiments humains que cette chanson présente atteint aussi l'amour et le mariage. Quand Charlemagne donne sa sœur Ermenjart au duc Beuve, il ne se préoccupe que de réalités sociales, et c'est la raison pour laquelle, après la mort du mari, il n'hésitera pas à confier la jeune femme à celui qui l'a rendue veuve. Quand le jongleur Daurel décide de sacrifier son propre fils pour sauver Beton, il ne consulte pas non plus son épouse Béatris. Enfin, quand Beton épouse Erimène, l'amour qui semble être né entre eux apparaît comme un élément subsidiaire au mariage : c'est une évidence logique plutôt qu'un sentiment :

> Pueissas trametz per sa gentil molher,
> Ab ela vengro mai de .m. cavaliers,
> So nom li laissa que no lo.lh vol cambier :
> Domna Erimena si fai ben apelier.                    (vv. 2080-2083)[36]

Jusqu'à un certain point, l'amour et le mariage paraissent donc traités, dans cette épopée moins féodale que 'familiale', d'une manière assez traditionnelle, et l'on peut rapprocher sans extrapolation l'attitude de l'empereur vis-à-vis d'Ermenjart de la fameuse scène d'Aude dans la *Chanson de Roland* oxonienne. La seule différence — mais elle est importante — concerne une forme de contestation latente dirigée précisément contre la situation qui est présentée dans le récit. Si Béatris, comme Aude, se contente de mourir, Ermenjart n'hésite pas à mettre de la violence dans les paroles qu'elle adresse à Charlemagne quand celui-ci se joue de ses sentiments et la met — sans le vouloir — dans la situation d'une Andromaque médiévale. En fin de compte, le conflit entre Charlemagne et sa sœur au sujet d'une conception du mariage s'ajoute aux éléments dynamiques qui sous-tendent la deuxième partie de la chanson : marqué par le destin pour venger le meurtre de son père, Beton devra aussi laver l'affront infligé à sa mère par l'empereur lui-même[37] :

> Si Beto vieu, que es petitz assatz,
> Aquest mieu plah sera mol car compratz.              (vv. 624-625)

---

[36] Édition A.S. Kimmel, *A critical edition...*
[37] Il s'agit, en fait, de la scène finale qui manque dans le manuscrit unique, mais le texte conservé indique clairement la décision de Beton qui souhaite demander des comptes à l'empereur.

Le témoignage de *Girart de Roussillon*, enfin, dont W. Mary Hackett[38] situe la composition entre 1136 et 1180, me semble très caractéristique à cet égard. Il serait absurde, évidemment, de vouloir cerner en quelques mots une œuvre d'une telle ampleur et d'une telle richesse thématique. Nous pouvons toutefois retenir ici que cette chanson de geste, où se mêlent savamment les idéaux sociaux de la féodalité et les idéaux religieux, conduit toute son intrigue[39] en utilisant les sentiments inspirés par Girart à Elisant et à Berte. Ces deux femmes, bafouées dans leur amour, sont loin de rester des personnages passifs, objets soumis des caprices royaux. Elles interviennent, au contraire, tout au long du récit, et elles incarnent la sagesse et le dévouement, emprisonnées pourtant dans un conflit qui oppose deux formes exacerbées d'orgueil.

Ici, l'amour et le mariage déclenchent l'action et, après les douloureuses tensions qu'ils ont fait naître, c'est eux aussi qui rétablissent la paix et assurent la rédemption morale du héros épique.

*<br>* *

Faits d'affection plutôt que de passion, l'amour et le mariage existent bien dans les chansons de geste du XIIe siècle, et leurs apparitions, fussent-elles fugitives, contribuent à apporter aux épopées le souffle humain que nous leur connaissons. Mais, dans la production française, ils restent toujours au second plan, capables seulement de relayer les combats quand l'action risque de faiblir. Dans le Midi de la France où l'expression de l'amour connaît les raffinements intellectuels et littéraires les plus subtils, l'amour épique reste fidèle à une simplicité que l'on veut croire plus réaliste, mais l'intérêt qui lui est porté dans l'économie des œuvres paraît beaucoup plus important.

Dans un cas, le sentiment amoureux et conjugal se limite à soutenir une narration mue par la seule idéologie sociale; dans l'autre cas, l'amour participe lui-même à la quête épique et finit par modifier le sens d'un idéal prompt à dégénérer si on l'abandonne à ses motivations premières.

Liège — Aix-en-Provence

---

[38] W. Mary Hackett, *Girart de Roussillon*, 3 volumes, S.A.T.F. (Paris, 1953-1955).
[39] On peut lire l'analyse de cette intrigue dans W. Mary Hackett, *Girart de Roussillon*, tome III, pp. 451-461 et dans René Louis, *Girart, comte de Vienne, dans les chansons de geste*, première partie (Auxerre, 1947), p. 176-217.

Alexander Schwarz

# DIE LIEBESERKLÄRUNG: EIN SPRECHAKT
# IN DER DEUTSCHEN LITERATUR DES 12. JAHRHUNDERTS

> ꞌ Gedaehte man ir ze guote niht,
> von den der werlde guot geschiht,
> so waerez allez alse niht,
> swaz guotes in der werlde geschiht.

Wir befinden uns auf dem Schiff, mit dem der Brautwerber Tristan die irische Königstochter Isolde zu König Marke nach Cornwall führt. Bei einem Zwischenhalt sind die meisten Passagiere von Bord gegangen. Die durstigen Protagonisten greifen irrtümlich zum Liebestrank, der für Isolde und ihren zukünftigen Gatten Marke bestimmt war. Sie verfallen einander unaufhaltsam. In Gottfrieds von Strassburg Dichtung — der frühesten Fassung, die uns diese Szene ausführlich überliefert — antwortet Isolde auf Tristans forschende Frage:

> ꞌei schoene süeze, saget mir:
> waz wirret iu, waz claget ir?ꞌ

dreifach dreideutig:

> ꞌlameirꞌ sprach si ꞌdaz ist min not,
> lameir daz swaeret mir den muot,
> lameir ist, daz mir leide tuotꞌ.[1]    [11983 ff.]

Der *Dichter* lässt den *Leser* keinen Moment im Unklaren darüber, dass ꞌlameirꞌ hier die Liebe meint und nicht die stürmische See oder die Bitternis der Fahrt ins Ungewisse. Auch *Isolde* wird *Tristan* sogleich darüber aufklären, dass es sich nicht um eine Klage handelt, sondern um eine Liebeserklärung, genauer: um eine Liebeserklärung in Form einer Klage.

Webers grosses Tristanbuch[2] zitiert die Stelle als Beleg für das Ausgeliefertsein des Menschen an die Minnedämonin, er versteht Isoldes Worte also als Klage, in der — ich zitiere: ꞌ*sich* nun eine

---

[1] Text nach Gottfried von Strassburg, *Tristan*, hsg. Gottfried Weber (Darmstadt, 1967).

[2] Gottfried Weber, *Gottfrieds von Strassburg Tristan und die Krise des hochmittelalterlichen Weltbildes um 1200*, 2 Bde (Stuttgart, 1953), Bd. I, 257. Hervorhebung von mir.

vollgültige parallele Zweiseitigkeit des Liebesdrängens enthüllt'. Webers mangelnde Liebe zum Detail, die ihm bereits Jean Fourquet zum Vorwurf gemacht hat[3], rührt demnach daher, dass er Dichtung auf die Interaktion zwischen Autor und Publikum reduziert. Doch in direkter Rede sprechen zunächst einmal die Personen der Handlung zueinander. Wir sollten ihnen darum mehr Eigengewicht geben, wollen wir ihre Worte entschlüsseln. Gerade die Sprache der Liebe ist ja vor allen Dingen für den Partner bestimmt: 'Personne n'a envie de parler de l'amour, si ce n'est pour quelqu'un'[4].

Ich möchte Ihnen jetzt ein Verfahren vorführen, mit dem man die Interaktion der Menschen ernst nimmt und doch zu gültigen — das heisst für jedermann nachprüfbaren — Aussagen über diese Interaktion und auf diesem Wege in einem zweiten Schritt zu Aussagen über die Intention des Dichters gelangt, der die Worte und Taten seiner Figuren so und nicht anders gewählt hat. Dieses Verfahren ist die Sprechakttheorie.

An ihrer Wiege stand Ludwig Wittgensteins Bild der Wörter als Werkzeuge, die zwar ähnlich aussähen, aber den verschiedensten Zwecken dienten[5]. Alle unlösbaren Probleme der Philosophie führt er auf den Fehler zurück, die verschiedenen Gebrauchsweisen nicht auseinanderzuhalten[6]. Eine bequeme Methode zur Unterscheidung der Gebrauchsweisen ist ihre Benennung mit Verben wie bitten, danken, fragen, antworten, empfehlen, abraten, loben, tadeln usw.[7] Viele dieser Verben können in der ersten Person Präsens verwendet werden. Sie äussern ist dann bereits der Vollzug der Handlung, die sie benennen: 'Hiemit eröffne ich die Olympischen Spiele': damit *habe* ich sie eröffnet; 'Ich verspreche Ihnen, mich kurz zu fassen': damit habe ich mich zwar noch nicht kurz gefasst, aber damit *habe* ich es Ihnen bindend versprochen. Sie sehen übrigens, dass die Situation eine Rolle spielt: Ich kann hier und heute beim besten Willen keine Olympischen Spiele eröffnen, das andere hingegen kann ich Ihnen durchaus versprechen.

[3] In seiner Rezension in den *Études Germaniques*, 12 (1957), 34ff.

[4] Roland Barthes, *Fragments d'un discours amoureux* (Paris, 1977), 88.

[5] Ludwig Wittgenstein, *Philosophische Untersuchungen*, 3. Auflage (Frankfurt, 1975), 21 (Nr. 11).

[6] Wittgenstein, 160 (Nr. 304) und passim.

[7] Wittgenstein, 28 (Nr. 23), siehe auch — mit freilich zum Teil abweichenden Intentionen; eine eingehende Diskussion der Forschungsgeschichte ist hier nicht möglich — John Austin, *Zur Theorie der Sprechakte* (Stuttgart, 1972), 114 u. 166ff. und John Searle, *Sprechakte* (Frankfurt, 1971), 40 u. 117.

Weiter: Es gibt explizit performative Formeln, wie man solche Ausdrücke nennt[8], die obligatorisch sind, wie beim Beispiel der Olympischen
Spiele, während andere fakultativ sind. Beim Versprechen kann ich statt
'Ich verspreche Ihnen, mich kurz zu fassen' auch sagen: 'Ich werde
mich kurz fassen', und Sie alle verstehen dies ebenfalls als Versprechen
und hätten das gute Recht, mir den Bruch eines Versprechens vor-
zuhalten, wenn ich stundenlang reden sollte. Ja, es gibt sogar *verba
dicendi*, die garnicht in der ersten Person Präsens auftreten können.
*'Ich tröste dich hiemit' oder *'Jetzt führe ich dich irr' sind abweichend.
Intimes scheint die Formel zu meiden, und ein Gelingen, das von der
Reaktion des Partners abhängig ist, kann vom Sprecher nicht schon
im voraus beansprucht werden (— dies zum 'trösten'). Handeln, das
sich gegen die Interessen des Angesprochenen richtet, darf von diesem
in seiner Intention nicht durchschaut werden, wenn es gelingen will
(— dies zum 'irreführen')[9]. Die Gebrauchsweisen sind also unabhängig
vom Auftreten der explizit performativen Formel *konventionalisiert*:
Wir alle sprechen *immer* in Sprechakten, wie man mit dem amerikanischen Philosophen John Searle die Gebrauchsweisen nennt[10], wir
alle interpretieren *immer* die Äußerungen anderer als Sprechakte.

Wie aber lassen sich —im Alltag intuitiv und in der Wissenschaft
systematisch — Sprechakte auseinanderhalten, d.h. definieren, wenn das
performative Verb nicht erscheint? Searle hat als erster eine Reihe von
Leitfragen zusammengestellt[11]. Mein Kollege Paul Michel und ich
haben sie in unseren Zürcher Lehrveranstaltungen mit Rücksicht auf
die Erfordernisse bei der Interpretation mittelalterlicher Texte modifiziert.

Wenn wir jetzt diese Leitfragen für den Sprechakt der Liebeserklärung beantworten, so gehen wir natürlicherweise von unserer
heutigen Erfahrung aus, versuchen aber, so offen zu formulieren, dass
die etwaigen Abweichungen der mittelalterlichen Texte von diesem
unserem Ausgangspunkt noch innerhalb der Sprechaktgrenzen Platz
finden. Dies sollte möglich sein, haben wir doch auf unsere heutige
Intuition gestützt Isoldes Worte auf dem Schiff spontan als Liebeserklärung verstanden. Als Hilfsmittel bei diesem Teil der Untersuchung
habe ich Roland Barthes 'Fragments d'un discours amoureux' bei-

---

[8] Austin, 74; Searle, 50 und Dieter Wunderlich, *Studien zur Sprechakttheorie* (Frankfurt, 1976), 303.
[9] Wunderlich, 304.
[10] Searle, siehe Anm. 7.
[11] Searle, 96ff.

gezogen[12], die eine Fülle feinsinniger Beobachtungen zur Semiotik der Liebe bieten.

Hier nun die Leitfragen:

1. Was intendiert ein Sprecher konventionellerweise mit diesem Sprechakt? Er bringt dem Hörer gegenüber zum Ausdruck, dass er ihn liebt (was durch die weiteren Fragen näher bestimmt wird).

2. Welche davon abweichenden Intentionen sind, — wohlgemerkt unter Verwendung desselben Wortlautes — ebenfalls häufig? Ist der Sprechakt der Liebeserklärung bereits erfolgt, so tritt häufig eine gleichlautende Äusserung als Kommentar und Bestandteil der Liebesbeziehung zugleich auf — Barthes spricht dann von einem Streicheln mit Sprache[13].

3. Wie muss die Situation aussehen, damit der Sprechakt gelingen kann? Sprecher und Hörer kennen einander, sind zumeist nicht allzu nahe verwandt, verschiedenen Geschlechtes und ähnlichen Alters. Der Sprecher macht einen erregten Eindruck und hat diesen Sprechakt nicht schon vor kurzem dem Hörer gegenüber getan (sonst liegt ein indirekter Sprechakt[14] wie unter 2. vor).

4. Auf welche Inhalte bezieht sich der Sprechakt gewöhnlich? Es gibt sehr viele Wege der Liebeserklärung, etwa den Hinweis auf einen Gefühlszustand oder eine Bereitschaft des Sprechers oder dann eine positive Charakterisierung des Hörers. Es ist freilich darauf zu achten, dass die Liebeserklärung als solche erkennbar bleibt.

5. Soll der Hörer die Intention des Sprechers erkennen? Ja, wie wir soeben gesehen haben. Das Bestehen einer konventionalisierten Formel 'Ich liebe dich' markiert die als unbefriedigend empfundene Unmöglichkeit, auf diesem Gebiet schlüssige Beweise zu liefern oder zu erhalten. Wir besitzen einen Brief Siegmund Freuds an seine Braut, worin er dies bitter beklagt[15].

6. Muss oder kann der Sprechakt durch eine explizit performative Formel realisiert werden? Die Formel müsste dann lauten: *'Ich erkläre dir hiemit meine Liebe'. Nun, die Intimitätsbarriere, die wir beim Beispiel *'Ich tröste dich hiemit' kennengelernt haben, verhindert so etwas. Nahe an die Formel rückt die Frage in einem

---

[12] Barthes, siehe Anm. 4.

[13] Barthes, 87.

[14] Das heisst, die Situation verbietet es, den Sprechakt so zu verstehen, wie er 'auf den ersten Blick' aussieht.

[15] Zitat bei Barthes, 254.

Lied von Cat Stevens: 'How can I tell you that I love you, I love you'[16]. Wir wohnen hier gleichsam der Geburt einer sekundären, pseudo-performativen Formel bei, eben des 'I love you', das nur aus der Proposition des performativen Verbs 'to tell' besteht. Doch die Intimitätsbarriere kann stets noch stärker sein als der Drang zur Beweiskraft eines formelhaften Ausdruckes. Fast paradoxerweise fährt Cat Stevens nach dem 'How can I tell you that I love you, I love you' weiter mit: 'but I can't think of right words to say'. Ein sprachliches Werkzeug hat sich durch seinen häufigen Gebrauch verschlissen.

7. Gibt es Ersatzmittel für die explizite Formel? Neben der pseudo-performativen Formel[17] — oder diachronisch vielleicht richtiger: immer dann, wenn die Formel überstrapaziert und deshalb sinnentleert erscheint — öffnet sich dem Sprecher ein weites Feld, über das er seine Phantasie schweifen lassen kann. Mit der Gefahr, nichts zu finden (wie Cat Stevens, der freilich den metakommunikativen Seufzer über seine Erfolglosigkeit gerade selbst als Ersatzform einsetzt), mit der fraglos grösseren Gefahr, nicht verstanden zu werden. Verstehen meint das, was wir hier unternehmen, nämlich die korrekte Bestimmung des Sprechaktes.

8. Welche konkreten Folgen seines Sprechaktes sucht der Sprecher und welche konkreten Folgen muss er in Kauf nehmen? Er sucht eine positive Reaktion des Hörers, sei sie verbal (die Ausgangslage für den Hörer ist dann ähnlich wie sie vorher für den Sprecher war), sei sie nonverbal. Rechnen muss er freilich auch mit Schimpf und Spott und längerfristig damit, dass die Eingeweihten seine weiteren Handlungen an dieser — der Liebeserklärung — messen. So besehen ist ein gesellschaftlicher Kontext denkbar, in dem die Liebeserklärung den Status eines Eheversprechens annimmt[18]. Ein neues Beziehungssystem schafft sie in jedem Fall und sie rückt darin in überraschender Nähe der Eröffnung Olympischer Spiele.

Doch kehren wir zu Tristan und Isolde auf das Schiff zurück, ausgerüstet jetzt mit unseren Leitfragen und einem Satz heutiger Antworten darauf. Wir spielen zunächst die acht Punkte für die Schiffsszene durch und vergleichen dann die Antworten, die uns Gottfried gibt,

---

[16] Cat Stevens, 'Teaser And The Firecat', Island Records (1971).
[17] Barthes, 176 spricht fälschlicherweise von einem Performativ, obwohl kein *verbum dicendi* erscheint.
[18] Siehe unten Anm. 53.

zum einen mit unseren heutigen und zum andern mit denen, die wir
in den erhaltenen Tristandichtungen des 12. Jahrhunderts finden.

1. Was intendiert Isolde mit ihrem Sprechakt? Sie bringt Tristan
   gegenüber 'lameir' — ihre Liebe — zum Ausdruck.
2. Die Frage nach abweichenden Intentionen ist logischerweise an
   andere Szenen zu richten. Ich stelle sie deshalb einstweilen zurück.
3. Welche situativen Elemente tragen dazu bei, dass der Sprechakt
   gelingt?
   a. Isolde und Tristan kennen einander, sie sind nicht verwandt, sind
      verschiedenen Geschlechtes, beide jung, und haben noch nie
      Liebeserklärungen gemacht.
   b. Sie haben lange schon Gefallen aneinander gefunden
      [Tristan 8256 ff. und Isolde 10001 ff.].
   c. Der Liebestrank tut seine Wirkung.
   d. Beide verspüren den Drang sich zu offenbaren [11730 ff.].
   e. Zuerst Isolde und darauf Tristan geben ihren inneren Widerstand
      gegen das verbotene Gefühl auf [11836 ff. resp. 11850 b.].
   f. Ihre nonverbale Liebeskommunikation setzt ein:
      > ir herze und ir ougen
      > diu schacheten vil tougen
      > und lieplichen an den man.
      > der man der sach si wider an
      > suoze und inneclichen.   [11845 ff.]
   g. Sie werden abwechselnd rot und bleich [11917 ff.].
   h. Sie trachten einander das entscheidende Wort zu entlocken
      [11930 ff.].
   i. Das Spiel steigert sich verbal: Tristan fragt ein erstes Mal:
      'waz wirret iu' und Isolde antwortet ausweichend: 'swaz ich
      weiz, daz wirret mir' [11965 f.].
   j. Das Spiel steigert sich nonverbal: Sie lehnt sich an ihn [11970 f.],
      er hält sie [11978 f.][19].
   k. Das Spiel steigert sich verbal: Tristan fragt zum zweiten Mal
      — wir haben es am Anfang gesehen — 'waz wirret iu, waz claget
      ir?' [11984].
4. Auf welche Inhalte bezieht sich Isoldes Erklärung? Sie gebraucht
   keine Formel. Das ist einmal durch ihre Erregtheit zu erklären und
   dann durch eine vielleicht in der Erziehung des Mädchens angelegte
   unbewusste Scheu, sich zu eröffnen[20]. Mit dem Fehlen einer Formel

---

[19] Vgl. Barthes, 81: 'une fête, non des sens, mais du sens'.
[20] Siehe unten Anm. 28.

wird die Erklärung durch den Kommunikationszusammenhang in die Rolle einer Antwort auf die Frage Tristans geschoben, woher ihre offensichtliche Verstörtheit komme. Die Dreideutigkeit von 'lameir', hier weder durch Kontext noch durch Situation monosemisiert — man möchte fast sagen: monopragmisiert — hält die stürzenden Ereignisse mitten in der Liebeserklärung auf. Sie ist abgeschickt, aber noch nicht angekommen.

5. Denn Tristan, der in Anbetracht der unter 3. aufgerollten Situation eigentlich imstande sein sollte, die Intention des Sprechers zu durchschauen und den Sprechakt zu identifizieren, ist dazu nicht fähig. Scheinbar kühl fragt er nach, ob das Meer oder die unangenehmen Stürme sie störten. Isolde ist ihrerseits so ausser sich, dass sie weder die Mehrdeutigkeit der eigenen Worte noch Tristans Mühen bemerkt. Sie will von Meer und Wind nichts wissen und wiederholt: 'lameir alleine tuot mir we' [12010]. Ich stimme der Deutung Jacksons[21] unbedingt gegen Grundlehner zu, der hier terminologische Verhandlungen zwischen den beiden sehen möchte:[22]
'The lovers' newly found intimacy demands that they render previously ambiguous language in unambiguous terms for purposes of mutual understanding'. Stärker noch als Weber lässt er jenes Einfühlungsvermögen in die handelnden Personen vermissen, das die Voraussetzung jeder linguistischen Interpretation ist.

6. und 7. Die explizite Formel und ihre Ersatzmittel. Die Klärung *e negativo* genügt Tristan und ist die Basis seiner Replik, die insofern über Isoldes Liebeserklärung hinausgeht, als sie a) bewusst eindeutig ist, b) die hier gemeinte Bedeutung von 'lameir' klarstellt und c) sich einer, wenn auch ausgebauten Formel annähert:

'in al der werlde enist mir niht
in minem herzen liep wan ir'. [12026f.].

All das besiegelt Isolde ihrerseits mit der Erwiderung:

'herre, als sit ir mir' [12028].

Sowohl Isolde als auch Tristan erklären sich also zunächst in einer freigestalteten Äusserung, die denn auch zu Missverständnissen Anlass gibt, um danach das neuentstandene Verhältnis formelähnlich zu fixieren.

8. Unmittelbares Ergebnis der Liebeserklärung Isoldes ist die Abfolge

---

[21] W.T.H. Jackson, *The Anatomy of Love* (New York, 1971), 263f.
[22] Ph. Grundlehner, 'The Language of Love in Courtly Society', *Tristania*, I, 2 (1976), 27-52 (hier 32).

von verbalen Repliken, die als Schluss der Szene in den Austausch
von Küssen einmünden[23]. Längerfristig haben die Liebeserklärungen
eine Beziehung gestiftet, deren wichtigste Eigenarten folgende sind:

a. Sie ist 'unsinnic', besinnungslos
b. Sie drängt ständig und als systematische Folge der Liebeserklärung zum körperlichen Vollzug:
   > wan die sich helent under in,
   > sit daz si sich enbarent
   > und danne ir schame varent
   > und gestent sich an liebe,
   > die sint ir selber diebe.                                  [12380 ff.]
c. Sie kümmert sich nicht um höfische 'ere'
d. Sie führt nicht zur Heirat und nimmt auch keine Rücksicht auf
   die Ehe der Beteiligten
e. All dies mündet in eine konsequente Haltung immer neuer
   Täuschungsmanöver der Gesellschaft gegenüber. Diese Listen
   haben sogar die Tendenz, sich gegenüber den Bedürfnissen des
   Augenblicks zu verselbständigen. Als Tristan und Isolde zu
   Beginn eines ihrer nächtlichen Stelldichein den in einer Baum-
   krone versteckten König Marke entdecken, können sie es nicht
   lassen, in ihre ihm vorgespielte Unterredung verschlüsselt Liebes-
   bezeugungen einzuflechten [14748 ff.]. Dies auch zur bisher offen-
   gebliebenen Frage 2. nach den indirekten Verwendungsweisen der
   Liebeserklärung. In derselben Baumgartenszene gestaltet Gottfried die Erwartungen, die sich *nach* der Liebeserklärung an das
   Verhalten des Partners knüpfen. Als die nichtsahnende Isolde
   auf Tristan zukommt, der den König im Baum soeben entdeckt
   hat, eilt er ihr in seinem Schrecken nicht wie gewohnt entgegen.
   Sie fürchtet sofort für ihre Beziehung:
   > ir herze daz wart swaere.
   > si begunde ir houbet nider lan
   > und vorhtliche gegen im gan.                               (14688 ff.].

Wir durcheilen ein letztes Mal die acht Leitfragen, um die auf-
fälligsten Abweichungen Gottfrieds von unseren modernen Vorstellungen mit der Tristandichtung des 12. Jahrhunderts zu konfrontieren,
das heisst, mit den deutschen Fragmenten Eilharts von Oberg[24] und

---

[23] Man mag hier an das *osculum* denken, das die Feudalzeremonie des *hominium*
abschloss (vgl. F.L. Ganshof, *Qu'est-ce que la féodalité?*, 2. Auflage (Neuchâtel, 1947),
91), muss sich aber vor Augen halten, dass das Bündnis zwischen Tristan und
Isolde a) sich gegen Tristans Vasallentum König Marke gegenüber richtet und b) keine
vertikale Beziehung stiftet.
[24] Hsg. Hadumod Bussmann (Tübingen, 1969).

den französischen Fragmenten der Versdichtungen des Spielmanns Béroul und des in England entstandenen höfischen Romans des Thomas. Diese französischen Zeugnisse hat J.C. Payen zusammen mit einigen kleineren Tristantexten herausgegeben[25]. Bei diesem Vergleich könnte sich erste Konturen einer neuen philologischen Disziplin abzeichnen, der Sprechaktgeschichtsschreibung, wie ich sie nennen möchte.

Zu 1. Intention der Liebeserklärung: Es ist keine Abweichung fest zustellen. Der Sprechakt der Liebeserklärung ist im 12. Jh. genauso anzutreffen wie im 20. und scheint — weil in einer Liebesbeziehung logisch erforderlich — gesellschaftsunabhängig zu sein. Diese Feststellung relativiert sich freilich, wenn wir an Zeiten und Kulturen denken, in denen die Partnersuche nicht Sache der Betroffenen ist, oder an Orte, die als Anknüpfungspunkte für Beziehungen so konventionalisiert waren, dass das Aufsuchen dieser Plätze semiotischen Charakter hatte. In Löwen ist die Wallfahrtskapelle St. Joseph zu erwähnen[26]. Die Übereinstimmung zwischen dem Mittelalter und der Moderne bleibt aber bestehen.

Zu 2. Zusätzliche Intentionen: Den Drang, einander in Anwesenheit Dritter verklausulierte Geständnisse zu machen[27], verspüren Eilharts Liebende nicht, wohl aber Bérouls Isolde. Im Gegensatz zu Gottfried überwiegen bei Béroul hier wie auch sonst formelhafte Ausdrücke; im Gegensatz zu Gottfried funktioniert die Doppelzüngigkeit nicht nur dank dem verschiedenen Vorwissen des direkt Angesprochenen (Tristan) und des vermeintlich unerkannt Lauschenden (König Marke). Béroul setzt daneben das primitivere Prinzip der Liebeserklärung ein, die dann resultiert, wenn man sich den sprachlichen Kontext wegdenkt. Hier ein Beispiel für die beiden Prinzipien:

Tarnung durch Kontext:

'Li rois pense que par folie,
Sire Tristran, vos aie amé,

---

[25] *Les Tristan en vers*, hsg. J.C. Payen (Paris, 1974).
[26] *Liebe und Hochzeit: Aspekte des Volkslebens in Europa* [Ausstellungskatalog] (Antwerpen, 1975), 268 über flämische 'Liebschaftsmärkte'.
[27] Vgl. Barthes, 52: 'la passion est (...) faite pour être vue' und 53: 'le signe est toujours vainqueur'.

Tarnung durch fehlendes Vorwissen Markes, der im Glauben ist,
eine Jungfrau geheiratet zu haben:

> Mais Dex plevist ma loiauté
> Qui sor mon cors mete flaele,
> S'onques fors cil qui m'ot pucele
> Out m'amistié encor nul jor!'                              [12 ff.]

Zu 3. Situative Bedingungen für das Gelingen: Isolde hat sowohl auf
dem Schiff als auch im Baumgarten zuerst ihre Liebe erklärt.
Das Vorangehen der Frau wiederholt sich bei Blancheflur und
Riwalin, den Eltern Tristans, sowie bei seiner späteren Gattin
Isolde Weisshand und ihm. Wenn wir hier heute überhaupt einen
Unterschied machen, so würden wir vielleicht intuitiv eher einen
Anfang des Mannes erwarten. Für das Mittelalter schreibt Bauss
gar klipp und klar: 'Es galt als ein schwerer Verstoss gegen die
höfische Sitte, wenn die Frau dem Ritter zuerst ihre Liebe
gestand'[28] — Bauss übrigens und bemerkenswerterweise in der
irrigen Annahme, auch Gottfrieds Tristan habe sich zuerst
erklärt[29]. Bei Thomas ist denn auch Tristan der Isolde Weisshand
gegenüber der aktive Teil [415 ff.]. Und im französischen Prosa-
tristan des frühen 13. Jahrhunderts erklärt Tristan auf dem
Schiff seine Liebe als erster[30]. Es ist übrigens nicht zu entscheiden,
ob Gottfrieds Schiffsszene bereits dem Thomas gehört, wie Joseph
Bédier angibt, weil er den an dieser Stelle verlorengegangenen
Thomastext nur gerade aus Gottfried rekonstruiert[31]. Sollte das
Vorangehen der Frau Gottfrieds Innovation sein, so liesse sich
seine Sonderstellung daraus erklären, dass seine Liebenden der
Frau Minne verfallen, wobei die Widerstandskraft des Mannes
um eine Spur grösser ist, wie die Schiffsszene uns gezeigt hat.

Zu 4. Das Thema der Liebeserklärung Isoldes war gerade dieses Ver-
fallensein. Auch Gottfrieds Blancheflur spricht von Kummer
[756]. Bei Eilhart und Thomas dagegen [7176 resp. 43] verursacht
nur die Trennung Pein. In der Folie de Berne sind Zukunfts-
pläne die Proposition [166 ff.], während die Folie d'Oxford und
wie wir gehört haben Béroul nur formelhafte Liebeserklärungen
kennen. Es ist bemerkenswert, dass sogar in den thematisch

---

[28] Hermann Bauss, *Studien zum Liebesdialog in der höfischen Epik* (Marburg, 1937),
27.

[29] Bauss, 29 u. 42.

[30] Joseph Bédier, *Le Roman de Tristan par Thomas*, 2 Bde (Paris, 1902-1905),
Bd. II, 342.

[31] Bédier, I, 146.

äusserst vielgestaltigen Liebesdialogen des Andreas Capellanus Pein nur gerade als mythologisch-toposhafte Folge einer Verwundung durch die Amorspfeile auftritt[32].

Zu 5. Erkennbarkeit der Intention: Die Mehrdeutigkeit der Worte Isoldes steht bei Gottfried nicht allein. Blancheflur spricht von der Verletzung eines Freundes, die sich Riwalin habe zuschulden kommen lassen. Dieser Freund entpuppt sich schliesslich als ihr Herz [768]. Die auf uns gekommenen Tristantexte des 12. Jahrhunderts bieten kein Vergleichsmaterial, sodass wir den übergrossen Grad an Verwirrtheit nur von unserer heutigen Einschätzung abheben können.

Zu 6. und 7. Die Form der Erklärung: Der Blick auf die differenzierte Verwendung von freiem Text und formelhaftem Text bei Gottfried sowie auf das uneinheitliche Bild der früheren Dichtungen zeigt deutlich, dass die Schwierigkeiten, mit denen Cat Stevens gekämpft hat, bereits unsere Autoren beschäftigen.

Schliesslich zu 8. Die Folgen der Liebeserklärung: Wenden wir uns zuerst der Baumgartenszene zu, weil sie in mehreren frühen Fassungen überliefert ist. Gottfried hat die Verhaltenserwartungen, welche die Liebeserklärung hervorruft, in der Angst der Isolde ausgedrückt, als Tristan nicht wie sonst auf sie zu kam. Bérouls Isolde dagegen wundert sich ebensowenig über Tristans Verhalten wie die Isolde der Folie d'Oxford [1 ff. u. 806 f.] und des Prosaromans. Eilharts Isolde hingegen erschrickt mit einem Stosseufzer: 'der riche got gesegen mich' [3516]. Bevor sie sich weitere Gedanken machen kann, hat sie schon die für Eilharts 'szenische Phantasie' (Bussmann) typischen Zeichen bemerkt, die Tristan ihr gibt. Trotzdem scheint in diesem Punkt die Sprachgrenze auch im pragmatischen Bereich sichtbar zu werden.

Es kann nicht die Absicht dieser Ausführungen sein, eine weitere und neue Interpretation von Gottfrieds Liebesauffassung zu versuchen. Wir kommen aber nicht darum herum, das Beziehungssystem, das die Liebeserklärung gestiftet hat, mit einigen Worten in den Rahmen der Zeit zu stellen. Die Liebeserklärung hat für uns heute intuitiv die Tendenz, eine neue Zelle der Sozialordnung zu schaffen, sie vergesellschaftet die Betroffenen wie eine Initiation und ist ausgesprochen ehefreund-

[32] *Andreae Capellani Regii Francorum De Amore Libri tres*, hsg. E. Trojel, 2. Aufl. (München, 1964).

lich. Zitat Denis De Rougemont: 'Si l'on "aime" il faut se marier sur l'heure'[33]. Die Liebe Tristans und Isoldes führt dagegen in Opposition zur Gesellschaft, ja aus ihr heraus ins Exil und in den Tod. Zu beachten ist freilich die unterschiedliche Bewertung des Waldesexiles bei Béroul und Gottfried. Béroul lässt Tristan klagen:

> 'Oublié ai chevalerie,
> A seure cort et baronie.
> Ge sui essilié du païs.
> Tot m'est falli, et vair et gris'.                    [2139 ff.]

Wie anders zeichnet Gottfried die Existenz im Walde:

> si haeten hof, si haeten rat,
> dar an diu vröude elliu stat:
> ir staetez ingesinde
> daz was diu grüene linde,
> der schate und diu sunne,
> diu riviere unde der brunne                           [16879 ff.]

Bérouls vergleichsmässige Hochschätzung der höfischen Gesellschaft findet sich bei Eilhart wieder, der den Hass der vier Grafen und des Zwerges individuell begründet; ja sogar noch bei Thomas, der einmal sehr dezidiert mit Tristan ins Gericht geht:

> E tant demainent vilanie
> Quë il oblient corteisie                              [295].

Gottfried dagegen nimmt eine konsequent Tristan-freundliche Haltung ein und damit ein Gegenposition zu

a. dem mit Benton zu sprechen 'normalen' Verhalten des 12. Jhs., das den nicht-literarischen Quellen zufolge die Ehe bejaht und Ehebruch verurteilt[34], und

b. der höfischen Liebe, provenzalisch fin' amors, die das Lehensrecht auf die Beziehung des Dienstmannes zur höher gestellten Frau überträgt, der gegenüber Triebverzicht gesellschaftlich unumgänglich ist[35]. In der Ausbildung dieser auf Selbstbeherrschung gegründeten Beziehung erblickt Norbert Elias

---

[33] Denis de Rougemont, *L'Amour et l'Occident* (Paris, 1939), 246.

[34] John Benton, *Clio and Venus, The Meaning of Courtly Love*, hsg. F.X. Newman (Albany, 1968), 19-42 (hier 21 ff); vgl. auch Dom Leclercq in diesem Band.

[35] Zur höfischen Liebe in der Literatur des 12. Jhs.: Eduard Wechssler, 'Frauendienst und Vasallität', *Zeitschrift für französische Sprache und Literatur*, 24 (1902), 159-190, Hans Furstner, *Studien zur Wesensbestimmung der höfischen Minne* (Groningen, 1956), sowie der Sammelband von Newman, siehe Anm. 34.

die Geburtsstunde dessen, was wir heute unter 'Liebe' verstehen[36].

Man hat Gottfrieds Minneideologie auf die Katharer, auf Andreas Capellanus, auf diejenigen Troubadours zurückgeführt, welche den Ehebruch offen anpreisen[37]. Doch die Brücken sind schwankend oder führen gar in die entgegengesetzte Richtung: Sowohl der Kaplan Andreas als auch eine ganze Reihe Troubadours berufen sich auf Tristandichtungen[38]. In einer Zeit, da eine frühe bürgerliche Emanzipationswelle etwa in jenem Strassburger Stadtrecht Ausdruck findet, mit dem sich Gottfrieds Mitbürger 1214 aus dem monarchischen Regiment der Bischöfe lösen[39], möchte ich die These wagen, dass Gottfrieds Minne der 'edelen herzen' Ergebnis persönlicher und das heisst allgemeinmenschlicher Überlegungen ist, die sich in seiner historischen Situation und anhand des Tristanstoffes sagen liessen. Gottfrieds kompromisslose Konzeption will mir nicht als Resultat kritischer Lektüre der Werke Augustins, der Victoriner, Abälards, der Katharer und anderer einleuchten, wie Weber es vorgeschlagen hat[40].

Wenn ich nunmehr die Ergebnisse unserer Betrachtung zusammenfassen darf, so meine ich, dass wir gesehen haben, dass sich ein Sprechakt durch die Jahrhunderte hin verfolgen lässt[41] und dann an einzelnen Stellen innerhalb des Fragenkanons nicht nur aufeinander-

---

[36] Norbert Elias, *Über den Prozess der Zivilisation*, Bd. II, 2. Auflage (Bern, 1969), 111.

[37] Siehe L.T. Topsfield, *Troubadours and Love* (Cambridge, 1975), 71: 'The domna was invariably married, for this gave social status and power, and the love that was adressed to her was adulterous in intention and achievement'.

[38] Capellanus (siehe Anm. 32), 181. Topsfield, 131 nennt Bernart de Ventadorn; Pierre Gallais, *Genèse du roman occidental* (Paris, 1974), 37, spricht von 48 Troubadourstellen.

[39] O. Langer, 'Der "Künstlerroman" Gottfrieds — Protest bürgerlicher "Empfindsamkeit" gegen höfisches "Tugendsystem"?', *Euphorion*, 68 (1974), 1-41 (hier 33ff).

[40] Weber, siehe Anm. 2. In unserem Sinne spricht auch Elias (Anm. 36), 112 von einem 'Kern von ungekünsteltem Gefühl und wirklich Erlebtem'.

[41] Brigitte Schlieben-Lange, die sich in ihrem gleichnamigen programmatischen Artikel bisher als einzige 'Für eine historische Analyse von Sprechakten' (in *Sprachtheorie und Pragmatik*, hsg. H. Weber und H. Weydt (Tübingen, 1976), 113-119) eingesetzt hat, glaubt dagegen nicht an mehr oder weniger 'unverselle sprachliche Handlungen', wie ich sie wegen der 'gemeinsamen menschlichen Handlungsweise' (Wittgenstein, siehe Anm. 5, S. 129, Nr. 206) postuliere. Zur Relevanz der Sprechakte, die in diesem Abschnitt angesprochen ist, vgl. Searle (Anm. 7), 30: 'Genauer: die Produktion (...) eines Satzzeichens unter bestimmten Bedingungen stellt einen Sprechakt dar, und Sprechakte (...) sind die (...) kleinsten Einheiten der sprachlichen Kommunikation'.

folgende, sondern auch miteinander wetteifernde Entwicklungen aufdeckt. Diese Entwicklungen sind Bausteine einer Geschichte der menschlichen Beziehungen. Weil die Sprechakte die elementaren Einheiten des Umganges der Menschen miteinander sind, ist ihre diachronische Erforschung für den Historiker interessanter als die der Laute und Formen in traditionellen historischen Grammatiken. Das hier vorgestellte Verfahren einer solchen diachronischen Erforschung von Sprechakten hat die guten Seiten, dass es einfach anwendbar, für jedermann überprüfbar, in seinem Einbezug von Situation und Folgen weitgefasst und in seiner Form als loser Fragenkatalog offen für Korrekturen ist. Dabei ist es dank seinem Zugang von der Intuition her beschreibungsadäquat und doch so systematisch, dass bei der Arbeit nichts Wichtiges unter den Tisch fällt.

In der wissenschaftsgeschichtlichen Zukunftsperspektive scheint mir die Sprechaktgeschichtsschreibung denn auch der beste Weg einer pragmatisch orientierten Sprachgeschichte zu sein. Der Sprechakt ist zum einen linguistisch wohldefiniert und deshalb in ein sprachtheoretisches Modell integrierbar, der Sprechakt abstrahiert zum andern so wenig von der Individualität eines jeden Textes, dass er den Anforderungen der philologischen Interpretation gerecht werden kann. So wollte auch dieser Beitrag ein wenig beim Abbau von gegenseitigem Misstrauen zwischen Philologie und Linguistik mithelfen.

Universität Zürich

XENJA VON ERTZDORFF

# EHE UND HÖFISCHE LIEBE
## IM TRISTAN GOTTFRIEDS VON STRASSBURG

'*Dicimus enim et stabilito tenore firmamus, amorem non posse suas
inter duos iugales extendere vires*' — Wir erklären und stellen fast,
daß die Liebe zwischen Ehegatten ihre Kräfte nicht entfalten kann —
so urteilt die Gräfin von Champagne in dem Brief vom 1. Mai 1174,
der in dem Traktat *De amore* des Andreas Capellanus zu lesen steht[1].
Liebe und Ehe sind miteinander unvereinbar aus drei Gründen: 1. die
Liebenden schenken einander alles aus Güte — *nam amantes sibi invicem
gratis omnia largiuntur nullius necessitatis ratione cogente* — ohne
irgend einen zwingend notwendigen Grund-während die Ehegatten
gehalten sind, einander pflichtgemäß — *ex debito* — zu gehorchen und
sich in nichts einander entziehen dürfen[2]. Die Ehe ist eine Rechts-
gemeinschaft zwischen einem Mann und einer Frau zur Zeugung von
Kindern, in der es wohl gegenseitige Zuneigung, *maritalis affectus*,
geben kann und soll, aber diese Zuneigung hat nichts mit dem zu tun,
was hier Liebe genannt wird: das freie Sich-einander-Schenken und
Gewähren. Eine Liebesbeziehung kann — nach Andreas Capellanus —
daher auch neben der Ehe gelebt werden, ohne daß der Ehe dadurch
etwas entzogen würde. Der zweite Grund für die Unvereinbarkeit von
Liebe und Ehe ist dieser: Die Liebe erhöht und veredelt die Liebenden,
dies ist in der Ehe nicht möglich, da es in ihr diese Liebe nicht gibt.
Da aber alles Gute aus der Liebe hervorgeht, ist es notwendig, eine
Liebesbeziehung neben und außerhalb der Ehe zu führen. Und zum
dritten heißt es: Liebe kann es in der Ehe nicht geben, '*quia vera inter
eos* (= Ehegatten) *zelotypia inveniri non potest*' —weil die wahre
Eifersucht in der Ehe nicht gefunden werden kann[3]. Die zweite regula

---

[1] *Andreae Capellani Regii Francorum De Amore libri tres*, Rec. E. Trojel, 2. Aufl.
(München, 1964), S. 153.

[2] Andreas Capellanus, S. 153. Vgl. Felix Schlösser, *Andreas Capellanus: Seine Minnelehre und das christliche Weltbild um 1200*, Abhandlungen zur Kunst-, Musik- und
Literaturwissenschaft, Bd. 15 (Bonn, 1960), S. 124.

[3] Andreas Capellanus, S. 154 und Schlösser, S. 126.

sagt es ausdrücklich: *'Qui non zelat, amare non potest'*[4]; 'wer nicht eifersüchtig ist, kann nicht lieben'. Mit Eifersucht ist nicht ein gegenseitiges mißtrauisches Belauern gemeint, sondern eine ängstliche Spannung, die Sehnsucht der Liebenden, die Furcht, einander zu enttäuschen oder zu verlieren, oder die Ungewißheit, ob die Liebe erwidert wird. Diese Liebe darf ihrer selbst nie sicher und gewiß sein, eine unruhige Spannung und Unsicherheit, das dauernde Bewußtsein der Gefährdung, gehört zu ihr. Das Ziel ihrer Sehnsucht, die Vereinigung der Liebenden, darf vorübergehend, nie endgültig erreicht werden. Diese die Liebenden veredelnde, frei sich schenkende, aber immer zwischen Furcht und Hoffnung dialektisch ausgespannte Liebe ist die höfische Liebe, die nach dem Urteil des Andreas Capellanus mit der Ehe unvereinbar ist.

Doch die Frage nach der möglichen Vereinbarkeit von höfischer Liebe und Ehe bleibt am Hof der Gräfin Marie de Champagne aktuell, nämlich in den Romanen Chrétiens de Troyes. Liebeswerbung, aber auch Liebeskonflikt und Liebessehnsucht, gelten der eigenen Gattin, Enite, Laudine oder Conduiramurs, wie sie dann in den deutschen Fassungen der Chrétienschen Romane heißen: höfische, den Mann in seiner gesellschaftlichen Geltung und seinem sittlichen Wert erhöhende Wirkung ist in der Ehe möglich: Chrétiens und Hartmanns Erek und Iwein und Chrétiens und Wolframs Parzival zeigen die Beispiele. Die dialektische Spannung der Unsicherheit wird durch einen Konflikt ausgelöst und gehalten-solange, bis dieser Konflikt gelöst ist und die Ehegatten in einer harmonischen Liebe miteinander verbunden sind. Vom pflichtmäßigen Charakter ihrer Liebesbeziehung ist nirgends die Rede, die veredelnde und sogar auf die höfische Gesellschaft ausstrahlende positive Wirkung ihrer Liebe bleibt voll gewahrt — aber die dialektische Spannung durch die *zelotypia* — die 'Eifersucht' — wird nach dem endgültigen Zusammenfinden der Liebenden in einer 'höfischen Liebes-Ehe' in der Harmonie-Liebe aufgehoben.

Wie eine derartige höfische Liebes-Ehe nicht nur zustande kommen sondern auch gelebt werden kann, wird in Wolframs *Willehalm* erzählt. Die heidnische Königin Arabel verliebte sich in den christlichen Grafen Willehalm, verließ Gatten, Kinder und Reich, wurde Willehalms Gattin und trat zum christlichen Glauben über. Also eine Liebes- und Ehebruchs-Geschichte, die in eine neue Ehe mündet, zugleich aber Anlaß eines großen Krieges wird, weil Vater und Gatte mit Flotte

---

[4] Andreas Capellanus, S. 310 und ibidem, S. 311: 'XXI. Ex vera zelotypia affectus semper crescit amandi'.

und Heer heranrücken, um die Schmach zu rächen und die Königin
mit Gewalt zurückzuholen. Willehalm und Gyburg sind in einer vollkommenen Liebesgemeinschaft vor Gott und den Menschen verbunden: wahre Minne *mit triuwen*, echte Liebe und Treue, verbinden
sie. Durch die Ehe sind die Liebenden vor Gott und der höfischen
Gesellschaft unlösbar miteinander verbunden; die höfische Gesellschaft
achtet die Konvertitin und gebürtige heidnische Königin als Gemahlin
des Markgrafen Willehalm und beschützt sie, obwohl durch sie Tod
und Verderben hereingebrochen sind. Persönliche Zuneigung und
absolute Treue und Zuverläßigkeit kennzeichnen diese Verbindung, die
durch den Rachekrieg des beleidigten ersten Gatten und des Vaters einer
schweren äußeren Bedrohung ausgesetzt wird. Not und Kummer
entstehen durch die kriegerische Bedrohung und den Tod naher
Verwandter. Das Leid und der Schmerz nehmen ungeheure Ausmaße
an, vermögen aber nicht die gegenseitige Liebesbindung der Gatten
zu gefährden. Dieser extremen Belastung hält die Liebe und Zuneigung
stand, nicht zuletzt auch deshalb, weil sie als religiös transzendiert
dargestellt wird. Es war, aus dem Verständnis des christlichen Dichters
Wolfram, Gott, der das Paar zusammenfügte. In der Liebe zu Willehalm
fand die Heidin auch die Liebe zu dem Gott der Christen und ließ
sich taufen. Die Liebe zwischen Willehalm und Gyburg transzendiert
in die Liebe Gottes und die Liebe zu Gott. Dies ist die höfische
Liebesehe der Romane, hineingenommen in die sehr intensiv erfahrene
Not und Bedrohung eines erbitterten Glaubenskrieges und auch verbunden mit der *caritas* — Erfahrung des christlichen Glaubens. Eros
und Caritas gehen ineinander über — eine Feststellung, die in den
Romanen Wolframs von Eschenbach im frühen 13. Jahrhundert zu
finden ist und die in ihrer Zeit einmalig sein dürfte, wie Marlies
Schumacher gezeigt hat [5].

Wolframs und Gottfrieds kritisch-ablehnende Haltung gegeneinander
ist bekannt. Offen bleiben muß die Frage, ob die Wahl des Willehalm-
Stoffes mit seiner Dreiecks-Konstellation: Gyburg und ihre beiden
Ehegatten Willehalm und Tybald, nicht auch die Gelegenheit bot,
einen 'Anti-Tristan' zu schreiben? Die Konstellation, daß Gyburg
ursprünglich Heidin ist und eine Ehe nach ihrem Recht führt, er-

[5] Marlies Schumacher, *Die Auffassung der Ehe in den Dichtungen Wolframs von
Eschenbach* (Heidelberg, 1967). — Einen Vergleich zwischen den dargestellten Ehen
im 'Parzival' und in den Romanen Hartmanns mit der Eheauffassung und Ehe-
schließungspraxis der aristokratischen Schichten um 1200 unternimmt Herbert Ernst
Wiegand, *Studien zur Minne und Ehe in Wolframs Parzival und Hartmanns Artusepik*,
Quellen und Forschungen, NF 49 (173) (Berlin-New York, 1972).

möglicht es nach christlicher Auffassung, daß durch ihren Übertritt zum christlichen Glauben ihre heidnische Ehe gelöst ist und sie eine neue gültige Ehe mit dem geliebten Mann schließen kann. Damit können Liebe und Ehe miteinander verbunden werden und zu einer Steigerung einer in sich harmonischen Liebesbeziehung führen. Die Konstellation des Tristan-Stoffes schließt diese Lösungsmöglichkeit aus, eine Ehe zwischen Tristan und Isot ist nicht möglich und wird auch nie erwogen: sie ist die Gemahlin des Königs Marke und eine Scheidung wird nie in Betracht gezogen. Die Konstellation stellt sich somit so dar, daß die theoretischen Postulate des Andreas Capellanus erfüllt werden können: Liebe ist in der Ehe nicht möglich; eine Veredelung durch die Liebe gibt es in der Ehe nicht; zur Liebe gehört notwendig die *zelotypia*, die Unruhe als dialektische Spannung zwischen Freude und Schmerz. Doch die eigentliche *zelotypia* nach der Beschreibung des Andreas Capellanus gibt es bei Gottfried nicht: die Unsicherheit und ängstliche Spannung über die ungewisse Haltung der Liebenden zueinander. Diese Spannung ist umgesetzt in eine zum Wesen der Liebe selbst gehörende dialektische Spannung zwischen Glück und Freude und Leid und Kummer. Eine harmonische Liebe, in der diese Spannung aufgehoben ist in einer ruhigen Sicherheit und Gewißheit, ist die Tristan-Liebe nicht. Die *zelotypia* als Stimulans wahrer höfischer Liebe ist hier als dialektische Freude-Schmerz-Spannung in die Liebes-erfahrung hineingenommen.

Es gibt also verschiedene 'Arten' der höfischen Liebe: die har-monische, die auch mit der Ehe zu vereinen ist, und die dialektische, die unruhig gespannte, die immer nur zunimmt oder abnimmt, aber nie gelöst in sich ruht[6], und die mit der Ehe unvereinbar ist. Ihr promi-nentester Theoretiker ist ein Geistlicher, eben der Kaplan Andreas am Hof der Gräfin Marie de Champagne, der Gönnerin Chrétiens de Troyes[6a]. In seinem vor kurzem erschienenen Buch weist C. Stephen Jaeger überzeugend nach, daß Gottfrieds geistiger Hintergrund in der Erfahrungswelt der französischen humanistisch gebildeten Geistlichen in der zweiten Hälfte des 12. Jahrhunderts zu finden ist[7]. Ob Gottfried selbst in Frankreich studiert hat, läßt Jaeger zurecht offen, aber viele Entsprechungen in der geistigen Haltung und den Aussagen im *Tristan*

---

[6] Andreas Capellanus, S. 310: 'IV. Semper amorem crescere uel minui constat'.

[6a] anders A. Karnein, 'Auf der Suche nach einem Autor: Andreas, Verfasser von "De Amore"', GRM, N.F. Bd. 28 (1978), S. 1-20.

[7] C. Stephen Jaeger, *Medieval Humanism in Gottfried von Straßburg's Tristan and Isolde* (Heidelberg, 1977).

zu zeitgenössischen Gebildeten und Intellektuellen Frankreichs sind
überzeugend herausgearbeitet. Zur höfischen Liebe im *Tristan* äußert
sich Jaeger nicht ausdrücklich, wohl nicht zuletzt deshalb, weil er den
Roman im Stil zeitgenössischer lateinischer Werke allegorisch zu deuten
vorschlägt als psychisches Geschehen zwischen 'Reason' (Tristan),
'Sense' (Isot) und 'Body' (Marke). Ich möchte zu dieser überraschend
schlüssig vorgetragenen, mir aber sehr unwahrscheinlichen Deutung
hier nicht Stellung nehmen, sehe mich aber in meinem Versuch,
Gottfrieds Liebesbegriff vor dem Hintergrund der Schrift des Andreas
Capellanus zu verstehen, durch Jaegers Buch bestätigt. Bei Andreas
Capellanus und Gottfried von Straßburg ist eine Liebeskonzeption der
Kleriker dargestellt, für die die erotische Liebe zur Frau einen ebenso
schönen und reizvollen wie gefährlichen Wert besaß, da sie ihnen-
eigentlich durch ihre geistlichen Weihen verboten war und daher als
etwas Gefährliches und Störendes und im Vergleich zu der den
Geistlichen vorgeschriebenen Liebe zu Gott Minderwertiges vorgestellt
wurde[8].

Gottfried lehnt im Prolog des *Tristan* das Streben nach Glück und
Freude in einer harmonischen Liebesbeziehung als oberflächlich ab.
Für den Kreis der *edelen herzen*, dem er sich als Erzähler hinzurechnet,
schreibt er eine Geschichte, die die dialektischen Gegensätze von Freude
und Leid, Leben und Tod ungelöst aushält und die aus der unglücklichen Liebeserfahrung Freude und sittlichen Gewinn zieht:

(v.115)      'diz leit ist liebes alse vol,
             daz übel daz tuot so herzewol,
             daz ez kein edel herze enbirt,
             sit ez hie von geherzet wirt'[9].

Diese dialektische Spannung gehört zum Wesen von Gottfrieds Denken
und der von ihm dargestellten höfischen Liebe. Als nach dem Genuß
des Liebestrankes Tristan und Isot ihre anfängliche Scheu überwunden
haben, genießen sie ihre Liebe und ihr ungestörtes Zusammensein.
Dieses volle Einander-sich-Schenken in reiner *triuwe* wird von dem
Erzähler auch gut geheißen; er hält nichts von Liebenden, die sich
voreinander schämen oder sich einander entziehen. Dennoch ist auch
schon die Sorge da, daß Marke bemerken wird, daß Isot nicht mehr

---

[8] Zu diesem Fragenkomplex werde ich mich an anderer Stelle äußern.
[9] Gottfried von Straßburg, *Tristan: Text und kritischer Apparat*, hrsg. von Karl
Marold... (Berlin, 1977). — Gottfried von Straßburg, *Tristan*, übersetzt von Xenja
von Ertzdorff, Doris Scholz und Carola Voelkel, UTB 858 (München, 1979), v. 115ff:
'Dieser Kummer ist so angenehm und der Schmerz so gut, daß darauf kein edles Herz
verzichtet, weil es dadurch zu dem wird, was es ist'.

Jungfrau ist. Die Liebenden finden einen Ausweg für ihr Problem, aber die Frage bleibt, die Denis de Rougemont schon gestellt hat: warum hat Tristan, der doch viel stärker ist als Marke, Isot nicht entführt und sie geheiratet[10]. Sein Vater Riwalin hat das doch auch getan, als Blanscheflur schwanger war. Meine Antwort ist die, die auch Denis de Rougemont gegeben hat: weil die dialektische Liebe des *Tristan* in einer Ehe nicht gelebt werden kann. Der Begründung de Rougemont's stimme ich allerdings nicht zu. Er schreibt, letztlich haben sich Tristan und Isot nicht geliebt, sie waren verliebt in ihre Liebe: 'Tristan et Iseut ne s'aiment pas... Ce qu'ils aiment, c'est l'amour, c'est le fait même d'aimer. Et ils agissent comme s'ils avaient compris que tout ce qui s'oppose à l'amour le garantit et le consacre dans leur cœur, pour l'exalter à l'infini dans l'instant de l'obstacle absolu, qui est la mort'[11]. Tristan und Isot suchen das Zusammensein, um sich zu lieben und ihr Einssein zu erfahren, ohne einander können sie nicht leben. Aber das Besondere ihrer Liebe, mit der sie einander lieben — und nicht ihre Liebe als solche — ist die dialektische Spannung, die zur Glückserfahrung immer auch die Schmerz- und Leiderfahrung braucht.

Selbst in dem von allen äußeren Bedrohungen freien und harmonischen Einssein der Liebenden in der *fossiure a la gent amant*, in der Liebesgrotte, ist auch die Leiderfahrung gegenwärtig. Tristan und Isot singen und spielen die Harfe. In ihrem gemeinsamen Musizieren erfahren sie in höchster Vollkommenheit ihr harmonisches Einssein in ihrer Liebe. Dabei ist zu lesen:

(v.17 218)  'sweder ir die harphen genam,
          so was des anderen site,
          daz ez diu notelin dermite
          suoze und seneliche sanc.
          ouch lutete ietweder klanc
          der harphen und der zungen,
          so si ein ander klungen
          so suoze dar inne,
          als ez der süezen Minne
          wol zeiner kluse wart benant
          la fossiure a la gent amant'[12].

[10] Denis de Rougemont, *L'Amour et l'Occident*, 2. Aufl. (Paris, 1956), S. 24.
[11] Denis de Rougemont, S. 33.
[12] v.17218 ff: Wenn der eine die Harfe nahm, so pflegte der andere die Melodie dazu lieblich und sehnsuchtsvoll zu singen. Auch klangen die Harfe und die Stimme, wenn sie zusammen ertönten, so lieblich in der Grotte, wie die Grotte nach der süßen Liebe zurecht la fossiure a la gent amant genannt wurde.

Das Musizieren klingt *suoze und seneliche*, wiederum ist die schmerz-
volle, sehnsüchtige Leiderfahrung in der Schönheit und Lieblichkeit des
Musizierens mitenthalten. Vorher war zu lesen, daß die Liebenden, *die
getriuwen senedaere* (v.17 187) einander traurige Geschichten (*senemaere*) erzählten:

(v.17 187ff)  'da sâzen si zein ander an,
          die getriuwen senedaere
          und triben ir senemaere
          von den, die vor ir jaren
          von sene verdorben waren.
          Si beredeten und besageten,
          si betrureten und beklageten,
          daz Villise von Traze
          daz der armen Kanaze
          in der minnen namen geschach;
          daz Biblise ir herze brach
          durch ir bruoder minne,
          daz ez der küniginne
          von Tire und Sidone
          der seneden Didone
          durch sene so jaemerliche ergie' [13].

Es sind Phyllis, Kanaze und Dido aus Ovids 'Heroides', Byblis aus
Ovids 'Metamorphosen' (IX, v.452 ff) [14] deren traurige Geschichten
Tristan und Isot einander erzählen, über die sie sich unterhalten
und über die sie trauern und klagen. Der moderne Leser fragt
sich erstaunt, wieso Tristan und Isot im vollkommenen Glück ihres
ungestörten Zusammenseins einander gerade diese traurigen Liebesgeschichten erzählen und sie selbst über sie trauern und klagen. Im
Prolog wurde gesagt, daß die Lektüre dieser traurigen Liebesgeschichten
(*senemaere*) den trauernden Liebenden (*senedaeren*) Erleichterung
bringen kann. Aber Tristan und Isot haben doch offensichtlich keinen
Grund zu trauern? Sie werden aber (v.17 187) *getriuwe senedaere*
genannt, als sie sich die antiken *senemaere* erzählen. Durch dieses
Erzählen und Bearbeiten der traurigen Liebesgeschichten gewinnen sie

---

[13] v.17 187ff: Da setzten sie sich zueinander, die treuen sehnsuchtsvoll Liebenden
und erzählten sich sehnsuchtsvolle Geschichten von denjenigen, die vor ihrer Zeit an
Sehnsucht gestorben waren. Sie beredeten und besprachen, betrauerten und beklagten,
was Villise von Traze, was der unglücklichen Kanaze im Namen der Liebe geschehen
war; daß der Biblise das Herz gebrochen war aus Liebe zu ihrem Bruder, daß es der
Königin von Tire und Sidone, der sehnsuchtsvollen Dido, aus Sehnsucht so beklagens-
wert ergangen war.

[14] Stellennachweis in Bd. 3: *Kommentar, Nachwort und Register der Tristan-
Übersetzung von Rüdiger Krohn* (Stuttgart, 1980), S. 169.

die zu ihrer Glückserfahrung notwendige Schmerzerfahrung, die sie aus
ihrer derzeitigen realen Situation nicht gewinnen können. Die Be-
schäftigung mit der Überlieferung, mit Dichtung, ersetzt ihnen in der
*fossiure a la gent amant* die Erfahrung mit der Umwelt, die ihnen
bisher die für ihre Liebe notwendige Schmerzerfahrung vermittelte.
Und nachdem sie diese Leiderfahrung durch Liebe und deren In-
tensivierung durch Schmerz ausgekostet haben, singen und musizieren
sie zusammen und erfahren in der Musik, im *suoze und senelichen*
Singen ihr Einssein.

Die letzte Steigerung der Liebes- und Leiderfahrung geschieht im
Abschied zwischen Tristan und Isot. Die Liebenden erkennen und
bekennen in der extremen Situation der bevorstehenden endgültigen
Trennung ihr dauerndes Eins-Sein: sie sind *ein* Leben. Tristans Treue-
versprechen,

(v.18 281)     'Isot diu muoz iemer
              in Tristandes herzen sin'[15]

nimmt Isot auf:

(v.18 334)     'wart Isot ie mit Tristane
              ein herze und ein triuwe,
              so ist ez iemer niuwe,
              so muoz ez iemer staete wern'[16].

und später noch einmal (v.18 357ff):

              'wir zwei sin iemer beide
              ein ding ane underscheide.
              dirre kus sol ein insigel sin,
              daz ich iuwer unde ir min
              beliben staete unz an den tot,
              niwan ein Tristan und ein Isot'[17].

Es ist die Rückerinnerung an ihr Einssein im Anfang ihres Zusammen-
lebens nach Isots Hochzeit mit Marke. Es ist das vollkommene
Einssein der Liebenden *ane underscheide* in der Zweiheit von Tristan
und Isot. Dieses Einssein soll über die Trennung hinweg bis in den
Tod Dauer haben. Dies ist, in der Tat, Harmonie-Liebe, aber die
Schmerzerfahrung durch die bevorstehende Trennung bringt sie voll

---

[15] v.18 281f: Isot muß für immer in Tristans Herzen bleiben.

[16] v.18 334ff: ...wurde Isot einst mit Tristan ein Herz und eine Treue, so ist dies
stets neu und muß es für immer beständig bleiben.

[17] v.18 357ff: ...wir zwei sind für immer ein ungeteiltes Wesen. Dieser Kuß soll
besiegeln, daß wir beide beständig bis in den Tod füreinander nur ein Tristan und
eine Isot bleiben werden.

zum Ausdruck und gegenseitigem Bekennen — wie in den Heroides Ovids.

Aber die dialektische Liebe braucht Glücks- und Leiderfahrung zugleich. So wie Tristan und Isot in der *fossiure a la gent amant* die Schmerzerfahrung aus der Überlieferung gewannen, um in ihrer Liebe leben zu können, so fehlt ihnen nun, nach der Trennung, die Hoffnung zumindest auf ein Wiederfinden. Nur von Tristans weiterem Weg wird erzählt. Er begegnet der anderen Isot, der mit den weißen Händen. Die Namensgleichheit stürzt ihn in Verwirrung, *beworrenheit*, *diu tete im wol, diu tete im we* (v.18 992f). Die Schönheit und der Liebreiz der gegenwärtigen Isot erinnern ihn an die ferne Isot.

Tristan liebt seinen Schmerz und seine Sehnsucht um die blonde Isot: damit ist die Balance der dialektischen Liebe bereits gestört: eben weil keine Hoffnung auf Freude mehr besteht. Man kann sagen, daß die geistige Gegenwart der fernen Isot sich in der intensiven Schmerzerfahrung Tristans verflüchtigt: und der Erzähler berichtet mit bemerkenswertem psychologischem Scharfblick, daß Tristan diesen Kummer liebte, weil er die andere, die gegenwärtige Isot, gerne sah. Er flüchtet sich also zunächst in den Schmerz über das Getrenntsein von der fernen Isot, kostet aber diesen Schmerz in der Nähe der gegenwärtigen Isot aus. Er ist sich über seinen verwirrten Zustand im Klaren: und in dem einen Namen Isot liebt er die ferne Isot und die gegenwärtige- und Isot mit den weißen Händen hat den Vorzug, gegenwärtig zu sein. Ihr Liebreiz steigert seine Wünsche (v.19 061 ff)

'er wolte liebe und lieben wan
wider die maget Isote hat,
sin gemüete gerne twingen
ze ir liebe uf den gedingen,
ob ime sin senebürde
mit ir iht ringer würde'[18].

Durch seine Blicke weckt er ihre Liebe, nachdem Isot mit den weißen Händen schon vorher auf Tristan aufmerksam geworden war. Sie liebt Tristan ohne alles Doppelspiel, ohne Schmerzerfahrung, jedenfalls solange die Erzählung noch dauert; ihr Ziel dürfte eine harmonische Liebesbindung sein. Tristans Treue zu Isot ist damit schon, noch ehe er sich darüber klar wird und einen Rechtfertigungsgrund findet, gebrochen. Die dialektische Liebe in der Freuden- *und* Schmerz-

---

[18] v.19 061 ff: ... er ... wollte Liebe und Hoffnung auf Liebe dem Mädchen Isot entgegenbringen. Er wollte seinen Sinn bereitwillig zwingen, sie zu lieben in der Hoffnung, daß ihm die Last seiner Sehnsucht durch sie etwas leichter würde.

erfahrung ist an ihrer eigenen Paradoxie zerbrochen, nachdem Tristan in der Erinnerung an die blonde Isot nur noch die Schmerzerfahrung hat. Er bricht aber auch diese ihm zugeordnete Liebeserfahrung, indem er der anderen Isot zugetan ist und in *liebe und geselleschaft* die Zeit, soweit es schicklich war, mit ihr verbrachte. Er sucht jetzt nur die Freudenerfahrung und denkt darüber nach, daß er wegen der blonden Isot keine andere Frau mehr beachtet oder geliebt hat (v.19 140f). Wieder zieht ihn die *triuwe* zu der blonden Isot zurück: (v.19 158):

> 'ich triuweloser Tristan!
> ich minne zwo Isolde
> und han die beide holde,
> und ist min ander leben, Isolt,
> niwan einem Tristande holt.
> diu eine wil dekeinen
> Tristanden wan mich einen'[19].

Wieder zieht er sich innerlich von der anderen Isot zurück und zu seiner *erbeminne* (v.19 183).

(v.19 184f): '*Sin herze und sine sinne die triben do niwan ir altes leit*'[20]. Aber aus *höfscheit* (v.19 186) verbringt er weiter seine Zeit mit Isot mit den weißen Händen und unterhält sie, erzählt ihr schöne Geschichten, singt und liest ihr vor. Diese Aufmerksamkeit, vor allem aber der Refrain eines Liebesliedes

> 'Isot ma drue, Isot m'amie,
> en vus ma mort, en vus ma vie'[21]

überzeugt die Hofgesellschaft, aber auch Isot, daß Tristan sie, Isot mit den weißen Händen, liebte. In diesem Gesang ist Tristan aber wieder mit der blonden Isot, seinem Leben und seinem Tod, seiner Freude und seinem Schmerz, verbunden, so wie dieses Paar stets in der Musik sein vollkommenes Einssein erfuhr. Man kann, da der Roman bald abbricht, in diesem Lied das letzte Zeichen der Liebe zu der blonden Isot sehen, das zugleich der anderen Isot und ihrem Bruder und der Hofgesellschaft ein sicheres Zeichen gibt, daß Tristan die gegenwärtige Isot liebt. Isot zeigt Tristan nun offen ihre Zuneigung, *biz daz sin aber enzunde* (v.19 249). Noch einmal kämpft Tristan mit

---

[19] v.19 158ff: ... ich treuloser Tristan! Ich liebe zwei Isot und habe sie beide gern, und mein zweites Leben, Isot, liebt nur einen Tristan. Die eine will keinen anderen Tristan als nur mich allein.

[20] v.19 184f: ... sein Herz und sein Sinn beschäftigten sich wieder mit nichts anderem als mit ihrem alten Leid.

[21] v.19 217f: Isot, meine Geliebte, Isot, meine Freundin, in Euch mein Tod, in Euch mein Leben.

sich und der Treue zu der blonden Isot und zieht sich von der gegenwärtigen wieder zurück. Auch Isot empfindet sehnsuchtsvollen Schmerz um Tristan, weil sie sich seine Zurückhaltung nicht erklären kann. (v.19 300):

'Sus triben si zwei die stunde hin
mit ungemeinem leide.
si seneten sich beide
und heten jamer under in zwein;
und gie der ungeliche inein.
ir minne unde ir meine
die waren ungemeine;
si engiengen do niht in dem trite
gemeiner liebe einander mite,
weder Tristan noch diu maget Isot.
Tristan der wolte zeiner not
ein ander Isolde,
und Isot diu enwolde
kainen anderen Tristanden,
diu mit den wizen handen;
si minnete unde meinde in:
an im lac ir herze und ir sin,
sin triure was ir ungemach'[22].

Erst beim vierten Mal gelingt es dieser reinen und unbedingten Liebe der Isot mit den weißen Händen, Tristan für sich zu gewinnen. Er überlegt wieder und sucht nun die Lösung von einer Liebe, die ihm — so sieht er seine gegenwärtige Lage — nur Verwirrung und Leib und Leben nimmt (v.19 430 ff):

'diz liep, daz mir sus wirret,
daz mir benimet lip unde sin,
da von ich sus beswaeret bin,
sol mir daz uf der erden
iemer gesenftet werden,
daz muoz mit fremedem liebe wesen.
ich han doch dicke daz gelesen
und weiz wol, daz ein trutschaft
benimet der anderen ir kraft.
des Rines flieze und sin floz

---

[22] v.19300: So verbrachten sie die Zeit mit nicht gemeinsamem Leid. Sie hatten beide Sehnsucht und hatten beide Kummer, aber der ging nicht um dasselbe. Ihre Liebe und ihr Streben war ihnen nicht gemeinsam. Sie gingen da nicht in gemeinsamer Liebe miteinander, weder Tristan noch das Mädchen Isot. Tristan wollte in großem Kummer eine andere Isot, aber Isot mit den weißen Händen wollte keinen anderen Tristan. Sie liebte ihn: ihm gehörte ihr Herz und ihr Sinn, seine Trauer war ihr Kummer.

> der enist an keiner stat so groz,
> man enmüge dervon gegiezen
> mit einzelingen fliezen
> so vil, daz er sich gar zerlat
> und maezliche kraft hat'[23].

Den Ausweg aus einer unglücklichen Liebe durch eine andere empfiehlt Ovid in den *Remedia Amoris* (v.441ff):

> 'Hortor et ut pariter binas habeatis amicas;
>     Fortior est, plures si quis habere potest.
> Secta bipartito cum mens discurrit utroque,
>     Alterius uires subtrahit alter amor'[24].

Auch der Vergleich der einen Liebe mit dem zerteilten Fluß steht hier zu lesen (Rem. Am. v.445f). Tristan entschließt sich, trotz abermaliger Bedenken, seine Liebe nicht zu zerteilen, denn das sei treulos, und sich der Isot mit den weißen Händen ganz zuzuwenden: (v.19469ff)

> 'nu sol ich ez versuochen:
> wil min gelücke ruochen,
> so ist zit, daz ichs beginne:
> wan diu triuwe und diu minne,
> die ich ze miner frouwen han,
> diu enmac mir niht ze staten gestan;
> ich swende an ir lip unde leben
> und enmac mir keinen trost geben
> ze libe noch ze lebene.
> ich lide alze vergebene
> disen kumber unde dise not.
> a süeze amie, liebe Isot,
> diz leben ist under uns beiden
> alze sere gescheiden'[25].

Tristan macht der blonden Isot zum Vorwurf, sie allein lebe glücklich

---

[23] v.19430ff: Wenn diese Freude, die mich so quält, die mir Leben und Verstand nimmt, die mich so belastet, mir je auf Erden angenehm werden soll, so muß das mit einer fremden Freude geschehen. Ich habe das doch oft gelesen, und weiß es gut, daß eine Liebesverbindung der anderen ihre Kraft nimmt. Die Strömung und die Wassermassen des Rines sind nirgends so groß, daß, wenn man sie auf verschiedene Ströme verteilt, sie nicht fast ganz verschwinden und nur noch geringe Kraft haben.

[24] Ich rate, daß ihr zugleich zwei Freundinnen habt; er ist stärker, der mehrere haben kann. Wenn der Sinn sich teilt und zu beiden eilt, so zieht die eine Liebe die Kräfte von der anderen ab.

[25] v.19469ff: Nun werde ich es versuchen. Wenn das Glück mir gnädig ist, so ist es Zeit, damit zu beginnen. Denn die Treue und die Liebe, die ich für meine Herrin habe, können mir nicht nützen; ich verschwende auf sie mich selbst und mein Leben und kann mir keinen Trost für mich selbst und für mein Leben verschaffen. Ich leide allzu vergeblich diesen Kummer und diese Not. Ach, liebliche Freundin, geliebte Isot, unser Leben ist zu sehr auseinander getrennt.

und mit Marke zusammen, sie habe ihn vergessen, da sie bisher keinen
Boten nach ihm gesandt habe. Die dialektische höfische Liebe zwischen
Tristan und Isot ist an ihrer eigenen Konzeption nach der endgültigen Trennung des Paares zerbrochen. Isot mit den weißen Händen
bot nur den äußeren Anlaß; der Erzähler kommentiert: (v. 19 362 ff)

'wan weiz got diu lust, diu dem man
alle stunde und alle zit
lachende under ougen lit,
diu blendet ougen unde sin,
diu ziuhet ie daz herze hin'[26].

Die reale Gegenwart einer schönen und liebenden Frau hat auf einen
Mann eine so starke Wirkung, daß sie sein Herz an sich zieht.
Der Erzähler kommentiert weiter, sehr nüchtern (v. 19 367 ff):

'Hie mügen die minnaere
kiesen an dem maere,
daz man vil michels baz vertreit
durch verre minne ein verre leit,
dan daz man minne nahe bi
und naher minne ane si.
ja zware, als ichs erkennen kan,
vil lieber minne mag ein man
baz verre enbern und verre gern,
dan nahe gern und nahe enbern,
und kumet der verren lihter abe,
dan er der nahen sich enthabe'[27].

So bedenklich dieser Kommentar für alles, was höfische Liebe und
Treue bedeuten, auch sein mag — liest man bei Andreas Capellanus
die regula XVII: '*Novus amor veterem compellit abire*' (Troyel, S. 311)
so kann man hier die —höfische— Begründung und wohl auch
Entschuldigung für Tristans Verhalten finden. Es ist durchaus nicht
unhöfisch, sich aus zwingenden Gründen für eine neue Liebe zu
entscheiden. Daß diese Zuwendung zu der anderen Isot nur vorübergehend ist, wissen wir aus der Stoffgeschichte, aber die Be-
gründungen liefert Ovid und — im Hintergrund — Andreas Capellanus.

[26] v. 19 362 ff: Denn, weiß Gott; die Freude, die dem Mann allezeit lachend vor
Augen steht, blendet Augen und Verstand und zieht immer das Herz zu sich.
[27] v. 19 367 ff: Hier können die Liebenden an der Geschichte erkennen, daß man um
einer fernen Liebe willen ein fernes Leid viel besser erträgt, als wenn man nahe bei
der Liebe ist und eine nahe Liebe nicht hat. Ja, wahrhaftig, es ist wie ich es erkennen
kann: eine sehr geliebte Liebe kann ein Mann besser aus der Ferne entbehren und
seinen Wunsch in die Ferne richten, als ihn in die Nähe richten und die nahe Liebe
entbehren; und er löst sich leichter von der fernen Liebe, als daß er sich der nahen
enthält.

Eine höfische Liebesbeziehung mit Isot mit den weißen Händen
einzugehen, ist für Tristan nicht möglich: die Verwandten beobachten
das Paar und erwarten eine Ehe. Gottfrieds Roman bricht vor der
Erörterung der Problematik gerade einer solchen Ehebindung ab.
Da die blonde Isot bei ihrem Gemahl geblieben ist, macht Tristan
ihr in seinen Überlegungen den Vorwurf, ihn vergessen zu haben
über dem Zusammensein mit Marke, während er, Tristan, aus Treue
zu ihr bisher sich von allen Frauen ferngehalten habe. Thomas de
Bretagne baut das Thema dieser beiden Ehen in ihrer spiegelbildlichen
Entsprechung weit aus. Wie Gottfried es entwickelt hätte, ist unbekannt.
Die Ehe als solche und in ihrem Verhältnis zur höfischen Liebe ist
bei ihm nicht diskutiert — im Gegensatz zu Wolfram (Parzival und
Willehalm). Welche Bedeutung eine Ehe — unabhängig von dem
Liebespaar Tristan-Isot — hat, zeigt sich deutlich an Tristans Eltern
Riwalin und Blanscheflur, der Schwester des Königs Marke. Riwalin und
Blanscheflur lieben einander heimlich, niemand weiß etwas davon.
Riwalin wurde in einem Kampf schwer verwundet. Blanscheflur kommt
heimlich zu ihm und empfängt bei dieser Liebesvereinigung ein Kind.
Als sie bemerkt, daß sie schwanger ist und Riwalin nach seiner
Genesung das Land verlassen will, gerät sie in größte Sorge: sie
erwartet ein uneheliches Kind, das bedeutet für sie selbst, ihren Bruder,
ihre Verwandschaft und das ganze Land größte Schmach. Sie muß um
ihr Leben fürchten. Sie bittet Riwalin um Hilfe, er bietet ihr die
Flucht mit ihm in sein Land an. Auf den Rat seines erfahrenen
Ratgebers heiraten sie. Dieser Rechtsakt vor den Verwandten und
Lehnsleuten und in der Kirche erhöht das Ansehen Riwalins durch die
königliche Gemahlin und sichert der Blanscheflur ihr Ansehen als
Gemahlin des Riwalin und Mutter seines damit legitimen Kindes und
Erben. Riwalin sieht sich aus Dankbarkeit gegenüber Blanscheflur
zu diesem Schritt verpflichtet, der sie aus großer Not befreit und
ihm selbst durch die vornehme Gemahlin Ehre und Ansehen erhöht.
Unabhängig von der zeitgenössischen kirchlichen Rechtfertigung der
Ehe ist sie nach dem aristokratischen Verständnis in diesem Roman
eine Rechtsbeziehung, der Ehre und Ansehen der Ehegatten und
die rechtmäßige Erbfolge ihres Kindes in der Adelgesellschaft
garantiert. Von der pflichtmäßig geschuldeten Liebe der Ehegatten
zueinander — nach Andreas Capellanus — ist im *Tristan* nicht
ausdrücklich die Rede, aber die Problematik deutet sich an, insofern
Isot ihre 'ehelichen Pflichten' Marke gegenüber erfüllt — ohne ihn
zu lieben, wie deutlich gesagt wird. Daran wäre — wieder nach Andreas

Capellanus — nichts Bedenkliches. Nach dieser Theorie ist das ganz in Ordnung: Isot ist mit Marke verheiratet und kommt ihren 'ehelichen Pflichten' nach, aber sie liebt Tristan und ist mit ihm in ihrer dialektischen höfischen Liebe glücklich. Aber trotz seiner Bewunderung für die verschlagene Klugheit der *edelen senedaere* meldet der Erzähler und kritische Moralist Gottfried abermals Bedenken an.

Einen Hinweis auf dieses Bedenken finde ich in dem Erzähler-kommentar zu dem *wunschleben* der Liebenden in der *fossiure a la gent amant*:

(v.16 875ff): 'Swaz iemen kunde ertrahten,
    ze wunschlebene geahten,
    in allen landen anderswa,
    daz hetens allez bi in da.
    sine haeten umbe ein bezzer leben
    niht eine bone gegeben
    wan eine umbe ir ere.
    waz solte in ouch da mere,
    si haeten hof, sie haeten rat,
    dar an diu fröude elliu stat...'[28]

Dieses 'ausgenommen für ihre Ehre' deute ich als einen Hinweis darauf, daß der Erzähler diese höfische Liebesbeziehung, die vor der Gesellschaft verheimlicht werden muß, dafür verantwortlich macht, daß die vornehmen Protagonisten ihr Ansehen und ihre Geltung vor der höfischen Gesellschaft verlieren. Und dieser Verlust ist sehr schlimm für die höfischen Damen und Herren dieser Romane. Den Liebenden in der *fossiure a la gent amant* scheint er zunächst nichts anzuhaben. Allerdings: sie kehren bereitwillig an Markes Hof zurück, nachdem dieser wieder an die Unschuld des Paares glaubt. Béroul hat diese Rückkehr plausibler motiviert: das Waldleben der Verbannten ist durchaus nicht schön, sondern mühsam und entbehrungsvoll. Außer-dem läßt die Wirkung des Liebestrankes nach: die Liebenden erkennen den Wahnsinn ihres Handelns: sie haben Isots Ehe gebrochen und sich dadurch selbst um ihre hohe und geachtete Stellung an Markes Hof gebracht. Sie bitten Marke darum, zurückkehren zu dürfen. Isot wird mit allen Ehren empfangen, Marke, der Hof und das Volk freuen sich über ihre Rückkehr, Tristan soll das Land verlassen. Isot aber stellt

---

[28] v.16 875ff: Alles, was man sich nur denken konnte für ein Leben in Voll-kommenheit in allen anderen Ländern, das hatten sie alles dort bei sich. Sie hätten für ein besseres Leben nicht eine Bohne gegeben, ausgenommen für ihre Ehre. Was brauchten sie auch dort mehr: sie hatten einen Hofstaat, sie hatten alles, was Freude macht.

sicher, daß Tristan in ihrer erreichbaren Nähe bleibt — und nun besteht
eine höfische Liebesbeziehung weiter. Daß diese von mißtrauischen und
bösartigen Beobachtern alsbald entdeckt werden wird, ist voraussehbar
— da bricht das Fragment ab.

Diese Rückkehr der Isot nach dem Waldleben gibt Béroul Gelegenheit, den König Marke — an dieser Stelle — als großzügigen Mann
darzustellen, der seine Frau liebt und sich über ihre Rückkehr freut.
Es scheint so, als ob Gottfried zu dieser Stelle seinen Kommentar
schreibt, und die Rolle des Königs Marke sehr anders und sehr
kritisch darstellt. Es genügt nicht, daß Marke seine Frau liebt und
bewußt nicht sehen will, daß sie einen anderen liebt. Gerade diese
Haltung wird hart getadelt:

(v.17 727 ff)  'Marke der was aber do fro.
               ze fröiden hete er aber do
               an sinem wibe Isolde,
               swaz so sin herze wolde,
               niht zeren wan ze libe:
               ern hete an sinem wibe
               noch minne noch meine
               noch al der eren keine,
               die got ie gewerden liez,
               wan daz si in sinem namen hiez
               ein frouwe und eine künigin
               da, da er künic solte sin' [29].

Die Freude, die er von ihr genießt, ist nur körperlich und ehrlos,
weil sie ihn nicht wieder liebt. Die einzige Ehre, die ihm zuteil wird,
ist die, daß sie seine Gemahlin ist und in seinem Namen Königin
ist. Die Eheverbindung gibt Isot die Rechtsstellung und das Ansehen
der Gemahlin des Königs — und Marke das Recht, ihre Schönheit
körperlich zu genießen. Daß ihm dies genügt, wertet ihn ab nach den
Worten des Erzählers. Es ist nicht Großzügigkeit sondern 'herzelose
blintheit', uneinsichtige und verständnislose Blindheit, die nicht zur
Kenntnis nehmen will, wie die Gefühle des Partners wirklich sind:

(v.17 750):  'also was Marke geschehen:
             der weste ez warez alse den tot
             und sach wol, daz sin wip Isot
             ir herzen und ir sinne

---

[29] v.17 727 ff: Marke aber freute sich. Zu seiner Freude hatte er wieder an seiner
Frau Isot alles, was sein Herz wollte, aber nicht zu seiner Ehre, sondern nur zu
seinem körperlichen Genuß. Denn er empfing von seiner Frau weder Liebe noch
Zuneigung noch irgendwelche Beweise von Ehrerbietung, die Gott je erschaffen hat,
außer daß Isot in seinem Namen Herrin und Königin dort hieß, wo er König sein
sollte.

an Tristandes minne
mitalle was verflizzen,
und enwolte es doch niht wizzen'[30].

Weder Isot noch Tristan sind Marke gegenüber schuldig, sie haben ihn nicht betrogen, weil sie ihre Liebe vor ihm nicht verheimlicht hatten und weil Marke genau wußte, daß Isot ihn nicht liebte.

Warum liebt aber Marke Isot und beachtet ihre Empfindungen nicht?

(v.17 770):    'dar umbe ez hiute maneger tuot:
geluste unde gelange...
hei, was man ir noch hiute siht,
der Marke und der Isolde,
ob manz bereden solde,
die blinder oder alse blint
ir herzen unde ir ougen sind'[31]!

Hier wird, wie bei Andreas Capellanus zwischen einer rein sinnlich-körperlichen (*cupiditas*) und einer sinnlich-geistigen Liebe (*amor*) unterschieden und eine die Gefühle der Frau nicht beachtende Liebe des Mannes — als nur von ihrer Schönheit gereizte und nur auf den körperlichen Liebesgenuß gerichtete Leidenschaft — abgewertet. Diese hat mit der Ehe nichts zu tun — auch bei Andreas Capellanus nicht, der sie dem *simplex amans* zuschreibt, der eine Frau nur wegen ihrer körperlichen Schönheit liebt[32]. Daß Marke als Gemahl der Isot von Gottfried diese Art der Liebe zugewiesen erhält, macht es nach höfischem Verständnis leichter, im moralischen Verhalten Markes den eigentlichen Grund der problematischen Liebesbeziehung Tristan-Isot zu erkennen. Daß Verhältnis von Ehe und Liebe ist damit keineswegs zur Diskussion gestellt — beide haben nach der höfischen Liebesauffassung des Andreas Capellanus wie Gottfrieds nichts miteinander zu tun — aber das moralische Verhalten König Markes in seiner blinden, nicht einsehenwollenden Liebe zu seiner Gemahlin ist der Grund für die fatale Entwicklung des Geschehens — so Gottfried. Denn da Marke seine Gemahlin liebt und ihre Gefühle nicht beachtet, sie aber unbedingt für sich haben will, um seinen Besitzanspruch und

---

[30] v. 17 750: So war es Marke ergangen: Er wußte es so sicher wie den Tod und sah es genau, daß seine Frau Isot mit ihrem Herzen und mit ihrem Verstand völlig nach Tristans Liebe strebte, und er wollte es dennoch nicht wahrhaben.

[31] v.17 770: Worum es heute viele machen: Begierde und Verlangen leiden voll Angst, was sie leiden müssen. Ach, wie viele Marke und Isot man noch heute sieht, wenn man darüber spräche, die noch blinder oder ebenso blind in ihrem Herzen oder an ihren Augen sind!

[32] F. Schlösser, a.a.O.S. 103ff.

sein Ansehen vor dem Hof zu wahren, bewacht er sie und verhindert
nun ihre Zusammenkünfte mit Tristan. Die notwendige Folge ist,
daß sich Isot umso mehr nach Tristan sehnt, je mehr ihr Marke
das verbietet. Aus dieser psychologischen Einsicht entwickelt Gottfried
einen ausführlichen Gedankengang über das Verhalts des Mannes
gegenüber den Frauen: sie sind alle *ir muoter Even kint* (v.17 938).
So wie Eva den Apfel nicht gegessen hätte, wäre es ihr nicht verboten
gewesen, so soll man einer Frau nie mit Verboten oder mit Bewachung
kommen.

(v.17 915ff): 'ja sol ein ieclich biderbe man
  und der ie mannes muot gewan,
  getruwen sinem wibe
  und ouch sin selbes libe,
  daz si aller slahte unmaze
  durch sine liebe laze'[33].

Aus Rücksicht auf seine Zuneigung und sein Vertrauen wird sie
keine *unmaze* tun, nichts, was über das Maß hinausgeht und Schaden
bringt und zu einer Katastrophe führt. Aus der Wendung *getruwen
sinem wibe* ist ein Bezug zur Ehe herzuleiten. Dann heißt dies, wenn
ich die im Text folgenden Verse mitheranziehe:

(v.17 921ff:) 'swie dicke mans beginne,
  dem wibe enmac ir minne
  nieman uz ertwingen
  mit übelichen dingen:
  man leschet minne wol dermite.
  huote ist ein übel minnen site:
  si quicket schedelichen zorn.
  daz wip ist gar dermite verlorn'[34].

Mit Beaufsichtigung und bösen Methoden kann man eine Frau nicht zur
Liebe zwingen, man tötet die Liebe damit und löst grimmigen Zorn aus,
was zu einer Katastrophe führt. Gottfried als Erzähler stellt den
Bezug zwischen diesen Betrachtungen und der Geschichte nur partiell
her: Markes Verbot und die *huote*, die er über Isot verhängt hat,
reizt Isot zu unbeherrschtem und unvorsichtigen Handeln, das zur

---

[33] v.17 915: Somit soll jeder rechtschaffene Mann und derjenige, der überhaupt eine
männliche Gesinnung sich erworben hat, seiner Frau und auch sich selbst vertrauen, daß
sie alles, was das richtige Maß übersteigt, aus Rücksicht auf seine Zuneigung unter-
läßt.
[34] v.17 921ff: Wie oft man es auch versucht, so kann niemand die Liebe einer
Frau durch Böses erzwingen; damit löscht man die Liebe aus. Bewachung ist eine
schlechte Art der Liebe, sie erweckt schädlichen Zorn. Die Frau geht dabei zugrunde.

Katastrophe einer neuerlichen Entdeckung und endgültigen Trennung
führt.

Der Kommentar ist gegen die Beziehung Markes zu Isot gerichtet.
Aber die scheinbar so humanen Ausführungen über die schädlichen
Folgen der Bewachung basieren auf der geistlichen Abwertung der Frau
als eines unberechenbaren und besonders widerspenstigen Wesens.
Hartmann hat in seinem Kommentar zu Laudines befremdlich raschem
Gesinnungswandel nach dem Tod ihres Gemahls über die grund-
sätzliche Güte der Frau ganz anders geurteilt als es Gottfried hier tut.

Eine höfische und vorbildliche Liebesbeziehung zwischen einer
höfisch vollkommenen Frau und einem Mann entwickelt Gottfried in
den nachfolgenden Versen, wobei die vorbildliche Verhaltensweise der
Frau mit dem Zentralbegriff der höfischen Ethik, der *maze* ausgedrückt
wird:

(v.18 017ff): 'maze diu here
              diu heret lip und ere.
              ezn ist al der dinge kein,
              der ie diu sunne beschein,
              so rehte saelic so daz wip,
              diu ir leben unde ir lip
              an die maze verlat,
              sich selbe rehte liebe hat...'[35].

Es ist die Tugend der *temperantia*, der Selbstbeherrschung, die Fähigkeit
des vernünftigen Abwägens und des Vermeidens aller Extreme. Nichts im
Übermaß, sondern alles in einem ausgewogenen harmonischen Maß:
diese Tugend erhöht Person und Ansehen in der höfischen Gesellschaft. Eine Frau, die sich selbst liebt und nicht haßt, ihre Gefühle
und Wünsche nicht unterdrückt, sondern klug beherrscht und der
Gesellschaft zeigt, daß sie sich selbst gut ist, findet die höchste Anerkennung durch die Gesellschaft. Der Mann, den eine solche Frau
liebt, ist vollkommen glücklich:

(v.18 063ff) 'an swen ouch diu genendet,
             an den si gar gewendet
             ir lip unde ir sinne,
             ir meine unde ir minne,
             der wart saelic ie geborn,
             der ist geborn unde erkorn
             ze lebenden saelden alle wis,

[35] v.18 017ff: Das erhabene richtige Maß erhöht Leben und Ehre. Es gibt nichts unter
der Sonne so vollkommen Glückliches wie die Frau, die ihr Leben und sich selbst auf
das richtige Maß verläßt und sich selbst in der richtigen Weise liebt.

> der hat das lebende paradis
> in sinem herzen begraben...'[36]

Ihm wird nichts anderes zuteil

(v.18 090f): 'wan triuwe unde minne,
ere und werltlicher pris'[37].

In dieser vollkommenen Liebesgemeinschaft gewinnt auch der Mann
eine Steigerung seines Wertes und seines Ansehens, das maßgebende
Kriterium für die höfische Liebe nach Andreas Capellanus. Aber alle
quälenden, die Liebe stimulierenden Züge der dialektischen höfischen
Liebe fallen fort: ein Mann, der eine solche Frau liebt und von ihr
geliebt wird, lebt und genießt Freude und Glück. Dies ist die höfische
Harmonie-Liebe, wie sie auch in den Romanen Hartmanns von Aue
als Ziel der Handlung erreicht wird. Ob diese Harmonie-Liebe auch
auf die Heimlichkeit einer von der Gesellschaft nicht geduldeten
Beziehung verzichten kann, wird nicht deutlich. Die Vermutung ist
naheliegend, daß, wenn der Mann und die Frau aus ihrer Beziehung eine
Steigerung ihres Ansehens und ihrer Wertschätzung durch die Gesellschaft erfahren, diese Beziehung auch von der Gesellschaft akzeptiert sein
muß. Wie sie sich aber zur Ehe verhält, wird von Gottfried
nicht erörtert. Er sagt somit auch nicht, daß diese harmonische
höfische Liebe mit einer Ehe unvereinbar sei, wie es die Theorie des
Andreas Capellanus lehrte. Das Schweigen deute ich so: Gottfried geht
es nicht um das Verhältnis von Liebe und Ehe — die für ihn eine
reine Rechtssache ist — sondern um das richtige Verhalten von Mann
und Frau in der Liebe innerhalb der höfischen Gesellschaft. Die
Problematik der dialektischen höfischen Liebe zwischen Tristan und
Isot ist zwar ergreifend und schön und dient, wie der Prolog formuliert, *edelen herzen zeiner hage*[38], ist aber — zumindest in dieser
Kommentarpartie, — für den kritischen Moralisten Gottfried nicht
nachahmenswert. Sie kann sogar in einer höfischen Harmonie-Liebe
in der eigenen Gegenwart des Erzählers aufgehoben und in ihrem Wert
überboten werden.

---

[36] v.18 063ff: Wagt sie es, sich einem Mann ganz und gar anzuvertrauen, mit
ihrem Verstand, ihrer Zuneigung und ihrer Liebe, so wurde der einst zu seinem Glück
geboren, er ist geboren und auserwählt in jeder Hinsicht zur Glückseligkeit des Lebens,
er trägt das Paradies des Lebens in seinem Herzen.

[37] v.18 090f: (Da gibt es keine anderen Früchte) als Treue und Liebe, Ehre und
Lobpreis der Welt.

[38] v.47: zum Wohlgefallen der edlen Herzen.

Von dem Mann, der in einer vollkommenen harmonischen höfischen Liebe glücklich ist, schreibt er:

(v.18 098 ff): 'waz waere ouch dem iht wirs geschehen
    dan Tristande und Isolde?
    der mirs gevolgen wolde,
    ern dörfte niht sin leben geben
    umbe keines Tristandes leben;
    wan zware ein rehte tuonde wip,
    an swen diu lat ere unde lip
    und sich der beider dar bewiget,
    hi, wie si des von herzen pfliget!
    wie hat sin in so süezer pflege!
    wie rumets alle sine wege
    vor distele und vor dorne,
    vor allem senedem zorne!
    wie friets in vor herzenot
    so wol so nie dekein Isot
    dekeinen ir Tristanden baz.
    und han ez ouch binamen für daz,
    der suochte, alse er solde,
    ez lebeten noch Isolde,
    an den man ez gar funde,
    daz man gesuochen kunde'[39].

Es ist müßig, darüber nachzudenken, wie Gottfried die Geschichte weitergeschrieben hätte. Von den Vorlagen und den Fortsetzern her ist kein Aufschluß zu gewinnen, speziell nicht über die Frage, wie Gottfried die Eheschließung Tristans mit der anderen Isot begründet hätte. Gottfrieds Bewertung der Ehe als einer Rechtsbeziehung innerhalb der höfischen Gesellschaft vermeidet die direkte Auseinandersetzung zwischen Ehe und höfischer Liebe. Er schreibt vielmehr die Geschichte eines in vollkommener *triuwe* sich liebenden Paares. Gelegentliche kritische Anmerkungen des Erzählers beeinträchtigen Glanz und Zauber der 'edlen sehnsuchtsvoll Liebenden' nicht. Ihre Geschichte ist eine tragische Geschichte, schon von Anbeginn an zu Trauer und Tod bestimmt, weil Tristan nach Wesen und Namen trotz allen

---

[39] v.18 098 ff: Hätte ihm etwas Schlechteres geschehen können als Tristan und Isot? Wer mir folgen wollte, der bräuchte sein Leben nicht mit Tristans Leben zu tauschen. Denn wem eine richtig handelnde Frau ihre Ehre und sich selbst überläßt und ihm beides anvertraut, oh, wie bemüht sie sich um ihn von Herzen! Wie räumt sie Disteln und Dornen und jeglichen sehnsüchtigen Zorn von allen seinen Wegen! Wie macht sie ihn frei von Herzenskummer, so gut wie es keine Isot für ihren Tristan jemals besser verstanden hat. Und ich bin auch in Wahrheit überzeugt, wenn einer suchen würde wie er sollte, so lebten noch heute Frauen wie Isot, bei denen man alles, was man suchte, finden würde.

Glanzes und allen Glücks zu Trauer und Tod bestimmt ist. Befreiung und Erlösung suchen und finden die Liebenden in der mittelalterlichen Tristan-Geschichte im Tode nicht, wie bei Richard Wagner. Ihr Tod ist voll Trauer und das Ende, wie die anderen Tristan-Geschichten berichten. Ihnen wird keine christliche Verklärung zuteil, wie dem als heilig verehrten Markgrafen Willehalm und seiner Gemahlin Gyburc bei Wolfram, aber sie leben fort, im antiken Sinn: in der Erinnerung derer, die ihre Geschichte lesen[40].

Gießen

---

[40] Die Diskussion über das Buch von Denis de Rougemont, *L'Amour et l'Occident* (Paris, 1956), dt.: *Die Liebe und das Abendland* (Köln, 1966) ist in der Germanistik noch nicht geführt worden. Dazu ist es allerdings nötig, die gesamte Tristan-Tradition und die anderen höfischen Romane auf ihre Problematik der höfischen Liebe in ihrem Bezug zur Ehe zu untersuchen. In diesem Aufsatz konnten nur einige Ansätze für dieses künftige Gespräch gegeben werden. Auch die Frage nach der Formung der Tristan-Liebe durch Vorstellungen der Katharer muß neu geprüft werden, nachdem in den letzten Jahren eine Reihe bedeutender Forschungen über die Katharer erschienen sind. Ich nenne die letzte mir bekannt gewordene Publikation von René Nelli, *La Philosophie du catharisme : Le Dualisme radical du 13e siècle* (Paris, 1978); vgl. auch : Werner Schröder, *Text und Interpretation. Das Gottesurteil im 'Tristan' Gottfrieds von Strassburg* (Wiesbaden, 1979), S. 66 und — auf weitere Bezüge aufmerksam machend, — die sehr anregende Studie von Klaus Peter : 'Die Utopie des Glückes. Ein neuer Versuch über Gottfried von Straßburg', *Euphorion*, 62 (1968), S. 317-344.

Jean Charles Payen

# LA 'MISE EN ROMAN' DU MARIAGE DANS LA LITTÉRATURE FRANÇAISE DES XIIe et XIIIe SIÈCLES: DE L'ÉVOLUTION IDÉOLOGIQUE A LA TYPOLOGIE DES GENRES

La présente contribution a le défaut de toutes les synthèses: elle expose de façon brutale une problématique générale qui appelle un *corpus* d'analyses détaillées, irréalisable dans le cadre présent. Le mariage dans la littérature médiévale est un sujet de thèse, et même plus: un thème de recherche collective associant le romaniste, le folkloriste, l'historien et le théologien. Les réflexions qui suivent ne sauraient donc constituer qu'un préalable hâtif.

La matière de mon travail semble usée jusqu'à la corde. On croit avoir tout dit sur l'amour au Moyen Age, et l'on a beaucoup écrit sur la quête romanesque de l'épouse et du pouvoir[1] ou sur la critique antimatrimoniale à la fin du XIIIe siècle[2]. Mais ces travaux, pour utiles qu'ils soient, ne constituent qu'une approche. La relecture, par Georges Duby, des théologiens ou des chroniqueurs dont il commente les textes dans son séminaire au Collège de France, met en relief l'importance de la *dilectio* dans la pensée ecclésiale à partir de 1100 et oblige à reconsidérer l'ensemble des rapports familiaux dans l'aristocratie. En même temps, la critique actuelle est de plus en plus sensible à la typologie des genres: le mariage n'a pas le même visage dans la chanson de geste et dans le roman, ce que l'on sait depuis longtemps; il revêt une fonction littéraire différente dans le roman idyllique et dans le roman de la quête chevaleresque, ce qui est beaucoup

---

[1] Ou plutôt sur le milieu des *juvenes*, des *bachelers* sans fiefs qui aspirent à s'établir par mariage. Voir Georges Duby, 'Dans la France du Nord Ouest au XIIe siècle: les jeunes dans la société aristocratique', *Annales. Économies, sociétés, civilisations*, 19 (1964), p. 835-846 (article repris dans son livre *Hommes et structures du Moyen Age* (Paris-La Haye, 1973), p. 213-225). Sur la typologie du roman au Moyen Age, voir J.Ch. Payen, Ch. Diekstra et collaborateurs, *Le roman*, Typologie des sources du Moyen Age occidental, fasc. 12 (Turnhout, 1973).

[2] Voir mon article 'La crise du mariage à la fin du XIIIe siècle d'après la littérature française du temps', dans *Famille et parenté dans l'Occident médiéval* (*Paris, 6-8 juin 1974*), École Française de Rome, 30 (1977), p. 413-426.

moins connu. Il est donc opportun de discerner ces différents aspects et
de se demander si le statut romanesque de la conjugalité n'est pas
un critère typologique. Mais insister sur la diversité de ce statut est
passer à côté d'une réalité fondamentale : l'unité de l'amour dans les
textes romans quels qu'ils soient. Le mariage, selon le processus
d'idéalisation qui caractérise la poétique des romanciers médiévaux,
implique une certaine forme de 'fin'amors' que l'on a sans doute tort
d'opposer à l'érotique du grand chant courtois : la réussite conjugale
du héros contribue à illustrer un projet moraliste qui est fondamentalement conciliateur et peut-être utopique : la tendresse n'est pas
contradictoire à la possession ; le dénouement indique un meilleur des
mondes qui n'est pourtant pas posé comme inaccessible. Ce projet
moraliste se dévoile surtout lorsque l'œuvre s'achève, mais il se perçoit
alors comme un prolongement de la lecture (le bonheur ne se raconte
pas) : à la limite, le mariage n'est véritablement producteur de texte
que lorsqu'il est en crise. Il y a donc contradiction apparente entre
l'objectif des poètes et les contraintes que leur impose leur écriture.
Comment ont-ils résolu cette contradiction ? Et plus généralement,
l'amour dans le mariage est-il une réalité littéraire qui se prête à des
modalités narratives ?

L'avènement de la culture écrite vernaculaire en France coïncide avec
la découverte de l'intériorité. Autour de 1100, s'opère une évolution
décisive : Yves de Chartres, Abélard et les Victorins, selon des dé-
marches diverses, perçoivent de plus en plus clairement que l'individu se
juge non sur sa conduite, mais sur ses intentions. En même temps
que s'instaure une théologie nouvelle de la pénitence fondée sur le
repentir contrit [3], la doctrine de l'Église s'affine en ce qui concerne le
lien matrimonial. A la *desponsatio* ou promesse de mariage, et à la
*defloratio* par laquelle ce mariage est consommé, vient s'ajouter pour
confirmer la validité de l'engagement nuptial la *dilectio* ou tendresse
unissant les conjoints [4]. C'est ainsi que l'autorité ecclésiale est amenée
de plus en plus à légitimer des couples qui n'ont reçu qu'une béné-
diction semi-clandestine, souvent consécutive à un rapt [5], au risque de

---

[3] Voir mon ouvrage *Le motif du repentir dans la littérature française du Moyen Age*
(Genève, 1967) et mon article 'La pénitence dans le contexte culturel du XIIe et du
XIIIe siècle', *Revue des sciences philosophiques et théologiques*, 61 (1977), p. 399-428.

[4] Voir Y. Labonté, S.J., *Le mariage selon Yves de Chartres*, Universitas Gregoriana,
vol. 17 (Rome-Montréal-Bruges, 1965).

[5] Voir Michael M. Sheehan, 'The Formation and Stability of Marriage in XIVth
Century England : Evidence of an Ely Register', *Medieval Studies*, 33 (1971), p. 228-264
(le consentement mutuel suffit à valider le mariage secret).

lourdement léser de puissants intérêts familiaux. Si grave que soit la
rupture du pacte conclu entre deux lignages et scellé par des fiançailles
précoces, la sincérité passionnelle d'un amour marginalisé par une union
plus ou moins clandestine prévaut sur les accords antérieurs, et le seul
motif qu'on puisse invoquer pour séparer les époux est celui sur lequel
s'appuient les canonistes pour casser bien d'autres mariages qui ont eu
lieu au grand jour : je veux dire la consanguinité à un degré prohibé
— cette consanguinité, dont on oublie de tenir compte au moment du
contrat et dont on se souvient fort à propos beaucoup plus tard,
lorsque le ménage (royal, princier...) est en crise, car les problèmes
qu'elle pose sont spécifiques d'une haute aristocratie qui se marie en
circuit fermé.

La *dilectio* s'introduit donc dans la législation matrimoniale, avec ce
qu'elle implique comme revendication de bonheur et d'autonomie.
Ce qu'elle met en cause, entre autres, c'est la vieille doctrine du
*contemtus carnis* telle qu'on la rencontre dans la *Vie de saint
Alexis*. Dans ce texte, le protagoniste, le soir de ses noces, repousse
avec hauteur sa jeune femme, parce qu'elle est une occasion de
faiblesse et de chute. Il lui rend son anneau et son épée, symbole de sa
double appartenance à l'*ordo maritorum* et à la chevalerie. Et il part
pour un pèlerinage dont il ne reviendra que pour se cacher dans sa
propre demeure, étranger sous le toit familial, à jamais privé de toute
charnelle joie. Qu'importe si l'*Hymnus* latin, source probable du texte
français, associe la jeune femme à l'ascétisme de son mari (car elle y
accepte le mariage blanc, prélude lointain aux noces spirituelles qui se
dérouleront *post mortem*) : ce qui s'exprime est un rejet total du sexe,
dans la ligne d'une pensée monastique dont le poids doctrinal demeure
présent jusqu'à la fin du Moyen Age ; mais cette austérité entre de plus
en plus en concurrence avec une autre façon d'envisager la sexualité,
et l'on peut donc parler de son recul relatif en face d'une autre
littérature, même si l'on continue à remanier le *Saint Alexis* primitif,
et même si d'autre part les âmes les plus exigeantes réalisent dans leur
existence l'union mystique suggérée par ce texte : je pense aux amours
toutes spirituelles que la légende prête, au XIIIe siècle, à saint François
d'Assise et à sainte Claire[6].

---

[6] Voir l'édition Gaston Paris du *Saint Alexis* (Paris, 1933), v. 56 sqq. Dans
l'*Hymnus* 'Pater Deus ingenite', qui est un des modèles de l'*Alexis* français, le jeune
homme exhorte sa femme à épouser le Christ (st. 11, édition Manfred Sprissler
(Münster, 1966), p. 33). Elle ne lui répond pas, mais consent implicitement à ces noces
mystiques. Les deux dernières strophes (57 et 58, p. 46) exaltent l'union d'Alexis et de
son épouse dans le ciel (*Sic ambo coram domino conjunguntur perpetuo. Donet nobis solatia
Horum beata copula*).

Promotion de l'individu et revendication du bonheur, voilà ce qu'exprime l'aventure d'Héloïse et Abélard telle qu'elle se lit à travers leur correspondance. Que cette correspondance soit authentique ou forgée après coup ne change rien à l'affaire. On connaît la position d'Héloïse, qui refuse longtemps le mariage parce qu'il interdirait à son amant d'accéder aux plus hautes charges ecclésiastiques, et qui accepte d'autant plus volontiers la condition de fille-mère qu'elle se veut supérieure à ceux qui la condamneraient. Mais surtout, Héloïse craint que se flétrisse une passion qui a besoin de s'épanouir dans la marginalité : ce qu'elle désire, c'est maintenir la ferveur réciproque et l'égalité des partenaires dans le don ; or cette liberté, cette générosité n'ont plus de sens si un statut matrimonial transforme en obligation ce qui est jusqu'alors spontanément consenti. C'est ainsi qu'il faut interpréter le texte célèbre où la jeune femme affirme qu'elle préfère être la *meretrix* d'Abélard plutôt que de parvenir aux plus prestigieux honneurs[7]. Mais celle qui parle appartient à une famille de clercs, et les clercs attachent peu de prix au mariage, j'y reviendrai. Et il s'agit d'une lettrée dont la critique antimatrimoniale s'inspire de toute une tradition, qui remonte à Théophraste et saint Jérôme ; cette tradition qui connaîtra une vigueur nouvelle à la fin du XIIIe siècle : j'en parlerai plus loin[8]. Reste que la revendication d'Héloïse, qui est fondamentalement hédoniste, coïncide avec celle des premiers poètes courtois en langue d'oc. Et ce serait une erreur d'y voir un hasard historique ; tout au contraire, cette coïncidence se révèle être la conséquence d'une évolution psychosociologique sur laquelle il convient d'insister. Car c'est peu après 1100 que prend forme, à Poitiers, avec Guillaume IX, l'érotique du grand chant courtois, fondée sur la vénération vouée par le poète à une dame inspiratrice du 'joy'. La 'fin'amors' de la chanson troubadouresque implique un attachement adultère : le mariage rend la femme plus difficile d'accès et constitue un obstacle valorisant. Mais en fait, les troubadours et les trouvères chantent le désir et non son

---

[7] 'Deum testem invoco, si me Augustus universo presidens mundo matrimonii honore dignaretur, totumque mihi orbem confirmaret in perpetuo possidendum, karius mihi et dignius videretur tua dici meretrix quam illius imperatrix' (dans *Historia calamitatum*, édition J. Monfrin (Paris, 1959), p. 114, l. 157-161).

[8] Voir ci-dessous, p. 230. Sur l'*Auréole* de Théophraste (ouvrage connu par l'*Adversus Jovinianum* de saint Jérôme), sur l'*Adversus Jovinianum* lui-même, sur les pages antimatrimoniales de Jean de Salisbury dans le *Policraticus* et sur la *Dissuasio Valerii ad Rufinum* de Gautier Map, voir Ph. Delhaye, 'Le dossier antimatrimonial de l'*Adversus Jovinianum* et son influence sur quelques écrits latins du XIIe siècle', *Medieval Studies*, 13 (1951), p. 65-86. Voir aussi l'introduction par J. Rychner à son édition des *XV Joies de Mariage* (Genève, 1963).

accomplissement. Ils savent que la requête est plus apte à engendrer le poème que la satisfaction de la victoire. Soucieux d'apporter un message moral (parce que l'épreuve est plus valorisante que le plaisir), ils cultivent l'absence et la langueur, l'espoir et la dépendance. D'où l'opposition, que je crois arbitraire, entre la 'fin'amors', où l'union du corps est presque toujours rejetée vers un improbable futur, et un amour 'chevaleresque' beaucoup plus charnel. Mais il s'agit plutôt de deux modalités imposées par des contraintes de genres : la poésie lyrique exprime la fine pointe de la sensibilité en attente, et le roman raconte une histoire qui se déroule dans un temps crédible, où les passions qui se nouent aboutissent à un avenir implicite d'épanouissement dans la tendresse réciproque. Et c'est l'avènement de ces apologies du mariage que sont *Erec* ou *Durmart le Gallois*[9]...

Il n'est pas indifférent qu'*Erec* réagisse contre le mythe de Tristan, en réconciliant 'fin'amors' et prouesse héroïque, confirmée par une série d'épreuves qualifiantes, délibérément affrontées par le protagoniste : ce faisant, il ne se valorise pas seulement lui-même, mais il valorise aussi son épouse Enide, qui partage ses aventures. Ce qui se dégage de cette démarche est que, pour un chevalier, le nid de plaisir où s'enferme un amour possessif et charnel, — celui de la lune de miel initiale, ou celui dans lequel Mabonagrain se laisse piéger par son amie[10], — a pour conséquence une aliénation grave qui le détourne de sa vocation. Le couple est appelé à réaliser sa ferveur dans l'action au service des hommes. L'échec de Tristan et Yseut dans le Morois n'avait pas d'autre motif : quand ils reprennent conscience, ils se souviennent des devoirs qu'ils n'ont pas remplis[11]. Tous ces points sont désormais établis et n'appellent pas de longs commentaires.

Ce qui est moins perçu, c'est l'impact, dans la littérature vernaculaire, d'une revendication implicite, qui est celle d'une chevalerie privée à la fois de domaines et de femmes. Le dénouement romanesque résoud de

[9] La dissociation de la 'fin'amors' lyrique et de l'amour 'chevaleresque' propre au roman intervient dans les travaux de René Nelli, *L'érotique des troubadours* (Toulouse, 1963), Moshé Lazar, *Amour courtois et fin'amors* (Paris, 1964), Jean Frappier, 'Vues sur les conceptions courtoises dans les littératures d'oc et d'oïl au XIIᵉ siècle', *Cahiers de civilisation médiévale*, 2 (1959), p. 135-156, article repris dans *Amour courtois et table ronde* (Genève, 1973), p. 1-31. *Erec* a été publié par Mario Roques (Paris, 1973); *Durmart*, par Joseph Gildea, 2 vol. (Villanova, Penss., 1965-1966).

[10] Qui lui impose la claustration dans le verger fermé d'une muraille d'air, où il est condamné à demeurer jusqu'à ce qu'il soit vaincu en duel au terme de la redoutable épreuve de la 'Joie de la Cour'. Édition Roques, v.5445 sqq.

[11] Voir l'édition Muret-Defourques (Paris, 1957), v. 2161 sqq. ou l'édition Jean Charles Payen (Paris, 1975), v. 2135 sqq.

manière utopique cette double frustration, comme on le voit dans
*Fergus*, où le héros est d'ailleurs le fruit d'une mésalliance : son père
est un vilain. Fergus devient par mariage roi d'Écosse au terme d'une
quête valorisante où il manifeste ses qualités chevaleresques[12]. L'auteur
de cet ouvrage, Guillaume le Clerc, flatte son auditoire en lui apportant
l'image du destin dont cet auditoire est privé, et qui comblerait ses
aspirations secrètes. Les romanciers closent volontiers leur intrigue sur
une vision idyllique de la conjugalité, où la réciprocité de l'amour va
de soi dans le cadre d'une passion reconnue par la société. Au bonheur
de la réussite politique et sociale vient s'ajouter par surcroît un autre
bonheur tout aussi essentiel, celui des couples comblés. Comment ne
pas y lire un optimisme fondamental — et peut-être trompeur? Car
d'autres textes donnent une image fort différente des choses : je
n'invoquerai ici que le cas d'*Athis et Prophilias*.

Dans ce roman 'antique', dont le sujet est l'amitié entre un noble
romain et un noble grec, nous est présenté d'abord le mariage d'Athis
et de Cardioné, qui unit deux grandes familles athéniennes. Ce mariage a
été convenu d'avance. Athis et Cardioné ne s'aiment pas et ne se
connaissent guère. Or Prophilias s'éprend de Cardioné dès qu'il la voit,
le jour même des noces, et par amitié, Athis consent à lui céder
la place dans le lit conjugal. Plus tard, Athis révèle le subterfuge
au grand jour : il est alors rejeté par les deux familles; le voici
dépossédé de tous ses biens et contraint à un tragique exil : c'est ainsi,
sans doute, que pouvait être réprimée l'infraction au pacte familial.
La suite du roman apporte sa récompense au sacrifice du héros :
il épouse la sœur de Prophilias, et l'œuvre rebondit en roman d'aventure.
Ajoutons que Cardioné s'attache à Prophilias au point de mourir
lorsqu'elle apprend la nouvelle (fausse) de sa mort. Mais ce qui
importe présentement est moins l'accumulation finale des poncifs
romanesques que la façon dont est posé dès le début le problème de
l'alliance matrimoniale entre deux clans. Sur ce point, *Athis et Prophilias*
est une œuvre qui témoigne, malgré la transposition antiquisante, d'une
pesante réalité sociologique[13].

Autre réalité matrimoniale, celle de la masse disponible des jeunes
hommes (ou des jeunes femmes) à marier. Il n'est pas sans intérêt de
constater que dans plus d'un roman médiéval, l'épreuve qui frappe une
terre donnée est souvent d'abord le blocage de l'échange matrimonial.
Gauvain, quand il arrive au château de la Roche de Canguin, dans le

---

[12] Édition Ernst Martin (Halle, 1872).
[13] Édition Alfons Hilka, 2 vol. (Halle, 1912-1916).

*Conte de Graal*, pénètre dans un monde où l'on ne se marie plus. Le château des pucelles est peuplé de chevaliers qui vieillissent dans le célibat et de jeunes femmes qui ne trouvent pas de maris[14]. Il faut, quand on étudie ce type d'épisode, faire la part du sortilège : l'espace où évolue Gauvain est celui d'un autre monde qui rassemble les vivants et les morts[15] ; il est le lieu d'épreuves qualifiantes d'autant plus redoutables qu'elles ressortissent d'un fantastique inquiétant[16] ; mais aussi, s'il faut en croire les recherches de J.G. Gouttebroze, on pourrait discerner ici les traces d'une crise de la conjugalité : à une société endogamique a succédé une société exogamique ; or le statut quasi carcéral du palais fait qu'il n'est plus possible à ceux qui y résident d'aller se marier à l'extérieur du groupe. La préhistoire du conte, inscrite dans un folklore implicite probablement mal compris du poète, rappelle l'évolution difficile d'une forme de société matriarcale à une autre forme où domine l'autorité du père ; et l'on devine dans les romans de Chrétien comme une sourde et constante quête du père, dont des personnages comme Arthur ou Gornement sont en quelque sorte les substituts[17]. Mais on peut aussi lire ce genre de passage à la lumière d'une analyse socio-historique : les *juvenes* ou 'bachelers', lorsque la transmission du domaine se fait par primogéniture, sont condamnés, s'ils sont cadets, à demeurer célibataires, à moins d'obtenir quelque fief hypothétique par conquête ou par 'guerredon' ou récompense. Il arrive d'ailleurs que les textes relatent cette double distribution d'épouses et de terres par un souverain victorieux, et je pense ici au lai de *Lanval*, où Arthur répartit femmes et domaines à ses guerriers au retour de sa campagne d'Écosse[18]. Inversement et par voie de conséquence, le problème du mariage se pose aussi pour les jeunes filles, surtout lorsqu'elles appartiennent à la frange la plus pauvre de l'aristocratie : ainsi d'Enide, qui a toutefois la chance

[14] Voir l'édition Félix Lecoy (Paris, 1975), t. II, v. 7313 sqq.

[15] Gauvain y retrouve, aux côtés de sa mère et de sa sœur Clarissant, sa grand-mère Ygerne qui est morte depuis longtemps. Mais Chrétien de Troyes rationalise cet aspect primitif et précise qu'Ygerne avait seulement disparu. Voir v. 8476 sqq.

[16] Par exemple, les flèches qu'une main invisible projette vers le lit de la merveille où repose Gauvain (v. 7574 sqq.).

[17] Sur la société matrilinéaire (plutôt que matriarcale) que l'on devine sous la trame du conte, voir J.G. Gouttebroze et son article 'L'arrière-plan psychique et mythique de l'itinéraire de Perceval dans *Le Conte du Graal*', dans *Voyage, quête, pèlerinage dans la littérature et la civilisation médiévale*, Senefiance, 2 (Aix, 1976), p. 341-352. Sur la quête du père chez Chrétien, voir Friedrich Wolfzettel, 'Le rôle du père dans le procès d'arthurisation du sujet d'*Erec/Gereint*', Marche romane, 25 (1975), p. 95-104.

[18] Édition Jean Rychner, *Les lais de Marie de France* (Paris, 1966), p. 72, v. 17 sqq.

d'être pourvue de vêtements, et donc d'être dotée, par la reine Guenièvre en personne; ainsi de ces demoiselles qu'évoque Yseut lorsqu'ayant repris conscience, elle s'afflige de n'avoir pas rempli ses devoirs sociaux à leur égard, en les pourvoyant d'une dot et d'un mari[19].

Ce que nous apprend aussi la littérature narrative romane, c'est la fréquence du mariage entre un barbon et une adolescente. Ici intervient le thème de la 'maumariée', qui est un autre thème d'origine folklorique, dont on trouve une remarquable illustration dans le lai d'*Yonec*[20]. La différence d'âge entre les conjoints explique partiellement, dans maint fabliau, que l'épouse plus ou moins frustrée (et naturellement lubrique) cherche auprès de jeunes amants la compensation que requiert sa sensualité[21]. Mais le fabliau nous introduit dans un monde urbain où le mariage tardif tendait à se généraliser pour les hommes; ceux-ci épousaient des jeunes filles beaucoup moins âgées qu'eux: d'où une disproportion à l'intérieur du couple, qui restera fréquente jusqu'au XVIIe siècle, s'il faut en croire les comédies de Molière[22]. Ici apparaît une différence considérable entre ce qui se passe à la ville et ce qui se passe à la campagne. Les paysans pratiquent d'ores et déjà, semble-t-il, le retard au mariage qui est un moyen de limiter les naissances; ils se marient à vingt-cinq ou trente ans, mais leur conjointe a le même âge qu'eux, et il n'y a pas à cet égard de déséquilibre dans le couple. Le *Jeu de Robin et Marion*, malgré son caractère tardif (fin du XIIIe siècle), apporte sur ces amours rurales un témoignage peut-être légèrement idéalisé, mais en tout cas crédible[23]. Il résulte de tous ces exemples que la conjugalité prend des visages très différents selon les catégories sociales, et que le mariage médiéval est une réalité littéraire très diverse dont la complexité n'est réductible à aucun système, qu'il s'agisse de typologie ou d'idéologie.

[19] Édition Muret-Defourques, v. 2211 sqq.; édition Jean Charles Payen, v. 2185 sqq.

[20] Édition Jean Rychner, p. 102 sqq.

[21] Par exemple dans *La Bourgeoise d'Orléans*: voir l'édition d'Anatole de Montaiglon et Gaston Raynaud, (réimpression Genève, 1973), t. I, n° VIII. Voir M.Th. Lorcin, 'Les voyages ne forment que la jeunesse...', dans *Voyage, quête...* (cf. n. 17), p. 453 sqq. et plus particulièrement p. 467 sqq. (sur la sympathie des auteurs de fabliaux à l'égard des *juvenes*, qui profitent volontiers des aventures faciles...).

[22] Sur le mariage tardif dans la bourgeoisie urbaine, voir D. Herlihy, 'Vieillir à Florence au Quattrocento', *Annales. Économies, sociétés, civilisations*, 24 (1969), p. 1338-1369.

[23] Édition Ernest Langlois (Paris, 1976). Je pense plus précisément au personnage de Péronnelle, qui ne semble pas impatiente de se marier, lorsque Baudon lui demande si le bonheur visible de Robin et Marion ne lui fait pas envie (et Péronnelle est fort mariable, puisque Baudon, Huart et Gautier lui proposent aussitôt leur amour). Voir v. 629 sqq., p. 41.

J'exclus de ma présente analyse les autres aspects de la sexualité tels qu'ils sont perceptibles dans les textes, depuis la prostitution, qui appellerait une vaste étude,[24] jusqu'à la violence exercée par le chevalier lorsqu'il profite de son statut social pour tenter de séduire une 'pastoure'. Autre aspect de cette violence, la brutalité du soudard envers toute femme un peu facile, fût-elle noble, dont témoigne le roman arthurien tardif[25]. Toutefois, ce qui m'importe n'est pas le déchaînement sexuel hors mariage, mais la présence ou l'absence, au sein du mariage même, du plaisir, du bonheur et de l'équilibre conjugal. Et je dois reconnaître qu'à côté de ces romans à dénouement heureux, dont je parlais tout à l'heure et parmi lesquels j'intègre le roman idyllique : *Floire et Blancheflor*, *Amadas et Ydoine*, où l'amour réciproque surgit très vite et grandit parallèlement chez les deux partenaires du couple[26], il se développe au XIIIᵉ siècle un autre roman où l'impact du grand chant courtois suscite chez l'héroïne une frustration dont la conséquence est qu'elle accepte l'aventure et l'adultère. A la différence toutefois d'Yseut et de Guenièvre, la dame du lai de l'*Ombre* aime son mari, dont elle prononce un vibrant éloge[27] : et la châtelaine de Vergi n'est désignée comme femme mariée que par une allusion d'ailleurs ambigüe[28]. Le tragique de ces œuvres ne

[24] Voir Marie-Thérèse Lorcin, 'La prostituée des fabliaux est-elle intégrée ou exclue', dans *Exclus et systèmes d'exclusion...*, *Senefiance*, 5 (Aix, 1977), p. 105-118.

[25] Voir mon article 'La destruction des mythes courtois dans le roman arthurien : la femme dans le roman en vers après Chrétien de Troyes', *Revue des langues romanes*, 78 (1969), p. 213-228 (j'y évoque la rustrerie de Sagremor qui viole une jeune femme coupable de s'être refusée à lui); *Merveilles de Rigomer*, édition Wendelin Foerster (Dresden, 1908), v. 7961 sqq. — sur la cruauté d'Yder envers la femme du roi Yvenant — il la repousse à coups de pied, voir édition Heinrich Gelzer (Dresden, 1973), v. 376 sqq. — sur la façon dont Gauvain punit Ydain l'inconstante en la donnant à un nain, voir la *Vengeance Raguidel*, édition Mathias Friedwagner (Halle, 1909), v. 4218 sqq.

[26] Voir l'édition Wilhelmina Wirtz de *Flore et Blanchefleur*, Frankfurt Quellen, I (Frankfurt a.M., 1937) et l'édition John R. Reinhard d'*Amadas et Ydoine* (Paris, 1926). Plus exactement, dans *Amadas et Ydoine*, les jeunes gens sont d'abord l'un et l'autre insensibles à l'amour, mais ils le ressentent de façon simultanée un coup de foudre réciproque qui les précipitera dans les tourments les plus excessifs.

[27] V. 492 sqq. du ms *E* (B.N.fr., nouv.acq. 1104), édition Bédier :
    'Sire, dist-ele, n'est pas droiz
    que je aime vos ne autre home,
    que j'ai mon seignor molt preudome
    qui molt me sert bien et enneure...'

[28] Lorsqu'elle réplique à la duchesse qui la félicite d'avoir bien choisi son amant :
    '... que talent n'ai d'ami avoir
    qui ne soit del tout a l'onor
    Et de moi et de mon seignor ...' (v. 712-714)

réside plus dans le conflit entre la passion et la loi : il se situe
ailleurs, dans la difficulté qu'ont les êtres à communiquer entre eux[29].
D'où le drame complexe qui se déroule dans la *Châtelaine de Vergi*,
où le malheur des amants est lié à la double indiscrétion du duc et
de la duchesse de Bourgogne. Et pourtant, la conjugalité de ce couple
seigneurial est posée au début de l'œuvre comme exemplaire, puisque le
duc et la duchesse sont censés s'aimer intensément et ne rien se
dissimuler l'un à l'autre ; cela n'empêche cependant pas leur union de
se briser dès le moment où la duchesse, éprise du chevalier, se lance
dans un processus de mensonge qui a pour effet de détruire la
transparence réciproque des époux. Ce qui se lit dans ce poème est donc
moins une mise en question du mariage qu'une conception pessimiste
des rapports humains voués au paraître et à la mauvaise foi. Reste
qu'il existe, au XIIIe siècle, une littérature romanesque assez réservée
quant à la possibilité d'atteindre au bonheur par la voie du lien
conjugal. Mais encore faut-il faire la part, dans cette littérature, de
thèmes et de motifs qui viennent d'ailleurs, et ici, je pense au *Roman
du Châtelain de Couci et de la dame du Fayel*[30].

Dans ce roman, intervient le personnage du mari jaloux, qui procède
du grand chant courtois, et qui est pris à parti, de façon certes
moins tragique, dans la nouvelle occitane du *Castia-Gilos*, qui date de
la même époque (fin du XIIIe siècle)[31]. L'époux se venge cruellement
et de sa femme et de son rival, puisqu'il tue le châtelain de Couci et
donne son cœur à dévorer à la malheureuse : l'œuvre utilise donc
l'anecdote du cœur mangé, que l'on retrouve dans la *Vida de Guilhelm
de Cabestanh*[32] et dans le lai d'*Ignaure*[33]. Le succès de ce motif
s'inscrit dans un courant plus vaste, qui révèle à l'âge gothique
l'existence d'une esthétique de la cruauté. Car relativement nombreuses
sont les œuvres où l'on décrit, non sans complaisance, des passions
incestueuses[34], voire des scènes de viol[35] ou de mutilations[36]. Ces

---

[29] Voir mes articles : 'Structure et sens de *La Chastelaine de Vergi*', *Le Moyen Age*,
80 (1973), p. 209-230, et 'Le clos et l'ouvert dans la littérature française médiévale',
*Perspectives médiévales*, 2 (1976), p. 61-72 et plus particulièrement p. 85 et p. 87.

[30] Voir l'édition Maurice Delbouille et John Matzke (Paris, 1936).

[31] Voir l'édition Irénée Cluzel (Paris, 1958).

[32] Voir Jean Boutière & A.H. Schutz, *Biographie des troubadours* (Paris, 1950),
ou l'édition A. Längfors des œuvres de ce poète (Paris, 1924), ou R.T. Hill et
T.G. Bergin, *Anthology of the provençal troubadours* (New Haven, 1973).

[33] Voir Rita Lejeune, *Le lai d'Ignaure ou lai du prisonnier* (Liège, 1938).

[34] Comme celle du comte d'Anjou pour sa fille dans le *Roman du Comte d'Anjou*
de Jean Maillart (fin du XIIIe siècle). Voir l'édition Mario Roques (Paris, 1964) :

œuvres manifestent une surenchère dans l'atroce, qui participe d'une volonté de tout dire et d'aller jusqu'au bout du tragique, et ce réalisme excessif n'est pas si contradictoire qu'on pourrait le penser avec un conformisme moralisant ou dévot : l'héroïne touchante triomphera de toutes les épreuves et les méchants seront punis. Après tout, le marquis de Sade n'est-il pas lui aussi très soucieux de se présenter comme un apologiste de la vertu ?

Le XIIIᵉ siècle voit coexister le roman de la quête conjugale tel qu'il est apparu au XIIᵉ siècle, et une autre littérature beaucoup plus critique à l'égard du mariage, où les réticences procèdent d'origines diverses et prennent des aspects très différents selon les œuvres. Il faut en effet faire sa part à l'héritage courtois, qui glorifie le couple illégitime : ici Lancelot et Guenièvre, ou Tristan et Yseut, et je pense bien évidemment aux grands romans arthuriens en prose ; mais il faut aussi tenir compte d'une truculence beaucoup plus irrespectueuse, que je vois à l'œuvre dans *Trubert* ou dans *Joufroi de Poitiers* : aucune identité de registre entre ces deux textes dont le premier est un fabliau assez énorme et dont le second se veut la biographie prétendument courtoise d'un grand seigneur où l'on s'est plu à reconnaître Guillaume IX d'Aquitaine[37] ; mais il y a dans l'un et l'autre une désinvolture déjà picaresque en face de ce qui devrait être un sacrement et qui apparaît surtout comme un prétexte à des bons tours assez dérisoires. Joufroi épouse la fille d'un bourgeois de Londres pour allégrement gaspiller sa dot, et quand il a épuisé toute la fortune de sa femme, il la répudie sans scrupule, mais il la remarie, il est vrai, avec un riche seigneur d'Angleterre. Quant à Trubert, après avoir engrossé la fille du duc de Bourgogne, — déguisé en fille et admis à partager le lit de la

---

l'héroïne est obligée de s'exiler, quitte à travailler de ses mains, pour fuir le désir que son père nourrit pour elle.

[35] Voir l'édition Clovis Brunel de *La Fille du Comte de Ponthieu* (Paris, 1926). Au début du roman, Tiebaud, attaqué par des brigands, assiste sans pouvoir intervenir au viol de son épouse par ses agresseurs. Elle tentera ensuite de le tuer. Abandonnée sur la mer par son père, le vieux comte, elle devient sultane et engendre Saladin, puis retrouve son mari et revient avec lui en Occident.

[36] Voir l'édition Hermann Suchier de *La Manekine*, t. I, dans *Œuvres poétiques de Philippe de Rémi, sire de Beaumanoir* (l'héroïne, poursuivie par l'amour de son père, lui demande ce qu'il préfère en elle, et comme il répond que ce sont ses mains, elle se mutile volontairement — mais retrouvera l'usage de ses mains grâce à un miracle).

[37] Voir l'édition Percival B. Fay et John L. Grigsby (Genève, 1972). Le mariage de Joufroi intervient v. 3387 sqq., après mainte autre aventure joyeuse. L'hypothèse selon laquelle Joufroi serait un avatar littéraire de Guillaume IX remonte à C. Chabaneau, *Biographie des Troubadours* (Toulouse, 1885), p. 88.

princesse, — il persuade ses parents que la grossesse de leur enfant
est d'origine angélique! Il se fait épouser, toujours travesti, par le roi
Golias, et finit par substituer à sa propre personne une servante qui
est sa complice[38]. Dans l'une et l'autre œuvre, ce qui est traité sur
le mode ironique est le problème de la mésalliance, que l'on retrouve
encore dans *Aucassin*: le fils du comte de Beaucaire peut-il épouser
une captive et une étrangère? Mais cette étrangère est devenue chrétienne et se révèle être une fille de roi: ce n'est pas à ce niveau
qu'*Aucassin* cultive l'anticonformisme; la subversion de la chantefable
réside ailleurs, dans un certain nombre de détails connus: discours du
héros sur le ciel et l'enfer, rencontre avec le bouvier hideux, épisode
de Torelore qui permet de décrire un monde à l'envers. Mais *Aucassin*
a le mérite d'inverser les rôles: la quête du partenaire qui apporte le
pouvoir y est plus le fait de la femme que celui de l'homme, puisque
c'est désormais l'héroïne qui déploie le comportement le plus actif[39].
Toutes les données du roman pré-conjugal sont bouleversées: nous
avons affaire à un cas-limite, qui démontre par sa marginalité même
combien le problème du mariage reste fondamental dans la typologie
romanesque à la fin du XIIIe siècle, quelle que soit par ailleurs
l'offensive antimatrimoniale de la poésie cléricale et satirique si
vigoureuse à l'époque et si âpre à dénoncer les épreuves qui frappent
l'*ordo maritorum*.

Car la critique du mariage se développe dans la lyrique urbaine,
selon des modalités qui restent traditionnelles — je pense à la tradition
antimatrimoniale dont s'inspirait Héloïse et qu'on retrouve, peu avant
1200, chez Gautier Map[40], — et pour des raisons diverses que j'ai
déjà personnellement analysées par ailleurs[41]. Je rappelle quelques-unes
de ces raisons. La première, et la principale, est que les clercs
constituent un *ordo* qui se renouvelle non par filiation, mais par
intégration individuelle en clergie. Les clercs échappent à l'obligation
de perpétuer un lignage et de transmettre un domaine, et le mariage
n'a évidemment pas le même sens pour eux que pour des seigneurs ou
même pour des bourgeois, qui veulent assurer de génération en
génération la pérennité du domaine et des biens familiaux. D'autre part,

[38] Voir l'édition Guy Raynaud de Lage (Genève, 1974) et mon article 'Trubert ou
le triomphe de la marginalité', dans *Exclus et systèmes d'exclusion...*, (voir n. 24).

[39] Voir M. Liborio, '*Aucassin et Nicolette*, i limiti di una parodia', *Cultura neolatina*,
30 (1970), p. 156-171, et June Hall Martin, *Love's fool: Aucassin, Troylus, Calisto ...*
(Londres, 1972).

[40] Voir ci-dessus, p. 222 (et note 8).

[41] Voir ci-dessus, n. 2.

le clerc, homme d'étude, redoute la perturbation que susciterait dans sa vie la présence d'une épouse et d'enfants dont la turbulence le détournerait de ses activités intellectuelles. Il faut aussi faire sa part à un antiféminisme assez agressif, de la part de gens qui s'enferment dans une société mâle, fière d'un savoir et d'une sagesse auxquels ils prétendent que la femme n'a pas accès. Ainsi se définit un courant qui se développe de Rutebeuf au Matteolus des *Lamentations*. Cet auteur a pour infortune complémentaire d'être un bigame, ce qui l'a privé de ses privilèges; car le Concile de 1274 a définitivement condamné la bigamie, c'est-à-dire le remariage d'un clerc veuf ou son union avec une veuve, et l'on retrouve ici la conception ancienne selon laquelle le veuvage est, à un moindre titre toutefois que la virginité, une voie privilégiée de salut, au point que ceux qui ont la chance de vivre cet état doivent être dissuadés de le quitter[42]. Ajoutons qu'il avoue être un mari dominé, et ici se pose le problème des rapports de force dans le mariage. Mais sur ce problème, il faut évoquer une autre autorité, celle de Jean de Meung, qui, dans le *Roman de la Rose*, se fait l'apologiste d'une érotique nouvelle, dont l'essor implique sinon le refus de la conjugalité, au moins une immense suspicion à l'égard des liens conjugaux.

Cette érotique se situe au carrefour d'héritages divers, qui vont de la chanson goliardique au néoplatonisme chartrain. La chanson goliardique lègue au *Roman de la Rose* le thème du triomphe amoureux assuré par une défloration, car la fleur que célèbre Guillaume de Lorris dans la première partie du poème est encore en bouton; et les écolâtres de Chartres (de Bernard Sylvestre à Alain de Lille) transmettent à Jean de Meung un naturalisme militant selon lequel la justification de la sexualité est la procréation qui surmonte l'œuvre de la mort. Dans le sillage de ces clercs novateurs, le poète proclame l'analogie entre le travail (du scribe, du forgeron, du laboureur) et l'acte sexuel, qui prolonge à son tour l'œuvre de la création. Mais bien auparavant, dès le discours d'Ami qui est sans doute sur ce point son porte-parole, Jean de Meung avait insisté sur la nécessité d'une égalité totale entre les partenaires de l'acte amoureux. Le malheur du mariage est qu'il

---

[42] La notion de 'bigamie' est étendue à d'autres modes de vie contradictoires avec le statut de clerc, comme l'exercice d'activités déshonnêtes (exclusion des cabaretiers, des souteneurs, des clercs qui s'adonnent à l'usure...). Sur le caractère privilégié de la virginité ou du veuvage, cf. le passage du cistercien Eudes de Morimond (mort en 1161) cité par J. Le Goff, p. 383 de son livre *La Civilisation de l'Occident Médiéval* (Paris, 1965) : la semence de la grâce rend à trente pour un dans le cas des femmes mariées, à soixante pour un dans le cas des veuves, à cent pour un dans le cas des vierges.

instaure la seigneurie de l'homme sur la femme, à l'inverse de la relation courtoise, qui établit la tyrannie tout aussi condamnable de la dame sur l'amant[43]. La nouvelle érotique proclamée par le *Roman de la Rose*, dont le modèle est décrit au terme de l'épisode consacré à Pygmalion, suppose l'égalité absolue et la réciprocité sans réserves des partenaires. Cette réciprocité trouve son achèvement avec l'avènement de l'enfant, qui n'est plus considéré comme l'héritier du domaine et des biens, mais comme le lien affectif supplémentaire, indispensable à l'expansion sentimentale du couple géniteur.

L'amour libre et procréateur du *Roman de la Rose* est probablement le rêve utopique et bouffon d'un moraliste provocateur qui se complaît à achever son poème dans l'énormité, car la comparaison de la défloration avec un pèlerinage confirme le goût du poète pour un burlesque à la fois frivole et profond qu'il avait déjà mis en œuvre lorsqu'il faisait parler la Vieille ou Génius[44]. Ce que toute analyse un peu sérieuse du *Roman de la Rose* met aisément en lumière, c'est le décalage de l'œuvre par rapport à son temps. La critique anti-matrimoniale s'y réfère à tout un passé culturel (de Théophraste à la correspondance entre Abélard et Héloïse) et l'érotique dont Jean de Meung se fait l'apôtre exprime d'autre part une liberté de mœurs fort improbable dans les milieux urbains autour de 1270. Il se dégage de cette quête allégorique une marginalité prophétique et plaisante à la fois, dont le sens n'a pas été, semble-t-il, immédiatement compris : la querelle du *Roman de la Rose* escamote délibérément cet aspect des choses[45]. Une fois de plus, il apparaît que les ouvrages les plus importants ne sont pas forcément les miroirs de leur époque, ou plutôt, que les passages qui, dans ces textes, reflètent le mieux la société contemporaine ne sont pas les passages les plus essentiels : je pense au discours du jaloux, où l'on assiste à la complainte d'un barbon marié à une coquette, qui se croit outrageusement cocufié par elle lorsqu'il part pour un voyage d'affaires, et qui roue de coups son

---

[43] Édition Félix Lecoy (Paris, 1966), t. II, v. 9391 sqq. :
'Conpainz, cist fos vilains jalous,
dont la char soit livree a lous,
qui si de jalousie s'ample
con ci vos ai mis en example,
et se fet seigneur de sa fame,
qui ne redoit pas estre dame,
mes sa pareille et sa compaigne...'

[44] Voir mon article 'Le comique de l'énormité : Goliardisme et provocation dans le *Roman de la Rose*', *L'Esprit créateur*, 16 (1976), p. 46-60.

[45] Voir Eric Hicks, *La querelle du 'Roman de la Rose'* (Paris, 1977).

épouse au terme de ses jérémiades[46]. Cette prosopopée caricaturale ne livre de la réalité qu'une peinture partielle, mais Jean de Meung est peut-être moins 'réaliste' qu'on ne le croit. Ce qui compte pour lui est moins l'humanité telle qu'elle est que l'humanité telle qu'il la voudrait être. Il y a chez lui un idéalisme fondamental, qui se cache sous un masque hilare.

On pourrait clore ici l'enquête. Le *Roman de la Rose* est à la fois un aboutissement et le point de départ d'une littérature nouvelle, qui énonce un enseignement moral à travers le jeu des figures allégoriques. Après tout, le mariage dont la littérature vernaculaire dessine les visages contrastés nous est apparu selon ses modalités les plus diverses, et il ne manque, pour finir de brosser ce panorama, que d'ajouter une touche ou deux, en évoquant la poésie conjugale d'Adam le Bossu ou telle nouvelle en vers de Jean de Condé. Mais le *Blanc Chevalier*, où l'on voit un vieil homme reconquérir par sa prouesse l'amour de sa trop jeune épouse, est un poème très postérieur à 1300[47]; et le *Congé* d'Adam de la Halle appartient à la poésie lyrique et non au roman[48]. La tendresse du *Congé* semble d'ailleurs démentie par le *Jeu de la Feuillée*, où le poète oppose avec une relative cruauté le regard enchanté qu'il portait naguère sur Maroie et la vision désabusée que la coexistence lui a imposée après quelques mois (ou années) de vie commune. Je pense que *Congé* et *Feuillée* sont contemporains et traitent selon des typologies différentes une réalité affective sur laquelle le lecteur moderne ne saurait avoir prise[49].

---

[46] Édition Félix Lecoy, v. 8443 sqq. ('Et quant vois a Rome ou en Frise'), v. 8497 sqq. ('D'autre part, non puis plus celer, Entre vos et ce bacheler...') et surtout v. 9093 sqq. (insultes à l'épouse), et v. 9331 sqq. (le barbon bat publiquement sa femme).

[47] *Le lai du Blanc Chevalier* a été édité par Auguste Scheler, *Dits et contes de Baudouin de Condé et de son fils Jean de Condé*, II (Bruxelles, 1866), p. I sqq. Voir les pages que consacre à ce lai Jacques Ribard dans sa thèse *Un Ménestrel du XIVe siècle: Jean de Condé* (Genève, 1969). Voir aussi son article 'Des lais au XIVe siècle?' dans *Mélanges Jean Frappier* (Paris, 1970), p. 945-955.

[48] Édition Pierre Ruelle dans *Les Congés d'Arras* (Paris-Bruxelles, 1965). Il s'exprime dans ce poème une réelle tendresse à travers les deux strophes consacrées à Maroie:

Adieu, Amours, si douche vie
La plus joieuse et la plus lie
Qui puist estre après paradis... (v. 61 ss.)
Belle tres douche amie chiere,
Ja ne puis fere bele chiere,
Car plus dolans de vous me part
Que de rien que je laisse arriere... (v. 73 ss.)

[49] Je m'efforce de le démontrer dans mon article 'L'idéologie du *Jeu de la Feuillée*', *Romania*, 94 (1973), p. 499-504. Jean Dufournet pense au contraire (à tort, me semble-t-il)

L'idée que se font les auteurs médiévaux du mariage est en fait l'idée qu'ils veulent bien nous en donner à travers le prisme déformant de l'écriture, et l'indice de réfraction diffère par surcroît d'un genre à l'autre, si bien qu'il est impossible d'y mettre de la cohérence.

Faudra-t-il conclure sur ce constat d'échec? Force est de constater que sinon le XII$^e$ siècle, au moins le XIII$^e$ adopte, en matière de mariage, et s'il faut en croire les textes littéraires, une pluralité d'attitudes, qui semblent ignorer la véritable évolution historique en cours. Au moment où la noblesse tend à se fermer en caste tout en s'ouvrant à la haute bourgeoisie, alors qu'apparaît le souci (non contradictoire avec cette fermeture) de redorer le blason familial par l'alliance matrimoniale avec de riches clans roturiers, et à un tournant décisif où l'on désire transmettre non plus seulement le domaine et les biens, mais encore le nom de la famille, les grandes œuvres semblent négliger ces transformations décisives, tant elles demeurent soucieuses d'approfondir les seuls problèmes psychologiques ou moraux que soulève la vie conjugale. La littérature est conservatrice par rapport aux mutations de la société. Ou plutôt, elle ne cherche pas, quoi qu'elle en dise, à donner du réel une sorte de procès-verbal. Elle se détache de plus en plus des groupes où elle prenait originellement racine et qui cherchaient en elle un miroir en même temps qu'une transmutation de leurs aspirations secrètes : les poètes du XII$^e$ siècle travaillaient au service d'une aristocratie chevaleresque, dont ils étaient à la fois les porte-parole et les échos; ceux du XIII$^e$ siècle ont tendance à se détacher de leur public éventuel, peut-être parce que celui-ci est plus divers. Toujours est-il que les plus grands d'entre eux : Rutebeuf, Jean de Meung, Adam de la Halle, cultivent une démarche ambitieuse et solitaire, celle de l'écrivain qui domine son temps. Mais ils assument malgré tout une partie des opinions qui circulent autour d'eux, et sont bien obligés de sacrifier (ne serait-ce qu'un peu) à une typologie qui a pour effet des discours différents d'un roman à l'autre ou d'un poème lyrique à l'autre. Tradition, invention et diversité : ainsi se dessine, à travers une mosaïque de textes, un profil du mariage médiéval où l'on devine que le problème essentiel du couple est celui de l'amour; mais

---

que *Congé* et *Feuillée* ont été écrits à des dates différentes : voir son livre *Adam de la Halle à la recherche de lui-même* (Paris, 1974). — Sur Robert Sommeillon, voir plus particulièrement p. 170 sqq., et son article 'Sur le *Jeu de la Feuillée*', *Revue des langues romanes*, 79 (1965), p. 7-18.

y a-t-il sur ce point spécificité de l'âge gothique, et ce problème n'a-t-il pas toujours été le problème fondamental de toute conjugalité[50]?

Caen

---

[50] Je ne voudrais pas clore ce travail sans évoquer, au moins *in extremis*, l'*Ordo representationis Adae* qui confirme (en dépit de ce qu'écrit de son côté Jean de Meung) l'importance de la hiérarchie dans le mariage. C'est à partir du moment où Adam consent à dire à Ève: 'Tu es ma per' (v. 313) qu'il consent à croquer la pomme et pèche doublement, puisqu'il enfreint l'ordre donné par *Figura* de ne pas laisser son épouse devenir son égale ('Ele soit a ton comandement', v. 15; 'tu la governe par raison', v. 21). Voir l'édition P. Aebischer (Genève, 1963), ou l'édition W. Noomen (Paris, 1973), et mon article 'Idéologie et théâtralité dans l'*Ordo representationis Adae*', *Études anglaises*, 25 (1972), p. 19-29.

LESLIE T. TOPSFIELD

# FIN'AMORS IN MARCABRU, BERNART DE VENTADORN AND THE LANCELOT OF CHRÉTIEN DE TROYES

Two separate traditions co-exist and at times conflict in troubadour poetry of the twelfth century. For convenience, these traditions may be called the reflective or what in English would be called metaphysical, and the courtly. The poets composing in these different traditions approach the subject of love and marriage from different standpoints, and the meanings which they give to words such as *Fin'Amors*, *Jois* and *Mesura* vary considerably. Their different attitudes to love inspired poetic controversy around 1170, and both traditions influenced the ideas of Chrétien de Troyes.

Marcabru (c. 1130-c. 1150) exemplifies the metaphysical tradition. His idea of *Fin'Amors* is rational, abstract, moralising. It is an ideal which is not related to a physical *domna*. He defines the nature of *Fin'Amors* by its opposition to baser types of love, and its virtues by opposition to the vices of the sinners whom it rejects. *Fin'Amors* grants an inner serenity to the lover who through reason harmonises the desires of body, mind and spirit. Such a desire for inner peace and illumination is typified in the *amor de lonh* of Jaufre Rudel. For Marcabru, *Fin'Amors*, residing in the mind, matures and improves the natural goodness within the lover. On a wider plane, *Fin'Amors* is a force for Good against the *Malvestatz* which seeks to destroy the virtues which give it life. So, in Marcabru's poem *Bel m'es quan la rana chanta*, the brutish minions of *Malvestatz* attack the castle of Joy; each man shouts: 'Fire and flame! Let us get in and take the town! Let us slit the throats of *Jois* and *Jovens*, let *Proesa* be put to death!' (XI, 21-4)[1]. *Fin'Amors* teaches humility, patience, restraint and resistance to the temptation of the senses. It is opposed to irrational self-indulgence, to the idle sensuality of lay-abouts, to the *Bass'Amors* of husbands and

---

[1]     *Qu'usquecs crida 'fuec e flama!*
      *Via dinz e sia prisa!*
      *Degolem Joi e Joven*
      *E Proeza si' aucisa'.* (XI, 21-4)
Line references and quotations from Marcabru are taken from J.M.L. Dejeanne, *Poésies complètes du troubadour Marcabru* (Toulouse, 1909).

wives who destroy their *natura* and the natural order of life by their ceaseless adultery. In short, *Fin'Amors* is opposed to fragmented thinking (*fraich cuidar*), and single-minded thinking (*sola cuida*). *Fin'Amors* is a *fons de bontat, qu'a tot lo mon illuminat*. It comforts and guides those whom it accepts. Those whom it rejects it consigns to Hell (XLI, 8-35). It demands a whole or integrated (*entiers*) way of thinking.

For Marcabru, this choice between two opposed ways of thinking is man's great challenge in life: 'Faced with two ways of thinking, I am deeply concerned to separate the fragmented from the whole. I believe that man to be, through God, at one with nature who can be a guide in discriminating between these two ways of thinking' (XIX, 10-13)[2]. Integrated thinking is related 'to the ways of nature, and of what is beyond nature, and brings understanding of the ways of man' (XLI, 1-6). There is no need to stress the parallel between Marcabru's ideas here and the natural philosophy of contemporary thinkers at Chartres, such as Bernardus Silvestris. Integrated thinking demands that the individual shall recognise and understand his own *natura*, the essence of his natural being, and see it in the whole framework of divinely ordained Nature and of what lies beyond Nature.

Fragmented thinking ignores the wholeness of life and the reality of the idea, and takes shape as *sola cuida*. This is a single-minded, self-interested way of thought which neglects wider values, concentrates its attention on the illusory moment of surface appearance. In so doing, it points the way to the bent path, the *tort sentier*, in life, mistaking the ephemeral for the real. In its less noxious form it leads to self-enclosed prejudice which Marcabru puts into a memorable image: 'fine ladies through *their* way of thinking act foolishly in their foolish pursuits, and knights through *their* way of thinking, are foolish, poor, arrogant, and untamed. May God sustain these wretched, imprisoned (*acaitivitz*) people! ... They go off along the crooked path, whistling at the gadfly as if it were a hawk, and they abandon the straight road (*la dreita carrau*)' (XIX, 55-58, 64-6). In a further example, elucidated by Madame Rita Lejeune[3], Marcabru uses the symbol of the gold and

---

[2]    *En dos cuidars ai conssirier*
       *A triar lo frait de l'entier,*
       *Be·l teing per deum naturau*
       *Qui de cuit conoisser es guitz* (XIX, 10-13)

In l. 12 Dejeanne amends ms. reading *deum* (*AIK*) to *devin*.

[3] Rita Lejeune, 'Pour le commentaire du troubadour Marcabru: une allusion à Waïfre, roi d'Aquitaine', *Annales du Midi*, 76 (1964), p. 363-70.

bejewelled armbands of King Gaifier (Waïfarius) of Aquitaine. These
armbands were seized after his assassination in 768 by the hirelings of
Pepin the Short. They were hung as a trophy of war in St Denis,
where to the fragmented mind their jewels flash in martial splendour.
To the inward eye of the mind which is *entiers* they reveal the
fragmented and surface thinking of the dead king, and the reality of
his failed promise (XIX, 19-22).

Fragmented thinking also takes shape in a more acute form,
*Malvestatz*, which is nourished by amoral self-interest and pervades
and destroys society. It captures kings and dukes. It sows havoc through
adultery, which weakens marriage and society: 'husbands *ab sen cabri*,
with the mind of a goat, destroy their peace of mind and enfeeble
society with illegitimate children' (XVII, 31-6); 'the lady who loves a
household scullion knows nothing of true love (*amor fina*), she is
covered by her desire as the greyhound bitch is covered by the cur'
(XXXI, 46-9). To this uncontrolled carnality, Marcabru offers the
alternative of *Fin'Amors* whose benefits are *Jois*, *Sofrirs* and *Mesura*
(XXXVII, 19-24). *Jois* for Marcabru is the serenity of a mind which is
free from the fear of deceit, and from the *fols fais* or 'foolish burden'
of lust. *Sofrirs* is humility and patience. *Mesura* is the ability to
direct oneself to a real life suited to one's *natura*, talents and position
in society. *Fin'Amors* is the abstract image of an ideal love which
matches the power of *Malvestatz* and consigns to the torments of
Hell its retinue of murderers, magicians, usurers, hypocrites, liars,
deceivers and promiscuous lovers (XL, 10-35)[4].

Marcabru composed in the highly allusive style which has been
called the *trobar clus*, and, in spite of his early date, has a richer
vocabulary than any other troubadour[5]. Bernart de Ventadorn, a
generation later than Marcabru, sings in the clear courtly style, intensely
lyrical but with a restricted vocabulary. He relates *Fin'Amors* to the
human condition of love, and in so doing opposes Marcabru. For
Bernart, *Fin'Amors* is the loyal love offered in submission to the
exalted, physical domna. It rejoices in her idealized beauty and virtues.
It seeks fulfilment in equal and mutually shared physical delight: 'in

---

[4] For this view of Marcabru's ideas, cf. L.T. Topsfield, *Troubadours and Love*
(Cambridge, 1975, paperback 1978), p. 70-107.

[5] Cf. Linda M. Paterson, *Troubadours and Eloquence* (Oxford, 1975), p. 229, who,
on the results of a comparative computer analysis of the works of six leading
troubadours, demonstrates that Marcabru has the richest vocabulary, followed by Peire
d'Alvernhe, Raimbaut d'Aurenga, Arnaut Daniel, Giraut de Bornelh and Bernart de
Ventadorn.

giving pleasure and in desiring does the love of two true lovers consist. Nothing can avail in love if the desire to love is not equal' (XV, 29-32)[6]. Bernart's submission is feudal and complete. Joy lies in the lady's presence, a love token, a kiss, the sight of her naked body, the hope of union with her: 'Alas! of what use is my life if each day I do not see in bed beneath the window my true and natural joy, her body white as Christmas snow, so that we may measure ourselves against each other' (XXVIII, 33-40). To control love's natural desire through *mesura* is folly: 'That man is a natural fool who blames love for what it desires and advises it to do what displeases it' (XV, 33-5). As I have tried to show elsewhere[7], Bernart may be attacking Marcabru here, and so drawing on himself a sharp riposte from Peire d'Alvernhe in defence of his 'master'.

Bernart rejects Marcabru's idea of *mesura* as a rational force which controls love. He praises the impulse of feeling, the oblivion of the mind which love induces. Yet he has within him a milder form of *mesura* which allows him to recognise his own *foudatz*, the fine folly of feeling which shapes *his* way of life as the true lover or *fis amaire* who desires, has desired and will desire only one woman (XXX, 1-7 and 43-6).

In the *Lancelot* of Chrétien de Troyes, amidst the rich overtones of Celtic, Christian and folkloric imagery, two major themes co-exist. One is the theme of *Fin'Amors* between Lancelot and Guenevere, the other is the wider and related theme of conflict between Good and Evil, between the goodness of *Fin'Amors* and the wooden heart of *Malvestatz*. These two levels of meaning or *sen* are fused in the character of Lancelot who, when he has been tested and proved as a *fis amaire*, epitomises the power for good of *Fin'Amors* against the narrow mindedness or *sola cuida* of Gawain and the ·unremitting *Malvestatz* of Meleagant.

The theme of Guenevere's abduction, rescue and return imposed on Chrétien a tripartite narrative structure, different from the bipartite pattern he had used in his previous romances, *Erec et Enide*, *Cliges*

---

[6]     *En agradar et en voler*
        *es l'amors de dos fis amans.*
        *nula res no i pot pro tener,*
        *si·lh voluntatz non es egaus.* (XV, 29-32)
Line references and quotations from Bernart de Ventadorn are taken from C. Appel, *Bernart von Ventadorn* (Halle a.S., 1915).
    [7] L.T. Topsfield, 'The "natural fool" in Peire d'Alvernhe, Marcabru and Bernart de Ventadorn', *Mélanges offerts à Charles Rostaing* (Liège, 1974), p. 1149-58.

and the newly begun but temporarily abandoned *Yvain*[8]. In his search for the abducted Queen, Lancelot goes on a round trip to the land of Gorre and back again, and these two journeys, together with the central love episode, provide the substance of the plot:

1) Meleagant's abduction of the Queen and Lancelot's quest (1-3020)[9]
2) The events at Bademagu's court in the land of Gorre (3021-5115)
3) Lancelot's imprisonment, his return, and his killing of Meleagant (5116-7134).

On the journey out to the land of Gorre, the theme of Love is paramount. On the return journey Love withdraws to second place and the forces of Good represented by Lancelot, Bademagu and his daughter, oppose the Evil incarnate in Meleagant. Both levels of meaning, the triumph of *Fin'Amors* and the victory of Good over Evil, are woven into the central love episode, and both are bound into the character of Lancelot and his achievements through which they are revealed. The truly devoted *fis amaire* is finally so purified of self-love that he personifies all the virtues of Marcabru's *Fin'Amors* in his symbolical fight against Meleagant.

The theme of *Fin'Amors* also fits into this tripartite structure. On the journey out Lancelot faces trials of his fitness to be a *fis amaire*. In the central episode his absolute obedience to love, his conquest of self-pride, and his disdain of *vaine gloire* are rewarded by the Queen. In the third section, his constancy as a lover who has been received into the Queen's bed, is tested at the tourney at Noauz, which provides the thematic counterpart to the test of the Cart[10]. In terms of *Fin'Amors*, the first section is devoted to distant love or *amor de lonh*, the central section is devoted to the delights of 'close love', and the third section to *amor de lonh* enforced by the lover's imprisonment, This thematic pattern is not unlike the basic structure of distant love, close love, distant love in the 'dream' poem *Lancan li jorn* by Jaufre Rudel, and in the later *Roman de la Rose* by Guillaume de Lorris.

The central love episode in *Lancelot* is the glorification of *Fin'Amors*, the idealised acting-out of the desire for mutually shared love in Bernart

---

[8] See *infra*, note 25.

[9] For a valuable analysis of the structure of *Lancelot*, cf. F.D. Kelly, *Sens and Conjointure in the Chevalier de la Charrette* (The Hague, 1966), p. 166-203.

[10] Cf. L.T. Topsfield, 'The tourney at Noauz and the Hermit Episode in the *Lancelot* and the *Perceval* of Chrétien de Troyes', *Miscellània Aramon i Serra* (Barcelona, 1979), p. 573-83, and Id., *Chrétien de Troyes* (Cambridge, 1981), p. 157-159.

de Ventadorn. But before Lancelot attains this bliss, he must survive six
trials, the trial of the Cart and five further tests associated with
different damsels. In the first three trials, which he shares with Gawain,
he proves his superiority as a *fis amaire*, or true and perfect lover,
through the completeness of his self-sacrifice to *Fin'Amors* for the
Queen.

Yet he fails the first test which is that of the Cart. He obeys
Love's order to mount the cart at the dwarf's invitation, but for a
moment he hesitates. His humility is incomplete, his *Fin'Amors*
tarnished with the self-pride, which as Bernart says, is the true enemy
of love (XLII, 20-21)[11]. Reason has many voices in courtly romance.
Here, as it orders him not to shame his knighthood, it is the voice of
*vaine gloire* and of conventional knighthood, arresting for a moment the
impulse of *Amors*. In terms of Bernart de Ventadorn's poetry, *Fin'Amors*
springs from the desire of the senses, the mind, the imagination and
the spirit. It demands obedience to *foudatz* or the fine folly of true
feeling which rejects the set orderliness of traditional attitudes. Folly
for Lancelot the *fis amaire* lay in hesitating to obey the dwarf.
Folly for Gawain, who gallops up to face the test after Lancelot, would
lie in heeding the dwarf's words at all. To give up his horse, the
emblem of his knighthood, would be unthinkable.

In the tests which follow the trial of the Cart, Lancelot daydreams
about the Queen and is unhorsed in mid-stream; he remains calm in
face of the scorn of Arthur's world; he proves his status as an Elect
hero; and he resists the temptations of *Fals'Amors* offered to the
reluctant hero in the bed of the Fourth Damsel.

The central love episode in the *Lancelot* is the idealised dramatisation
of the desire for completely fulfilled *Fin'Amors* in the poetry of
Bernart de Ventadorn. The Queen and Lancelot, the main characters in
this sequence of scenes, are each the apotheosis of the two *fins amans*
who, with equal commitment or *voluntatz egaus*, desire and give pleasure
to each other. The Queen has two faces, two ways of thinking. To begin
with, she is the *domna*, ruled by the *sola cuida* of her position, and as
such she rebuffs Lancelot when he first appears before her, having
crossed the Sword Bridge with hands and feet bleeding, and having
fought Meleagant to a standstill. Later she is transformed by the
*foudatz* of her desire into a lover of Didoesque passion.

---

[11]     *pauc pot amors ab ergolh remaner,*
         *qu'ergolhs dechai e fin'amors capdolha.* (XLII, 20-1)

This transformation occurs after the false news of Lancelot's death. The Queen believes herself guilty: she has sent him to his death: would that she had given herself to him: 'To appear cruel was, I thought, a jest to make mock of him (*gas*, 4223); but he took it otherwise and has not forgiven me. I, alone, dealt him this blow when he came to me with smiles expecting to be received with joy' (4223-31). She laments: 'God! will I then be released from this murder, from this sin? No, in very truth. Sooner will all the rivers and the sea dry up! Alas! What healing I should find, and, what great comfort, if, before he had died, I had held him once in my arms. In what manner? For sure, completely naked together, to give me greater joy. Since he is dead, I am guilty if I do not prepare to die' (4238-49)[12]. She fasts for two days. A rumour of her death reaches Lancelot, and in despair he tries to kill himself. When he fails, he curses Death for its delays: 'Ah! vile, stinking Death! In God's name, why were you not strong and powerful enough to kill me before you killed my lady' (4336-9); 'I know not which hates me most, life which desires me or death which does not wish to kill me. So, from each of them I receive a living death' (4348-51).

In these speeches Chrétien's dramatisation of expressions which occur in Bernart de Ventadorn appears to be more than fortuitous. The Queen regrets the *gas* or jest she played on Lancelot: Bernart laments that his lady does nothing but jest and laugh (*gabar et rire*) when he asks anything of her (IV, 59-60). When she longs to hold Lancelot in her arms completely naked together, she repeats Bernart's desire to 'measure himself against his lady's body, as white as Christmas snow' (XXVIII, 33-40). Lancelot like Bernart sees death in his lady's indifference, and Lancelot's suicide attempt and his later captivity appear to reflect Bernart's lines in *Can vei la lauzeta mover*: 'she has slain me, and I reply to her through death, and go away, since she does not keep me in her service, a wretched captive, into exile, I know not where' (XLIII, 54-6)[13].

Guenevere and Lancelot now share the equal desire which Bernart demanded of true lovers. She grants him an assignation outside her barred window. Like Pyramus and Thisbe, or the lovers in *Laustic*, they

---

[12] Quotations and line references from W. Foerster, *Der Karrenritter (Lancelot) von Christian von Troyes* (Halle, 1899).
[13]     *mort m'a, e per mort li respon,*
         *e vau m'en, pus ilh no·m rete,*
         *chaitius, en issilh, no sai on.* (XLIII, 54-6)

will remain apart. Guenevere is offering Lancelot the courtly test of *assaiars*, the chaste delight of the senses in the *amor purus* of Andreas Capellanus[14]. Passion, however, defeats restraint. Nearness overwhelms the lovers. Mercy as in Bernart's poem *Non es meravelha* (XXXI, 21-4) frees Lancelot from his imprisonment. Silently Lancelot bends and removes the bars, not knowing he has cut his hand. 'He adores her and bows low before her, believing no holy relic more fit for his faith' (4670-1). 'The Queen embraces him, binds him close to her heart, and draws him into her bed beside herself' (4673-5). Now Lancelot and the Queen have all that they desired, 'a joy and a wonder such as was never yet known or heard of' (4690-9). 'The most precious and delightful of these joys is the one which the story conceals and keeps silent about' (4700-2). With the dawn, Lancelot achieves the martyrdom of leaving the beloved (4707-9). Exalted, as if in religious adoration, he makes supplications as before an altar, replaces the bars of the window, and, with sighs and tears, departs. There is no need to emphasise the comparison between Lancelot's adoration of the Queen and Bernart's adoration of his beloved as in *Tant ai mo cor*: 'my lady, for love of you I join my hands together in adoration' (XLIV, 57-8)[15]; in the preceding lines Bernart has already wished that like a swallow he might fly out of the deep night into her room (XLIV, 49-52)[16].

Typically Chrétien now reverses the mood, moving into an ironical, burlesque episode, a coda to the joys and sufferings of passionate love. Humorously he creates a situation which parodies the bedroom scene in Beroul's *Tristran* with the drops of blood on the flour[17]. Lancelot's damaged hand has left blood in the Queen's bed. The wounds of the hapless Kay, sleeping in the Queen's chamber, have bled inopportunely in the night. Meleagant, entering at dawn, sees the blood on the beds of Kay and the Queen, accuses the astonished seneschal of sexual relations with Guenevere and of disloyalty to Arthur. Despite the light-hearted

---

[14] Cf. *De amore*, vol. I, chap. VI H, ed. S. Battaglia (Rome, 1947), p. 212; and L.T. Topsfield, *Troubadours and Love*, p. 247-8.

[15]     *domna, per vostr'amor*
         *jonh las mas et ador!* (XLIV, 57-8)

[16]     *Ai Deus! car no sui ironda,*
         *que voles per l'aire*
         *e vengues de noih prionda*
         *lai dins so repaire?* (XLIV, 49-52)

[17] Cf. A. Ewert, *The Romance of Tristran by Beroul* (Oxford, 1939), vol. 1, p. 21-4, ll. 701-83.

sequence in which Lancelot, as the Queen's champion, swears his
ritual oath to Meleagant: 'You lie. And I swear for my part that Kay
neither lay with her nor felt her' (4987-95), the implication of adultery
and of treachery to the king has been raised, and we shall return to this
point later.

And so we come to the umbrella theme which enfolds and completes
the theme of *Fin'Amors*. This is the conflict between Good and Evil,
in which Lancelot proves himself not only as the *fis amaire* who remains
immune to the scorn of the world but as the Elect, void of all Evil,
who will dare the most to find and rescue the Queen, and, in so doing,
free the captives from Meleagant's imprisonment. Chrétien contrasts
Meleagant and Lancelot as protagonists of evil and good. 'No man'
he says of Meleagant 'would have made a better knight, had he only
not been treacherous and unnaturally inhuman. But his heart was
made of wood, bereft entirely of gentleness and pity' (3178-81)[18].
And of Lancelot when Bademagu praises him after he has crossed the
Sword Bridge: 'no man would have dared such a crossing in whom
there dwelt any trace of that evil (*Mauvestiez*) which shames its
followers even more than excellence of virtue (*Proesce*) brings honour to
good men. For this reason virtue cannot be as active as Evil and
Sloth are. It is true, and have no doubt whatsoever about this,
that people can do more evil than good. About these two qualities
would I say much', adds Chrétien, 'did I not thereby delay my story'
(3187-96)[19].

The protagonists of this perennial battle are Lancelot, Bademagu
and his daughter on the one side, and Meleagant on the other, and, on
a less intense plane, the *Fin'Amors* of Lancelot is placed in opposition
to the fragmented thinking of Gawain and Arthur's court. These
characters, without being in any way abstract allegories, personify in
word and deed the conflict between Good and Evil, *Proesce* and
*Mauvestiez*. They wage the battle which was threatened in Marcabru's

---

[18]  *Nus ne fust miaudre chevaliers,*
      *Se fel et desleaus ne fust;*
      *Mes il avoit un cuer de fust*
      *Tot sanz douçor et sanz pitié.* (3178-81)

[19]  *Mauvestiez qui fet honte as suens*
      *Plus que proesce enor as buens.*
      *Donc ne puet mie tant proesce*
      *Con fet mauvestiez et peresce:*
      *Voirs est, n'an dotez ja de rien,*
      *Qu'an puet plus feire mal que bien.* (3189-94)

*Bel m'es quan la rana chanta* when the followers of *Malvestatz* vied
with each other to slit the throat of *Jois* and *Jovens* and to slaughter
*Proeza*, the sum of all knightly and courtly virtues, of all indeed that is
*pros*[20].

In both Chrétien and Marcabru the force and extent of *Malvestatz*
derive from the endemic fault of self-pride and self-interest, which,
like the *voluntas propria* of St Bernard's description, finds comfort in
its *consilium proprium*, or the self-centred belief that its view of life is the
only correct one. In *Yvain* and *Perceval* this concept of self-interest
will acquire Christian connotations. In *Lancelot* it remains within the
framework of profane knighthood and *Fin'Amors*. Such self-interest
sets its own rules and is blind to external qualities, however virtuous.
It is the mark of the fragmented mind which Marcabru had condemned.
As Meleagant says to his father: 'I care little for your words. I am
not such a hermit as you, not so compassionate or given to *caritas*...
Be a man as full of mercy as you like; let me be cruel' (3291-3,
3310-11)[21].

In its milder form this *Mauvestiez* is apparent in the *sola cuida* of
Gawain, and the social values he epitomises. In Marcabru's phrase
Gawain's thinking is fragmented. He will not respond to his own *natura*.
He responds only to the demands of his knightly and courtly profession.
For him *mesura* is not related to *his* human needs, but to the conventions
of Arthur's world. He does not choose to enter the Cart, or to sleep in
the Perilous Bed. He chooses the left hand path to the Water Bridge
rather than the right hand road to the more dangerous Sword Bridge.
In *Perceval* the left hand path is the path of *vaine gloire*. When
rescued from his watery plight, Gawain is easily dissuaded from going in
search of the abducted Lancelot. He will fight Meleagant in the presence
of Arthur's court, should Lancelot not have returned from captivity.
He will not, however, leave the court to go in search of him.

This *sola cuida* is endemic in Arthur's land. The court is paralysed
by Meleagant's unexpected appearance and threats (59-225). The
Damsel in the castle which Lancelot and Gawain reach after the Cart
episode, scorns Lancelot and has no notion of the humility and self-

---

[20] See note 1.
[21]   '... *po m'est de quanque vos dites:*
       *Je ne sui mie si hermites,*
       *Si piteus ne si charitables'.* (3291-3)
       '*Tant con vos plèst, soiiez pius hon,*
       *Et moi leissiez estre crüel'.* (3310-11)

abnegation which led him to ride in the Cart. She believes he is right
to try to kill himself for the shame of the Cart, when, seeing the Queen
pass below, he nearly falls from the tower in his excitement (579-84).
Later, as Lancelot enters the forest glade with the Fourth Damsel,
the Joy of the Court of knights and ladies at dance and play falls
silent while he passes between their motionless figures (1675-81). He is
the outcast from the type of society which Marcabru had accused of
'whistling at a gadfly as if it were a hawk'.

In its most extreme form this *Mauvestiez* is incarnate in Meleagant,
and in the Arrogant Knight, his prototype, whom Lancelot beheads in
his last test before the Sword Bridge. Lancelot alone is the Elect who
can overcome these symbols of Evil. Quite clearly the trials of his quality
as an Elect in the tests of the Perilous Bed and the tombstone have a
Celtic background. From what source, however, does he draw his
excellence? Is he a Christian Elect? Despite Christian overtones in the
romance, this seems unlikely. To a twelfth-century courtly audience
regaled with current ideas of troubadour *Fin'Amors* from the South,
it might not seem at all unusual that Lancelot, the ideal *fis amaire*
and model of virtuous excellence (*prôesce*), should draw his strength
and daring from *Fin'Amors*, through which, as Marcabru had said,
a man must grow in virtue, and from which beneficial effects must
flow. Lancelot is the right hand of *Fin'Amors* in the fight which it
wages, as Marcabru had said, against the people of *mal cuidar*,
the hypocrites and liars, the cruel and the treacherous whom it rejects
and destroys (XL, 10-35).

Lancelot, in his first combat with Meleagant, does not fight from
knightly or Christian duty to free the prisoners who are present in
abundance, and who have fasted and prayed for his success. He fights
for love of the Queen (3653-8) and this alone, we are told, can inspire
him to victory, though he is already the repository of all *biens* and of
all *proesce* (3710-11). This is what the Queen's maid-in-waiting knows
instinctively as she watches the battle from the tower.

A study of Marcabru's poetry reveals the possibility that Chrétien's
commission for *Lancelot* from Marie de Champagne may have been
more complete than has been thought, and that it was not only her
*matiere* and *sen* but her *paine*, or efforts, and her *antancion* (21-9),
that went into the romance. The hypothesis does not seem too fanciful
that Chrétien may have been given the task of composing an Art of
*Fin'Amors* which would combine Bernart de Ventadorn's concept of
love for the *domna* and Marcabru's moral philosophy of *Fin'Amors*.

The commission might well have been opportune in view of the controversy which may have arisen at this time following Bernart de Ventadorn's attack on Marcabru as a *fols naturaus* and Peire d'Alvernhe's spirited defence of his master's whole or *entiers* way of thinking[22]. Effectively, though not completely, the idealised form of *Fin'Amors* in the *Lancelot* reconciles and combines these apparently contrary attitudes to Love. That Chrétien was not averse to taking a hand in disputations about love is clear from the love song *D'Amors qui m'a tolu a moi*, almost certainly correctly attributed to him, in which he contrasts his own steadfast commitment to a love which he has chosen to enter into out of *bone volonté*, with Bernart de Ventadorn's momentary feelings of disloyalty to love, and with the irrational passion of Tristan for Yseut[23].

The suggestion has been made that Chrétien, the spokesman of harmonious married love in *Erec et Enide*, may have been reluctant to accept the commission to compose the *Lancelot* because of its theme of adulterous love. In this connection it is well to distinguish between Chrétien's two early romances and his three later ones. In *Erec et Enide* the marriage bond is the framework within which individuals, in this case both Erec and Enide, can develop from self-indulgence to a way of life controlled by *savoir*, or rational thinking, and by the *sciance* of experience which has been won in the trials of life. This progress, controlled by Enide, promises the benefits of a fruitful dynastic marriage to the lands of which Erec is finally crowned king. In later romances, Chrétien's viewpoint has shifted. It is less temporal, more idealistic, and in *Yvain* and *Perceval* more spiritual. Erec and Enide, Cliges and Fenice formed complementary social units. Lancelot, Yvain and Perceval are isolated. Fragmented by weakness in their character, they must achieve an ideal of wholeness within themselves, by independent action, and in opposition to and isolation from the here-and-now conventions of Arthur's world.

Lancelot reveals his weakness of self-pride, and achieves wholeness through *Fin'Amors*. For a twelfth-century courtly audience this concept of attaining wholeness and happiness through the philosophy of an idealised profane love in its highest form would appear to have been

---

[22] Cf. L.T. Topsfield, *Troubadours and Love*, p. 73 and 120, and Id. 'The "natural fool" in Peire d'Alvernhe, Marcabru and Bernart de Ventadorn', *Mélanges Rostaing* (Liège, 1974), p. 1149-58.

[23] Cf. A. Roncaglia, 'Carestia', *Cultura neolatina*, 18 (1958), p. 121-37; L.T. Topsfield, *Troubadours and Love*, p. 150.

acceptable. So far as the question of Guenevere's adultery is concerned, there is evidence that the planes of *Fin'Amors* and of marriage were kept quite separate. About 1200, Raimon de Miraval, the ultimate example of a courtly troubadour, was attacked by the Catalan Uc de Mataplana for sending away his courtly wife Gaudairenca because of her fine poetic compositions and her many suitors. Miraval replied: 'In no way am I a jealous husband. I have put so much effort into courtly behaviour that I am recognised as an expert in courtly matters. A knight whose trust is in courtly renown must leave, as *Jovens* [here the courtly code of values] tells us, a wife whom he marries lightly when very young. But if his *domna* offers him so much advancement in love that she accepts him, he must be bound by such unbreakable homage that he will never at any time follow another path' (XLII, 21-7)[24]. *Fin'Amors* and marriage co-exist on separate planes, but marriage plays the subservient and less exalted role.

Within the self-contained plane of *Fin'Amors* the notion of adultery rarely arises directly. The lovers in the lays of Marie de France enjoy complete love together, and, with her evident approval, if the wife has been maltreated by an unsuitable husband. Provided that the lovers are suited by birth and inclination, the question of guilt occurs only when injury is caused to the innocent partner of what is, according to *mesura* and the general fitness of things, a reasonable marriage. Such instances occur in *Equitan* and *Bisclavret*. The chastity of *Fin'Amors* lies within the complete and enduring bond between two lovers who are suited by birth and mutual attraction, and who are equally committed to their love and to each other.

Yet in the incident when Meleagant discovers the blood in the beds of Kay and the Queen, Chrétien brings forward the notion of adultery and treachery to the King, if only through the medium of Meleagant in the role of slanderer or *losengier*. Chrétien, despite his underlying Christian morality and possible aversion to adultery, is here the servant of narrative necessity and the framework of a romance devoted to

---

[24]    *Que cavalliers q'en pretz se fi*
        *Deu laissar, so·ns mostra jovens,*
        *Moiller que pren per enfanssa;*
        *Mas si sa dompna l'enanssa*
        *Tant qe·l prenda, estre deu estacatz*
        *D'un certan homenatge,*
        *Qe ja nuill temps non seg'autre viatge*
Ed. L.T. Topsfield, *Les Poésies du troubadour Raimon de Miraval* (Paris, 1971), XLII, 21-7, p. 331.

*Fin'Amors*. In *Cliges* he accepts the quasi-adultery of Cliges and Fenice, which is the solution to their problems chosen by Fenice, and is prompted by the treachery of her 'husband' Alis. Chrétien also describes the sexual love of Perceval and Blancheflor. There appears to be no absolute reason why, when writing a romance of idealised *Fin'Amors*, he should necessarily have been unwilling to describe the idealised fulfilment of sexual love in the case of Lancelot and Guenevere. If we apply the criterion of Marie de France, Arthur had clearly maltreated the Queen in forcing her to abase herself to Kay (142-55), and in risking her honour and life through his folly when dealing with Meleagant's threat in the opening scenes of the romance.

There is no real substance in the view that Chrétien allowed Godefroy de Leigni to finish *Lancelot* because of his own distaste for the theme. At the point of the hand-over to Godefroy, when Lancelot is imprisoned in the tower after the tourney at Noauz, the theme of *Fin'Amors* has run its course. As an Art of *Fin'Amors*, this work, like that of Guillaume de Lorris, could have an indeterminate ending. Only in the later *Flamenca* and the *Mort Artu* will the spheres of marriage and *Fin'Amors* be brought into collision. For Chrétien, faced with the task of finishing *Yvain*[25], the theme of *Fin'Amors* was concluded. Godefroy could finish the theme of Good against Evil which ends with the death of Meleagant.

In the *Lancelot*, Chrétien describes the whole and rounded triumph of *Fin'Amors* and the richness within this context of Lancelot's excellence. Yet for Chrétien the concept of 'wholeness' as a completeness derived from *Fin'Amors* remains fragmented. For a wider perspective of wholeness he will begin to explore the limitless possibilities of spiritual and Christian completeness in *Le conte du Graal*. This he will compose at the invitation of Philip of Flanders, count of the lands which are close to those where this communication has received a hospitable welcome.

St Catharine's College
Cambridge

---

[25] For the thesis that Chrétien interrupted work on *Yvain* in order to compose *Lancelot*, cf. A. Fourrier, 'Encore la chronologie des œuvres de Chrétien de Troyes', *Bulletin bibliographique de la société internationale arthurienne*, 2 (1950), p. 69-88, and D.J. Shirt, 'How much of the Lion can we put before the Cart?', *French Studies*, 31 (1977), p. 14.

PIERRE BEC

# L'ACCÈS AU LIEU ÉROTIQUE:
## MOTIFS ET EXORDE DANS LA LYRIQUE POPULARISANTE, DU MOYEN AGE A NOS JOURS

Nous avons montré ailleurs l'importance de l'exorde dans la structure des pièces lyriques popularisantes du moyen âge. L'exorde étant en effet, très souvent, la partie du poème la plus fortement marquée par l'emploi de schèmes strictement formalisés, il tend à fonctionner comme un noyau générateur d'où procède, selon des modalités variables, la suite du discours lyrique, une sorte de déclic en somme, qui peut générer des pièces à la fois aussi différenciées et aussi proches que des pastourelles, des reverdies, des malmariées, des motets, des rotrouenges, des chansons pieuses, des virelais, etc. Ce formalisme plus ou moins figé, d'autre part, assure à l'exorde lyrique une stabilité dans le temps que l'on peut suivre fréquemment depuis le XIIe siècle jusqu'à nos jours, dans la poésie oralo-traditionnelle qui continue bien souvent — nous avons essayé de le montrer — le *registre popularisant* de la lyrique médiévale[1].

Dans ce sens, nous voulons tenter ici l'étude, diachronique et structurale, de trois motifs utilisés à maintes reprises, aussi bien dans l'exorde médiéval que dans celui de la chanson traditionnelle et, dans les deux cas, dans un contexte à multiples variantes mais presque toujours résolument érotique. Ces motifs apparaissent dans l'exorde, soit isolément, soit par groupe binaire, soit par groupe ternaire: le groupe ternaire (que nous appellerons le *triptyque classique*) représentant une sorte de point de maturité, de classicisme, dans une stratification progressive des motifs qui, si notre hypothèse est juste, se fixera et se figera aux alentours du XVe siècle. Ces trois motifs, réduits à leur typisation minimale, sont: 1) le *lever matinal*, 2) l'*entrée au verger*, 3) la *cueillette des fleurs*. Ce triptyque étant lui-même fréquemment

---

* Le sigle B. renvoie à la Bibliographie, p. 298-299.
[1] Cf. notre B, 4, I, p. 33-43, 154 et chap. VI/4n, VII/6 et XV/4. Cette fixité de l'exorde est d'ailleurs également caractéristique de la lyrique (aristocratisante) du *grand chant courtois*, où l'exorde échappe le plus souvent à la prolifération des variantes et reste, aussi bien du point de vue textuel que musical, d'une relative stabilité.

suivi d'un thème de base, largement attesté, qui assure le développement lyrico-narratif du reste de la pièce : l'envoi des fleurs cueillies à la personne aimée, sous la forme d'un *chapelet*, d'une couronne ou d'un bouquet.

Un des premiers à avoir mis l'accent sur l'intérêt de cet exorde stéréotypé, à la fois comme élément typologique et signe d'une certaine continuité folklorisante, a sans doute été Théodore Gérold[2] : 'Un des motifs les plus fréquents, nous dit-il, et qui se retrouve plus tard encore est celui-ci : entré dans le jardin, le jeune homme ou la jeune fille cueillent trois fleurs d'amour, en tressent une couronne qu'ils envoient à la personne aimée... Ces chansons se rattachent sans doute par plus d'un côté aux très anciennes coutumes des fêtes de mai'. Et Gérold fait remarquer que le refrain de la chanson du XVe siècle (*Vecy le may, le jolly mois de mai...*, notre n° 34) fait mention du joli mois de mai ; 'en outre, la couronne envoyée par l'amoureux y est spécialement désignée comme *mai*, c'est-à-dire le bouquet de fleurs et de feuilles que, selon l'usage, les jeunes gens viennent, encore maintenant, planter ou déposer devant les fenêtres de leurs belles au matin du premier jour de mai'. Et Gérold note encore, comme élément de continuité dans le temps, la fréquence du chiffre *trois*, au départ appliqué aux fleurs d'amour et aux rangs de la couronne, et qui se retrouvera, dans les contextes les plus variés, dans toute la lyrique oralo-traditionnelle : trois jeunes demoiselles, trois jeunes fillettes, trois gentils galants, trois capitaines, trois beaux chevaux, trois sœurs et, dans les versions sans doute plus récentes, trois jeunes princesses, trois filles à marier, trois brins de lavande, etc.[3]

Henri Davenson lui aussi, à propos de la célèbre chanson populaire (*J'ai descendu dans mon jardin/Pour y cueillir du romarin*), a bien conscience de la stabilité de l'exorde à travers le temps : 'Le thème initial (v. 1-4) remonte au XIIe siècle... ; il était déjà complètement élaboré à la fin du XVe...'.[4]

Patrice Coirault enfin, à propos du 'cycle' de *Bele Aeliz*, où apparaît partout le motif du *lever matinal*, a bien montré qu'il s'agit là d'un des rares exemples de généalogie folklorique qui puisse remonter jusqu'au XIIe siècle, le caractère popularisant du cycle ne faisant à ses

---

[2] Cf. B. 15, p. XXVII.
[3] B. 15, pp. XXVIII-XXIX. Pour la lyrique médiévale, cf. notre B. 4, II, p. 183. Cf. aussi Parducci, 'La canzone di "Mal maritata" in Francia nei secoli XV-XVI', *Romania*, 38 (1909), p. 317, note 9.
[4] Cf. B. 12, p. 282-283.

yeux aucun doute. Les rondets de carole en effet, auxquels *Bele Aeliz*
sert de support thématique, trouvaient leur place dans les réjouissances
populaires et *Bele Aeliz*, même si elle a inspiré parfois quelques pièces
plus ou moins savantes, 'appartenait au menu peuple au moins autant
qu'à l'aristocratie. En fait la tradition populaire ne s'est heurtée à
aucune difficulté de langage pour transformer les formes médiévales des
couplets de *Bele Aeliz main se leva* en ceux du folklore *De bon matin
je me levai'*. Des refrains populaires ont pu de même remplacer des
refrains de facture plus aristocratique. Et Coirault ajoute : 'La médiévale
*Bele Aeliz* en a usé ainsi en son temps et bien des chansons folkloriques
ont fait comme elle. On peut conclure de ces remarques diverses que la
nature de cette chanson simplette et de ses pareilles du XIIᵉ-XIIIᵉ siècle,
quelque nom qu'on veuille leur donner, est identique à celle qu'on
voit à beaucoup de nos chansons à danser de tradition orale' [5].

On voit donc que la stabilité diachronique de nos motifs apparaît
comme indéniable à tout exégète un peu au fait du folklore ethno-
musicologique gallo-roman. On peut néanmoins reprocher à nos
devanciers trois choses : 1) de considérer comme un seul 'motif' ou
'thème initial' un complexe motivique dont les éléments peuvent
fonctionner indépendamment ou, au contraire, s'intégrer dans ce que
nous avons appelé plus haut l'exorde trimotivique classique ; de leur
reprocher, en un mot, de ne pas tenir compte, dans le jeu des
variantes possibles, de la combinatoire, toujours latente, de ces trois
motifs sans doute primitivement autonomes ; 2) de ne pas considérer
l'exorde, par là-même, comme un tout organisé qui a ses structures
propres, en toute indépendance du poème ou de la chanson qui suit.
Assurément, certains ont bien vu la valeur introductive du ou des motifs,
mais ils n'ont pas cherché à en suivre la stratification spécifique [6] ;
3) enfin, pour ce qui est de P. Coirault, qui est sans doute le folkloriste
dont l'analyse diachronique de notre exorde est allée le plus loin [7], on
pourrait lui faire la réserve d'en avoir limité la genèse, et la première
manifestation textuelle connue, aux seuls rondets de la *Bele Aeliz*.
Or ces piécettes n'attestent en général que le seul motif du *lever matinal*

---

[5] Cf. B. 10, I, p. 44-45, note 5 et Coirault, 'Belle Aelis et sa postérité folklorique',
*Romance Philology*, 2 (1949), p. 299-305. Pour le 'cycle' de *Bele Aeliz* et son commentaire,
cf. notre B. 4, II, p. 150-155.

[6] Cf. Davenson, B. 12, p. 283 : 'le premier vers (*j'ai descendu dans mon jardin*)
servait déjà... et a servi depuis, à introduire des chansons qui s'orientent dans un
sens différent...'. Pour cet exemple, qui n'est pas le meilleur pour prouver la continuité folklorisante, cf. *infra*.

[7] Cf. B. 10, I, p. 153-155.

(type *Bele Aeliz main se leva*); alors que le diptyque, voire le triptyque motiviques, apparaissent déjà, à la même époque, dans d'autres pièces négligées par Coirault[8]. En outre, le sujet lyrique du rondet médiéval est toujours le groupe nominal *Bele Aeliz*, alors que les motifs que nous analysons ici sont toujours rapportés, dans une diachronie de plusieurs siècles, à un 'je' mal défini (féminin/masculin) qui est le véritable sujet lyrique de la pièce (cf. *infra*).

Nous tenterons donc ici une analyse plus systématique, historique et typologique à la fois, de chacun des motifs considérés en soi et de leur combinatoire latente à l'intérieur de l'exorde. Nous examinerons successivement dans ce sens: 1) les genres lyriques médiévaux; 2) la lyrique popularisante des XVᵉ-XVI siècles; 3) la chanson traditionnelle; 4) le problème des variantes et des contrafactures; 5) l'étude diachronique et structurale de l'exorde et de ses motifs.

## 1. L'EXORDE ET SES MOTIFS
### DANS LES GENRES MÉDIÉVAUX (XIIᵉ-XIIIᵉ SIÈCLE)

Nous avons fait remarquer plus haut que l'exorde, structuré autour de l'un ou de plusieurs des motifs ici considérés, sert à *lancer* des genres typologiquement assez différenciés mais dont le contenu commun, à l'exception de certaines contrafactures auxquelles nous consacrerons un chapitre spécial, est toujours nettement érotique.

Prenons d'abord le cas de la pastourelle, qui est un genre attesté de bonne heure (dès le XIIᵉ siècle), et dont le corpus est abondant. La récente édition, par J.-Cl. Rivière, de 119 pièces anonymes et popularisantes[9], nous en offre un échantillonnage suffisamment ample et varié. On constate que l'exorde stéréotypé, qui explique et motive la rencontre érotique (presque toujours marquée stylistiquement, comme dans mainte chanson populaire, par le verbe *trouver*), se réduit à deux types fondamentaux: 1) Un exorde axé sur le motif de la chevauchée solitaire (type: *L'autrier chevauchoie/Sur mon palefroi*), qui est le plus répandu; 2) un exorde axé sur l'un de nos deux motifs. En voici des exemples:

---

[8] En revanche, c'est encore une fois dans un rondet de *Bele Aeliz* que l'on trouve une des premières attestations du triptyque classique suivi du thème, si répandu, du *chapelet* de fleurs. Nous y reviendrons.

[9] Cf. B. 22. Pour un essai de définition typologique de la pastourelle, cf. notre B. 4, I, chap. V.

a) Motif de l'entrée au verger (/pré/ forêt/ bosquet, etc.), sans lever matinal[10]

1. L'autrier en mai por moi esbanoier
   Je m'en antrai en un joli vergier,
   *Trovai* pastoure... (I, p. 157)
2. En ma forest entrai l'autrier
   Pour moi deduire et solacier,
   Si *truis* pastore... (II, p. 127)
3. Au doz mois de mai
   En un vergier flori m'en entrai,
   *Trovai* pastorele desoz un glai... (III, p. 49)

On voit qu'il s'agit là, comme dans la reverdie (cf. *infra*) d'une sorte de *Natureingang*, avec des allusions au mois de mai, aux fleurs, à l'euphorie printanière, peut-être en relation lointaine avec le *topos* du *locus amoenus* (cf. *infra*).

b) Lever matinal (sans entrée au verger) :

4. Je me levai ier matin
   De Langres chivachoie a Bair...
   Jantil pastorelle *trovai*... (I, p. 162)

On remarquera que l'exorde combine ici le motif du lever matinal avec celui de la chevauchée. De même dans l'exemple qui suit :

5. Hui matin a l'ajornee
   Me levai ;
   Chevaucai aval la pree,
   *Truis* pastoure... (III, p. 83)
6. Je me levai ier main par un matin...
   *Trovai* Marot... (I, p. 164)[11]
7. L'autrier levai ains jor,
   *Trovai* en un destor
   Pastoure... (II, p. 43)
8. Par un matin me levai
   Por deduire et por moi alegier...
   Si *trovai* seant en un vergier
   Tose... (III, p. 45)
9. L'autrier en mai,
   Par la douçor d'esté,
   Main me levai...
   Et alai
   Entre un bois et un pré.
   La *ai trové*
   Robin...[12]

---

[10] Pour *l'accès au lieu érotique*, cf. *infra*.
[11] Remarquer la tautologie du premiers vers (*main = matin*) : ce qui montre bien le caractère stéréotypé de l'incipit.
[12] Dans les exemples 5, 8 et 9, le lieu érotique est bien le *vergier* (/pré/bois),

Dans ce dernier exemple, comme pour l'entrée au verger, le motif est intégré dans un bref *Natureingang*.

Pour ce qui est de la pastourelle, deux de nos trois motifs semblent donc encore fonctionner d'une manière autonome. Mais des possibilités combinatoires sont déjà ouvertes: avec le motif du verger, de la chevauchée et du *Natureingang* printanier.

Examinons maintenant le cas de la *reverdie*, dont nous avons essayé de fixer ailleurs la typologie (délicate) en tant que genre[13]. Quoique différente de la pastourelle par plus d'un trait, un élément souvent commun est le décor printanier de l'exorde (en général beaucoup plus développé que dans la pastourelle), actualisé surtout par des motifs floraux et le chant des oiseaux (en priorité le rossignol), mais aussi par la présence fréquente du double motif du lever matinal et de l'entrée au verger. En voici des exemples: tout d'abord, des exordes longs, où le ou les motifs ne sont qu'un élément parmi d'autres dans le *Natureingang*; ensuite, des pièces courtes (motets), où les deux motifs fonctionnent seuls comme dans les pièces popularisantes:

> 10.  En avril au tens pascour
>       Que seur l'erbe nest la flor,
>       L'aloete au point du jour
>       Chante par mult grant baudor,
>       Pour la douçor du tens nouvel,
>       Si me levai par un matin...[14]
> 11.  Au tans novel que naissent flours,
>       Qu'amant ont les cuers eslevés,
>       Du dous tans et de leurs amours,
>       Lors que petit paroit li jours,
>       Me sui par un matin levés.
>            Si entrai en un bosquet...[15]

Ce dernier exemple combine les deux motifs. Dans les deux cas, l'exorde s'ouvre sur l'atmosphère propre à la reverdie, avec le chant des oiseaux:

> S'oï chanter sur l'arbroisel
> Un oiselet en son latin...

et:

> Et vi le roussignolet
> Et sa femelette.

dans lequel le chevalier en mal d'amour est fatalement *entré*. Pour l'emploi stéréotypé du verbe *trouver*, cf. *infra*.

[13] Cf. notre B. 4, I, chap. VI.
[14] Cf. notre B. 4, II, n° 50.
[15] B. 4, II, n° 51. Pour la relation avec le *locus amoenus*, cf. *infra*.

Plus caractéristiques sont sans doute les reverdies-motets, pièces en général très courtes, et dans lesquelles l'exorde est réduit aux deux seuls motifs traditionnels :

12.  L'autrier joer m'en alai
       Par un destor ;
       En un vergier m'en entrai
       Por queillir flor.
       Dame plesant i trovai...

13.  Par un matin me levai,
       Sospris d'une amorete ;
       En un vergier m'en entrai
       Por cueillir violete.
       Une pucele avenant...
               Esgardai.

14.  Pour escouter le chant du roussignol
       Et pour deduire, au matin me levai ;
       En un vergier m'en entrai :
       Chapiau faisant ai trovee Emmelot...[16]

Comme exemple de ballette (chanson de femme), on peut citer :

15.  Ier matin je me levai droit au point du jour ;
       Ou vergier mon pere antrai ki iert plains de flours :
       Mon douz amin plus de cent fois i souhaidai.
       *Deduxans suis en joliette, s'amerai*[17].

Pour ce qui est du rondet de carole, nous avons déjà fait allusion aux nombreux exemples de *Bele Aeliz* où n'apparaît, dans la très grande majorité des cas, que le seul motif du lever matinal où il est accompagné, en revanche, d'un autre motif figé, celui de la parure de la jeune femme :

16.  Main se leva bele Aeliz...
       Biau se para, miez se vesti...

17.  Aaliz main se leva...
       Biau se vesti et para...[18]

---

[16] Cf. B. 21, I, p. 6, 42 et 92.

[17] Cf. notre B. 4, III, n° 143. Il n'est pas du tout impossible que cette ballette n'ait été générée par un rondet qui pourrait se présenter ainsi :

   *Deduxant suis et joliette*
       *s'amerai*
   Ier matin je me levai
   *Deduxant suis et joliette*
   Ou vergier mon pere entrai
   Mon ami i souhaidai.

[18] Pour le cycle de *Bele Aeliz* et son commentaire, cf. notre B. 4, II, p. 150-155. Nous retrouverons le thème de la *parure* (à fonction érotique) dans la chanson populaire (cf. *infra*).

Mais, comme nous l'avons déjà fait remarquer, la combinatoire des deux motifs (et même des trois) est latente, comme on peut le voir dans le rondet suivant :

18. Belle Aalis mainz s'en leva
    Vesti son cors et para ;
    En un vergier s'en entra,
    Cinc floretes i trova,
    Un chapelet fet en a
        De rose florie[19].

ou encore, dans un motet sur le même thème :

19. Bele Aelis par matin se leva ;
    En un pré jouer ala
    Par deport et par douçour[20].

Significative est également la longue amplification de Baude de la Quarière, d'après un rondet de carole décasyllabique non attesté par ailleurs :

20. Main se leva la bien faite Aelis,
    Bel se para et plus bel se vesti ;
    Si prist de l'aigue en un doré bacin,
    Ses oex lava et sa bouche et son vis,
    Si s'en entra la bele en un gardin[21].

Il faut aussi noter que le motif de la fontaine, où a lieu la rencontre amoureuse, et qui peut fonctionner comme substitut possible du verger, (cf. ci-après), apparaît déjà dans les rondets :

21. Mauberjon s'est main levee ;
    Dioree, buer i ving
    A la fontaine est alee...[22]

Enfin, comme dernier exemple, il nous a paru intéressant de fournir un texte non roman, une pièce du XIIIᵉ siècle, probablement rédigée en néerlandais, de Jean Ier, duc de Brabant. Cette poésie, visiblement d'inspiration française, a la structure d'une ballette (ou d'une rotrouenge ?) classique[23]. Nous donnons ici le texte en moyen haut-allemand du manuscrit de Manesse, malgré ses imperfections :

[19] B. 4, II, nº 124.
[20] B. 4, II, nº 120.
[21] Cf. notre B. 4, II, p. 155-158.
[22] B. 4, II, p. 45, note 22.
[23] Pour la typologie de la rotrouenge et de la ballette, cf. notre B. 4, I, chap. XII, XVII et XVIII.

22.  Eins meien morgens fruo was ich ufgestan;
     In ein schoens boungartegin solde ich spiln gan.
     Da vant ich drie juncfrouwen stan:
     (Sie waren so wolgetan!)
     Diu eine sang für, diu ander sang na:
     *Harba lori fa, harba lori fa,*
     *Harba lori fa*[24].

(Par un matin de mai, tôt je m'étais levé;/ En un joli petit verger,
je voulais aller jouer./ Là je trouvai trois jeunes filles.../ L'une chantait
d'abord, l'autre chantait ensuite:/ *Harba lori fa*...)

Examinons maintenant le troisième motif, celui de la *cueillette des
fleurs*, qui n'est encore que peu attesté, semble-t-il, au XIIIe siècle.
En voici quelques exemples:

dans une chanson de nonne malgré elle (ballette):

23.  Quant se vient en mai   ke rose est panie,
     Je l'alai coillir   par grant druerie...[25]

dans un rondet:

24.  Sor la rive de mer
     Fontenelle i sordoit cler,
     La pucele i vault aler.
     Violete ai trovee[26].

---

[24] Pour la pièce entière, suivie d'un commentaire pertinent, cf. Nico H.J. van den
Boogaard, 'Quelques remarques sur une pastourelle en moyen néerlandais, en particulier
sur le refrain "provençal": harba lori fa', in *Mélanges René Crozet* (Poitiers, 1966), II,
p. 1213-1216. Cette pièce a été généralement considérée comme une pastourelle. En fait,
elle en est assez différente. En effet, ce n'est pas une pastoure qui est ici *trouvée*
(*Da vant ich*), mais bien les traditionnelles trois jeunes filles des pièces popularisantes,
en variante avec les trois fleurs (cf. *supra*). Le jeune homme salue la plus belle et
veut la baiser sur la bouche; mais il se fait éconduire. Le schéma métrique (peut-
être celui du *zadjal*) est de toute façon celui de la ballette (aaab BB). Il faut noter
aussi dans ce sens le vers à césure imparisyllabique qui semble dominer dans cette
pièce (8 + 5). Le nombre de *trois* strophes pourrait être un trait typologique de plus,
mais il n'est pas impossible que la pièce ne soit tronquée (on attendrait la réaction des
deux autres jeunes filles). Ce qui semble indéniable, c'est le modèle roman sous-jacent.
Quant à l'interprétation du refrain onomatopéique par l'ancien occitan: *alba lor i fa*,
ingénieuse et séduisante, elle ne me convainc pas entièrement: la pièce semblant
davantage suivre un sillage popularisant français qu'une éventuelle *aube* occitane. J'y
verrais plutôt un refrain du type *leure leure i va*. De toute façon, ce qui reste indéniable, c'est le démarquage linguistique du refrain, dont les onomatopées devaient
suffire à donner à des oreilles néerlandaises une impression de langue romane,
stylistiquement valorisée dans ce type de chanson. Je remercie ici très cordialement
un de mes auditeurs au C.E.S.C.M. de Poitiers, M. Frank Willaert, spécialiste d'ancien
néerlandais, qui a attiré mon attention sur cette pièce.
[25] Cf. notre B. 4, II, n° 15.
[26] B. 4, II, n° 38.

dans un motet-pastourelle :

> 25.  Pour coillir la flour en mai
>      Juer m'en alai,
>      Quant belle Emmelot
>      En un pré seule trovai...[27]

et enfin, encore une fois, dans ce rondet de *Bele Aeliz*, déjà cité, et sur lequel nous reviendrons plus loin :

> 18.  Belle Aelis mainz s'en leva
>      Vesti son cors et para,
>      En un vergier s'en entra,
>      Cinc floretes i trova.

En gros donc, le motif semble encore rare au XIII$^e$ siècle, ou n'y apparaître que d'une manière allusive[28]. De toute façon, les fleurs trouvées (/cueillies) ne sont qu'un élément dans le cadre floral de l'incipit ou de l'exorde : elles n'ont encore aucune fonction dans le corps même de la pièce comme ce sera le cas plus tard, à partir du XV$^e$ siècle (peut-être avant), avec l'apparition des fleurs messagères.

### II. L'EXORDE ET SES MOTIFS DANS LA LYRIQUE POPULARISANTE DES XV$^e$-XVI$^e$ SIÈCLES

On sait l'importance du XV$^e$ siècle dans l'histoire et la fixation de notre chanson folklorique : soit qu'on le considère comme une transition dans un déroulement diachronique ininterrompu, soit au contraire comme une époque de rupture et de parturition originale. Quels que soient en effet les liens (discutés) qu'il possède encore avec les siècles précédents, il paraît incontestable, comme le remarquait déjà G. Paris, que sa poésie popularisante 'est restée la base et le modèle de la poésie populaire qui a suivi et de celle qui se produit encore'[29]. Encore qu'il faille nuancer. Disons que c'est au XV$^e$ siècle qu'apparaissent les premiers recueils lettrés de chansons populaires, suffisamment abondants et variés pour nous permettre une comparaison fructueuse avec le folklore moderne. La poésie (/ chanson) popularisante antérieure est plus mal connue, mais nous ne pensons pas quant à nous qu'il y ait eu rupture entre des prétendus *Kunstlieder* aux XII$^e$ et XIII$^e$ siècles,

---

[27] B. 4, II, n° 44.
[28] Il appparaît néanmoins dans certaines contrafactures (religieuses) dont nous parlerons plus loin.
[29] Cf. G. Paris, B. 20, p. VIII-IX.

et des *Volkslieder*, à partir du XV<sup>e</sup> siècle. Nous avons essayé de le montrer ailleurs à propos de la chanson de malmariée, et la présente étude en est sans doute une preuve de plus [30].

Pour ce qui est de nos trois motifs, l'intérêt du XV<sup>e</sup> siècle réside sans doute dans le fait qu'il nous présente les premières attestations de ce que nous avons appelé le *triptyque motivique classique*, c'est-à-dire la combinatoire stéréotypée des trois motifs dans l'exorde, avec la fonctionnalisation éventuelle du troisième (la cueillette des fleurs) dans le tissu thématique de la pièce : les fleurs *trouvées* (/ *cueillies*) servant de messagères d'amour (au même titre que les oiseaux dans d'autres pièces ou parfois dans les mêmes).

En voici quelques exemples. Dans les premiers, l'exorde introduit le motif de la rencontre avec l'amie (/l'ami), qui a lieu dans le verger (/ jardin), motif qui est un trait commun avec la pastourelle et la reverdie. Mais la fleur cueillie peut aussi servir de *présent* amoureux, ce qui est une autre forme de message. Dans les autres cas, c'est l'oiseau, selon un *topos* extrêmement répandu un peu partout depuis le moyen âge, qui sert de messager :

>  26.  Je m'y levai par ung matin
>        La fresche matinee
>        Et m'en entray en ung jardin
>        Pour cuillir giroflee ;
>
>        Et m'en entray en ung jardin
>        Pour cuillir giroflee ;
>        Et je trouvay le myen ami
>        Qui dormait sur la pree... [31]
>
>  27.  Je me levay par un matin,
>        Un bien matin avant le jour,
>        Et m'en entray en ung jardin :
>        Trouvai ma dame par amour... [32]

---

[30] Cf. notre B. 4, I, p. 85-90. L'engouement pour la chanson populaire, dès le XIV<sup>e</sup> siècle, est vraisemblablement lié à son exploitation savante par des musiciens novateurs : en particulier Guillaume de Machaut (1300?-1377), qui a traité en motet la chanson de malmariée *Pourquoi me bat mon mari* (cf. notre B. 4, II, n° 144) et, un siècle plus tard, Guillaume Dufay (1400-1474), qui en a fait de même avec la chanson populaire *La belle se sied au pied de la tour*. Cf. J. Chailley, *Histoire musicale du moyen âge* (Paris, 1950), p. 288.

[31] Cf. G. Paris, B. 20, p. 131. Il s'agit d'une chanson de malmariée, semi-lettrée, et très longue (13 strophes de 4 vers).

[32] G. Paris, B. 20, p. 79. Dans cette pièce semi-lettrée la dame *trouvée* est avec un autre ami, qui lui aussi sera trompé.

28. Par un matin m'y levoie
    Plus matin que ne souloye,
    Un petit devant le jour.
    *Hellas*! je pers mes amours.

    En un verger a une ente
    Qui fleurist quant luy commande
    Et n'aporte qu'une fleur...
    *Hellas*! ...

    L'alouette est sur la branche
    Qui pleure et qui se tourmente... [33]

29. En no jardin je suis entree,
    Trouvay la rouse espanouye :
    Si doulcement je l'ay cuillie
    Et l'ay dounee a mon ami :
    Tenez, tenez, veez cy la rouse... [34]

30. *Ainsi la doy om mener s'amietta*
    Quant ge suy leveya matin sus l'erbetta,
    Introy en un pré, trovoy piuselletta.

    Introy en un pre, trovoy piuselletta,
    Ge li demandoy : 'Sarés m'amietta?'... [35]

31. *Gi ay le cuer gay e gioliet.*
    Quant me levey un matinet,
    Ge m'en intray eh un giardinet.
    *Gi ay le cuer...*

    Ge m'en introy en un giardinet,
    Si la trovoy rossinholet.
    *Gi ay le cuer...* [36]

32. *Ay lorin lorin, ay lorinetta.*
    Ge me levoy un matin,
        *Ay lorin lorin;*
    Introy m'en en un giardin
    Pour culhir la violeta.

    Introy m'en en un giardin,
        *Ay lorin lorin;*
    E al myey de mon ciamin
    Trovay une filhetta... [37]

[33] G. Paris, B. 20, p. 133. Type : alouette messagère.

[34] G. Paris, B. 20, p. 74. L'exorde n'apparaît qu'à la deuxième strophe, mais G. Paris soupçonne que cette chanson est faite de morceaux rapportés.

[35] Cf. Stickney, B. 25, ŋ° XI. Rencontre effective de l'objet érotique (cf. *infra*). Le *gioch d'amoretas* est mené jusqu'à sa fin. Distiques à reprise avec refrain.

[36] B. 25, n° XVI. Rencontre avec le rossignol, qui joue le rôle de conseiller érotique. Distiques à reprise avec refrain.

[37] B. 25, n° XXI. Rencontre effective, avec conclusion érotique mais sans réalisme (*desot un albespin/Li baisoy la bocietta*). Tercets à reprise avec refrain.

Et nous en arrivons maintenant à la dernière étape du processus de stratification des trois motifs de l'exorde (combinés avec le thème des fleurs-don ou des fleurs-messagères), qui aboutira à la constitution d'un type de chanson très stéréotypée, et dont on peut suivre la trace depuis le XVᵉ siècle, peut-être même du XIVᵉ, jusqu'à nos jours. La typologie de cette chanson peut être ramenée aux dix éléments fondamentaux suivants (contenu et forme) :

1) Exorde binaire/ ternaire : *lever matinal + entrée au verger + cueillette des fleurs.*

2) Objet érotique (fleurs/ dame/ ami) *trouvé* ou *cueilli* (fleurs)

3) Prédominance à la rime du vocalisme en /in/, amené par *jardin*, en /ay/, amené par *trouvay* (cf. ci-après).

4) Stéréotype lexical : le verbe *trouver* (ou ses substituts)

5) Registre du 'je' lyrique, avec un 'je' bivalent (masculin/ féminin).

6) Vers de sept/ huit syllabes.

7) Fréquence du distique (à reprise/ sans reprise).

8) Lieu érotique champêtre (verger/ jardin/ pré, etc.).

9) Thème des fleurs messagères (envoyées à l'ami/ l'amie), parfois doublées de l'oiseau messager.

10) Refrain incorporé (la plupart du temps exogène), soit entre les deux vers du distique, soit entre les distiques, soit les deux à la fois,

Ce type de chanson n'apparaît définitivement constitué qu'au XVᵉ siècle, mais nous avons fait remarquer plus haut que le triptyque motivique, suivi du thème du *chapelet*, fonctionne dès le XIIIᵉ siècle, comme l'atteste la variante, déjà citée, de *Bele Aeliz* :

> 18.  Belle Aelis mainz s'en leva,
>      Vesti son cors et para ;
>      En un vergier s'en entra,
>      Cinc floretes i trova,
>      Un chapelet fet en a
>          De rose florie.

On peut présumer avec beaucoup de certitude que le *chapelet* de fleurs était destiné à l'ami ; mais le tissu sémantique, très limité, du rondet de carole, a en quelque sorte stoppé le thème dans son développement[38]. Il n'est pas impossible toutefois qu'il n'ait été amplifié dans une chanson plus conséquente, comme dans cette chaîne de rondets, par exemple[39] :

---

[38] Pour la typologie du rondet de carole, cf. notre B. 4, I, chap. XVI.

[39] Pour cette chaîne de rondets, cf. M. Delbouille, 'Sur les traces de *Bele Aëlis*', in *Mélanges Jean Boutière* (Liège, 1971), vol. I, p. 202-203. La pièce ainsi développée présente une incontestable parenté avec la chanson du XVᵉ s. que nous donnons ci-après. On peut noter que la fleur *trouvée* a ici une double fonction : *fleur-parure* et *fleur-*

33.  Belle Aliz main se leva.
      *Por Dé! trahez vos en la!*
      Vesti son cors et para
      De rose florie.
      *Por Dé! trahez vos en la,*
      *Vos qui n'amez mie!*

      Vesti son cors et para.
      *Por Dé!...*
      En un vergier s'en entra
      De rose florie.
      *Por Dé!...*

      En un vergier s'en entra.
      *Por Dé!...*
      Cinc floretes i trova
      De rose florie.
      *Por Dé!...*

      Cinc floretess i trova.
      *Por Dé!...*
      Un chapelet fet en a
      De rose florie.
      *Por Dé!...*

Quoi qu'il en soit, l'un des exemples les plus anciens présentant l'ensemble des traits typologiques est du XVᵉ siècle (texte et mélodie du ms. de Bayeux, nᵒ LXXXII)[40]. Mais sa parenté avec la chaîne de rondets de *Bele Aeliz* nous paraît indéniable :

34.  *Vecy le may, le joly moys de may*
          *Qui nous demaine.*
      Au jardin mon pere entray
      *Vecy le may, le joly moys de may,*
      Trois fleurs d'amour y trouvay
          En la bonne estraine,
      *Vecy le may, le joly moys de may,*
          *Qui nous demaine.*
      Troys fleurs d'amour y trouvay,
      *Vecy le may...*
      Un chapelet en feray
          En la bonne estraine,
      *Vecy le may...*

*messagère.* On peut supposer un cinquième rondet du type : *Un chapelet fet en a. |...| A son ami l'envoia/De rose florie.* Vers à reprise. La seule différence typologique avec la lignée des chansons traditionnelles, est l'absence du 'je' lyrique.

[40] D'après Gérold, B. 15, p. 17-18. On en trouvera aussi le texte dans notre B. 4, II, nᵒ 140.

Un chapelet en feray,
*Vecy le may...*
A ma mie l'envoyeray
En la bonne estraine,
*Vecy le may...* [41]

En voici trois autres exemples, très proches et de la même époque, les deux derniers peut-être antérieurs [42] :

35.    Je me suis adventuré
       En noz jardins suis entré
       Pour cuillir rose ou bouton.
       *En ceste nouvelle saison :*
       *Hellas ! comment passeray donc*
       *Cest mois de may qui est si long ?*
       En noz jardins suis entré,
       Trois fleurs d'amour y trouvay :
       Une en prins, deux en laissay.
       *En ceste nouvelle...* [43]

36.    Un bien matin me levoy,
       *Bella, triés vostre avoyr,*
       En un giardin m'en introy.
       *Bergeyron, bergeyron, bergeyronetta,*
       *Bella, triés vostre avoyr*
           *Aveche le moy.*
       Tres rosetas la culhoy,
       *Bella...*
       Un ciapelet en feroy...
       Un ciapelet en feroy,
       *Bella...*
       A mon ami le daroy... [44]

37.    *Est il ore du venir,*
       *Est il ore, dous amis ?*
       Un bien matin me levay,
       *Viron viron viron vai,*

---

[41] On remarquera que les huit vers de chaque strophe, avec la ventilation du refrain incorporé, ont exactement la structure d'un rondet : l'ensemble fonctionnant donc comme une chaîne de rondets, comme dans la pièce médiévale de *Bele Aeliz*. Il en est de même de notre pièce n° 37.

[42] Le ms. de Florence édité par Stickney (notre B. 25) est en effet du début du XVe siècle.

[43] Cf. B. 20, n° VIII. Le motif du *lever matinal* est absent. Nous allons le retrouver dans une autre chanson, attestée plus tardivement, mais très proche (cf. n° 40). Le refrain est visiblement exogène. Il se retrouve dans une autre chanson d'amour du recueil de G. Paris (n° CXXIII).

[44] B. 20, n° XV. Thème traditionnel des fleurs-don. Distiques à reprise avec refrain. Ce dernier a vraisemblablement une connotation érotique.

> En un giardin m'en intray
> > En bone ore.
>
> *Est il ore...*
> En un giardin m'en intray,
> *Viron...*
> Tres rosetas la culhai
> > En bone ore...
>
> Tres rosetas la culhai,
> *Viron...*
> Un ciapelet en feray
> > En bone ore...[45]

Voici maintenant deux courtes pièces (*ballettes*) dont l'érotisme est nettement plus cru :

> 38. *A Dieu, amoretes, a Dieu vos chomant.*
> Je me levoy un matin au jort prenant,
> Entroy m'en en un giardin la flor culhant.
> *A Dieu...*
> Si chulhoy de violetas mes pleyn gans,
> E plantoy m'un' espineta par le mayn.
> *A Dieu...*
> Je ne gharray de ces moy ne de cest an,
> Si je ne ghar pour mon amy per qui ciant.
> *A Dieu...*[46]
>
> 39. *A Dieu, fines amoretes, vous chomant.*
> Je me levoy un matin lié e joyant,
> Intray m'en en un giardin d'amour pensant.
> *A Dieu...*
> Si chulhoy de violetas mon plen pain,
> Pour donner a mon amy qui je am taint.
> *A Dieu...*
> Qui m'a fichié la spinetta au cuer dedans...[47]

Un autre exemple, attesté plus tardivement (fin XVIᵉ siècle), mais visiblement de la même couche textuelle que les précédents, nous a été

---

[45] Stickney, B. 25, nᵒ XXI. Pièce très proche de la précédente. Thème du *chapelet* et du rossignol messagers comme dans la pièce gasconne nᵒ 61. Distiques à reprise. Avec son refrain incorporé, chaque strophe a une structure de rondet comme dans la pièce précédente.

[46] B. 25, nᵒ XXXII. Il s'agit très vraisemblablement d'une ballette, comme le prouvent ses trois strophes à refrain et son mètre spécifique (7 + 4). L'épine plantée dans la main est évidemment un symbole érotique, qui apparaîtra d'une manière plus nette dans la variante suivante.

[47] B. 25, nᵒ XXXIII. Le symbolisme de l'*épine*, fiché par l'ami dans le *cœur* de l'amie, se passe de commentaire : il est évidemment lié à celui de la rose (pucelage) ici sous-jacent, bien que la jeune femme ne cueille pas des *rosettes*, cette fois, mais des *violettes* (qui n'ont pas d'épines!).

conservé grâce à une mélodie d'Orlando di Lasso (1532-1594)[48].
En voici le texte :

> 40.    Hier au matin my levay
> En nostre jardin entray
> *Las! je n'iray plus, je n'iray pas jouer au bois.*
> En nostre jardin entray,
> Trois fleurs d'amour j'y trouvay.
> *Las!...*
> Trois fleurs d'amour j'y trouvay,
> Une en pris, deux en laissay.
> Une en pris, deux en laissay,
> A mon ami l'envoyrai.
> A mon ami l'envoyrai
> Qui sera joyeux et gay[49].

Enfin, voici un dernier exemple, très voisin, attesté un peu plus tard
(début du XVIIᵉ siècle), dont le développement thématique est un
peu différent, mais qui s'en distingue surtout par son refrain incorporé, qui introduit un démarquage burlesque :

> 41.    Hier au matin my levay
> *Logerons-nous les gens de pied ?*
> A nostre jardin entray,
> *Huy long, huy mon, huy contremont*
> *Huy affollé.*
> *Logerons-nous les gens, Madame,*
> *Logerons-nous les gens de pied ?*
>
> A nostre jardin entray,
> Trois fleurs d'amour j'ay trouvé.
>
> Trois fleurs d'amour j'ay trouvé,
> Un chapelet fait j'en ay.
>
> Un chapelet fait j'en ay,
> A trois rangs l'ay commencé...
>
> A mon amy l'envoiray,
> Si ne le veux, renvoye le moi...[50]

---

[48] D'après Gérold, B. 15, nº XII.

[49] On notera l'étroite parenté avec la chanson du XVᵉ siècle citée plus haut (nº 35 :
*En noz jardins suis entré / Trois fleurs d'amour y trouvay : / Une en prins, deux en laissay*) :
ce qui ne laisse aucun doute, malgré un siècle de distance entre les deux attestations,
sur la communauté génétique. Intéressante est aussi l'inversion du 'je' lyrique (masculin
dans nº 35, féminin dans nº 40).

[50] Cf. Le *Tresor des chansons amoureuses, recueillies des plus excellents Poètes de notre
temps*, à Lyon, par Jean Huguetan, MDCXVI, cité d'après Gérold, B. 15, p. XXVII-
XXVIII. Pour l'insertion de refrains burlesques, cf. *infra : Variantes et contrafactures*.

### III. L'EXORDE ET SES MOTIFS DANS LA CHANSON TRADITIONNELLE

Nous entendons par chansons traditionnelles celles qui ont été collectées, plus ou moins systématiquement, par voie orale ou écrite, dans les principaux recueils des XXᵉ, XIXᵉ et parfois XVIIIᵉ siècles, et que des enquêtes sur le terrain peuvent permettre, encore aujourd'hui, de recueillir. Là, la moisson est abondante et nous serons obligé de faire un tri.

Nous éliminerons tout d'abord de notre corpus les nombreux exemples où le *lever matinal* fonctionne seul et sert d'exorde à un développement lyrico-narratif, comme dans les innombrables versions de la *Pernette* (type : *La Pernette se lève/ Trois heures avant le jour*)[51]. Nous laisserons également de côté, et pour les mêmes raisons, les chansons catalanes où le *lever matinal* introduit aussi une pièce plutôt narrative, dont les structures et la technique sont plus ou moins celles du *romance* espagnol. Par exemple :

De matinet me vaig llevar,
De matinet que bon sol fa :
Sento cantar un rossinyol
Que cantava a l'olivar...[52]

Matinet me'n llevi jo
Matinet a punta d'alba...[53]

Jo me'n llevi demati,
Demati i a punta d'alba...[54]

Al demati em llevo
I m'en vai a la font,
Me'n rento la cara
I afora la son...[55]

Una matinada fresca
Matinet me'n llevi jo...[56]

---

[51] Cette chanson bien connue, dont le thème de base se rencontre déjà dans une chanson de toile médiévale (*Belle Amelot soule en chambre feloit*), constitue elle aussi un bel exemple de continuité dans le temps. Au sujet de cette variante de la *Belle au pied de la tour*, on lira les pages de H. Davenson (B. 12, p. 172-173) et surtout l'étude exhaustive de P. Coirault, *Recherches sur notre ancienne chanson populaire traditionnelle* (Paris, 1933), Exposé V, p. 547-596.

[52] Cf. Canteloube, B. 8, I, p. 190. Le lever matinal introduit néanmoins le thème classique du rossignol messager d'amour.

[53] Cf. Avenç, B. 3, I, p. 103. Le motif est ici l'exorde d'un *romance* sur le thème de la bien-aimée morte.

[54] Cf. Avenç, III, p. 22. L'exorde ouvre un dialogue amoureux (*romance*).

[55] Avenç, IV, p. 25. L'exorde débouche sur une chanson de pauvre qui se plaint de son sort en envie les riches (structure strophique).

[56] Avenç, IV, p. 56. Ouvre ici sur le thème très répandu (également érotique) du chasseur et de la belle endormie (*romance*).

Notre enquête portera donc essentiellement sur les chansons où la combinatoire des trois motifs (parfois simplement de deux), suivie du thème structural des fleurs messagères, reproduit à peu près exactement la trame thématique des pièces que nous venons d'examiner pour le XVe siècle, voire le XIIIe. Ce sont de loin les plus nombreuses. Nos exemples sont pris dans le répertoire ethno-musicologique français et occitan [57] :

> 42.  De bon matin
>      La Maria s'en va au jardin,
>      S'en va cueillir la violette
>        Bien promptement
>      Pour faire un bouquet d'amourette
>        A son amant [58].
>
> 43.  Bon matin m'i sui luvada (= levada)
>        Bon matin gran.
>        *Bon matin gran*
>        *Derideta la*
>        *Bon matin gran*
>        *Derideta.*
>
>      Me'n sui anada au jardin
>        Tot en *corrant*... [59]
>
> 44.  Bon matin m'i luvi jo,
>      Bon matin au punt deu jorn,
>        *Dondena,*
>      *Devath la hulha d'aulom*
>        *Dondon.*
>
>      Bon matin au punt deu jorn
>      Rencontri tres joens garçons... [60]
>
> 45.  Ce matin je me suis levée
>      Plus matin que ma tante,
>
>      Dans mon jardin je suis allée
>      Cueillir la rose blanche...
>
>      J'en avais pas cueilli trois brins
>      Que mon amant y rentre... [61]

---

[57] Les textes d'oc sont tous transcrits en graphie normalisée, en respectant toutefois les principales particularités sous-dialectales.

[58] Cf. Garnert-Culot, B. 14, II, p. 381 (avec variantes). Remarquer que le triptyque fonctionne ici à la 3e personne, comme dans *Bele Aelis* : ce qui est rare.

[59] Cf. Arnaudin, B. 2, II, p. 366. Le motif des fleurs cueillies est absent, mais le jardin (où la belle est entrée) sert de lieu de rencontre érotique, ici très réaliste, puisque la fille devient enceinte.

[60] Arnaudin, B. 2, II, p. 449. Le seul motif est celui du lever matinal, mais il introduit le thème traditionnel de la rencontre de trois amoureux (/amoureuses). Distiques à reprise et refrain.

[61] Chanson recueillie en Anjou : cf. B. 24, p. 113.

46. Bon matin m'i luvi, (= lèvi)
    Entri dens mon jardin...

    M'i suis aprochada
    D'un pè de josemin...

    Mon cotèth m'i tiri
    Me n'èi copat tres brins...

    Porti a ma *mèra*
    Deus tres lo mes florit...[62]

47. Bon matin m'i luvi jo
    Bon matin dab la frescura,
    Dens mon jardin entri jo
    Por copar ròsas menudas...[63]

48. Bon matin m'i sui luvada
        Au punt deu jorn...

    Dens mon jardin sui entrada
        Per cúlher flors...[64]

49. Bon matin m'i sui luvada
        Davant jorn...

    Au casau me'n sui anada
        Cúlher flors...[65]

50. Bon matin m'i luvi jo
    La fresca matinada.

    Dens mon casau entri jo
    Copar ròsas muscadas.

    Quan estèri a las copar,
    Las tròbi botonadas.

    Per 'quò 'qui ne'n rèsti pas;
    Jo me'n copi tres brancas...[66]

51. Bon matin m'i sui luvada
    Davant lo sorelh luvat.

    Dens mon jardin sui entrada
    Per mons portinets d'argent...[67]

---

[62] Cf. Arnaudin, B. 2, II, p. 164s. Ces trois brins de jasmin servent de langage pour communiquer à la mère le mal d'amour de la fille. Nombreuses variantes.

[63] Arnaudin, B. 2, II, p. 179. Introduit un dialogue avec la mère sur la nuit de noce qui attend la fille.

[64] Arnaudin, B. 2, II, p. 311. Le galant arrive dans le jardin et fait l'amour avec la fille. La mère assiste à la scène. Mais dans sa jeunesse elle en faisait de même...

[65] Variante de la chanson précédente. Ici, c'est une vieille qui assiste aux ébats amoureux et les rapporte à la mère; mais la mère, plus indulgente rappelle à la vieille le temps de leur jeunesse.

[66] Arnaudin, B. 2, II, p. 378. Encore une fois, le motif des *trois* fleurs cueillies (ici 'branches'). Une branche est destinée au grand-père, la deuxième à la mère, la troisième au fiancé. Se pose alors le problème du messager : c'est elle-même qui la portera (cf. *infra*, nº 61). Ensuite, la chanson dévie. Suivent 10 variantes, qui ont toutes le motif des trois fleurs.

[67] Arnaudin, B. 2, II, p. 394. La pièce est suivie de sept variantes. L'exorde est ici

52. Bon matin me soi levada,
    Bon matin au só arrajant,
    *La flor deu basilic blanc.*

    Dens mon jardin soi entrada
    Per bèras pòrtas d'*argent*,
    *La flor deu basilic blanc...* [68]

Voici enfin deux derniers exemples, un exorde bilingue (gascon/
français), et un exorde piémontais :

53. De bon matin me soi *levée*,
    *Dondèna, viva l'amor!*
    Mes matin que l'aubeta.

    Dens mon casau me'n sui *allée*
    Cuélher la violeta.

    N'èi pas avut guaire cuelhut
    Ma mair m'a appelée... [69]

54. Sun andáit ël giardin
    Pover amur
    A cöje dle röse bianche
    Rossignolin !
    A cöje dle röse bianche [70].

Et nous en arrivons maintenant à la combinatoire maximale des
motifs et des thèmes, et qui s'est fixée, sans doute aux alentours du
XVe siècle en une pièce devenue 'classique' (par l'abondance de ses
attestations), c'est-à-dire stéréotypée aussi bien au niveau de son exorde
(motivique binaire ou ternaire) et de sa thématique de base, toujours
dans la mouvance des *fleurs messagères*, que de son formalisme
(distiques rimés ou assonancés enchaînés les uns aux autres par la
reprise du second vers et coupés par un refrain la plupart du temps
exogène) : cf. *infra*. Ici, la continuité depuis le XVe siècle, et
vraisemblablement avant, nous paraît indéniable : la chanson (*J'ai*

---

enté sur un tissu thématique inhabituel. Un certain nombre de variantes introduisent en
effet le thème (exogène) de la *belle endormie sous un rosier* qui, à son réveil, voit un
cavalier avec lequel elle entame un dialogue amoureux.

[68] Arnaudin, B. 2, II, p. 406. On remarquera que le motif floral apparaît sous forme
de refrain. Pour les portes d'argent (du jardin), cf. la chanson précédente.

[69] Cf. Bladé, B. 6, III, p. 376. Mais la rencontre a lieu ici au bord de l'eau
(cf. ci-après).

[70] [*Je suis allé au jardin/Pauvre amour/Pour cueillir des roses blanches/Rossignolet!/
Pour cueillir des roses blanches*]. Cf. L. Sinigaglia, *36 vecchie canzoni popolari del
Piemonte* (Milano, 1957). La pièce, lyrico-narrative, est un récit d'amours contrariées
et qui finissent tragiquement. Les roses cueillies sont offertes à l'amie.

*descendu dans mon jardin*) en étant sans doute, dans le domaine linguistique d'oïl, l'exemple le plus célèbre, mais non le plus probant[71]. En voici quelques exemples :

> 55.  Je me levay par un matin
>       Que jour il n'estoit mie ;
>       Je m'en entray dans nos jardins
>       Pour cueillir la soucie.
>       *Dibe, dibe, doube, la la la,*
>       *Passons mélancolie.*
>
>       Je n'en eus pas cueilli trois brins
>       Que mon amy m'arrive...[72]

> 56.  De bon matin me suis levé
>       *J'entends le rossignol chanter,*
>       *Qui dit dans son chant*
>       *Si gaillardement :*
>       *Voici le printemps !*
>       *O le joli mois de mai !*
>       *Que tu es joli, que tu es charmant !*
>
>       Dans mon jardin je suis allé...
>       Trois roses blanches j'ai coupées...
>       A ma mie je les ai portées...
>       Sur son cœur je les ai placées...
>       Bien tendrement l'ai embrassée...
>       Puis lui ai dit : A l'autre année ![73]

> 57.  Je m'suis levé de bon matin,
>       *M'est avis que je vole, Colin,*
>       Pour cueillir rose et romarin...
>
>       Pour cueillir rose et romarin...
>       N'en avais pas cueilli trois brins...
>       N'en avais pas cueilli trois brins...
>       Un rossignol vint sur ma main...[74]

---

[71] Cf. Davenson, B. 12, p. 282. En effet, le thème des fleurs messagères est absent, et son substitut habituel (le rossignol) a ici une tout autre fonction : il brode sur le thème des 'garçons qui ne valent rien'.

[72] Air et texte de 1602 (Rouen, *La fleur ou l'eslite de toutes les chansons amoureuses et airs de court*). D'après Rolland, B. 23, II, p. 238.

[73] Cf. Canteloube, B. 8, I, p. 163. C'est ici l'amoureux qui parle et porte lui-même les fleurs. Pas de vers reprise. Le refrain exogène est particulièrement long. Cf. aussi : ibidem, p. 164.

[74] Cf. Bujeaud, B. 7, I, p. 78 (avec variantes p. 80). Le motif de l'entrée au jardin manque ; mais il est évidemment latent, si l'on tient compte des nombreuses variantes de cette chanson et de la rime en *-in* (cf. ci-après). Le refrain (exogène) est un fragment de refrain : *M'est avis que je vole, Colin, / Sur la maison de Nicole*. A moins que le second ne soit une amplification du premier. Distiques classiques à reprise.

58. Ce matin je me suis levée
    Plus matin que ma tante;
    J'ai descendu dans mon jardin
    Cueillir*e* la lavande.
    *Ah! Ah! vive l'amour!*
    *Cela ne durera pas toujours.*

    J'ai descendu dans mon jardin
    Cueillir*e* la lavande;
    Je n'avais pas cueilli trois brins
    Que mon amant y rentre...

    Je n'avais pas cueilli trois brins
    Que mon amant y rentre;
    Il m'a dit trois mots en latin:
    Marions-nous ensemble... [75]

Nous laissons de côté les nombreuses variantes, très connues, dont le refrain joue sur le mot *coquelicot* (*Gentil coqu'licot, Mesdames/ Gentil coqu'licot nouveau*). En voici un exemple:

59. J'ai descendu dans mon jardin
    Pour y cueillir du romarin.
    *Gentil coqueliki, co, co, virgam, virgam joli*
    *Gentil coquelicot* [76].

Voici maintenant deux exemples gascons dont le deuxième, particulièrement intéressant, représente sans doute l'un des états les plus parfaits de la typisation traditionnelle que nous sommes en train d'analyser:

60. De bon matin me levèi jo
    *Lon lanla derideta*
    Pus matin que l'aubeta.

    Dins un jardin bé n'entrèi jo
    Copar la violeta... [77]

61. Au verdurèr jo me n'entrè:
    Tres arrosetas i trobè.
    *Aussau!*
    *Mas amoretas,*
    *Aussau!*
    *Jo me n'i vau.*

[75] La chanson brasse une thématique complexe. En gros, une histoire d'amour contrarié: ce ne sont pas les parents toutefois qui s'opposent au mariage, mais la tante, qui apparaît déjà dans l'exorde. La fille menace d'entrer au couvent. Autre particularité: la pièce ne progresse pas par distiques enchaînés, mais par quatrains. Le refrain est donc incorporé entre les quatrains, et c'est le distique qui assure la reprise. Pour un même type, cf. la chanson du XVe siècle n° 26. Cette pièce est une variante du n° 45.
[76] Cf. Rolland, B. 23, II, pp. 46 et 47.
[77] Cf. Dardy, B. 11, I, p. 122. Les trois fleurs cueillies par la jeune fille sont envoyées, l'une au père, l'autre à la mère, la troisième à l'ami (cf. n° 50). Le refrain incorporé est réduit ici à une simple suite d'onomatopées (cf. *supra*, n° 43 et 44).

Tres arrosetas i trobè,
Que las copè, que las liguè...

Que las copè, que las liguè,
A mas amors las enviarè...

A mas amors las enviarè;
Mès qui serà lo messatgèr?...

Mès qui serà lo messatgèr?
La calandreta o l'esparvèr?...          (*calandreta*: alouette, *esparvèr*:
                                                          épervier)
La calandreta o l'esparvèr?
La calandreta ei cap-leugèr...          (*cap-leugèr*: tête légère)

La calandreta ei cap-leugèr
E l'esparvèr tròp mensongèr...

E l'esparvèr tròp mensongèr;
Jo medishet m'i anirè...[78]            (*Jo medishet*: moi-même)

## IV. VARIANTES ET CONTRAFACTURES

Au delà de l'exorde trimotivique, figé comme on l'a vu dans de multiples actualisations, la situation érotique de la chanson peut présenter elle aussi d'assez nombreuses variantes. Nous en étudierons quelques-unes. Mais plus intéressantes sont sans doute les diverses contrafactures qui, tout en restant très fidèles au formalisme fondamental de la pièce, en *dévient* à dessein la finalité immédiate, en la farcissant littéralement de connotations hétérogènes (obscènes-burlesques ou religieuses-édifiantes), et cela depuis le moyen âge. Ce qui tendrait à prouver deux choses:

1) La grande divulgation (et la folklorisation), dès le XIIIᵉ siècle, de ce type d'exorde et de la thématique afférente et, partant, le désir de rompre avec une forme et un contenu déjà sentis comme figés;

2) La réception immédiate, en tant que tel, du contenu strictement érotique, à des degrés divers, de ce type de chansons. La réactivation

---

[78] Cf. notre B. 4, II, nº 141. Le motif du lever matinal manque ici. Mais il est latent, comme le montrent deux autres versions de la même chanson recueillies par P. Coirault en 1906 et 1912 (cf. *Bele Aelis...*, p. 304): *De bon matin jo me'n lhevèi/'Ntà mon jardin jo me n'anèi* (plus un refrain sur le thème du *rossignol-compagnon*) et: *Dins mon jardin jo me n'entrèi/Tres giroflèias qu'i trobèi* (avec refrain du même type). Le message amoureux est assuré à la fois par les fleurs cueillies et par les oiseaux (l'épervier et l'alouette). Mais ce n'est pas suffisant: l'ami (/l'amie) portera lui-même le message. La pièce peut en effet fonctionner pour les deux sexes, avec une variante latente au dernier vers: *jo medishet/jo medisheta*. État textuel probablement ancien, comme le laisse présager la variante archaïque du troisième distique: *A mas amors enviar las è*. Je ne connais pas en effet d'exemple de *tmèse* au futur postérieur au XVᵉ siècle. Distiques classiques à reprise. Pour l'emploi du mot *verdurèr* (verger), cf. *infra*.

du contenu implicite ne pouvait donc s'effectuer que selon deux axes :
1) ou bien l'amplification de l'érotisme (évolution vers l'obscène,
le burlesque, voire le scatologique) ; 2) ou bien une distorsion totale du
contenu, par antiphrase, vers la littérature édifiante ou apologétique,
par exemple.

Examinons d'abord quelques variantes mineures.

En premier lieu, la fonction des trois fleurs cueillies peut diverger
parfois, légèrement, d'une pièce à l'autre. L'une est envoyée à l'ami,
mais les deux autres au père et à la mère, ou à la mère et au grand-
père, dans le but vraisemblable d'amadouer les *opposants* traditionnels à
la réalisation de l'amour[79]. Les fleurs peuvent aussi servir de parure
à la fille pour tenter les galants, comme cela apparaît déjà, dans le
cycle de *Bele Aeliz* :

> 62.  Au costat me las metrèi, *(las* : les roses)
>       Aus b'rois galants las balherèi...[80]

Dans ce cas la *fleur-parure* peut souvent devenir une *fleur-gage*,
comme dans les nombreuses variantes de la *rose et le meunier*. Le thème
est en gros le suivant : la fille cueille la plus belle rose du jardin et la
met sur son sein. Mais la fleur tombe tandis qu'elle danse. Un meunier
la ramasse et veut la rendre à condition d'être embrassé. La fille
refuse, car elle ne veut pas être embrassée par un meunier :

> 63.  Bon matin m'i sui luvada,
>         *Au son deu violon,*
>       Dens mon jardin sui entrada
>       *Au son deu violon m'agradi*
>       *Au son deu violon.*
>
>       Dens mon jardin sui entrada...
>       Per copar ròsas muscadas.
>
>       Per copar ròsas muscadas,
>       Las èi trobadas botoadas.
>
>       Ua branca me n'èi copada,
>       E en dançant se m'es tombada.
>
>       E en dançant se m'es tombada,
>       Lo molièr me l'a 'massada...[81]
>
> 64.  De matin me soi levada
>       Per culir la ròsa muscada.

---

[79] Cf. *supra*, n° 50 et 60.

[80] Cf. Arnaudin, B. 2, II, p. 221. Mais il s'agit de la pièce burlesque n° 78
que nous analyserons ci-après.

[81] Arnaudin, B. 2, II, p. 291-301 (cinq versions, toutes en distiques à reprise).
Refrain lyrico-chorégraphique exogène.

> *N'empeuti, n'engulhi, ne talhi, ne cosi,*
> *Ne malhi, ne fargui, ne fau de botons!*
> *Fili ma conolheta en gardant mos motons.*
>
> Pel camin io l'ai tombada,
> Lo molinier me l'a trobada...[82]

Mais la fonction des fleurs *trouvées* (/*cueillies*) peut être négativisée : si le galant entre à son tour dans le jardin qui devient ainsi, comme dans la reverdie médiévale, un simple lieu de rencontre. Le *message* est alors inutile, la rencontre débouchant à son tour sur une situation érotique plus ou moins nette, allant de simples propos échangés (type : *J'ai descendu dans mon jardin*) à la consommation pure et simple de l'amour[83].

On voit donc, par les exemples précédents, que l'exorde trimotivique, quelles que soient les divergences de fonction des fleurs cueillies (ou même leur absence de fonction si la pièce *glisse* vers un autre noyau thématique), reste, la plupart du temps, d'une remarquable stabilité.

Mais abordons maintenant une autre variante, à notre sens plus fondamentale, dans la typologie de l'exorde même, à savoir le changement de *lieu érotique* : le verger (/jardin, etc.) est en effet parfois remplacé (mais rarement) par le bord de l'eau (fontaine, rivière, bord de la mer, etc.)[84]. Ce motif neutralise en principe celui des fleurs cueillies, mais non nécessairement, comme cela apparaît dans un rondet du XIIIe siècle (malmariée) :

> 65.  Sor la rive de la mer
>      Fontenele i sordeit cler :
>      La pucele i veault aler.
>         Violete ai trovee :
>      *Je doig bien conjei d'amer,*
>      *Dame maul mariee*[85].

Dans le cas le plus fréquent, il se combine simplement avec le lever matinal, et ce dès le XIIIe siècle :

> 21.  Mauberjon s'est main levee ;
>      *Dioree, buer i ving.*

---

[82] Cf. Canteloube, B. 8, I, p. 90. Distiques à reprise. Refrain exogène (attesté ailleurs) sur une thématique de travail féminin. Autre exemple dans : Dardy, B. 11, I, p. 128. Il est probable que la rose, dans ce type de *chanson de femme*, cache un symbolisme assez cru, mais traditionnel.

[83] Cf. aussi pièces n° 48 et 49 et, pour le XVe siècle, n[os] 30, 36, 38, 39.

[84] Pour le motif de la femme au bord de l'eau, cf. notre B. 4, II, *Index* p. 183.

[85] Cf. Van den Boogaard, B. 25, n° 43.

A la fontaine est alee,
   Or en ai dol.
*Diex! Diex! or demeure*
*Mauberjons a l'eve trop* [86].

66.  La bèla Margoton
     Bon matin s'es levada.

     A pres son broc d'argent,
     A l'aiga n'es anada... [87]

67.  De bon matin me'n sui lhevada,
     Entà l'aigueta soi anada.
        *Si lo mi lo gaió,*
        *Si lo mi lo gue.*
        *Tran la laderai,*
        *Tran laderiderai,*
     *Canta lo gai rossinholet.*

     Entà l'aigueta soi anada
     Mon bèl amic que m'i a atrapada... [88]

On pourrait multiplier les exemples. Pour terminer, voici un exemple catalan :

68.  Al demati em llevo,
     I me'n vai a la font,
     Me'n rento la cara (je me lave le visage)
     I afora la son... [89]

Et nous en arrivons maintenant aux contrafactures. Elles apparaissent également très tôt, et leurs premières attestations sont contemporaines de celles des pièces typiques. La distorsion sémantique — nous l'avons dit — s'effectue en gros dans deux directions fondamentales : finalité édifiante et apologétique ou finalité obscène et burlesque.

Nous avons parlé ailleurs des interférences entre la lyrique religieuse et la lyrique profane et popularisante [90]. Par exemple, dans la ballette

[86] Van den Boogaard, B. 25, n° 12. Remarquer que nous avons déjà ici le thème folklorique de la fille amoureuse qui *s'attarde* à la fontaine (cf. n° 67).

[87] Cf. Arbaud, B. 1, II, p. 108.

[88] Cf. Mirat, B. 18, p. 48-49. Le refrain onomatopéique imitant le rossignol se retrouve dans des variantes de la chanson *Au verdurèr* (n° 55), ce qui montre bien la connexion des deux lieux érotiques. Distiques à reprise. La fontaine (/ lavoir) est véritablement le lieu érotique puisque la fille est enceinte et donne comme excuse à ses parents que l'eau a été troublée par l'aile du rossignol (substitut du membre viril), et qu'elle le restera pendant neuf mois.

[89] Cf. Avenç, B. 3, IV, p. 25 et *supra* : note 52.

[90] Pour l'absence d'autonomie textuelle du registre pieux dans la lyrique médiévale, cf. notre B. 4, I, chap. 7 et notre article (plus développé) : 'Lyrique profane et paraphrase pieuse dans la poésie médiévale (XIIᵉ-XIIIᵉ siècles)', in *Jean Misrahi Memorial Volume. Studies in Medieval Literature* (Columbia, 1977), p. 229-246.

pieuse, lyrico-narrative (*Ave Maria, j'aim tant*), dont la seconde strophe est une paraphrase pieuse du thème de *Bele Aeliz*, avec son motif du *lever matinal* :

> 69. La beguine (main) s'est levee,
> De vesture bien paree,
> Au moustier s'en est alee,
> Jhesu Christ va regretant.
> *Ave Maria j'aim tant*[91].

Un autre exemple ancien de contrafacture pieuse, contenant notre exorde trimotivique, nous est offert par la célèbre pièce bilingue (latin-français), dont les vers-farcitures, fonctionnant commes les refrains de la chanson traditionnelle, seraient dus à saint Louis :

> 70. L'autrier matin el moys de may
> *Regis eterni munere*
> Que par un matin me levay,
> *Mundum proponens fugere*
> En un plesant pré m'en entray
> *Psalmos intendens psallere*
> La mere Dieu ilec trouvay
> *Jam lucis orto sidere...*[92]

Gautier de Coinci, dont les poésies religieuses sont pour un tiers d'inspiration profane, a repris notre exorde dans une pastourelle pieuse :

> 71. Hui matin a l'ains jornee
> Toute m'ambleüre,
> Chevauchai par une pree,
> Par bonne aventure ;
> Une florete ai trovee
> Gente de faiture :
> En la fleur qui tant m'agree
> Tornai lors ma cure...[93]

---

[91] Cf. Jeanroy, *Les origines de la poésie lyrique en France au moyen âge*, 3ᵉ édition (Paris, 1925), p. 482. Il est facile de reconstituer le 'moule' profane éventuel : *Bele Aeliz main s'est levee, / De vesture bien paree, / Au verger s'en est alee, / Son ami va regretant...*

[92] Cf. notre article cité, 'Lyrique profane...' p. 235-236. On notera le contrepoint thématique et registral entre les vers français et latins, qui permet une sorte de double lecture de la pièce, ainsi déviée de ses connotations érotiques initiales. On notera aussi que l'objet érotique *trouvé* dans le jardin (habituellement une fleur symbolique ou une dame) est ici la mère de Dieu : l'effet de rupture est désormais définitif.

[93] Pour cette pièce et son commentaire, cf. notre B. 4, II, p. 74-77. Nous y montrons comment le motif popularisant de la *fleur trouvée* (ici dans une *pree*) est encore une fois détourné, comme dans l'exemple précédent, de sa fonction profane, puisqu'il est immédiatement assimilé à la *fleur de paradis*, c'est-à-dire la Vierge. On peut donc dire qu'au-delà de l'exorde formalisé, qui reste le même dans les deux registres, chaque motif profane est littéralement repris dans le registre pieux : le lieu érotique (jardin

Un autre exemple littéraire nous est fourni par le poème éthico-religieux (à fonds historique) de Rutebeuf : *La vie du monde*. Là encore on peut remarquer que la 'détextualisation' de l'exorde se déclanche à propos de l'objet *trouvé* dans le jardin, qui n'est ni une fleur ni une dame, mais un livre pour lequel le poète se prend d'un vif amour (*mout durement l'anmay*) :

> 72.  L'autrier par un matin, a l'entree de mai,
>      Entrai en un jardin, pour juer i alay ;
>      Desous un aube espin un petit m'acoutay.
>      Escrit en parchemin un livret y trouvay :
>      Jou luc dusk' en la fin, mout durement l'anmay... [94]

Dans la lyrique oralo-traditionnelle, les contrafactures religieuses de notre exorde ne paraissent pas très abondantes. En voici néanmoins deux exemples :

> 73.  Madama Santa Anna grand matin s'es levada,
>      D'aiga n'a pres e las mans s'es lavada,
>      N'a pres sos chapelets, a l'eglisa es anada... [95]

Il est notable au surplus que les procédés de la paraphrase pieuse des modèles profanes continue de fonctionner aujourd'hui, dans la chanson traditionnelle, d'une manière absolument semblable. En voici un exemple particulièrement probant. Il s'agit d'un cantique à la Vierge qui est une véritable contre-façon d'une *quête de mai* (chantée par les compagnons de la Reine de mai). Nous y retrouvons nos trois motifs avec la déviation fonctionnelle du motif, primitivement érotique, des fleurs cueillies :

> 74.  De bon matin, (je) me suis levé,
>      *O mois de mai que Dieu nous a donné !*
>      Dans mon jardin je suis allé.
>      *O mois de mai...*
>      Trois belles fleurs j'y ai trouvées.
>      *O mois de mai...*
>      A la Vierge les ai portées.
>      *O mois de mai...*
>      La Vierge m'a remercié.
>      *O mois de mai...* [96]

ou pré) est défonctionnalisé, ou devient une église ou un moustier, la fleur trouvée devient la *fleur de paradis*, la dame la Vierge, l'ami le Christ.

[94] Cf. édition Faral-Bastin (Paris, 1977), I, p. 399. On remarquera que Rutebeuf est sans doute l'un des premiers à employer le mot *jardin*, au lieu de *verger* (cf. *infra*). Pour la rime intérieure en *-in*, qui cesse après l'exorde, cf. *infra*.

[95] Cf. Arbaud, B. 1, I, p. 16. Pour le motif de l'eau, cf. *supra*.

[96] Cf. V. Smith, 'Chants de pauvres en Forez et en Velay', *Romania*, 2 (1873), p. 60-61. On peut voir que la contrafacture s'actualise dans cette pièce, non seulement

Et nous en arrivons maintenant à la déviation burlesque de certaines pièces construites à partir de notre exorde et selon le moule structural traditionnel. Là encore, la déviation est assurée la plupart du temps au moyen de vers (ou de refrains) incorporés au tissu thématico-motivique habituel. Ce qui donne de la pièce une possibilité de double lecture. Un des exemples les plus anciens est sans doute cette chanson de malmariée du XVᵉ siècle, où se trouve ainsi valorisé, par le même procédé du contrepoint, le contraste, toujours fonctionnel dans ce genre de pièces, entre l'ami et le mari. On peut donc dire qu'on a affaire ici à une chanson de malmariée *entée* sur une chanson de *fleurs messagères*[97]. Nous mettons en italiques les vers-farcitures :

75.  Hier au matin me levay,
     *Mon mary mis couver j'ay,*
     Au jardin mon pere entray.
     *Quand on dort on ne voit goutte,*
     *J'ai mis mon mary couver*
     *En un pannier plain d'estoupe.*

     Au jardin mon pere entray,
     *Mon mary mis couver l'ay,*
     Trois fleurs d'amour je cueillay,
     *Quand on dort...*

     Trois fleurs d'amour je cueillay...
     Un boucquet faict j'en ay...

     Un boucquet faict j'en ay...
     A la feste je le portray...

     A la feste je le portray...
     A mon amy le donneray...

     A mon amy le donneray...
     S'il le prend, bon gré lui en sçay...

     S'il le prend, bon gré lui en sçay...
     Je luy en remerchieray...[98]

par la déviation fonctionnelle des fleurs messagères, mais aussi, tout comme dans la pièce attribuée à saint Louis (n° 70), par la présence de vers-farcitures (ici comme refrains), qui assurent une sorte de contrepoint thématique et registral, déviant ainsi la pièce de ses connotations érotiques traditionnelles.

[97] Pour ce contraste dans la typologie de la chanson de malmariée, cf. notre B. 4, I, chap. II.

[98] Cf. A. Parducci, 'La canzone di "Mal maritata" in Francia nei secoli XV-XVI', *Romania*, 38 (1909), p. 316-318. La pièce entière comporte trois strophes de plus. Le *bouquet* doit être une modernisation de l'ancien *chapelet* dont la mode champêtre a dû se perdre après le XVᵉ siècle. D'ailleurs, la mesure du vers exigerait un mot de trois syllabes. Distiques à reprise traditionnels. Encore une fois, si l'on ajoute au début de la strophe les deux vers-refrain (*J'ai mis mon mary... plain d'estoupe*), on obtient une structure de rondet.

En voici un second exemple :

> 76. Hier au matin (je) me levay,
> Un bien peu avant le jour,
> Au jardin mon pere entray :
> C'était pour cueillir des choux,
> *Au jour, au jour, au jour,*
> *Au joly poinct du jour.*
>
> Au jardin mon pere entray
> C'était pour cueillir des choux.
> Le premier que je trouvay,
> Ce fut mon amy doux.
> *Au jour...*
> Le premier que je trouvay,
> ce fut mon amy doux.
> Il me print a demander :
> 'Cueilleray-je avecques vous ?'
> *Au jour...*
>
> Il me print a demander :
> 'Cueilleray-je avecques vous ?'
> 'Ouy, voir, se dit elle,
> Tost, tost, despeschés vous'
> *Au jour...*
>
> 'Ouy, voir, se dit elle,
> Tost, tost, despeschés vous ;
> Car sy mon mary nous voit,
> Il en seroit jaloux'
> *Au jour...* [99]

Un troisième exemple nous est offert par une chanson, de thématique et de structure très traditionnelles, mais dont l'effet burlesque est

---

[99] Parducci, 'La canzone...', p. 315-316. Parducci considère chaque distique comme un seul vers coupé 7 + 7 (et non 6 + 6 comme il le dit par erreur), avec une rime uniforme en *ou*. Nous préférons la disposition proposée, qui retrouve le mètre habituel de notre exorde. Dans ce cas, la chanson ne progresse pas par distiques, mais par quatrains : c'est donc le deuxième distique du quatrain qui est tout entier *repris*, selon une variante technique qu'on retrouve ailleurs (cf. *supra* : n^os 26 et 58). Il y a de toute façon, au moins dans les trois premières strophes, une rime intérieure qui montre qu'on est bien encore dans la mouvance de notre exorde. On pourrait peut-être corriger, à la 4^e et 5^e strophe : 'Ouy, voir, se dit elle, voir' (/vwer/) ce qui rétablirait le mètre heptasyllabique et une rime, mauvaise mais possible, avec *demander*. Nous ne donnons que les cinq premiers couplets de cette longue chanson, qui en compte quatorze. Pour le motif du *jardin mon pere*, attesté dès le XIII^e siècle, cf. *supra* : n^os 15 et 34. La cueillette des *choux* (au lieu des fleurs traditionnelles) oriente d'entrée la pièce vers le burlesque. En fait, le mari jaloux surprend les amoureux, menace de battre sa femme mais, la voyant résolue à le quitter, revient à de meilleurs sentiments et se reproche sa jalousie. A partir du troisième couplet, toute la chanson est bâtie sur un dialogue burlesque : femme / ami d'abord, puis femme / mari.

obtenu, encore une fois, par un refrain cocasse (*Mes souliers, je les ai usés / En marchant sur l'herbe la nuit*) et aussi par le sort inhabituel réservé aux trois roses cueillies : une seule servira à la confection du *chapel* messager, la deuxième étant bue et la troisième mangée :

> 77.   *Mes solers usés les ay*
> *An marcier sus l'erba la nut.*
>    Un bien matin me levay,
> *Mes solers usés les ay,*
>    Tres rosetas la culhay.
> *Gi ay lo ciant d'un merle e d'un giay*
> *E d'un rossinholet plus gay.*
>    Tres rosetas la culhay,
> *Mes solers...*
>    L'una boy, l'aultre mangiay...
>       De l'altre ciapel feray...
>       A mon ami lo deray...[100]

Dans la lyrique oralo-traditionnelle enfin, les variantes burlesques abondent. Nous n'en citerons ici que quelques-unes. Dans la très grande majorité des cas, la lecture déviée se situe, là encore, au niveau des refrains-farcitures et du contraste cocasse qu'ils offrent avec le contenu des distiques coutumiers. L'érotisme sous-jacent évolue alors presque toujours, d'une manière plus ou moins allusive, vers le gaillard, voire l'obscène. En voici quelques exemples :

> 78.   Bon matin jo m'i luvèi,
> *Fotranquin,*
>    Dens mon jardin jo entrèi,
> *Fotranquin,*
>       *Passèi per tota,*
> *Comm' voulez-vous que je te flouque?*
>       *Fotranquin.*
>
>    Dens mon jardin jo entrèi...
>    Copar ròsas bocatin...
>    Copar ròsas bocatin...
>    Ua o duas me'n copèi...
>    Ua o duas me'n copèi...
>    Au costat me las metrèi...[101]

[100] Cf. Stickney, B. 25, n° VIII. Pièce classique de fleurs-messagères (très proches des pièces contemporaines n°s 34, 36, 37, 41 etc.). Distiques à reprise avec deux refrains incorporés, actualisant le rôle érotique habituel des oiseaux (ici le merle, le geai et le rossignol) et ce thème insolite des souliers qui s'usent à marcher sur l'herbe la nuit, et qui a, lui aussi, vraisemblablement, une connotation érotique (fouler l'herbe signifie bien souvent 'faire l'amour').

[101] Cf. Arnaudin, B. 2, II, p. 220. Les fleurs cueillies serviront ici de parure pour tenter les galants, selon une variante assurée. Remarquer la connotation nettement

Voici un autre échantillon de la même veine, attesté dès le début
du XVIIIᵉ siècle:

> 79. Par un matin me suis levay
> *Je racou, je racou, je racourciray,*
> Dedans notre jardin j'entray.
> *Je racourciray ma robe;*
> *Je te racou, te racourciray,*
> *Tu me fais trop de peine a trousser.*
> Dedans notre jardin j'entray:
> Un verd galant je rencontray...¹⁰²

Mais voici un autre 'chant de métier', qui utilise le moule structural
traditionnel. Il s'agit d'un chant de papetiers:

> 80. De bon matin (je) me suis levé,
> *Vive les garçons papetiers,*
> De bon matin (je) me suis levé,
> *Vive la feuille blanche!*
> *Vive les garçons papetiers...*
> *Qui font leur tour de France!*
> A la cuve je suis allé...
> Vingt-et-cinq 'porses' j'y ai levé...
> Dans mon jardin je suis allé...
> Une rose j'y ai coupée...
> A ma mie je l'ai donnée...
> Elle m'a bien remercié...¹⁰³

Mais le burlesque peut résulter aussi, simplement, de l'insertion de
refrains cocasses, sans rapport aucun avec le contenu érotique des
distiques. Comme dans cette paraphrase, attestée dès le XVIIIᵉ siècle,
de la célèbre chanson: *J'ai descendu dans mon jardin*:

> 81. Me suis levée par un matin,
> *Amour, tu n'entends point,*

érotique du refrain, qui fonctionne autour du jeu de mots plus ou moins sous-jacent
entre *flouque* (de *flocar* 'fleurir'), plaisamment employé dans le vers français ('Comment
voulez-vous que je te flouque?'), et *foute* ('Comment voulez-vous que je te *foute*?'),
dont la motivation est annoncée dans la semi-onomatopée: *fotranquin.*
¹⁰² Cf. Rolland, B. 23, I, p. 120 (d'après Ballard, 1724). Dans la suite de la pièce,
la belle est battue et veut châtrer le galant. C'est là le thème burlesque fondamental,
actualisé par le refrain, avec la double motivation du verbe *racourcir,* 'racourcir un
vêtement' et 'châtrer'. La pièce est peut-être un chant fonctionnel de couturières. Distiques
traditionnels à reprise.
¹⁰³ Cf. Canteloube, B. 8, II, p. 163. L'auteur glose: 'Se chantait à la quête des œufs de
la Semaine Sainte. Dans les assemblées, les vieux accompagnaient le chant en imitant de
leurs talons le bruit des maillets qui broyaient les chiffons: trois coups par temps...'.
On remarquera que, malgré la paraphrase (*A la cuve je suis allé*), le vers traditionnel
est maintenu (*Dans mon jardin je suis allé*). Le distique est assuré par une répétition du
vers (cf. *infra*).

M'en suis allée dans mon jardin,
*Vive l'amour de ma maîtresse,*
*Amour, tu n'entends point*
*Le bout de la rue qui fait le coin.*
M'en suis allée dans mon jardin...
Pour y cueillir le romarin...[104]

Ou encore, dans cette chanson gasconne :

82.   De bon matin jo me levèi,
      Un bèth hèr d'ase (qu'i) trobèi (un beau fer d'âne)
      Dens mon jardin jo qu'entrèi.
           *Un bèth hèr d'ase!*
      *Volètz pas trocar mon hèr nau*
           *Dab un vielh d'ase?*
      Tres ròsas jo que i cuelhèi,
      Mon Diu, a qui las balherèi?
      A un bèth amic que jo èi...
           *Un bèth...*
      A un bèth amic que jo èi,
      Tres potets que m'atraperèi,
      Que quinze jorns me sentirèi.
           *Un bèth...*[105]


V. ANALYSE DIACHRONIQUE ET STRUCTURALE DE L'EXORDE
ET DE SES MOTIFS


Tout d'abord un mot sur notre corpus. Ce corpus est évidemment limité et non exhaustif et, à ce titre, les statistiques menées sur sa base ne sont là qu'à titre indicatif. Il y a d'autre part — nous en sommes conscients — une certaine inconséquence entre la partie médiévale (XIII$^e$ et XV$^e$ siècles) pour laquelle nous avons pu collecter sans doute la quasi totalité des exemples, et la partie oralo-traditionnelle, où nous avons dû faire un choix. Mais il était évidemment impensable

---

[104] Cf. Rolland, B. 23, I, p. 45 (d'après Ballard, 1724). Distiques à reprise.

[105] Cf. Bladé, B. 6, III, p. 156. Ainsi l'objet *trouvé* (burlesque) est ici un 'beau fer d'âne'. Je me demande au surplus s'il n'y a pas, ici aussi, une connotation obscène : le 'fer nouveau' (*hèr nau*) désignant le sexe, vierge encore, de la femme, le 'fer vieux' (avec l'évidente motivation de l'expression *vielh d'ase* sur *viet d'ase* 'pénis d'âne') désignant le membre viril. En fait, la fonction érotique de la fleur (rose) et/ou de l'oiseau, latente dans la plupart des pièces, est ici, comme dans les pièces précédentes, carrément explicitée, soit par de nouveaux symboles (assurément moins élégants), soit par des jeux de mots franchement égrillards. On retrouve des connotations semblables dans une pastourelle rouergate, où le refrain joue abondamment autour du mot *virolet* (mot technique : 'virloir de porte, vilebrequin') : *Miaunèro, tornèro, lo tornejavan, lo viravan, lo reviravan, lo brandolhavan, lo virolet.*

de tout collecter pour la chanson moderne et l'on peut supposer d'autre part, avec beaucoup de vraisemblance, que les hasards de la conservation textuelle ne recouvre, pour le moyen âge, qu'une faible partie des pièces ayant effectivement circulé. Quoi qu'il en soit, nous pensons qu'un corpus de 80 exemples différenciés[106], ventilés sur les trois périodes considérées, peut permettre de dégager des conclusions, sinon définitives, du moins fécondes en ce qui concerne de nouvelles pistes de recherche. Voici en premier lieu la répartition diachronique des occurrences :

1) Moyen âge : 30 (24 'normales' + 6 contrafactures)
2) XV$^e$ siècle : 17 (14 'normales' + 3 contrafactures)
3) chanson traditionnelle : 33 (21 'normales' + 12 contrafactures ; 12 françaises, 19 occitanes, 1 catalane et 1 piémontaise).

On peut constater ainsi un certain équilibre numérique entre les exemples médiévaux (30 occurrences) et les exemples modernes (33 occurrences) : le XV$^e$/XVI$^e$ siècle pour lequel nous avons cherché à être exhaustif étant réduit par la force des choses à 17 exemples.

Voici maintenant les différentes approches analytiques de notre corpus : 1) l'exorde et ses motifs ; 2) hiérarchisation des traits typologiques ; 3) étude formelle ; 4) le 'je' lyrique ; 5) le lieu érotique ; 6) le mot-clef de la rencontre ; 7) le fonctionnement-type de la pièce.

## 1. *L'exorde et ses motifs.*

Si l'on examine l'ensemble du corpus — exception faite de deux pièces marginales —, on constate : 16 occurrences d'exorde où le motif du *lever matinal* fonctionne seul, 11 où fonctionne le seul motif de l'*entrée au verger*, et 53 où fonctionnent à la fois le ·*lever* et l'*entrée* : soit une forte majorité en faveur de la combinatoire binaire. Du point de vue diachronique, la répartition des motifs, synthétisée dans le tableau suivant, est également très symptomatique :

|                  | *lever* | *entrée* | *lever + entrée*[107] | *Total* |
|------------------|---------|----------|----------------------|---------|
| XII$^e$/XIII$^e$ siècle | 9       | 6        | 15                   | 30      |
| XV$^e$/XVI$^e$ siècle   | 2       | 3        | 12                   | 17      |
| Chans. trad.     | 5       | 2        | 26                   | 33      |

---

[106] Nos 82 exemples se réduisent en fait à 80, puisque le n° 18 est repris au n° 33, et le n° 62 au n° 78 (sous des perspectives différentes).

[107] Nous incluons dans cette rubrique les pièces (rares) où le lieu érotique est le bord de l'eau (par exemple n$^{os}$ 21 et 24) et les contrafactures pieuses où le lieu érotique est dévié de sa fonction et devient le moustier ou l'église (par exemple n$^{os}$ 69 et 77).

On peut donc constater: a) que l'exorde binaire est majoritaire à toutes les époques; b) que le motif du *lever* l'emporte au XIII$^e$ siècle et dans la chanson traditionnelle.

Pour ce qui est maintenant de la fonctionnalisation des fleurs (trouvées/cueillies) en relation avec le thème fondamental de la rencontre (réelle ou virtuelle), voici ce que laisse apparaître notre corpus :

1) Tout d'abord, les fleurs apparaissent à un pourcentage élevé (53 pièces sur 80).

2) Leur utilisation comme simple motif décoratif du 'paysage' de l'exorde (type *reverdie*) est exceptionnel (11 occurrences).

3) Dans la majorité des cas, les fleurs *trouvées* ou *cueillies* ont une fonction érotique bien définie (le texte parle souvent de *fleurs d'amour* : cf. n° 34, 35, 40, 41, 42, 75), bien différente selon que l'ami (/l'amie) est présent ou absent dans le lieu érotique, c'est-à-dire s'il y a *rencontre* ou non[108]. On peut donc diviser les pièces florales en deux groupes :

1) *Rencontre* (présence effective de l'ami/l'amie): 32 exemples. Dans ce cas, le motif floral apparaît :

   a) comme *décor* dans l'exorde, en relation avec le 'paysage' du verger : 11 occurrences (surtout dans les pastourelles, ballettes, reverdies et reverdies-motets);

   b) à un premier niveau de fonctionnalisation dans l'exorde, comme prétexte à *entrer* dans le lieu érotique. Type : *Je suis entré(e) dans mon jardin/Pour y cueillir des fleurs.* Ce type d'exorde apparaît 22 fois, dont 16 avec la préposition *pour* (ou un substitut) : ce qui marque bien la finalité de la cueillette[109];

   c) comme fleurs-gage (avec un symbolisme sexuel plus ou moins marqué) : type *chanson du meunier* : 2 exemples.

2) *Pas de rencontre* (absence de l'ami/l'amie). Les fleurs (éventuellement l'oiseau) se fonctionnalisent dans l'ensemble de la pièce comme substitut érotique à l'ami(e). Soit 21 occurrences qu'on peut subdiviser comme suit :

   a) fleurs-messagères: cas le plus fréquent (19 exemples)[110];

   b) fleurs-parure (pour attirer l'ami virtuel): 1 exemple.

---

[108] Le chiffre *trois* (trois fleurs, trois roses, trois brins, etc.) apparaît 15 fois, dont 6 au XV$^e$ siècle.

[109] On a un prétexte semblable avec la corvée de l'eau, qui explicite aussi le séjour dans l'autre type de lieu érotique (le bord de la rivière).

[110] A cinq reprises, le motif des fleurs est doublé de celui de l'oiseau. Dans les pièces du type de n° 57 (*J'ai descendu dans mon jardin*), c'est le rossignol (posé sur la main de l'amie) qui joue le rôle de substitut érotique. Pour le motif de l'épine, cf. ci-après.

En somme, tout se passe comme si la présence réelle de l'ami(e) dans le lieu érotique (32 cas) projetait le motif floral dans l'exorde, et que son absence (21 cas) le fonctionnalisait dans l'ensemble de la pièce[111].

### 2. *Hiérarchisation des traits typologiques.*

Nous avons vu plus haut que les pièces mentionnées dans cet article se caractérisaient toutes par un certain nombre de traits spécifiques, avec une typologie maximale de 10 traits que nous nous permettons de rappeler : 1) Exorde binaire/ternaire ; 2) Objet érotique *trouvé* (ami/fleur) ; 3) Rimes en *-in* ou désinence verbale en /e/ ; 4) Emploi du verbe *trouver* ou d'un substitut ; 5) Emploi du 'je' lyrique (homme/femme) ; 6 Vers de 7/8 syll. ; 6) Fréquence du distique (à reprise/sans reprise) ; 8) Lieu érotique (jardin/verger, etc.) ; 9) Fleurs messagères ; 10) Refrain (incorporé ou non dans le distique). Nous considérerons donc une typologie maximale de 10 traits et une minimale de 5 traits. Or, sur l'ensemble des 80 pièces de notre corpus, il y en a 68 qui ont de 6 à 10 traits, et 12 seulement qui ont de 1 à 5 traits, soit une typologie moyenne de 7 à 8 traits. On voit ainsi que l'emploi de notre exorde génère presque *ipso facto* des pièces fortement typées.

Vue en diachronie, notre hiérarchisation se présente comme suit :
1) XIII$^e$ siècle :  a) de 6 à 10 traits : 23/30

                  b) de 1 à 5 traits : 7/30

2) XV$^e$ siècle :  a) de 6 à 10 traits : 17/17

                  b) de 1 à 5 traits : 0

3) chanson traditionnelle :

                  a) de 6 à 10 traits : 28/33

                  b) de 1 à 5 traits : 5/33.

Il apparaît nettement que la typologie maximale domine à toutes les époques, mais que c'est au XV$^e$ siècle qu'elle se manifeste le plus nettement : ce qui confirme bien le rôle de ce siècle, souligné plus haut, dans la fixation de notre folklore ethno-musicologique.

Si l'on examine maintenant la ventilation : genres 'sérieux'/contrafactures (soit 65 pièces 'sérieuses' contre 15 contrafactures), on peut constater, pour les trois périodes sus-indiquées que :

---

[111] Un cas particulièrement intéressant nous est fourni par les pièces du XV$^e$ siècle (n$^{os}$ 38 et 39), où le motif floral est dédoublé dans le même texte : d'une part la violette, qui est *cueillie*, et fait partie du paysage traditionnel de l'exorde, et d'autre part la rose (sous-entendue), dont l'épine est *fichiée* par l'amant dans le cœur de l'amie.

a) 8 contrafactures (sur 15) ont la typologie maximale;

b) Sur les 15 pièces qui ont la typologie maximale, 8 sont des contrafactures.

Tout se passe donc comme si les contrafactures (en particulier les burlesques) obtenaient leur effet de distanciation en accumulant systématiquement les traits : ce qui confirme bien le haut indice de formalisation de toutes les pièces générées par notre type d'exorde.

3. *Étude formelle.*

a) *La rime.* Dans leur très grande majorité (soit 69/80), les pièces de notre corpus ont un système de rimes (ou d'assonances) très stéréotypé. On peut y constater en effet deux types de rimes : soit des rimes en -*in*, 19 exemples (type : *jardin, romarin, latin*), soit des rimes en /é/, obtenues aisément grâce aux désinences verbales (type : *trouvai/ ai trouvé/trouver*, parfois *trouverai*) : 50 exemples. Le lieu érotique *jardin*, qui apparaît surtout dans la chanson traditionnelle, entraîne la série des rimes en -*in*, le lieu érotique médiéval *vergier* entraîne le plus fréquemment l'infinitif. Soit les stéréotypes suivants : *Je suis entré dans mon jardin/Dans mon jardin je suis entré(e)/Dans mon joli jardin j'entrai/A mes amours je l'enverrai/Je suis entré dans mon vergier, Pour joer et esbanoier/*

Les rimes en -*in* apparaissent dès le XIII^e siècle (5 exemples), bien que le lieu érotique soit plutôt le *vergier* que le *jardin* (cf. *infra*)[112]; le prétérit domine au moyen âge et au XV^e siècle, le participe passé dans la chanson traditionnelle, ce qui est conforme à l'évolution morphologique[113].

b) *Les distiques à reprises.* Un certain nombre des pièces de notre corpus, à partir du XV^e siècle, s'articulent en distiques : soit 27 occurrences. Ces distiques peuvent être sans reprise (12 occurrences), du type :

> 50.  Bon matin m'i luvi jo
>       La fresca matinada.

---

[112] Intéressant est l'exemple de Rutebeuf donné plus haut (n° 72) qui présente à la fois (mais seulement dans l'exorde) la rime en /é/ (*mai, alay, acoutay, trouvay, anmay*) et une rime intérieure en -*in* (*matin, jardin, espin, parchemin, fin*). De même, nos pièces n^os 38 et 39.

[113] Ce que nous venons de dire ne vaut que pour le français. En occitan, l'homophonie en /é/ des diverses désinences verbales ne fonctionne évidemment pas, alors que la rime en -*in* fonctionne également : ce qui entraîne une autre ventilation des motifs et une formalisation plus étroite. Seul le gascon peut jouer sur une homophonie prétérit-futur (type *cantèi — canterèi*) : cf. n° 61.

> Dens mon casau entri jo
> Copar ròsas muscadas.

Ces douze exemples ne concernent que la chanson traditionnelle.

Mais fréquemment, et cela depuis le XVe siècle, les distiques s'enchaînent les uns aux autres par une reprise du second vers, qui devient ainsi le premier vers du distique suivant, les deux distiques étant séparés par un refrain ou le refrain brisant le distique. Soit les formules : abR + bcR + cdR etc. ou : $aR^1bR^2 + bR^1cR^2 + cR^1dR^2$ etc.

> 40.     Hier au matin my levay
>         En nostre jardin entray
>     *Las! je n'iray plus, je n'iray plus jouer au bois.*
>         En nostre jardin entray,
>         Trois fleurs d'amour j'y trouvay.
>     *Las!...*
> 37.     Un bien matin me levay
>     *Viron viron viron vai,*
>         En un jardin m'en intray
>         [En bone ore]
>     *Est-il ore du venir*
>     *Est il ore, dous amis?*
>         En un jardin m'en intray
>     *Viron...*

Ce type de distiques à reprises est attesté 15 fois, peut-être 16 dans notre corpus, dont 7 ou 8 exemples pour le XVe siècle[114].

Une autre possibilité, beaucoup plus rare (3 exemples) est la progression de la pièce par unité de vers, avec refrain-farciture (cf. nº 70, 74 et 80).

Enfin, un dernier type de versification est constitué par le tercet à reprise (3 exemples), ou le quatrain à reprise de distique (3 exemples, dont 2 du XVe siècle), soit les deux exemples suivants :

> 35.     Je me suis adventuré,
>         En noz jardins suis entré
>         Pour cuillir rose ou bouton.
>     *En ceste nouvelle saison...*
>         En noz jardins suis entré
>         Trois fleurs d'amour y trouvay :
>         Une en prins, deux en laissay
>     *En ceste nouvelle saison...*
> 58.     Ce matin je me suis levée
>         Plus matin que ma tante ;

---

[114] La pièce du XVe siècle nº 37 peut en effet progresser, soit par vers isolés, soit par distiques sans reprise, soit par distiques à reprise. Nous reviendrons sur cette question plus loin.

> J'ai descendu dans mon jardin
> Cueillir*e* la lavande.
> *Ah! Ah! vive l'Amour...*
>
> J'ai descendu dans mon jardin
> Cueillir*e* la lavande;
> Je n'avais pas cueilli trois brins
> Que mon amant y entre.
> *Ah! Ah! vive l'Amour...*

On voit donc qu'une des caractéristiques de nos pièces, outre le refrain incorporé, est l'enchaînement des vers les uns aux autres par un système de reprise (soit d'un vers, soit d'un distique). Il est bien évident d'autre part que les différents types que nous venons d'examiner ne sont que des variantes, déterminées par la place du refrain (elle-même déterminée par les contraintes mélodiques) d'une même cellule initiale de cinq ou six vers fondamentaux. Si nous examinons par exemple, à titre expérimental, les variantes possibles du n° 37, nous pouvons avoir les virtualités suivantes:

1) Vers isolés:

> Un bien matin me levay
> *Refrain*
> En un jardin m'en entray
> *Refrain*

2) Distiques sans reprises:

> Un bien matin me levay
> En un giardin m'en entray.
> *Refrain*
> Tres rosetas la culhai,
> Un ciapelet en ferai.
> *Refrain*, etc.

3) Distiques à reprises:

> Un bien matin me levay
> En un giardin m'en entray
> *Refrain*
> En un giardin m'en entray
> Tres rosetas la culhai.
> *Refrain*
> Tres rosetas la culhai
> Un ciapelet en feray.
> *Refrain*.

4) Tercets à reprises:

> Un bien matin me levay,
> En un giardin m'en entray,
> Tres rosetas la culhai.
> *Refrain*
> En un giardin m'en entray,
> Un ciapelet en feray;
> A mon ami le derai.
> *Refrain.*

5) Quatrains à reprises:

> Un bien matin me levay,
> En un giardin m'en entray.
> Tres rosetas la culhai,
> Un ciapelet en ferai.
> *Refrain*
> Tres rosetas la culhai,
> Un ciapelet en ferai;
> A mon ami lo derai.
> Par chui lo li trametrai?
> *Refrain*[115]

c) *Le mètre*. Comme dernier indice formel, on peut signaler, en relation avec la formalisation très stricte des unités de vers, la très large majorité des vers de sept ou huit syllabes: soit 60 exemples sur 80. C'est pratiquement le seul mètre de la chanson traditionnelle. L'alternance sept/huit, évidemment fonction de la mélodie, est assurée par un minimum de variantes linguistiques, déjà attestées dans le cycle de *Belle Aeliz*. En voici quelques exemples:

> 17. Aaliz main se leva
>     Biau se vesti et para...
> 16. Main se leva bele Aeliz
>     Biau se para, miez se vesti...[116]
> 40. Hier au matin my levay
>     En nostre jardin entray...
> 56. De bon matin me suis levé
>     Dans mon jardin je suis allé...[117]

---

[115] Nous démontrerons ailleurs que ces possibilités de variante autour d'unités de vers très simples et syntaxiquement autonomes peuvent expliquer l'origine (popularisante) des rondets de carole.

[116] On voit que la variante métrique joue simplement sur la commutation virtuelle: *main*/*matin* et *Aaliz*/*Bele Aeliz*. L'expansion du vers jusqu'au décasyllabe (rare) peut être également assurée en cumulant les deux mots *longs* (type n° 19: *Bele Aelis par matin se leva*).

[117] L'alternance: *prétérit*/*passé composé* (cf. *supra*) suffit à faire mouvoir le vers autour de l'heptasyllabe ou de l'octosyllabe (type: *De bon matin me levai*/*De bon matin me suis levé*).

4. *Le 'je' lyrique.*

La très grande majorité des pièces (69 exemples) fonctionne à la première personne. C'est un 'je' (femme ou homme) qui raconte son 'aventure' amoureuse. Les 11 exceptions sont représentées par sept rondets de carole dans la mouvance de *Bele Aelis* et, dans la chanson traditionnelle par quatre pièces, dont trois marginales (contrafactures religieuses et une rencontre au bord de l'eau, soit les pièces nᵒˢ 66, 69, 73). La seule véritable exception est la pièce n° 42 où, ainsi que nous l'avons fait remarquer, le triptyque motivique fonctionne à la 3ᵉ personne, comme dans *Bele Aelis*[118] :

> De bon matin
> La Maria s'en va au jardin,
> S'en va cueillir la violette
> Bien promptement
> Pour faire un bouquet d'amourette
> A son amant.

D'une manière générale, le 'je' lyrique peut être féminin ou masculin et la pièce fonctionne sans difficulté dans les deux sens, surtout en français où l'alternance *entrée/entré, amie/ami* ne remet en question ni la rime (ou l'assonance) ni l'équilibre prosodique. D'où les variantes du type : *De bon matin me suis levé(e)* et : *A mon ami l'envoierai/ A mon amie l'envoirai*. Il est même des cas où ce trait est pratiquement sans pertinence, comme dans les reverdies (n° 10 et 11) ou dans la pièce n° 28, où le sujet masculin n'est spécifié que dans la dernière strophe : l'objet aimé doit être en l'occurrence une *amie*, le vers exigeant une assonance féminine :

> Hellas! j'ay perdu m'amye,
> Dont je me tiens bien de rire...

Citons encore le cas de la chanson gasconne n° 61 où la précision du sexe n'est possible (et virtuelle au niveau des variantes) qu'au dernier vers : *Jo medishet m'i anirè/Jo medisheta i anirè*.

Quoi qu'il en soit, à part 6 cas indécis, le sujet lyrique féminin domine (45 femmes contre 30 hommes). Cette prédominance est encore plus marquée si l'on élimine les 9 pastourelles, par définition à sujet masculin, soit une proportion de 21 sujets masculins contre 45 féminins. Il apparaît donc comme assez probable que le moule primitif de ce type

---

[118] C'est sans doute dans le passage (mal expliqué) de la 3ᵉ personne à la première que se situe la différence essentielle — jamais mise en avant ni par les médiévistes ni par les folkloristes — entre le cycle médiéval de *Bele Aeliz* et les chansons du XVᵉ siècle, suivies par les chansons traditionnelles.

de chanson s'inscrit dans le grand cadre typologique des *chansons de femme*, dont nous avons fixé ailleurs les caractéristiques essentielles[119].

## 5. *Le lieu érotique.*

Dans la très grande majorité des cas — nous l'avons déjà souligné —, le lieu érotique dans lequel on *entre* est le *verger* ou le *jardin*: soit 52 occurrences. Viennent ensuite divers autres lieux champêtres (*pré/ prée, forêt, bosquet, entre bois et pré,* etc.) et un exemple gascon de *verdurèr*, qui peut signifier à la fois 'verger' et 'jardin': soit en tout 10 occurrences. Pour la rencontre au *bord de l'eau*, on trouve 5 exemples, dont 2 du XIII<sup>e</sup> siècle et 3 dans la chanson traditionnelle. Enfin, dans les contrafactures, on peut relever deux exemples de substitut religieux du lieu érotique: le *moustier* (XIII<sup>e</sup> siècle) et l'*église* (chanson traditionnelle).

Si l'on fait maintenant une répartition diachronique du couple fondamental *verger/jardin*, on peut constater:

1) que le *verger* n'apparaît pratiquement qu'au XIII<sup>e</sup> siècle (9 occurrences)[120]. On ne trouve qu'un seul exemple pour le XV<sup>e</sup> siècle et il n'y en pas un seul (à part l'exemple ambigu du *verdurèr* gascon) dans la chanson traditionnelle.

2) le *jardin*, en revanche, est très rare au XIII<sup>e</sup> siècle (deux occurrences dont une dans la contrafacture de Rutebeuf n° 72), mais domine largement au XV<sup>e</sup> siècle (15 ex.) et dans la chanson traditionnelle (24 exemples)[121].

Nous avons fait remarquer plus haut que l'emploi en fin de vers de l'un ou de l'autre terme était lié à la rime, mais non nécessairement puisque cet emploi correspond très nettement à une distribution chronologique[122]. On peut voir en effet que le XV<sup>e</sup> siècle, qui atteste encore quelques traces du *verger* médiéval, manifeste déjà une prédilection marquée pour le *jardin* de la chanson traditionnelle: ce qui

---

[119] Cf. notre article: 'Le Type lyrique des chansons de femme dans la poésie du moyen âge', dans *Mélanges E.-R. Labande* (Poitiers, 1974), p. 13-23 et notre B. 4, p. 57-119.

[120] Dans la pièce néerlandaise n° 22, le mot *boungartegin* traduit manifestement *verger*.

[121] Dans ces 24 exemples nous incluons le mot occitan (gascon) *casau*, qui est rare (3 exemples) et n'apparaît jamais à la rime. En occitan, c'est en effet le mot *jardin* qui prédomine, plus conforme à la tradition typologique de ce genre de pièce, et qui évite les connotations trop 'potagères' de *casau*.

[122] Il n'en reste pas moins vrai que l'emploi du mot *jardin* à la rime entraîne *ipso facto* toute une chaîne de rimes qui actualisent (et fixent) les motifs traditionnels: *matin, latin* (chant des oiseaux), *jasmin, romarin, brin,* etc.

confirme bien, encore une fois, le rôle de matrice typologique qu'il a joué dans la formation de nos chansons traditionnelles.

6. *Les mots-clefs de la rencontre.*

Les deux verbes fondamentaux de l'exorde de nos pièces — et qui en sont aussi un élément de formalisation — sont sans nul doute *entrer* (qui actualise l'accès au *lieu* érotique) et *trouver*, qui actualise l'accès à l'*objet* érotique (ami/amie ou substitut : fleurs), ces deux mots étant d'ailleurs en connexion fréquente. Ces verbes ont assez souvent des substituts : comme *aller*, surtout, et *descendre* (pour *entrer*)[123]. *Trouver* est parfois remplacé par *rencontrer* et, quand il s'agit des fleurs (cf. *supra*), par *cueillir* ou *couper* (*copar*)[124]. Voici la répartition diachronique des occurrences :

1) *entrer* (et substituts) :

XIIIe siècle : *entrer* : 12 ; *aller* 5 ;

XVe siècle : *entrer* : 14 ;

Chans. trad. : *entrer* : 15 ; *aller* : 11 ; divers : 2.

L'accès au lieu érotique est donc actualisé 59 fois dans notre corpus, avec une proportion de 17/30 pour le XIIIe siècle, 14/17 pour le XVe siècle et 28/33 pour la chanson traditionnelle. La proportion est donc importante pour les trois périodes mais, plus particulièrement, pour le XVe siècle et la chanson folklorique.

2) *trouver* (et substituts) :

XIIIe siècle : *trouver* : 18 ; substituts : 2 ; soit : 20/30 ;

XVe siècle : *trouver* : 10, soit : 10/17 ;

Chans. trad. : *trouver* : 3 ; substituts : 2 ; soit : 5/33.

On voit donc que l'ambiguïté du verbe *trouver* semble se décanter au fil du temps, le motif des fleurs effectivement *cueillies* — c'est-à-dire en excluant les cas où la cueillette justifie simplement dans l'exorde l'accès au lieu érotique (cf. *supra*) — augmente en raison inverse (soit : XIIIe siècle : 1 ; XVe siècle : 7 ; Chanson traditionnelle : 16).

---

[123] Quand le lieu érotique est le bord de l'eau, le verbe *entrer* est évidemment exclu et c'est *aller* seul qui apparaît (par exemple n[os] 21, 65, 66, 67). Mais la fonction d'accès au lieu érotique est évidemment la même.

[124] Ainsi donc, *trouver* est le terme générique qui peut fonctionner à la fois pour l'objet érotique réel (ami/amie) ou son substitut (fleurs) ; alors que *rencontrer* exclut le substitut érotique et *cueillir*, la plupart du temps, la présence réelle de l'objet érotique. Mais, dans tous les cas, ces verbes mettent l'accent sur le caractère fortuit de la rencontre : soit que l'on *trouve* par hasard l'objet érotique, soit qu'il survienne dans un lieu où l'on était allé, en principe, pour *cueillir* des fleurs.

Dans ce cas, le XVᵉ siècle est en continuité avec le moyen âge, et la chanson traditionnelle en rupture avec le XVᵉ siècle.

### 7. *Le fonctionnement de nos pièces.*

Il nous a paru intéressant de réduire la plupart de nos pièces à un schéma-type qui en est comme l'ossature fonctionnelle. Nous faisons figurer entre parenthèses les poétèmes-types qui apparaissent le plus fréquemment. En gros, toutes les pièces gravitent autour d'un thème fondamental qui est l'accès au lieu érotique, suivi ou non de la *rencontre*, avec un exorde qui en assure la préparation, voire la justification. Soit le schéma suivant :

I. *Exorde*. Motifs :

a) Lever matinal (*Par un matin me levai/Me levai par un matin*, etc.)

b) Entrée au lieu érotique (verger/jardin, etc.) (*En un jardin m'en entrai/M'en entrai dans un jardin*, etc.) + motif floral éventuel.

c) Cueillette des fleurs : justification de l'entrée au lieu érotique (*Pour cueillir giroflée/Pour cueillir rose ou bouton/Pour y cueillir du romarin/Per copar ròsas menudas/Per copar ròsas muscadas*, etc.)

II. *La rencontre érotique.*

a) Absence de l'objet érotique. Les fleurs *cueillies/trouvées* fonctionnent comme substitut : soit comme *parure*, pour solliciter l'objet érotique absent (*Bele Aeliz... vesti son cors e para, Au costat me las metrèi*), soit comme *don* virtuel (*A mon ami le daroy*), soit enfin, le plus souvent, comme *messagères* auprès de l'être aimé lointain (*A ma mie l'envoyeray/A mon ami l'envoyrai/A mas amors las enviarè*, etc.)

b) L'objet érotique est effectivement présent, soit qu'il est *trouvé* dans le lieu érotique, soit qu'il y *entre* : amie, dame, pastoure, trois dames, etc./ami, galant, chevalier, trois jeunes garçons, etc. (*Je m'en entrai en un joli vergier, Trovai pastoure.../Trouvay ma dame par amour/ J'en avais pas cueilli trois brins, Que mon amant y entre...*, etc.). L'amour est alors mené jusqu'à sa fin, soit d'une manière symbolique ou allusive[125], soit d'une manière très crue et même en présence de tiers (cf. pièces nᵒˢ 30, 32, 48 et 49). Les fleurs *cueillies* retrouvent alors une

---

[125] La rose, par exemple, qu'on prend à la dame et qu'on ne rend pas, est traditionnellement le symbole de la virginité féminine. Ce symbolisme s'étend parfois, d'une manière plus réaliste, à l'*épine*, dont la connotation sexuelle est particulièrement nette : cf. nos pièces (XVᵉ siècle) nᵒˢ 38 et 39.

fonction : soit comme fleurs-don (données à l'objet aimé, cette fois-ci effectivement présent) soit comme fleurs-gage (chanson du meunier)[126].

## CONCLUSIONS

Tout d'abord, avant de dégager nos conclusions, il nous a paru nécessaire d'examiner rapidement un dernier problème : celui du rapport éventuel de notre exorde avec le *topos* du *locus amoenus* de la rhétorique classique et médiévale. Certes, il y a des points communs, et le motif de l'entrée au verger (/jardin,/pré/bois), ou de la venue au bord de la fontaine, y est fréquent. Les fleurs, le *chapelet* tressé et les oiseaux y jouent également un rôle fondamental. On pense en particulier au 'paysage' du *Roman de la Rose*, de Guillaume de Lorris, paysage qui pourrait passer pour une amplification subtile et savante de notre exorde et des thèmes érotiques qu'il génère[127]. Il nous semble néanmoins que notre exorde présente avec le *topos* du *locus amoenus* de notables différences :

1) Les éléments véritablement descriptifs du 'paysage' sont rarissimes dans notre exorde. Ils n'apparaissent guère (d'une manière très discrète) que dans nos pastourelles (cf. n°s 1, 2, 3), et, d'une manière plus nette, dans nos reverdies (cf. n°s 10 et 11), genre dont nous avons montré ailleurs la superstructure courtoise[128]. Dans tous les autres cas, le verger (/jardin) n'est jamais *décrit* : il est tout au plus *joli* (n° 1), *schoens* (n° 22), la matinée est parfois (très rarement) *fraîche* (cf. n°s 26, 47, 50), le soleil rayonne (une seule fois, n° 52). La spécification des fleurs (giroflée, violette, 'soucie', lavande, romarin, jasmin, et surtout rose) n'est jamais descriptive, non plus que leurs qualificatifs (*rose blanche*, *ròsa menuda*, *ròsa muscada*, *ròsa bocatin*, etc.), la plupart du temps amenés par la rime.

Le 'paysage' du *locus amoenus* est en revanche beaucoup plus chargé : verger, jardin, bois, arbres, ru, fontaine, belle fontaine, fontenelle sourdant, soleil, belles fleurettes, etc. ; l'euphorie printanière y est plus

---

[126] On peut donc voir que, dans tous les cas, les fleurs (et parfois les oiseaux) fonctionnent comme *adjuvants* vis-à-vis de la rencontre, alors que les *opposants* traditionnels, comme dans bien d'autres pièces popularisantes, sont souvent (mais non toujours) les parents de la jeune femme (père, mère, parfois grand-mère ou tante), parfois même une *vieille*, dont la parenté n'est pas indiquée, parfois enfin le mari lui-même, vieux et désagréable (chansons de malmariées).

[127] Pour le *locus amoenus* on consultera la belle étude de Dagmar Thoss, *Studien zum locus amoenus im Mittelalter*, Wiener romanistische Arbeiten, 10 (Wien-Stuttgart, 1972), en particulier pour le *Roman de la Rose*, les p. 115-120.

[128] Cf. notre B. 4, chap. VI.

sensible (*douz tans, moult i faisait joli*); les éléments descriptifs enfin,
pour stéréotypés qu'ils soient, y sont fonctionnellement nécessaires
(*l'eaue sembloit argentée; Quant il fut en la forest entré/regardant les
tans beaulx arbres verdoier et fleurir/oyant les gentes gorgettes des
oyselletz recreativement armoniser...*)[129]

2) Notre exorde ne fonctionne que dans un seul contexte érotique,
et dans une pièce lyrico-musicale très courte, le *locus amoenus* a une
fonction beaucoup plus large et s'inscrit la plupart du temps dans un
développement narratif (non chanté) d'une certaine ampleur.

3) Enfin, — et surtout, — même si notre exorde représentait le
dernier avatar du *locus amoenus* médiéval (encore sensible par exemple
dans certaines reverdies), il n'en resterait pas moins incontestable que
le paysage euphorique et largement décrit du 'beau lieu' médiéval s'y
trouve réduit à ses seuls éléments sèchement fonctionnels. Au surplus
— et c'est sans doute là l'essentiel — la relation génétique de nos
trois motifs traditionnalisés avec la motivique luxuriante du *locus
amoenus* est incontestablement sans pertinence au niveau du fonctionnement et de la réception de textes oralo-musicaux qui, depuis quelque
huit siècles, se sont de toute façon transmis en toute indépendance de
leurs modèles éventuellement rhétoriques.

Et nous en arrivons aux quatre conclusions, pouvant peut-être
déboucher sur d'autres pistes de recherches, que nous voudrions dégager
de la précédente étude:

1) Il est des cas — malheureusement très rares — où la chanson
populaire traditionnelle témoigne indubitablement d'un remarquable
conservatisme formel par rapport à certaines manifestations textuelles
poético-musicales du moyen âge. Le fait était déjà plus ou moins
admis pour la chanson de *La Pernette* et, peut-être, la belle complainte du *Roi Renaud*[130]. Les pages précédentes en proposent un
troisième exemple et une nouvelle preuve. Il n'est pas exclu qu'on
n'en trouve encore quelques autres.

2) Le rôle du XVe siècle dans le processus de transmission de la
chanson folklorique, déjà bien connu, nous paraît également confirmé
par la présente étude. Confirmé aussi le fait qu'on ne saurait le considérer uniquement comme une époque de rupture et de parturition
originale, mais aussi comme une sorte de *relais folklorique* entre le

---

[129] Extrait du *Perceval* en prose, cité par D. Thoss, p. 87.
[130] Pour cette chanson, cf. B. 12, p. 157-162.

moyen âge et nous qui, à la faveur d'un engouement nouveau pour la chanson populaire (liée à son exploitation savante par des musiciens novateurs) a abouti à la rédaction de ces 'admirables recueils qui font du XVᵉ siècle l'âge d'or de la chanson française' (J. Chailley).

3) En conséquence, l'existence, à côté de la grande lyrique courtoise, d'un registre lyrique popularisant, généralement méprisé, pour la période médiévale antérieure (XIIᵉ-XIIIᵉ siècles) s'en trouve également confirmé. Et des études sur l'éventuelle postérité poétique des XIIᵉ-XIIIᵉ siècles — quand les textes nous le permettent — peuvent être d'un grand intérêt pour éclairer d'un jour nouveau et par contre-coup, certains aspects de la culture populaire et de la civilisation du moyen âge[131].

4) En dernier lieu, si l'on admet, comme nous l'avons fait ailleurs, la très grande probabilité d'interférences entre les deux *registres* (aristocratisant et popularisant), c'est-à-dire d'un courant fonctionnant dans les deux sens et celà dès le XIIᵉ siècle et sans doute avant, certains motifs de la poésie aristocratique (*grand chant courtois*) pourraient être expliqués, en contre-partie — par des emprunts au registre popularisant. Nous voulons parler par exemple des fameux *Natureingänge* des chansons troubadouresques dont la genèse popularisante — bien souvent présentée comme une hypothèse — retrouverait ainsi une très vraisemblable confirmation.

Poitiers

---

[131] Cf. J. Chailley, *Histoire musicale du Moyen Age* (Paris, 1970), p. 294: 'En outre, bien que les témoins en fassent défaut, on peut légitimement supposer toute une tradition de chansons orales dont les chaînons nous font à peu près défaut depuis la fin du XIIIᵉ siècle, mais dont les caractères éternels se retrouvent là comme ici'. J. Chailley fait d'autre part remarquer (p. 183) que les deux registres s'opposent également — et ce dès le XIIᵉ-XIIIᵉ siècle — par l'écriture musicale : soit une opposition absolue entre d'une part, 'les monodies grégoriennes et les chansons de troubadours ou de trouvères qui en dérivent indirectement' et, d'autre part, le répertoire populaire qui abandonne délibérément le langage mélodique modal. En plein XIIIᵉ siècle déjà, 'le majeur et plus exceptionnellement le mineur s'affirment victorieusement comme la signature de la veine populaire, tandis que le 'mode' ancien désigne à peu près toujours la chanson "savante"'.

# BIBLIOGRAPHIE

1. Arbaud, Damase, *Chants populaires de la Provence*, 2 vol. (Aix-en-Provence, 1862-63)

2. Arnaudin, Félix, *Chants populaires de la Grande-Lande*, vol. I (Paris-Bordeaux, 1911), vol. II (Bordeaux, 1970)

3. Avenç, Bibliothèque populaire de l'—, *Cançons populars catalanes*, 3 séries (Barcelona, 1909-10), 4ᵉ série (aplegades per Adolf Carrera) (Barcelona, 1916)

4. Bec, Pierre, *La lyrique française au moyen âge (XIIᵉ-XIIIᵉ siècles) : Contribution à une typologie des genres poétiques médiévaux*, vol. I : *Études* (Paris, 1977), vol. II : *Textes* (Paris, 1978)

5. Bec, Pierre et Éliane Gauzit, 'Essai de bibliographie critique de la chanson folklorique occitane', *Via Domitia*, 8 (Toulouse, décembre 1961), pp. 31-60.

6. Bladé, Jean-François, *Poésies populaires de la Gascogne*, 3 vol. (Paris, 1881-83)

7. Bujeaud, Jérôme, *Chants et chansons populaires des provinces de l'ouest, Poitou, Saintonge, Aunis et Angoumois, avec les airs originaux, recueillis et annotés*, 2 vol. (Niort, 1895; reprint Laffitte, Marseille, 1975)

8. Canteloube, Joseph, *Anthologie des chants populaires français. Groupés et présentés par pays et provinces*, 4 vol. (Paris, 1951)

9. Casse et Chaminade, *Les vieilles chansons patoises du Périgord* (Périgueux, 1902)

10. Coirault, Patrice, *Formation de nos chansons folkloriques*, 4 vol. (Paris, 1953, 1955, 1959, 1963)

11. Dardy, Léopold, *Anthologie populaire de l'Albret*, 2 vol. (Agen, 1891)

12. Davenson, Henri, *Le livre des chansons ou Introduction à la connaissance de la chanson populaire française* (Neuchâtel, 1946)

13. d'Harcourt, Marguerite et Raoul, *Chansons folkloriques françaises au Canada* (Laval-Québec-Paris, 1956)

14. Garneret, Jean et Charles Culot, *Chansons populaires comtoises*, vol. I (Besançon, 1971), vol. II (Besançon, 1972)

15. Gérold, Théodore, *Chansons populaires des XVᵉ et XVIᵉ siècles avec leurs mélodies* (Strasbourg, 1913; Slatkine reprint, Genève, 1976)

16. Lambert, Louis, *Chants et chansons populaires du Languedoc*, 2 vol. (Paris-Leipzig, 1906)

16bis. Meyer, R.A., *Französische Lieder aus der Florentiner Handschrift Strozzi-Magliabecchiana : Versuch einer kritischen Ausgabe* (Halle, 1907)

17. Millien, Achille, J.G. Penavaire et Georges Delarue, *Chansons populaires du Nivernais et du Morvan*, Centre alpin et rhodanien d'ethnologie, t. 1 (Grenoble, 1977)

18. Mirat, Gaston, *Chants populaires du Béarn*, 2 vol. (Paris, 1934-36)

19. Montel, Achille et Louis Lambert, *Chants populaires du Languedoc* (Paris, 1880)

20. Paris, Gaston, *Chansons du XVᵉ siècle* (avec transcription musicale par A. Gevaert) (Paris, 1875; 2ᵉ édition 1935)

21. Raynaud, Gaston, *Recueil de motets français des XIIᵉ et XIIIᵉ siècles publiés d'après les mss., avec introduction, notes, variantes et glossaires. Suivis d'une*

étude sur la musique au siècle de Saint Louis, par Henri Lavoix fils, 2 vol. (Paris, 1881 et 1883)

22. Rivière, Jean-Claude, *Pastourelles*, vol. I : *Introduction à l'étude formelle des pastourelles anonymes françaises des XIIe et XIIIe siècles : Textes du chansonnier d'Oxford*; vol. II : *Textes des chansonniers de Berne, de l'Arsenal, de la B.N.*; vol. III : *Textes des chansonniers de la B.N. (suite) et de la Bibliothèque vaticane. Motets anonymes des chansonniers de Montpellier et de Bamberg* (Genève, 1974-75-76)

23. Rolland, Eugène, *Recueil de chansons populaires*, 3 vol. (réédition Paris, 1967)

24. Simon, François, *Chansons populaires de l'Anjou. Recueillies et notées* (Angers, s.d.) [vers 1926]

25. Stikney, Ausin, 'Chansons françaises tirées d'un ms. de Florence', *Romania*, 8 (1879), pp. 73-92.

26. Van den Boogaard, Nico H.J., *Rondeaux et refrains. Du XIIe siècle au début du XIVe* (Paris, 1969)

27. Weckerlin, J.-B., *L'ancienne chanson populaire en France (16e et 17e siècles)*, (Paris, 1887)

# INDEX NOMINUM

# INDEX LIBRORUM MANUSCRIPTORUM